□ 本书出版得到四川大学“双一流学科区域历史与边疆民族”学科群资助

冯汉骥全集 ❶

考古学和历史学卷

冯汉骥 著　张勋燎 白 彬 主编

巴蜀书社

图书在版编目（CIP）数据

冯汉骥全集 / 冯汉骥著. 张勋燎. 白彬主编 — 成都：巴蜀书社，2024.12

ISBN 978-7-5531-1397-5

Ⅰ. ①冯… Ⅱ. ①冯…②张…③白… Ⅲ. ①考古学—文集②图书馆学—文集 Ⅳ. ①C53

中国版本图书馆CIP数据核字（2020）第221135号

总 策 划　刘 冰

冯汉骥全集 FENGHANJI QUANJI

冯汉骥◎著　张勋燎　白　彬◎主编

责任编辑　刘 冰　童际鹏　徐庆丰
封面设计　原谋工作室
出　　版　巴蜀书社
成都市锦江区三色路238号新华之星A座36楼　邮编：610023
总编室电话：（028）86361843
网　　址　www.bsbook.com
发　　行　巴蜀书社
发行科电话：（028）86361852
经　　销　新华书店
内文设计　四川胜翔数码印务设计有限公司
印　　刷　成都东江印务有限公司
版　　次　2024年12月第1版
印　　次　2024年12月第1次印刷
成品尺寸　175mm × 250mm
印　　张　224.5
书　　号　ISBN 978-7-5531-1397-5
定　　价　2480.00元（全9册）

ISBN 978-7-5531-1397-5

9 787553 113975 >

STUDENTS, BOONE LIBRARY SCHOOL, WUCHANG

Some of the future librarians of the new public libraries which will be established in China in the years to come. The Americans in the front row are: (left to right) Miss Wood, Bishop and Mrs. Gilman

武昌文华大学图书专科师生合影（1921年，后排右二为冯汉骥先生）

冯汉骥先生（青年时代）

冯汉骥先生（1930年7月）

冯汉骥先生（1931年9月）

冯汉骥先生与夫人陆秀女士（1931年摄于上海）

冯汉骥夫妇合影（1933年，哥伦比亚大学）

冯汉骥夫妇与友人合影（1933年，哥伦比亚大学）

冯汉骥夫妇结婚照
（1934年，美国费城）

冯汉骥先生在美国获得博士学位后留影（1936年）

冯汉骥先生一家合影
（1937年，摄于瑞士）

1942年发掘王建墓期间冯汉骥先生与学界友人合影（左起：吴金鼎、王介忱、高去寻、冯汉骥、曾昭燏、李济、夏鼐、王明达）

冯汉骥先生（1950年代初）

1961年四川大学考古专门化首届（1956级）毕业生合影（前排左起第二人为冯汉骥先生）

1962年冯汉骥先生（前排左三）在四川资阳进行考古调查时合影

1963年冯汉骥先生（右二）在三星堆遗址考古现场

冯汉骥先生（1976年春）

高山仰止，景行行止

（代序）

张勋燎

一、成长经历

冯汉骥，字伯良，湖北宜昌人，1899年11月21日出生于宜昌社林乡冯家湾农家，曾一度在家务农，能掌犁耕田。入私塾发蒙后，因其父冯学文先生任宜昌美华书院教职，冯汉骥先生相继在美华书院小学部、中学部学习。1917年春，他考入安庆圣保罗高等学校，读至大学预科。1919年以第一名的成绩毕业后，按校际合同规定，他免试升入武昌文华大学文科就读，兼修图书馆科，1923年毕业。1923年至1931年，他先后任厦门大学图书馆襄理、主任，湖北省图书馆馆长，浙江大学文理学院图书馆主任，与鲁迅、顾颉刚、秉志、钱宝琮、贝时璋等相识后，他对人类学、考古学产生了兴趣。1931年至1933年，冯汉骥先生以数年工作积存的薪金4000银圆赴美国波士顿留学，在哈佛大学研究院人类学系学习，深受狄克逊（R.B.Dixon）文化进化论的影响。1934年，他与公派至纽约哥伦比亚大学留学攻读学前教育的陆秀女士结婚，而后转入宾夕法尼亚大学人类学系研读，师从哈罗威尔（Hallowell）学习文化心理学，同时师从布朗（N.Brown）和斯宾塞尔（Speiser）学习亚洲考古。留学期间，除一年时间的半官费资助之外，他靠自己打工解决其余费用。1936年夏，冯汉骥先生获宾夕法尼亚大学人类学哲学博士学位，当年即受聘任教于哈佛大学并兼任哈佛大学汉和图书馆主任。1936年末，中央博物院筹备主任李济先生访美，专程前往波士顿邀冯汉骥先生回国共同创办人类学研究所。哈佛大学校方闻讯后，曾许以工作两年后破格晋升终身教授的优厚待遇相挽留，冯汉骥先生出于爱国热忱，毅然谢绝，于1937年春启程经欧洲回国。因“八·一三”淞沪抗日军兴，中央研究院辗转搬迁，博物院无力再建新所，冯汉骥先生遂于是年11月应四川大学之聘任史学系教职，为该校七名中英庚款讲座教授（国民政府教育部“部聘教授”）之一，讲授人类学、先史考古学、人文地理学课程。1939年秋，他因签名反对教育部任命国民党党棍程天放做四川大学校长，并拒绝加入三青团、国民党，而离开四川大学。经蒙文通推荐，他受四川省教育厅厅长郭有守之聘筹建四川博物馆，并于1941年春建成对外开放。此后，冯汉骥先生本拟应邀前往云南大学或浙江大学任教，适逢成都防空洞工程挖掘出“抚琴台”古代大墓部分室壁，经他初步考察应为前蜀皇帝王建永陵，具有很高的学术价值，遂应郭有守之请留在四川博物馆进行发掘研究。1942年，冯汉骥先生应聘任华西大学社会学系教授。1944年至1949年，在徐中舒的一再邀请下，他又回到四川大学任教，在此期间，仍兼任四川博物馆馆长。1946年和1948年，他曾两次受邀到联合国科教文组织任职，但因相继回湖北老家奔祖父、祖母之丧而未能成行。1950年至1956年，冯汉骥先生任西南博物院副院长。自1956年至1977年3月（辞世），他任四川博物馆馆长，兼任四川大学历史系教授、考古教研室主任。

冯汉骥先生一生受家庭教育影响甚深。其父早年参加同盟会，辛亥革命以后厌弃政治，家中无一人参加教会、袍哥和其他党团组织。冯汉骥先生秉承“不爱钱，不置产，待人恕，律己严，行为正派”的家训，从小养成坚毅正直的性格，苦读成学，不依附权贵，不阿世媚俗，不屈服于权势。在1949年之前，其同事多为国民党或青年党成员，时来相邀加入组织，均遭他拒绝，除参加中国科学社、中国民族学会、中国博物馆学会等纯学术团体外，他从未加入任何政党。“虽有相熟之人，当其一入政界，就等于断绝来往了。”除裘开明、徐中舒、蒙文通、任乃强、朱光潜、闻在宥、杨仁楩、胡鉴民等学者外，他很少与人交往。冯汉骥先生一生以追求真理、献身祖国科学事业为宗旨，潜心学术研究，淡泊名利。他治学严谨，从不写应酬作品。他曾多次告诫学生，文章写成之后，一定要放上一段时间再看更多的材料，经过反复校验订正，万勿轻易寄出发表，误人误己。他倡导勤奋好学之风，极富学术民主精神，虚怀若谷，爱惜人才，不遗余力。在四川博物馆多年，凡有一技之长者，莫不受其器重。他虽不喜社会活动，不好交游，但对朋友、对下属，却能坦诚相见，助人为乐，对后生青年，诲人不倦，爱护备至，道德文章，深受大家的爱戴。

二、在考古学方面的贡献

冯汉骥先生不仅是国内外知名的考古学家，同时也是著名的人类学家和民族学家。他早年在国内攻读文科并兼修图书馆专业，打下了坚实的中国传统国学基础，具有深厚的古代历史文献功底。后来他留学美国攻读人类学，学习近代西方学术有关理论，并进行技能训练。按其学制，除体质人类学、文化人类学课程之外，他同时修读社会学、民俗学、民族学、考古学、历史学等多种相互关联的课程，并参加田野实习，在美期间，即有多种高水平的著作发表。1937年学成归国以后，冯汉骥先生最初将人类学、民族学、考古学三者并治，而以人类学与民族学为主；自1942年发掘王建墓以来，他逐渐把研究重点转向考古；在1949年以后，更是把大部分精力集中到了这一方面，在很大程度上将人类学、民族学和其他方面的工作放到了为考古服务的位置。这一学术经历，决定了先生的学术成就和治学特点。

先生之治考古，博大精深，从理论、方法、技能、知识结构到具体的研究实践，形成了具有鲜明特点的学术体系。在理论方面，他力主考古学是历史科学的一个组成部分，认为考古学在本质上“始终是历史科学”，“研究古物不是本来目的”，“只有把这些古物当作历史研究的材料时，它们才有科学价值”。他多次教导学生：“从事现代考古工作，必须亲自参加田野发掘，不能只是坐在家中搞沙发考古。但一个考古学家首先必须是一个历史学家，否则便只能成为考古匠。”按照他的观点，田野考古是现代考古学的基础，不懂得田野考古，整个考古研究也就无从谈起。但考古学家不应“把自己的工作局限于从表面上描述获得的物品，确定其年代、日常用途、制造技术、属于某一部落，等等。这当然是研究的必要准备阶段，但是考古学如果只限于此，就没有权利考下去。在研究物品的时候……应以阐明根据该史料可以探索出来的人们之间的关系为主要目的，决不能局限于只登记事实，而必须力求历史地说明它们”。(《考古学通论·序论》，讲义油印本）

基于上述理论思想，在考古学研究方法方面，强调历史事物之间的相互联系、纵横贯通，是冯汉骥先生治学的最大特点。就横向而言，一是多种不同学科知识的融会贯通，如强调人类学（文化人类学与体质人类学）、社会学、民族学、民俗学材料相结合，特别是强调古代文献材料的广泛运用；二是中学和西学的融会贯通。就纵向而言，则是时间上的上下贯通，溯源寻流，以观事物的来龙去脉和发展变化规律。冯汉骥先生的考古研究领域至为广博，从史前的旧石器、新石器时代到历史时期的商周、两汉、南北朝、唐五代以至于明；从墓葬遗存到青铜器、陶器、造像、画像石刻；从工农业生产技术到社会组织结构、名物制度、文明起源等。

冯汉骥先生是中国近代考古学的奠基者之一，对西南地区考古贡献尤为卓越。20世纪30年代末至60年代初，四川和重庆地区一系列的重要田野考古调查发掘和研究，大部分都是由先生主持和亲手完成的。

在史前考古方面，20世纪40年代，先生对川西平原新石器时代以来的“大石文化”遗存所做的田野考察和研究，具有开创性意义，曾著*The Megalithic Remains of the Chengtu Plain*（《成都平原之大石文化遗迹》）并在国内外发表。20世纪50年代初，在修建成渝铁路的过程中发掘出资阳人头骨化石，冯汉骥先生很快就撰成《关于资阳人的几个问题》一文，对有关遗存的地层和头骨化石进行了研究。他认为，虽然从头骨分量所反映的石化程度看其年代距今相当久远，但“从资阳人头骨所表现的形态看，完全是属于现代的真人（Homo sapiens），不带有何种显著的原始的形态”，这一认识和学术界流行的“资阳人是早期的新人类型，比欧洲的克罗马农人和中国的山顶洞人更为原始”的观点有所不同。1958年和1959年，先生主持了长江三峡库区四川（含重庆）段首次文物普查，在发现多处史前遗址的基础上，对巫山大溪和忠县㽏井沟两处新石器遗址进行发掘（1959年）。1954年、1961年和1962年，他又先后数次组织广汉三星堆遗址的调查和月亮湾遗址的发掘。关于中国古代文明的起源，在考古学界曾经长期流行“北方黄河流域一元论”的观点。20世纪50年代，冯汉骥先生根据世界文明起源自然环境条件的共同特点，结合当时所能见到为数不多的印纹陶之类的考古材料，提出了南方长江流域也是中国文明另一发源地的“多元论宏观创说”。此创说虽然没有正式形成文字，他却多次向朋友和学生讲述过。先生去世后，著名历史学家徐中舒先生在1984年为童恩正教授所编《冯汉骥先生考古学论文集》作序时，还特意讲到，冯汉骥先生根据云南晋宁石寨山贮贝器上用人祭天的模型与青莲岗丘湾商代东夷民族祭天的型式完全相同，而这里的干栏就是长江以南普遍存在的风俗，因此，冯汉骥先生感觉到中国文化在中原半坡类型以外，还有另外一支，应在长江以南地区。同时，他看到殷墟陶瓷中的彩陶及印纹白陶都是由福建昙石山的印纹硬陶发展而来，古代中原的陶瓷器实有从南向北发展的趋势。他在病中曾为徐中舒先生一再说明此意。当时他还不知道浙江余姚宁绍地区河姆渡已发现这个文化遗物，用碳十四测定，距今约在六千至七千年以前，实与半坡年代不相上下。先生的这一创论已不断为后来新发现的考古材料所证实，充分体现了先生在史前考古研究方面的水平。

历史时期考古是冯汉骥先生考古研究的重点，尤以前蜀王建永陵、云南晋宁石寨山滇文化遗存、"巴蜀文化"考古的研究成绩最为卓著。

成都前蜀王建墓永陵是中国重要的古代历史文化遗存，1961年被国务院公布为第一批全国重点文物保护单位。1942年至1943年，该墓的发掘由冯汉骥先生与吴金鼎先生共同主持，这是中国历史上首次科学发掘的帝王陵墓，被认为"是二十世纪中国考古史上的一件大事"，"开启了中国古代帝王陵寝考古发掘与研究的先河"。后来吴金鼎先生离开成都并在1948年去世，发掘报告的整理和材料的研究由先生一手完成。在二十年精心研究的过程中，他先后发表了《相如琴台与王建永陵》《驾头考》《前蜀王建墓内石刻伎乐考》《王建墓内出土"大带"考》《前蜀王建墓出土的平脱漆器及银铅胎漆器》等一系列极富创见的论著，从乐舞史、礼制史、风俗史、雕刻艺术史等不同角度，对出土遗物、遗迹分别做了深入的考察和复原，并有许多精辟的论述，最后撰成《前蜀王建墓发掘报告》。此书在1964年作为中国科学院考古研究所编的"中国田野报告集考古学专刊丁种第十五号"由文物出版社出版，在学术界产生了巨大影响，并于2002年再版。

1954年，云南省博物馆首次在晋宁石寨山发掘了一批春秋战国前后的少数民族上层人物墓葬，出土十余面带有纹饰的铜鼓和数十件铸有不同人物活动场面的青铜贮贝器等文物。大大小小的人物图像有两三百个之多，内容复杂、特殊，族属、含义不明，云南少数民族社会历史研究所和云南省博物馆特聘先生前往研究。他运用缜密的考古器物类型学方法和渊博的民族学、民俗学理论知识，结合古文献记载进行了深入的研究。他“以髻式和服装的样式来区别当时不同的民族”，按照“椎结”“编发”“左衽”等特点将人物图像分成七组，“与古籍中的记载相对勘”，做出精确的解释，判定其为滇族文化遗存，其中包含了在滇族统属下多种不同的少数民族活动内容。滇族以外的少数民族“至少尚有七种”，其中，编发一类属嶲、昆明的游牧民族；椎髻一类属夜郎、靡莫、邛都的农业民族。除了西南地区本土民族之外，还包括一部分以蓄须、身着窄长袖长裤、使用铜柄铁剑为特点的来自西北地区的民族，“在当时可能是云南西北的游牧部落之一。他们少见于其他活动之中，其与滇族的关系，可能是很疏远的”。冯汉骥先生还提出，贮贝器之起源乃由铜釜蜕变而来，其乐舞图像纹饰多与古文献记载汉族所有者相同，系以楚人为中介影响及滇人所致。他发表的《云南晋宁石寨山出土文物的族属问题试探》《云南晋宁石寨山出土铜器研究——若干主要人物活动图像试释》和《云南晋宁出土铜鼓研究》等系列论著，奠定了“滇文化考古”的基础，至今仍是研究中国西南滇文化考古必读的基本文献。

20世纪50年代，在冯汉骥先生的主持下，首次发掘了四川昭化宝轮院和重庆冬笋坝近百座以独木舟作葬具的“船棺墓”，其随葬的“巴蜀文化”青铜兵器的形制、文化内涵与中原地区有很大不同，随葬陶器也很特殊。他结合地域、年代和文化内涵进行研究，判定其为战国至西汉初年的巴族遗存，与参加发掘整理工作的成员联名发表《四川古代的船棺葬》一文及《四川船棺葬发掘报告》专刊，开启了“巴蜀文化”科学考古的新领域。以后，随着新材料的发现，他又相继发表《关于“楚公豙”戈的真伪并略论四川“巴蜀”时期的兵器》《四川彭县出土的铜器》（该文撰成于1962年，后经王有鹏整理遗稿初刊《文物》1980年第12期）、《记广汉出土的玉石器》等研究论文，分析出“蜀文化”与“巴文化”在青铜兵器和陶器上的区别和年代关系，“蜀兵器”流行于西周至战国秦灭蜀之前，“巴兵器”流行于战国秦灭蜀之后。推究其原因，乃在如文献记载之蜀人文化高而对秦人之侵犯抵抗甚力，多被杀戮或流放，文化消亡；而巴实助秦灭蜀，故受优遇而其文化得以继续流传。先生的有关研究，奠定了后来“巴蜀文化”考古蓬勃发展的基础。

西汉中叶之前的石棺葬遗存，是中国北方边疆和西南地区分布较广的另一种重要的考古学文化，其中西南地区遗存的研究，也是由冯汉骥发端的。早在1938年，先生就曾对四川西北部茂汶地区的相关遗存做了首次调查和小规模发掘，在1951年发表了《岷江上游的石棺葬文化》一文。1964年，冯汉骥先生又派助手童恩正再次前往茂汶、理县、汶川进行调查，新发掘了近三十座墓葬，两人共同撰写的研究报告《岷江上游的石棺葬》在1973年发表。他们认为，岷江上游石棺葬的族属不是羌人而是叫作“戈基人”的民族，与北方草原地带的民族有一定的关系，大概是在战国或秦汉之际由甘青地区迁至本地居住留下的遗存。川西地区的石棺葬文化，一方面融入了汉族文化的成分，同时对西南地区的其他文化也有不同程度的影响。

《西南古奴隶王国》一文，力图把西南地区几种不同类型青铜文化所包含的不同遗存，从年代和社会发展阶段上纵横联系起来，揭示出彼此之间的发展演变关系和存在的缺环。该文系冯汉骥先生1973年11月为南方诸省考古研究人员所做演讲的记录整理稿，是没有最后完成的绝笔之作。虽未能经先生本人亲自审定，记录整理或有简略不够准确之处，但大抵可以反映先生对西南地区青铜时代考古学文化的宏观见解，对后来的研究者具有重要的意义。

此外，冯汉骥先生1957年、1961年发表的《论盘舞》和《四川的画像砖墓及画像砖》，是研究川西成都地区独具特色的汉代画像砖墓和画像砖的奠基之作。1954年，他发表的《成都万佛寺石刻造像》一文，研究成都出土的南朝佛教造像，引起了国际学术界的重视，很快就在1955年被译成日文在国外转载。1944年，冯汉骥先生亲手发掘清理四川大学荷花池旁的一座晚唐墓葬，不仅是对整个西南地区唐墓的首次科学发掘，其中出土的一件木刻陀罗尼经咒印纸，也是国内现存经科学发掘所得年代最早的印刷品，对研究中国印刷术发展史和宗教史具有重要的意义。1957年，他发表《记唐印本陀罗尼经咒的发现》一文，对墓葬年代和经咒的印造地点做了精心的研究和准确的断代，成为有关研究的必读参考文献。1948年，冯汉骥先生发表《元八思巴蒙文圣旨碑发现记》一文，研究在抗日战争期间拆除城墙发现的成都著名道观青羊宫元代汉蒙文碑，该碑至今仍是四川境内仅有的有关元代八思巴文字的道教遗迹，在宗教史研究上具有重要的意义。文中还结合田野考察发现的唐宋成都城墙遗迹和文献记载，对成都城垣建筑沿革进行研究，这也是对有关问题的第一篇论著，对研究成都城市考古具有重要的学术价值。这些发现和研究，涵盖的时间长、范围广，材料重要，研究精深，在不同层面上，也都具有筚路蓝缕的开创意义。他提出的一系列见解，迄今多能经受住时间的检验，为后来的研究指明了方向，奠定了坚实的基础。

三、在人类学、民族学、民俗学、历史学方面的贡献

冯汉骥先生作为著名的人类学家，运用西方现代人类学的理论方法研究古代文献记载的中国亲属制材料，“在继承摩尔根研究成果的基础上进一步发展了关于中国亲属制的理论”。20世纪30年代以来，冯汉骥先生在国内外先后发表了*Teknonymy as a Formative Factor in the Chinese Kinship System*（《作为中国亲属制构成部分的从子女称》）、《由中国亲属名词上所见之中国古代婚姻制》等论文。其中最具代表性的是其博士学位论文*The Chinese Kinship System*（《中国亲属制》），1937年用英文在《哈佛亚洲研究学报》（*Harvard Journal of Asiatic Studies*）发表后，有评论说，该文“不仅（对）研究中国亲属制具有开拓性的

意义，在世界人类学研究方面也具有很高的学术价值”。此后，该文又于1948年和1967年两次以单行本的形式在国外重印，在学术界产生了巨大的影响，成为他在国际人类学界的成名之作。距其首次发表时隔五十多年以后，1989年由徐志诚先生以《中国亲属称谓指南》为名译成中文，由上海文艺出版社首次在国内出版发行。译者在《译后记》中说：“在《中国亲属制度》中，他运用现代人类学把亲属制分为‘描写式亲属制’和‘类分式亲属制’的原理，通过分析亲属制的表层结构——亲属称谓入手，探讨了中国亲属制与婚姻制、宗法制的关系，阐述了中国亲属制的发展轨迹，在当时的学术界产生了较大影响。”写于20世纪30年代的“这部旧著至今仍然是此项研究中最系统、最深入的一部。因此，它的出版现在仍然具有重要意义”。

1951年，成都《工商导报·学林副刊》第二期发表的《评张仲实译本恩格斯〈家族私有财产及国家的起源〉》长文，指出了恩格斯这一人类学经典名著张氏译文中大量的舛误和不准确之处。摩尔根人类学名著《古代社会》一书，国内早有杨东蓴、张栗原二先生的合译本流传，因涉及极为专门深奥之人类学内容，如无深厚的人类学功底，翻译至难，故早年译本舛误甚多，有关机构特函请冯先生为之校订，后于1957年由北京三联书店出版，1971年商务印书馆再版。此书虽署名杨东蓴、张栗原、冯汉骥三人合译，实为冯汉骥先生之重译本。先生之重译是书，用功至深，除附有长篇《校后记》之外，增加大量注解，对读者阅读本书有极大的帮助。此两项工作属译著，是对人类学研究传播的不小贡献。1949年，冯汉骥先生写成三十余万字的

《人类学》专著书稿，在准备出版时因故而告中辍。20世纪50年代初思想改造时期，由于与欧美人文社会科学理论观点之有关著作一概被视为“资产阶级唯心主义”内容而被纳入批判对象之列，先生遂将书稿付之一炬，铸成学术上之一大损失。

在民族学研究方面，冯汉骥先生在留学美国宾夕法尼亚大学时，就完成了题为*The Lolo of China: Their History and Cultural Relation*（《中国倮倮的历史与文化》）的硕士论文，1938年又与J.K.Shryock合作撰写*The Historical Origins of the Lolo*（《彝族的历史起源》）一文，在《哈佛亚洲研究学报》上发表。留学归国以后，从20世纪30年代后期开始，冯汉骥先生便着手对西南少数民族进行全面系统的深入研究。为了实现对西南民族做全面系统的深入研究的宏伟计划，从1938年开始，他亲至松、理、茂等地做实地考察，同时又组织人力对西南方志及其他四部文献进行广泛系统的清理，将其中有关西南民族的记载收集起来。由于后来抄录的几大箱材料在20世纪50年代初不幸散失，使这项工作未能完成，但就已做的工作而言，也是成绩斐然。诚如1942年初《杂说月刊》编者在发表《倮倮与东爨》一文时所加的按语所说：“冯汉骥先生是国内知名的人类学、民族学专家……最近对西南民族问题曾作［做］系统的研究，《倮倮与东爨》是当中的一小部分，极富学术的价值。吾人希望因此而引起国内学术界对此问题之密切注视和深刻研究。”先生撰成的大量有关论著，除了20世纪三四十年代发表的《彝族的历史起源》《倮倮与东爨》两篇外，由于众所周知的原因，绝大部分都没能发表。他的遗稿，如《西康民族总论》《倮倮与夜郎》《黑夷与白夷》《僰倮与水田》《笔摩之祖师比什姆拉子》《毕摩之方术》《番族文化总说》《西藏帝系谱》《西藏六十年大事记》等，数量不少，所论包括彝族、羌族、藏族（番族）以及苗、瑶、侗、傣等族在内，有关“农业”“畜牧”“饮食”“屋宇”“陈设用具”“衣饰”“社会生活”“阶级制度”“奴隶制度”“家庭组织”（“农民之家庭”“贵族之家庭”“商人之家庭”等）、“文字”“宗教与神话”“器用”“饮食”“社会阶级”“宗族及家庭”“妇女之地位”“婚姻”“生育风俗”“节令”“娱乐”“丧葬”等诸多方面的内容，材料丰富翔实，论述具体，有不少独到的见解。2001年，四川大学考古专业创建四十周年暨冯汉骥教授百年诞辰纪念之际，笔者整理发表的《松理茂汶羌族考察杂记》《川康明清土司官印考》两篇论文，就是其中保存较为完整的部分，其余大多残缺严重，已难整理面世。

在民俗学方面，冯汉骥先生也曾做过专门的田野调查并有论著问世，如1935年在国外与J.K.Shryock合作发表的题为*The Black Magic in China Known as Ku*（《以蛊著称的中国黑巫术》）的论文；1950年，又发表*Marriage Customs in the Vicinity of I-chang*（《宜昌附近的婚姻习俗》），即系这方面的部分成果。1948年，在法国巴黎召开的国际民俗学会上，冯汉骥先生被推选为终身会员，并被特函邀请赴会，后因故未能成行。

在历史学方面，1953年，学界发现了珍贵的原巴县旧档案，冯汉骥先生认为其价值重大，并立即派人将其运回西南博物院保护起来。1954年，冯汉骥先生组织人员对这批档案进行了两次初步清理工作，整理出从清乾隆时期至抗战前的档案，数量10余万件之巨，为近现代史研究提供了极为重要的档案资料。

鉴于冯汉骥先生在人类学、考古学等方面所取得的成就和贡献，1950年他被法国科学院推选为外籍院士（后因战争而未与对方保持联系），1957年他受聘为中国科学院考古研究所学术委员。

四、在文化遗产和博物馆学方面的贡献

20世纪50年代新建宝成铁路，最初规划设计的线路非常靠近广元千佛崖和皇泽寺唐代摩崖造像，后经冯汉骥先生多次争取、反复说明，为保护珍贵文化遗产，宝成铁路改线。

西南博物院（1951—1955）是今中国三峡博物馆的前身，在当时是面向整个西南地区的大型综合性博物馆。冯汉骥先生先后担任西南博物院筹备委员会秘书、西南博物院副院长，同时还兼任西南博物院陈列部主任、自然博物馆筹备处主任等职务，除考古调查与发掘外，在文化遗产保护、藏品管理、陈列与展览等方面颇费心力，他为西南博物院的筹备、成立以及发展做出了巨大的贡献。

冯汉骥先生在西南博物院工作期间，十分注重藏品的征集与管理工作。成立之初的西南博物院藏品数量为32000多件，到1955年底，藏品数量增加了45%。他尤为注重通过考古调查与发掘活动来充实藏品，如他曾主持的冬笋坝和宝轮院船棺墓地、羊子山遗址考古发

掘，为西南博物院补充了大批文物，其中不乏珍品，如冬笋坝墓地出土的战国巴蜀符号青铜钺、羊子山汉墓出土的“盐场图”等画像砖、陕西阳平关出土的汉“朔宁王太后玺”金印等。

先生注重对院藏文物的清点、登记、鉴定、估价、编目、入藏等工作，多次组织藏品清点、整理工作，要求严格按程序进行，规范操作；主持制订了一系列藏品管理制度，使藏品管理逐渐“科学化”；开展较大规模的文物鉴定活动，为藏品定级收藏打下了良好基础。

西南博物院的成立即是以筹备“西南区文物展览会”为标志而拉开帷幕的，先生亲自撰写参展文物的说明，于1951年10月初推出西南博物院的首个展览——“西南区文物展览会”。该展览会包括“从猿到人展”“历史文物展”“革命文物展”“陶瓷展”“书画展”“民族文物展”和“成渝铁路出土文物展”7个展览，展出各类文物与民间工艺品共3000余件，参观者踊跃，获得极大成功。1954年，西南博物院参与了在北京举办的“全国基本建设工程出土文物展览”，展出了西南大区基建出土的各类文物600余件，反响很好。先生为筹备此次展览亲自挑选文物、制订展览大纲，数次开会讨论、修改方案。

五、在图书馆学方面的贡献

冯汉骥先生早年毕业于武昌文华大学图书馆科，1924年至1929年在厦门大学图书馆任职。任职期间，他狠抓厦门大学的图书资料建设，1928年该馆藏书量达5万册，约为1924年的1.5倍。他重视社会知名人士与华侨的图书捐赠、图书馆的功能分区完善工作，如在阅览室辟出学生阅览室、教员研究室、阅报室，以及成绩教材陈列室等。他积极参与策划筹建新馆舍。1929年初，华侨曾江水先生捐助厦门大学兴建新图书馆，冯汉骥先生获悉后即行筹划并聘专家设计图案，寄至新加坡呈陈嘉庚校董审阅。设计图案定馆舍为二层楼房，内仿美国哈佛大学商学研究院图书馆之布置，外部为中国建筑式样，借以提高中国学术，发扬中国文化。他重视参与国内外的图书馆界协作交流，以提高水平，扩大影响。正是冯汉骥先生卓越的工作，为厦门大学图书馆后来的迅速发展打下了良好的基础。

1928年至1929年，冯汉骥先生任湖北省立图书馆馆长，期间主持编写了《湖北省立图书馆图书目录》（第一期）一书；赴美国哈佛大学留学期间，他与裘开明、于震寰先生合作编撰的《汉和图书分类法》（*A Classification Scheme for Chinese and Japanese Books*，1943）一书，所提出的分类法至今为哈佛大学燕京图书馆及美国大部分图书馆所沿用。

六、人才培养

冯汉骥先生先后在华西大学、四川大学任教，担任西南博物院、四川博物馆等研究单位的领导职务，为中国的考古学人才培养做出了重大贡献。1952年至1955年，中央文化部文化事业管理局、中国科学院考古研究所以及北京大学联合举办了四届全国考古工作人员训练班，冯汉骥先生先后派出十多名西南博物院职员参加培训班，其中很多后来都成了业务骨干，如董其祥、于豪亮、王家祐、沈仲常等先生。特别是他在挚友——著名古文字学家、历史学家、考古学家徐中舒先生的共同努力下，在1960年创建了四川大学考古学专业，招收本科生和研究生。四川大学考古学专业已于2020年10月在他所奠定的基础上发展成为考古文博学院，培养了一批又一批的专业人才，分布全国各地。亲聆先生教诲的学生和再传弟子，在不同方面继承和发扬冯汉骥先生的学术传统，有不少已成为西南考古、汉唐考古、西藏考古、宗教考古等方面的学术骨干和具有学派特色的国内外知名学者。

附记：本文系在张勋燎所撰《冯汉骥》一文（王巍主编《20世纪中国知名科学家学术成就概览·考古学卷》，第一分册，科学出版社，2015年，第90—99页）基础上增删而成，其中新增冯汉骥先生在文化遗产和博物馆学、图书馆学等方面的贡献，主要参考了夏伙根先生所撰《冯汉骥先生与西南博物院》（《长江文明》第八辑）、朱立文先生所撰《冯汉骥先生与厦门大学图书馆结缘》（《上海高校图书情报工作研究》2010年第1期）两文，特此说明并致谢！

整理说明

一、冯汉骥先生公开发表学术论文56篇，出版专著6部。本《全集》收录论文52篇，专著6部。若中英文版本皆有者，则两者皆收。

二、此外，冯汉骥先生尚留存七千多页手稿，内容涉及人类学、社会学、地理学、民族学、考古学等，因残缺过多，整理不易，故未收入。

三、《全集》分为《考古学和历史学》《人类学》《图书馆学》三部分。各卷首列专著，次列论文；中文在前，英文在后；每一类下再按研究对象的时代早晚（而非刊发年份的先后）或研究主题的不同加以排列。冯汉骥先生1939年夏天所写的《川康科学考察团日记》，因多涉及民族学方面的内容，亦收入《人类学》卷。

四、部分论文引用古代文献、专书、期刊论文，既未添加书名号，亦未采用其他符号加以标记。整理者按现行习惯，统一添加了书名号。

五、因刊发年代有异，各刊物体例不尽一致，今对全书引文注释体例做了统一。

六、对部分照片模糊不清、效果不佳者，采用了其他书中更为清晰的照片或者他人拍摄的清晰照片，予以替换。

七、对图号、图名不清者，整理者添加了图名、图号。

八、本《全集》收录之论文、专著，除个别明显的排版错误外，一般不作更改，力求最大限度保持原稿旧貌。原书勘误表，在正文中径改。对有时代特征和特定含义的繁体字，则予以保留。

九、本《全集》所持的学术观点，整理者一仍其旧，整理者不因时代变迁而曲学。

目录

四川船棺葬发掘报告

第壹章 总 叙......3
第贰章 墓葬总说......14
第叁章 铜、铁器......45
第肆章 陶 器......81
第伍章 竹、木、漆器及杂物......101
第陆章 推 论......107
图 版......123
附 录......169

前蜀王建墓发掘报告

壹 永陵的发现及发掘......207
贰 地理环境......211
叁 陵台的外形及建筑......216

肆 墓室的建筑......220
伍 木 门......229
陆 前 室......239
柒 中 室......241
捌 棺 椁......268
玖 棺中随葬器物......276
拾 中室内其他出土物......295
拾壹 后 室......300
拾贰 玉 册......330
后 记......341
The Royal Tomb of Wang Jian of the Former Shu......343
彩色图版......349
图 版......351

考古论文

关于“资阳人”头骨化石出土的地层问题......443
关于资阳人头骨化石问题......449
成都平原之大石文化遗迹......455
记广汉出土的玉石器......462
四川彭县出土的铜器......478
岷江上游的石棺葬......498

关于“楚公冡”戈的真伪并略论四川“巴蜀”时期的兵器......539
四川古代的船棺葬......548
云南晋宁石寨山出土文物的族属问题试探......586
云南晋宁石寨山出土铜器研究——若干主要人物活动图像试释......626
云南晋宁出土铜鼓研究......654
西南古奴隶王国......683
四川的画像砖墓及画像砖......694
论盘舞......713
成都万佛寺石刻造像......726
记唐印本陀罗尼经咒的发现......734
相如琴台与王建永陵......745
驾头考......760
前蜀王建墓内石刻伎乐考......789
王建墓内出土“大带”考......824
前蜀王建墓出土的平脱漆器及银铅胎漆器......834
论南唐二陵中的玉册......843
自东西文化的交流上看敦煌艺术......860
敦煌石窟与流沙坠简——边疆问题讲座之三......865
元八思巴蒙文圣旨碑发现记......870
川康明清土司官印考......877
THE MEGALITHIC REMAINS OF THE CHENGTU PLAIN......900
UNEARTHING AN UNKNOWN CULTURE......914

WAR EXCAVATION REVEALS TOMB 925

DISCOVERY AND EXCAVATION OF THE YUNG LING 永陵,

THE ROYAL TOMB OF WANG CHIEN 王建 847-918 A. D. 927

历史学

禹生石纽辨.. 947

自《商书·盘庚》篇看殷商社会的演变.. 972

四川与西南之古代交通.. 993

明皇幸蜀与天回镇.. 998

跋吴三桂周五年历书.. 1007

略论玉蜀黍、番薯的起源及其在我国的传播.. 1009

《藏书绝句》的著者.. 1022

四川船棺葬发掘报告

据文物出版社1960年版

第壹章

总　叙

一　发现及发掘经过

船棺墓是1954年在四川省昭化县宝轮院和巴县冬笋坝同时发现的一种墓葬。宝轮院的墓葬群是在宝成铁路修建工程中所发现，冬笋坝的墓葬群则是在砖瓦厂取土造砖时所发现，两地虽相去千余里，但墓葬的性质则系同一类型的，只是冬笋坝所历的时间较久，范围也较大。

1952年在成渝铁路通车之后，接着就修建宝成铁路，经过地区多是四川境内古代文化的重点地带。当时前西南文化局和四川省文化局为了保护沿线的文物，便联合了有关机构组织了宝成铁路文物保护委员会，其下设宣传、技术两组，宣传组负责宣传党和政府的文物政策和保护法令，技术组负责清理出土文物。这样，就在沿线文物的保护工作中起了极重要的作用。

1954年6月，筑路工程在昭化县宝轮院街镇后发现了一个墓葬群，当即通知技术组进行清理，参加清理工作的先后有：石光明、杨有润、于豪亮、沈仲常、熊洪淮、张彦煌、陈久恒、罗恒光、戴福生、冯汉骥等。工作开始于六月中旬，七月中旬结束。出土的全部文物均运重庆前西南博物院进行整理。

1954年5月间，前西南博物院（现重庆市博物馆）在收购古旧铜器时，发现其中有一般所谓“巴蜀文化”的兵器，当时即引起该院的注意，多方了解和探询，始悉此类兵器系出土在巴县铜罐驿，当即派遣专人前往详细调查，得知出土的地点在铜罐驿上游约2公里的冬笋坝，是在砖厂取土烧砖时发现的。据当地工人传说，在开始掘出这些铜器时，以为系无用之物，一部分为收购废铁的收去。

经过详细调查研究以后，认为有进行清理的必要，于是配合造砖取土工程，于1954年7月开始第一次发掘，又于同年11月作第二次发掘。其后因欲解决船棺墓研究中所发生的若干问题，又于1955年6月及1957年6月作了第三次和第四次的小规模发掘，一共清理了墓葬八十一座。前后参加发掘的有王家祐、唐淑琼、余德章、杨有润、李季芳、李成智、李世芸、陆德良、赖有德、熊洪淮、徐君熙、罗恒光、戴福生、冯汉骥等。在发掘工程中，砖瓦厂的党领导和全体职工给了我们以极大的支援，使我们在工作中获得了极大的便利。

二　墓葬区的地理概况

巴县冬笋坝和昭化县宝轮院的船棺墓，基本上是一个类型的墓葬，时代也大体相同，所以将它们合并整理，借以说明这一特殊墓葬的性质。至于狭长坑墓（木椁）在两处也大都是同一类型的，仅在时代上一般较船棺墓为略晚，有的可能与船棺同时。至于长方坑墓和方坑墓，一般都是西汉时期的墓葬，晚者可能延至东汉初年，它们与前二者也有一定的先后承袭关系。砖室墓则全为东汉时期的墓葬，但为数不多。

这五类墓葬的先后顺序，可以部分地说明这一地区在大约三百余年（自战国末期至东汉初年）间政治、经济或文化演变的大概（当然不是全面的）情况。兹在论及墓葬的形式以前，先将两地（冬笋坝和宝轮院）的地理环境略为叙述。

1. 冬笋坝墓葬区

冬笋坝在重庆市以西60公里，铜罐驿街镇西北2公里，位于长江的北岸，长江流经此地时转向东北，故冬笋坝两面濒江，形势上略为突出。对岸为猫儿沱与江口场，江口系綦江与长江合流处（图版一）。

冬笋坝为长江北岸的一个冲积地带，西面背山，东北有一小溪流。其地原无街镇，现在的街镇系成渝铁路通车后所新建。

此地区的地层，自发掘及江岸显露的断层上看，上层为黄色粘土，深约4米到5米不等，土质细而粘性强，可以制造砖瓦。粘土下为黄沙土层，厚度亦约有3—4米，再其下则为卵石夹砂层，愈往下则卵石愈多而愈大。墓葬均葬在黄色粘土层内，很少有下及黄沙层的。墓葬均在靠江岸约100米以内的地段内，再向内去则未发现有墓葬。发掘的主要区域，为现冬笋坝街镇后长约70米、宽约40米的一块地段上，此地段较全坝地面略高，居全坝的中央而略偏北，故称之为“中区土台”（图版二、三、六）。此外，在坝的边缘地带亦发掘了一些零散墓葬，而以原砖瓦厂东侧大水池旁为多（地图一）。前后四次的发掘共清理了墓葬八十一座，编号至八十五，其中包括空号一个（冬82），空坑三个（冬38、44、45），其中空无一物，亦无埋葬的痕迹。又残墓十三座（冬M15、M17、M19、M21、M22、M23、M24、M25、M27、M28、M40、M79、M81），因皆仅留存极小一部分，且残破过甚，故均未列入本报告之内（插图1、2）。

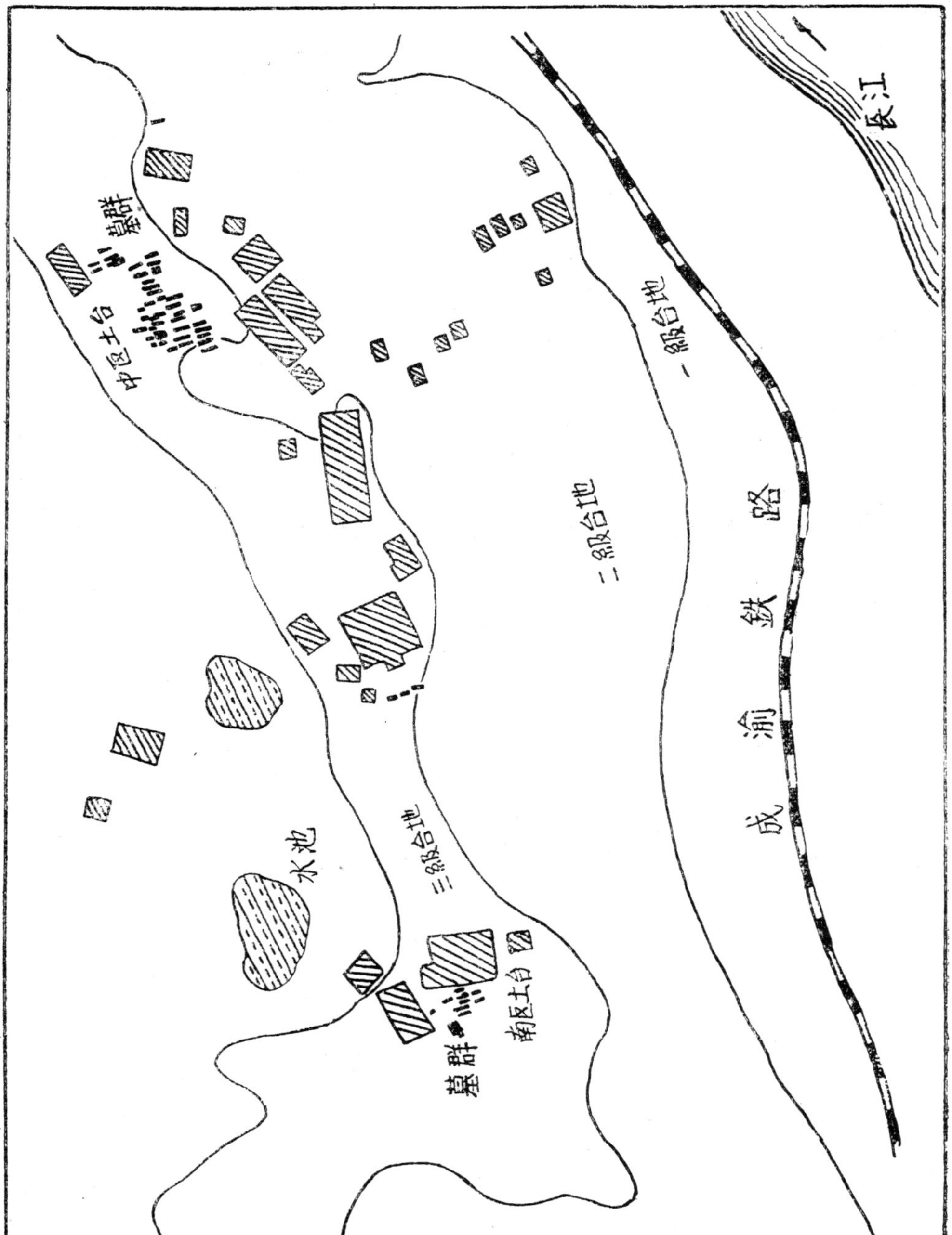

地图一　冬笋坝地形图

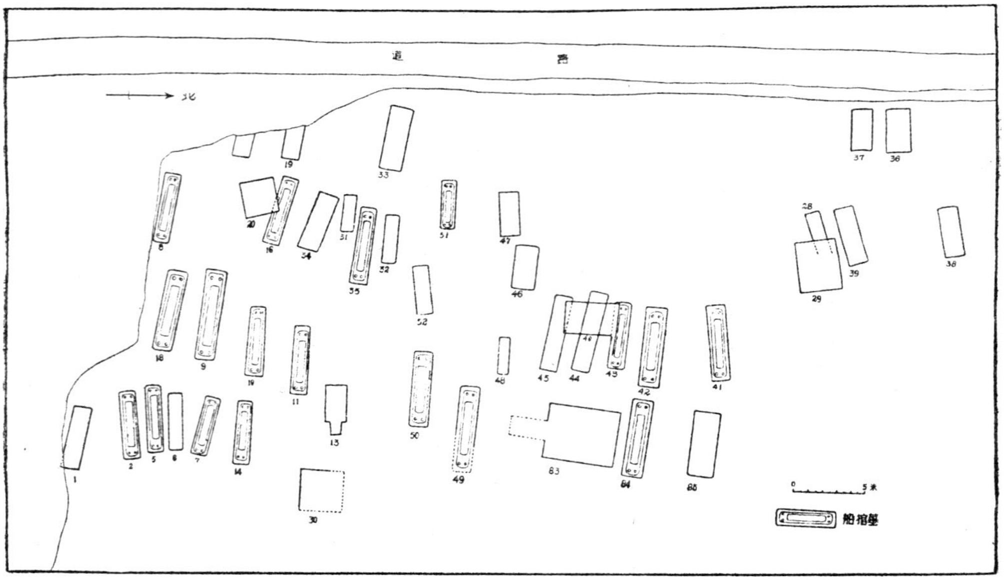

插图1　冬笋坝中区土台墓葬分布图

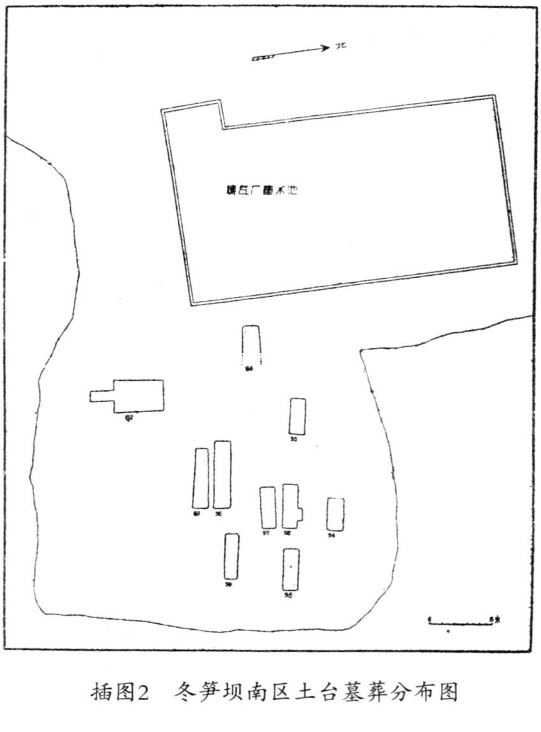

插图2　冬笋坝南区土台墓葬分布图

2. 宝轮院墓葬区

宝轮院为原昭化县人民委员会所在地（昭化现已与广元合县），西距剑门关30余公里，东北距广元县城约25公里，东南距昭化县旧城约10公里，川陕公路及宝成铁路均从此经过，为一交通要道。宝轮院之名不知起于何时，但据《四川通志》及《昭化县志》，其地原系旧昭化县的一个乡镇，宝轮院系由一寺院而得名，但寺宇今已不存。现街镇面临清江，后背高山，清江自白田坝以下，河谷开朗，经宝轮院流至安昌坝与白水河合，白水河流至土基坝时合于嘉陵江。自宝轮院以下，地势广阔平坦，为此一区域内较宽广的河谷地带。自宝轮院西南望剑门山、白卫岭及牛头诸山，气势雄伟，为此一区域内的形胜之地（图版四，地图二）。

墓葬遗址在宝轮院街镇后靠西约半公里的一个河阶台地上，此系一种三级河阶，墓葬在第二级及第三级之上。这一河阶，东西长约340米，南北宽约140米，当地人称之曰坪上。东头与西头有两条小溪沟，将其与其它河阶台地隔断。铁路路基须从河阶的三级及二级之间下掘4—5米，正象开了300多米长，五六米宽的一条大探沟，路基内的墓葬全部被显露出来了。土质为黄色粘土，其深度至少在6米以上，当时因恐影响路基，未予探掘，故黄色粘土以下的情况不明。墓葬均葬在此种粘土之中（图版五，地图三）。

坪上共清理了墓葬十五座，其中九座为船棺墓，四座为木棺墓，其它二座残破过甚，葬具不明，亦可能为船棺墓。（坪上所清理

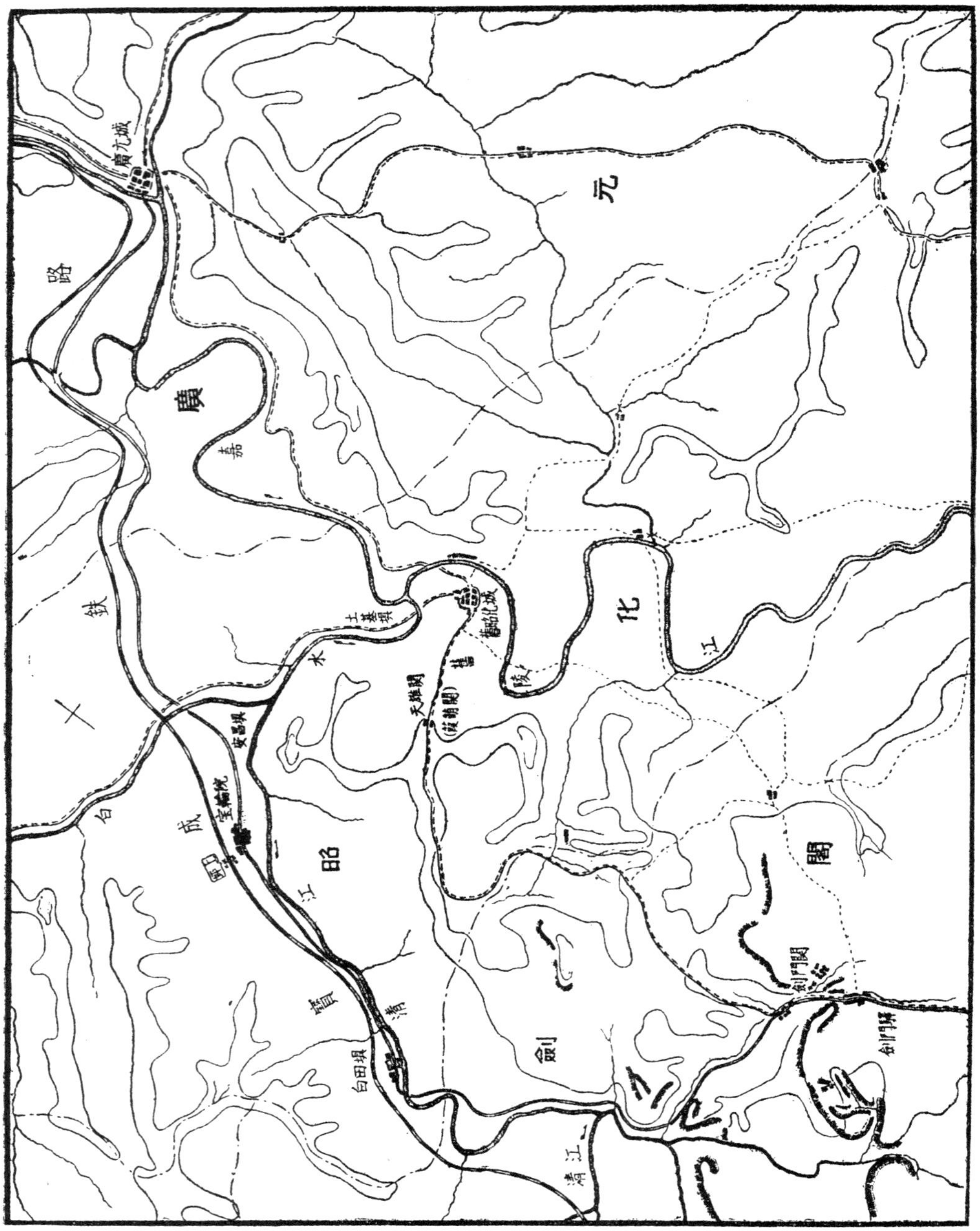

地图二 昭化县宝轮院地形图

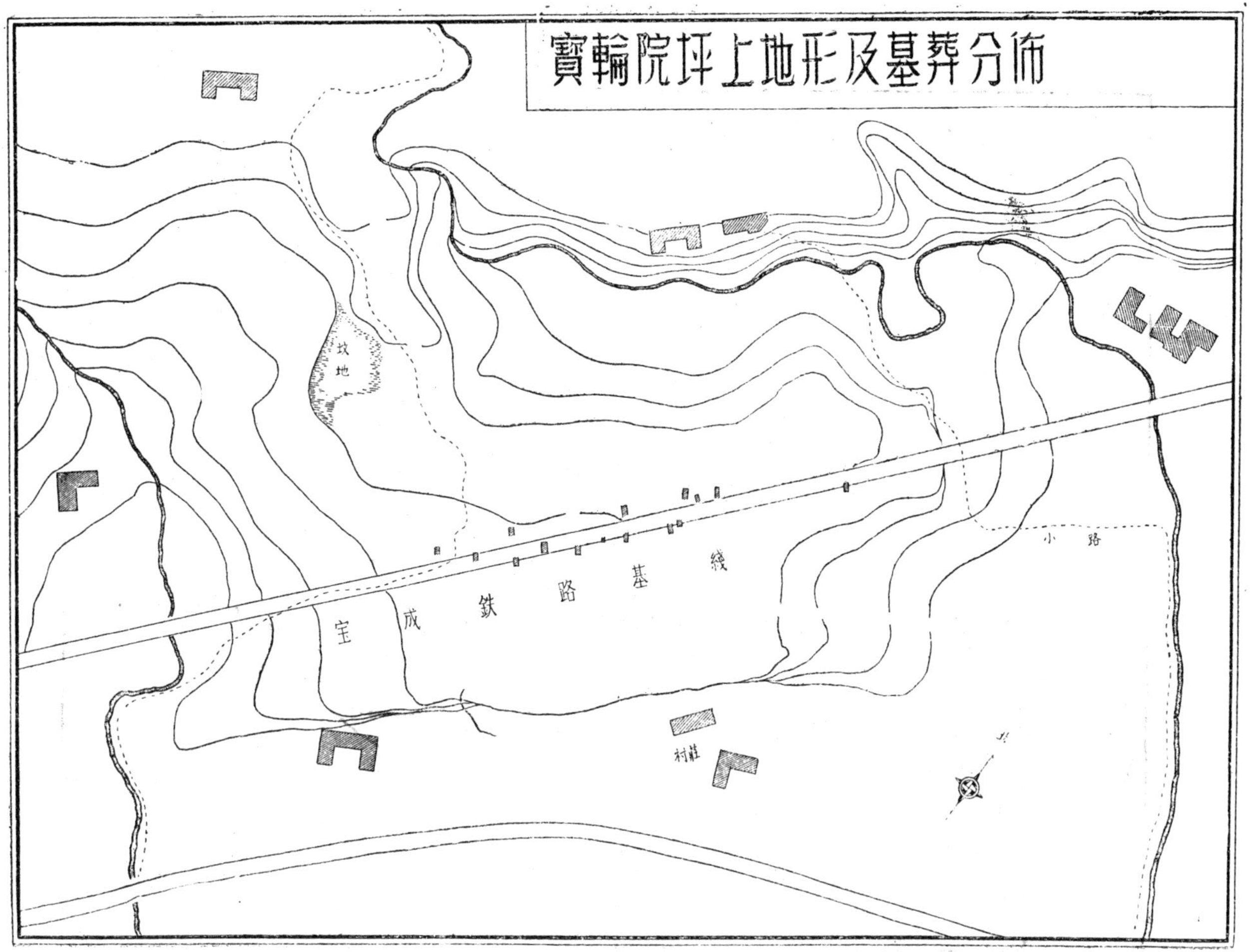

地图三 宝轮院坪上地形及墓葬分布图

的墓葬，其墓坑已大半在筑路中先行掘去，故不能以坑的形制来推断，只能看船棺的有无来决定，故将此二座列入狭长坑类中。）此外尚有在工程中掘出的船棺两具，此两具船棺保存极为完整，在清理前已完全显露，殉葬物品已早被取出，仅收集到少数铜器，故未列入清理的墓葬之内（图版一三）。此外又在宝轮院街镇北首（距坪上约半公里）县联社房基下清理了木椁墓一座，编号为宝M16，性质和年代大体与坪上的木椁墓相同。

在两处墓地的地面上——冬笋坝和宝轮院——均为农田，冬笋坝的一部分为旱田，一部分为果园；坪上的则为水稻田，其上均无任何标识。在当初墓上是否有标识，如封树或立石等类，已无法推知。以墓葬的密集而不互相打乱来看，在当初或者是有标识的，不然，墓葬如此密集，在先后入葬时不能不稍有打乱。以冬笋坝情况来看，纵然当初有标识，但这种标识到了西汉后期时似乎已经不存在了，因为有方坑墓打乱前期墓葬的现象。

三 关于“船棺葬”的名称

关于“船棺葬”这一名称，在此亦须略为说明。它是从一种特殊葬具而起的。在调查冬笋坝的墓葬区之初，当地工人们告以“中区土台”东边断层下出有“油榨”一截，经调查后，认为系一大独木舟，当时推测以为系当地长江上古代的一种交通工具，固未疑其为一种葬具。当地工人以其形似土法榨油的木榨，故有“油榨”之称（此即后来编号之M12，为冬笋坝船棺保存之最完整者）。后来在宝轮院发现有多数的墓葬都是以独木舟为葬具，因而联想到冬笋坝的情况也大概是如此。当时以他处的“船葬”为例，因呼之为“船棺葬”。不过这一名称是不一定完全适当的。固然有一些墓葬系直接葬入挖凿的独木舟中的，但也有一些是在舟中另置小棺以殓尸体，实际上“船棺”则变成为“船椁”了。不过我们尚无一较确切的名称来称呼这一特殊的葬具，而“船棺”之名已为大家所熟闻，故仍以“船棺葬”称之。

至于“狭长坑”墓、“长方坑”墓以及“方坑”墓等名，也不过取“坑形”而命名，仅为名称上的方便。而最主要的则是它们里面所包含的特点，但在另一方面，实际上此一区域的墓葬，在“坑形”的演变上也是具有上列的顺序的。最早者为船棺墓，次为狭长坑，再次坑形逐渐加宽而为长方坑、近方坑，最后而为正方坑。除少数狭长坑可能为船棺墓外（因葬具全朽不能肯定其葬具的形制），其它均可能为木椁，此中的葬具，仅宝轮院的少数墓葬的葬具保存较为完整外，冬笋坝绝大多数墓葬的葬具均朽腐无存，或仅存痕迹。今将此数类的墓葬合并整理，一则它们之间有着互相承袭的关系，由之可以看出此一地区物质文化发展的一些情况；再则，在推测船棺墓的时代上也有帮助。

第贰章

墓葬总说

一　船棺葬墓

在冬笋坝和宝轮院共发掘了船棺墓三十座，计冬笋坝二十一座，编号为：冬M2、M3、M4、M5、M7、M14、M18、M9、Ml0、M11、M8、M16、M35、M51、M43、M42、M41、M84、M49、M50、M12。就中冬M12在中区土台东面坎下，冬M3、M4在中区土台东南稍下，其余均在中区土台上（插图1）。宝轮院的九座墓编号为:宝M1、M3、M5、M6、M8、M11、M12、M14、M15。以分布言，宝Ml、M3、M5、M6等墓靠路基的北边，宝M8、M11、M12、M15等墓则靠路基的南面，宝M14则约当路基西端正中（地图三）。

以葬具保存的情况而言，在冬笋坝者以冬M12保存得最为完整，不过此墓在取土造砖时已挖残一半（图版七，1；插图3）。冬M9、

M50、M42、M41等的船棺尚大部分或部分保存（图版七，4，插图4—7）。其它只能由墓坑的形制和殉葬品的种类及其在墓中排列的方式来推断。宝轮院的九具船棺墓的葬具大部分存在，而尤以宝M11、M12、M14、M15等保存得较为完整。此外尚有在工程中掘出的完整的船棺两具，因殉葬品早已被取出，故未计算在内，仅作叙述葬具时参考（图版一三，插图8—11）。

兹将两处的船棺墓综述如后：

墓坑 船棺墓的墓坑均为直下竖穴式，因两处地面保存的情况不同，将其分述于后。

冬笋坝墓区地面的土层，据当地的工人们所说，已被取土造砖时取去3米余厚，故墓坑仅存留了最下的一部分，平均仅深半米左右，其中所留最浅的仅30厘米（如冬M1，见图版一四，1），最深的为1.68米（如冬M49），所以墓坑的上部情形不明。墓坑的纵长平均为5米左右，其中最长的达6.64米（如冬M9，见图版七，4），最短的4.25米（如冬M7，见图版一四，4）。横宽为1.10米左右，最宽的可达1.60米（如冬M42），最狭的仅0.95米（如冬M11，见图版一五，4）。墓坑两端的宽度有时亦不一致，但差数一般仅在10厘米上下，其中差数最大的为冬M18，墓全长5.95米，东端宽1.32米，西端宽1.50米（插图12）。大概在埋葬时先掘一狭长形土坑，长宽则比照船棺的大小而掘之，每一次所掘并不一定十分方正，仅取其能容棺而已，所以墓坑在测量上的少数差数，并不十分重要，只取其大体的形制而已。

有少数墓坑底部有二层台的痕迹，如冬M5（图版一四，2，插图13），南边有二层台一道，宽10厘米，高98厘米，长与坑同。冬M8亦有相同情况，但稍矮（插图14）。冬M9南北边均有宽12厘米、高25厘米的二层台，长与船棺相等。此种近似二层台的坑底，其用意不甚明了，因船棺葬似不需要这种二层台。其它墓坑均系平底，未见此种二层台的痕迹。

墓坑掘成以后在下葬之前，坑底似无其它准备工作，但在比较晚期的墓葬中，墓底铺有一层薄薄的土红色土，类似红赭石末，棺底上铺一层白色泥（如冬M50）。墓中的填土，一般均系以坑中掘出的土复行填入，故填土的颜色与墓坑四壁土质的颜色完全一致，亦未经打夯，故较为疏松。但有个别墓中填土似曾经夯打（如冬M35），但夯迹不明，此亦为比较晚期的现象。

在下葬时，葬具大概是悬吊而下，各船的两端各凿大孔二个，此等大孔，想为系绳下葬之用。因系悬棺下葬，故墓坑仅较棺形略大，将棺下坠时亦较为容易。在复土之前，船棺上盖木板一层。

冬笋坝有十一座未有保存船棺痕迹的墓葬，但可依据墓坑的形制来加以推断。船棺墓的坑形大都与船棺的形状略似而稍大，而两端有1米左右的隙地，其中不置任何殉葬物品。此等隙地即系船棺两端腐坏后所留下的空隙。（实际上因船棺两头上翘，所蚀木痕亦上斜于填土中，在墓底平面图上则仅见船底身而两端形成空隙。）我们认为此系一种比较合理的解释，因古人挖掘墓坑，如不是实际需要的话，想不会掘成如此狭长以空其两端而不用。此不过为我们推断一个墓葬是否为船棺的根据之一。又在发掘过程中，发现有墓坑两端隙地土层中有上翘的朽木痕（如冬M49），亦可说明是船棺两头朽烂后所遗下的痕迹。

宝轮院墓坑的纵长尺度不甚清楚，因墓坑在筑路时大半已被挖去，所余下的仅葬具未动。据路基陡壁上所保存下少数墓坑残壁看来，墓坑的形制与冬笋坝的相同，即墓坑的大小与船棺的形状相等而略大。坑深在2.5米至4米之间，也与冬笋坝所估计的深度相近（图版一二，2）。不过宝轮院的葬具均大体上保存良好，纵有少数朽腐的，亦可看出船棺的轮廓。

两处墓坑内均无排水沟道，在原粘土中掘成这样的深坑，其中最易积水，此或者为部分葬具能够保存到现在的原因之一。

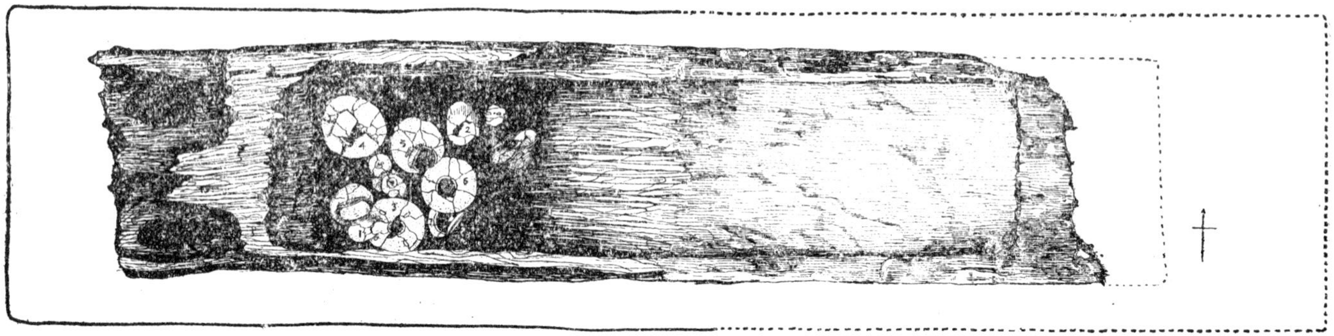

插图3 冬M12平面图

长600、宽140、深155厘米 1. 铜甑 2. 铜鍪 3. 四耳陶壶 4—6. 陶罐 7. 陶盂 8—21. 陶豆

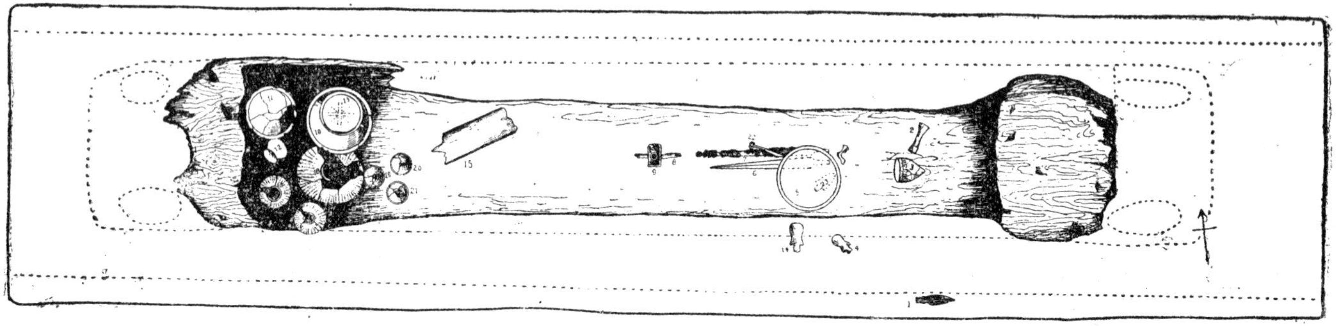

插图4 冬M9平面图

长664、宽149、深58厘米 1. 铜矛 2. 铜斤 3. 胄顶 4、14. 铜钺 5. 铜盘 6—8. 铜剑 9. 漆盒内装小环 10、13. 铜甑 11. 铜釜 12. 铜鍪 15. 筒瓦 16、17. 陶罐 18.大陶罐 19—21. 陶豆 22. 铜削 23. 铜戳

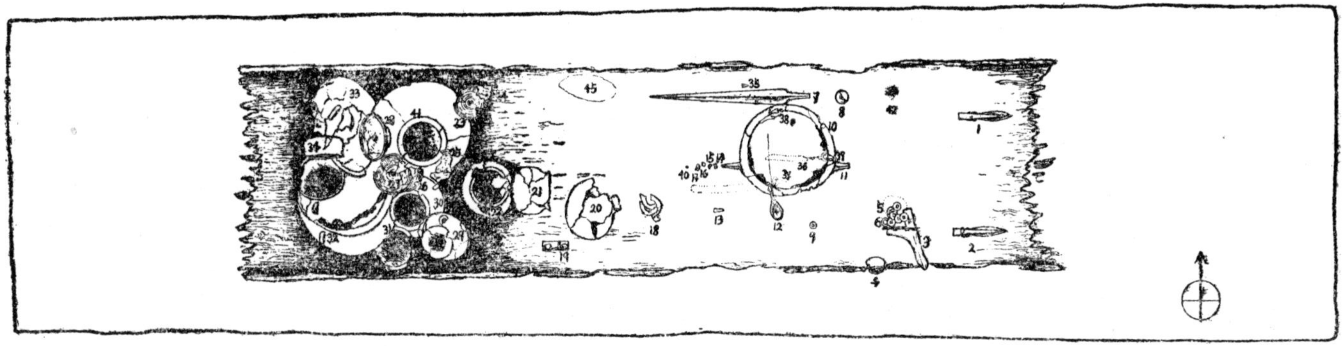

插图5　冬M50平面图

长500、宽120、深164厘米　1、2. 铜矛　3. 铜戈　4. 铜钺　5. 半两钱　6、9. 铜环　7、11. 铜剑　8. 玉剑首　10. 铜盘　12. 铜带钩　13. 尖形铁物　14—17、39、40. 铜印　18. 铜桥币　19. 铜镦　20—22、41、46. 陶罐　23、25—28. 陶豆　24. 铁削　29. 铜鍪　30. 陶壶　31、34. 陶钵　32. 铜甑　33. 铜釜　35、38. 铜镞　36、37. 铜削　42. 金粉痕　43. 篾纹　44. 铁钉痕　45. 漆器痕

插图6　冬M42平面图

长570、宽150、深90厘米　1. 铜钺　2. 铜镜　3. 半两钱　4. 铜带钩　5. 铜盘　6. 铜剑　7. 铜削　8、11、13—16. 陶罐　9、10、12、19、20. 陶豆　17. 铜鍪　18. 铜釜　21. 铁物（斧）

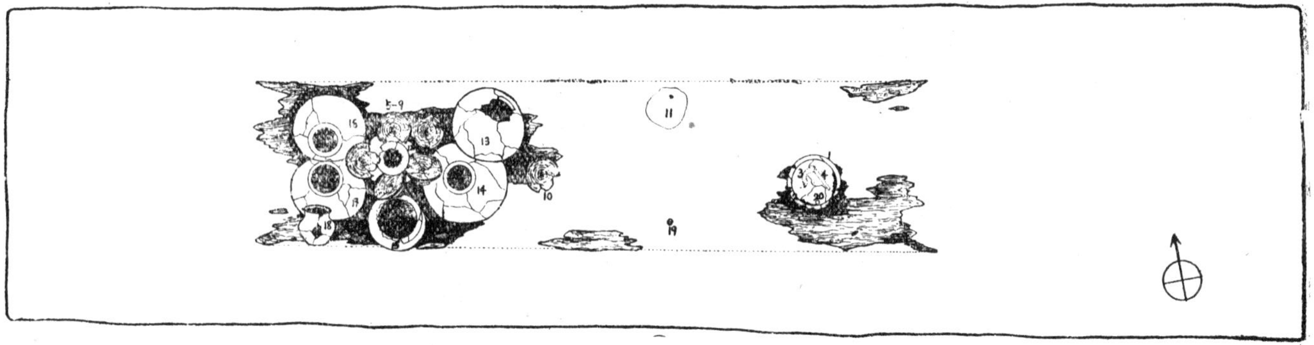

插图7 冬M41平面图

长533、宽：东133、西125、深84厘米 1. 铜盘 2. 有柄铜圈 3. 铜桥币 4. 铜削 5—10. 陶豆 11. 漆痕 12. 铜鍪 13、14、16—18. 陶罐 15. 铜釜 19. 陶纺轮 20. 铜印

插图8 宝M11平面图

1、2. 破陶片 3—9、12、13、15. 陶罐 10. 陶甗 11. 残陶器 14. 残漆器 16、17. 铜削 18. 残铜器片 19.半两钱 20.铜钺 21.陶盘

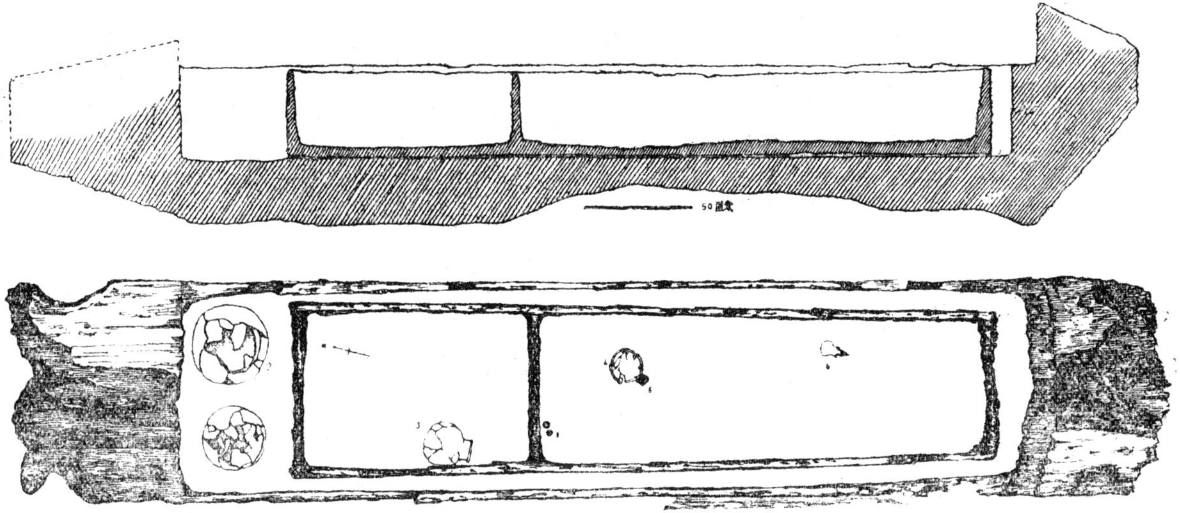

插图9　宝M12平面图

1—3. 陶罐　4. 陶盆　5. 木梳　6. 铜钺　7. 陶纺轮　8. 半两钱

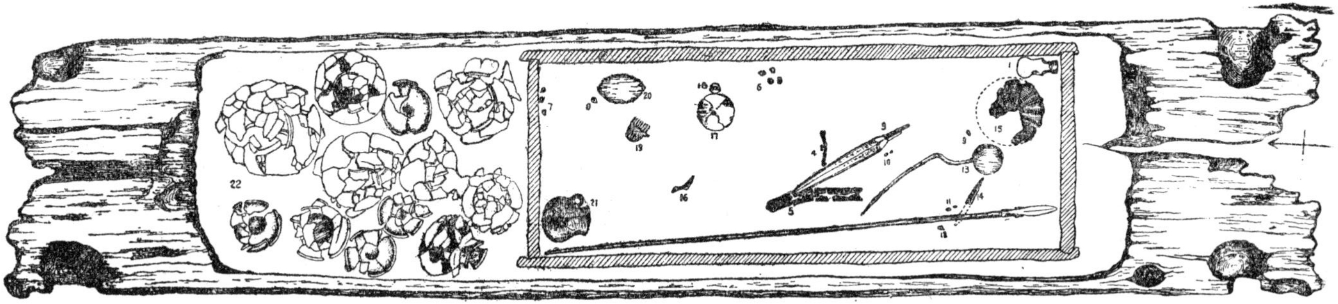

插图10　宝M14平面图

1. 铜钺　2. 铜矛　3. 铜剑　4. 铜带钩　5. 剑鞘痕　6—12. 果核　13、14. 木器　15. 篾编痕　16. 铜削　17、20. 漆器痕　18. 半两钱　19. 木梳　21. 铜鍪　22. 陶器

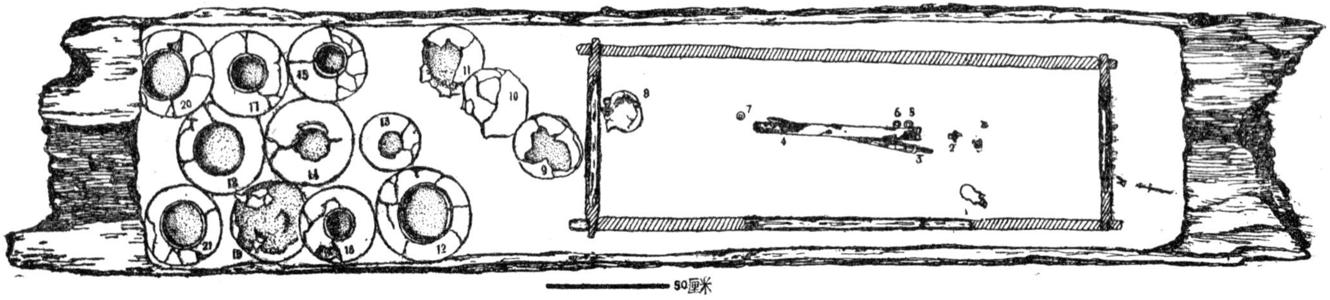

插图11 宝M15平面图

1. 铜钺 2. 剑首（镡） 3. 铜剑 4. 鞘 5—7. 半两钱 8. 铜鍪 9—21. 陶罐

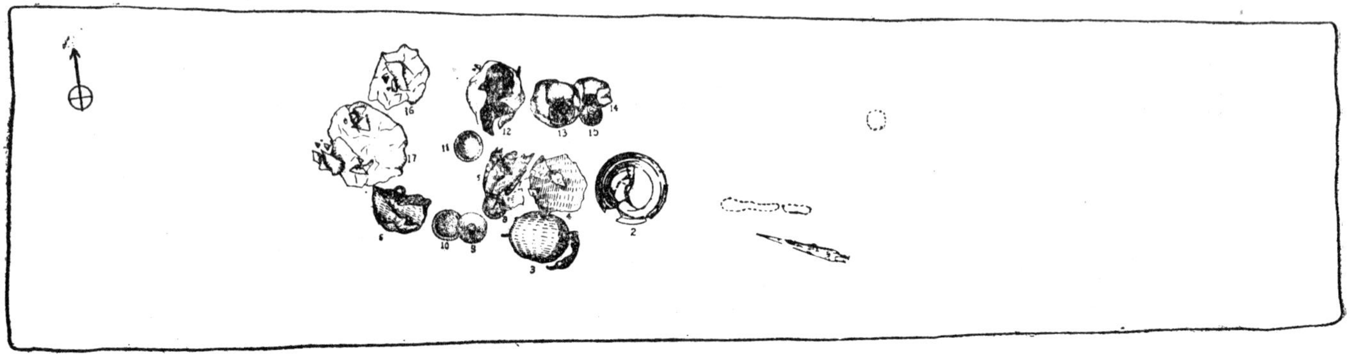

插图12 冬M18平面图

长595、宽：东132、西150、深57厘米 1. 铜剑 2. 铜盘 3、4. 铜甑 5. 铜釜 6. 铜鍪 8、10、11、15. 陶豆 9. 陶盘 12—14、16、17. 陶罐

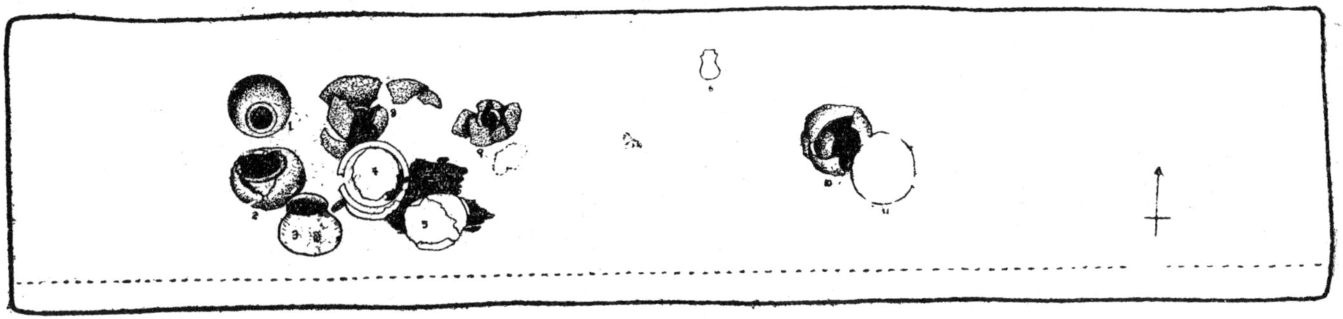

插图13　冬M5平面图

长485、宽106、深76厘米　　1、2、8—10. 陶罐　3. 铜鍪　4. 铜甑　5. 铜釜　6. 铜钺　7. 琉璃珠　11. 铜盘

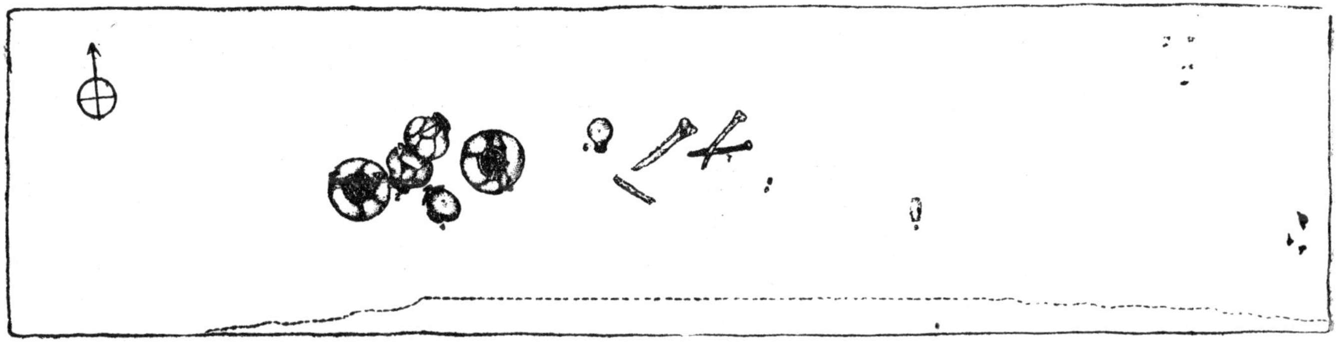

插图14　冬M8平面图

长494、宽118、深48厘米　　1—5. 陶罐　6. 铜鍪　7. 铜削　8.铜印　9. 铜钺

葬具 葬具是这一类墓葬中最特别的东西，其形如一独木舟，故称之为“船棺”。其制作系用长5米多、直径1米多的大楠木一截，依照木形，将其上面削去一小半，使略成半圆形。底部亦稍为削平，使成船底。两端由底部向上斜削，使其翘起如舟之两头。两头形状相同，并在两边各凿一大孔。船身正中一段挖空作船仓，尸体及殉葬物品均装殓于仓中。今据冬笋坝及宝轮院保存七只比较完整的船棺加以实测，平均全长5.30米，宽1.05米；仓平均长3.90米，宽0.86米，深0.38米；船舷厚约0.19米，头尾各长约0.75米。此不过就一般平均数而言，实际上船身当有大小。今若据墓坑来推断，最短的可到4米以下，而最长的可达6米左右（图版七、一一、一三）。

船木表面呈灰黑色，想系久浸于水中所致，但内部则完好如新。仓内有火烧灼的痕迹，大概船仓的挖凿法，是先用火烧再用斧挖凿，如此一层一层的挖凿而成。故船棺两头最厚的部分往往腐朽无迹，而仓的底部反能保存一部分，其原因亦或即火烧后炭化木质的抗蚀作用关系。

船棺在葬式中的用法有两种：一种是将尸体和殉葬物品直接置入船中（如宝Ml和冬M12，见图版七，1，插图3、15）;再一种是在船中另置一木制小棺以殓尸体及随身物品，陶器及铜器则置于棺外仓中（如宝M3、M6、M11、M12、M14、M15，见图版一〇、一一，插图8、9、10、11、16、17）。小棺的制作亦有两种：一种系用一截约2米长的整楠木挖成，作法系将整楠木四面削平使成长方形，再就一面挖凿成长匣形的小棺（如宝M3、M6、M12）。其中以宝M12的小棺为最特别。此小棺由一整截楠木凿成，分成二格，一长一短，长的殓尸体，短的中置一陶罐（图版一一，4，插图9）。再一种系用板作，由底、两端及两侧的六块整板拼合而成，板与板的接合用穿榫，底与周墙的接合，则在墙下底板上起槽以互相镶合（如宝M11、M14、M15，见图版一一，插图8、10、11）。小棺上亦加盖，但腐朽的多，已不能推知其原形。以上仅系就宝轮院的船棺墓而言，至于冬笋坝的船棺内是否有另置小棺的，因保存情况很坏，不得而知，不过从几个墓中物品放置的情形来看（冬M84、M49，插图18、19），陶器、铜容器与随身物品之间界限清晰，尸身可能是殓放在小棺之中。

葬式 所有船棺墓中的人骨架，均已朽腐尽，很少有痕迹，所以尸体于埋葬时在棺中是如何放置，则不得而知。不过从冬M9、M42东首及宝M10、M12船仓南首有人齿痕迹看来，在冬笋坝的墓为西向，即尸体面向西，即面向岸而身背河，有如以船着岸。在宝轮院的与此情况相同，惟墓为北向，因清江系向东流而墓在北岸的缘故。

自船棺中所空余的地位及小棺的狭长形状看来，尸体应系直伸的，但是仰身或是侧身则无从而知了。

从棺中随身物品排列的位置来看，尸体系放置在船仓靠河的一头，剑置于左或右，削、带钩均在腰际，戈、矛多置于左侧（冬M35则置矛于右侧，插图20），有两矛的则左右各置一柄（如冬M50）。钺在棺中的位置无定，但均在尸体的周围。尸体的胸部或腹际复置一铜盘（图版九，1），在冬笋坝的二十一座船棺中，有十二座有之，宝轮院仅两墓中有之。其它随身物品如梳栉、装饰品等，多在骨架的周围。陶器和铜容器均放置于骨架的足端，杂乱堆积，无一定位置。看来，各殉葬物品似分两端放置：陶器、铜容器放置一端，兵器及随身器物放置一端。此种放法，大概受船仓狭长空间的限制。此为船棺内一定的排列法。在比较晚期的船棺墓中，间或有将个别的铜鍪或陶罐置于人骨架旁或头部的，但是极少数。

船内置有小棺的，殉葬物品在仓中的排列法亦相同。小棺盛尸体，放置于船仓朝河流的一端而略靠左首，棺内置兵器及随身的殉葬品。陶器、铜容器均置于小棺外，也有个别墓葬将铜鍪置于棺内的。故除有小棺以殓尸体外，殉葬品在墓内的排列基本上与无小棺的相同。自另方面讲，在此种情况下，船棺已实际上成了船椁了。

在随葬品中，青铜钺和“巴式”剑为主要的武器，此亦即所谓“巴蜀式”最特征的兵器。矛与戈次之，铜箭镞是很少见的东西。铜削较普遍，至晚期为尤多。铜带钩和半两钱到较晚的墓葬中始有之。印章在早期墓葬中仅一墓有二枚，至晚期始较多。

铜容器中以鍪、甑、釜为主，几成一套的形式。其在墓中的位置，均与陶器杂置。铜盘约半数墓中有之，而以晚期墓中为最多，出土地位似乎均在骨架的胸部或腹际，在葬仪中或者具有特殊的意义。以盘的用途来看，应为一种盥器。至于铁器，到较晚的墓葬中始有痕迹，如铜刃铁柄的削及铁斧。

陶器是殉葬品中主要器物之一，器形以圜底的为多，平底器至较晚的墓葬中始有之，罐形器与豆为每墓中所必有。陶壶及铜壶数量很少，似乎为外来之物，墓葬中之出有壶的，时代均较晚。此类陶器及铜容器均杂乱堆置于船仓的一端，即尸体的脚端，往往互相堆积而无一定位置。

漆痕于早期墓葬中少见，晚期墓葬较为普遍。

二　狭长坑墓

狭长坑墓以其坑形及随葬品在坑中的排列地位推之，似均为木椁墓，其中或者有个别的还可能是船棺墓（例如冬Ml、M58，插图21、22），但因其葬具全朽无迹，而随葬品的排列又近于木椁墓，故将其列入狭长坑一类。

此类墓葬在冬笋坝共发掘了十四座，墓号为冬Ml、M6、M31、M32、M33、M34、M48、M52、M53、M57、M58、M59、M68、M85。宝轮院共发掘了四座，墓号为宝M4、M7、M10、M13。两处共十八座。又有残墓二座（宝M2、M9），其葬具虽不明，但可能是木椁墓，故亦附入此类中。

墓坑　均为直下竖穴式，形制与船棺墓相同，惟墓坑一般较船棺墓的墓坑稍宽而略短。个别的墓在底部亦有一层白泥（例如冬M32、M85，插图23、24）。坑中的填土一般均未经夯打，故比较疏松，但亦有个别的墓（如冬Ml、M33，插图25）中的填土似经夯打，但不见夯痕。“二层台”亦有发现，如冬Ml墓坑的两端有宽约15厘米的小台（图版一四，1，插图21），用途亦不明。坑的深度或残

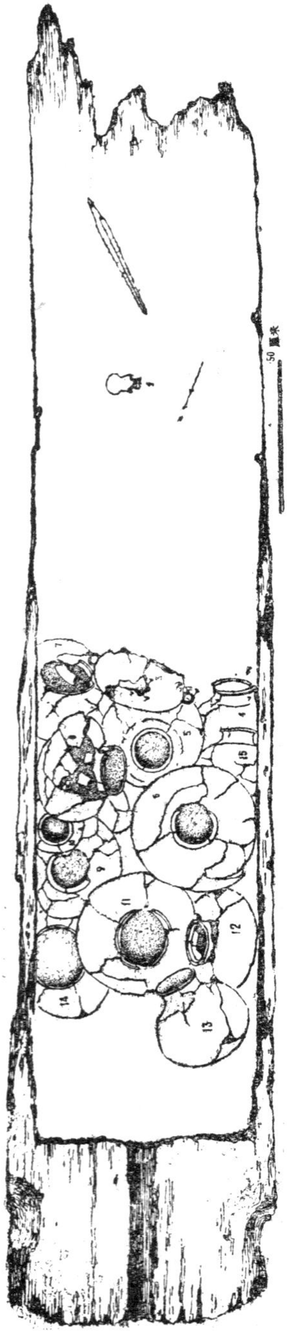

插图15 宝M1平面图

1. 铜剑 2. 铜钺 3. 铜釜 4—15. 陶罐

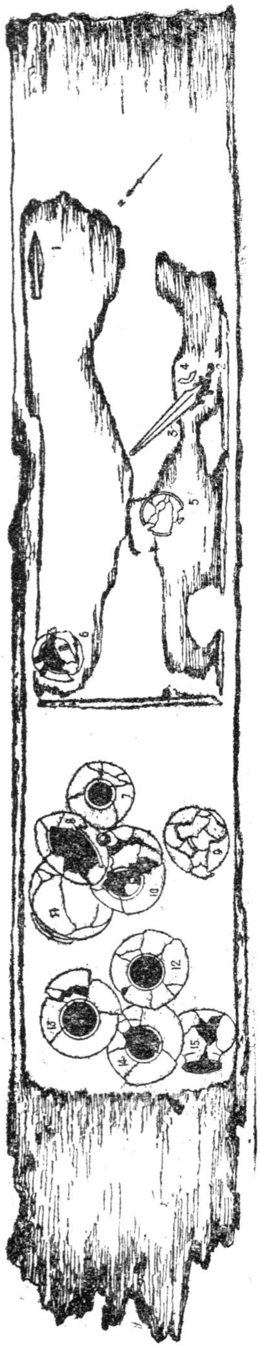

插图16 宝M3平面图

1. 铜矛头 2. 犀形铜带钩 3. 铜剑 4. 桥形币 5. 铜盘 6、8. 铜釜 7、9—15. 陶罐

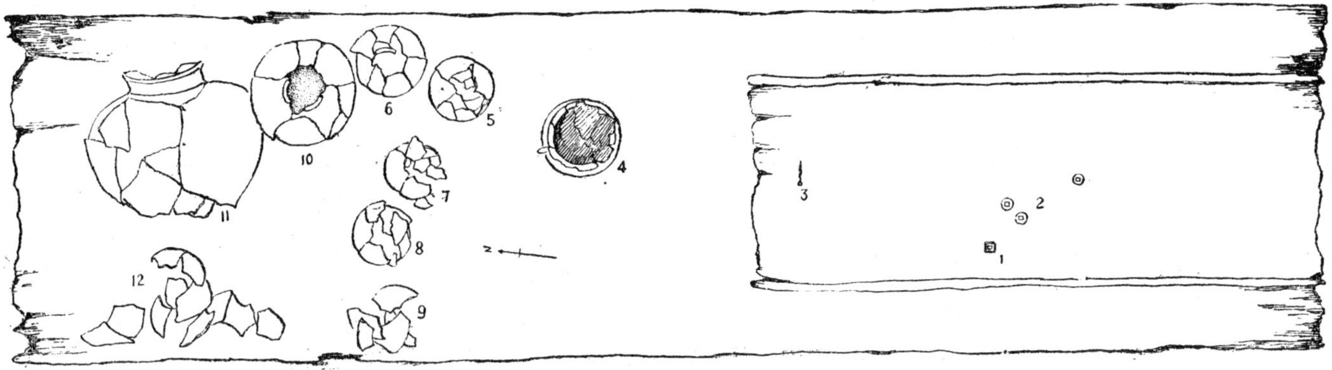

插图17　宝M6平面图

1. 铜印　2. 半两钱　3. 残铜削　4. 破铜釜　5—12. 破陶罐

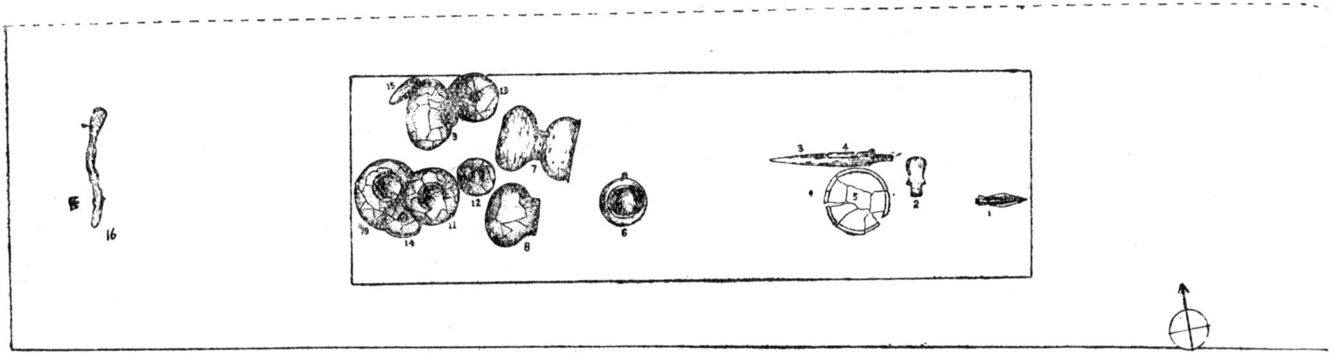

插图18　冬M84平面图

长540、宽：东140、西130、深140厘米　　1. 铜矛　2. 铜钺　3. 铜剑　4. 铜削　5铜盘　6. 铜鍪　7. 铜甑　8—11.陶罐　12—14. 陶豆　15. 石头　16.铁物

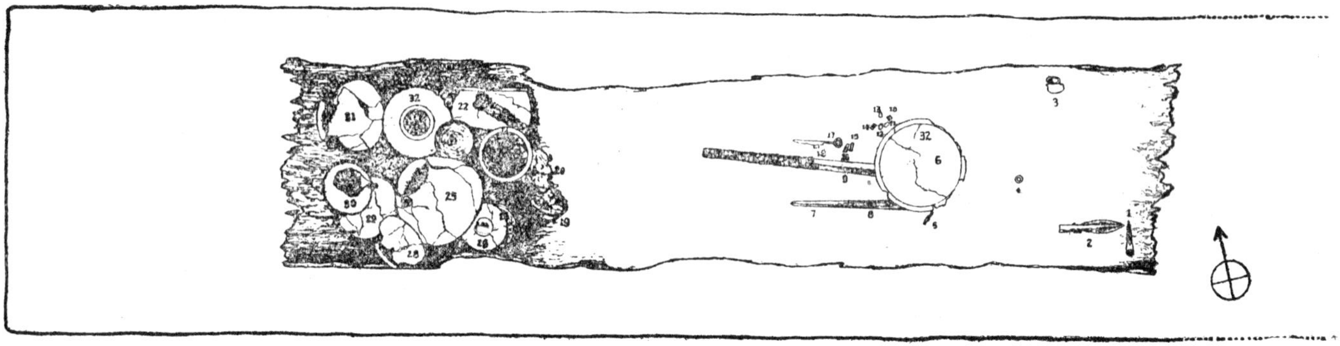

图19　冬M49平面图

长520、宽：东113、西120、深168厘米　1、3. 铜钺　2. 铜矛　4. 小铜环　5. 铜带钩　6. 铜盘　7、9. 铜剑　8. 铁削　10、13、14、18. 铜印　11、12、15、16. 饰珠　17. 铜削　19、20、24、26、27. 陶豆　21. 铜甑　22. 铜釜　23、25、28、29、31. 陶罐　30. 铜鍪　32. 圆钱

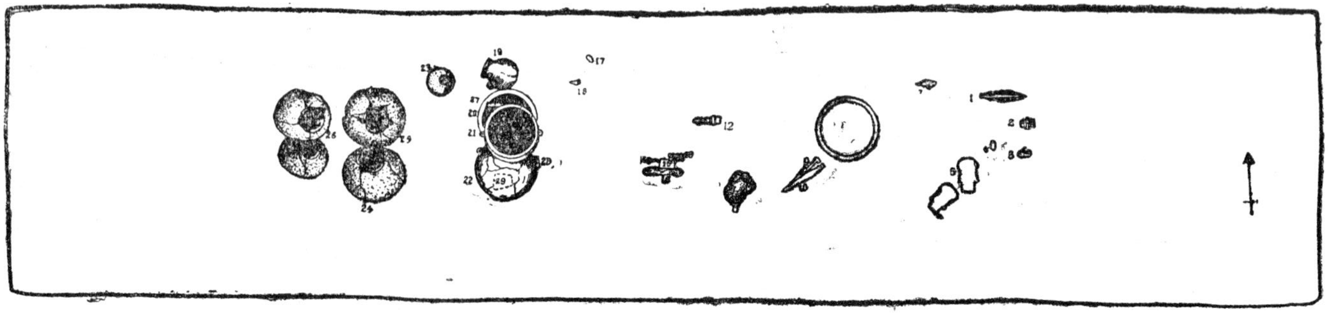

插图20　冬M35平面图

长540、宽118、深75厘米　1. 铜矛　2、3. 铜兵器柄　4. 琉璃珠　5、6. 铜钺　7. 铜鱼带钩　8. 铜盘　9. 铜削　10. 铜剑　11、19. 铜鍪　12. 铜兵器柄　13、28. 刀石　14. 铁削　15. 玉璧　16. 残铁器　17. 金色珠　18. 铜箭镞　20、21. 铜甑　22. 铜釜　23. 陶豆　24—26. 陶罐　27. 铜锯片　29. 铁斧

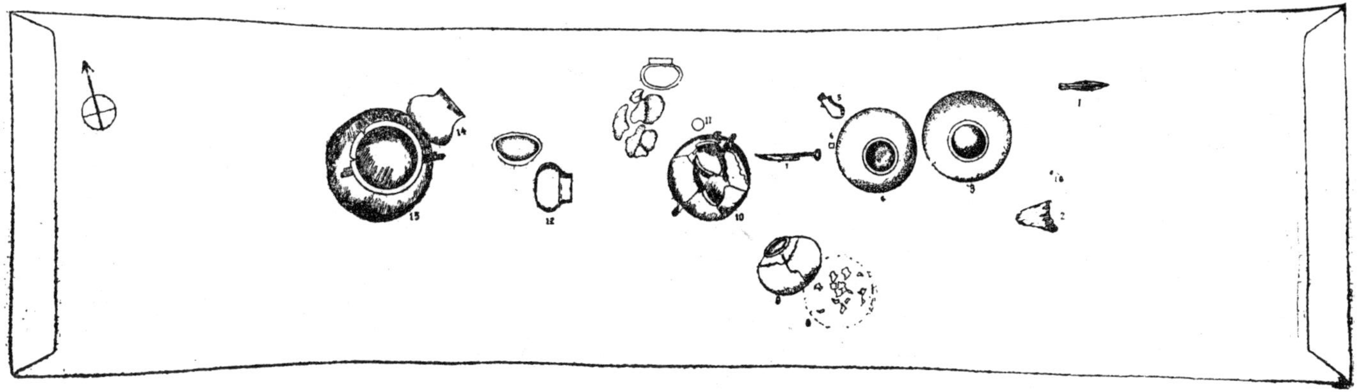

插图21 冬Ml平面图

长540、宽：东144、西137、深67厘米 1. 铜矛 2. 残铜器 3、4、9. 陶罐 5. 铜钺 6. 铜印 7. 铜削 8. 残陶器 10. 铜釜 11. 陶纺轮 12、14. 铜鍪 13. 陶豆 15. 铜甑 16. 琉璃珠

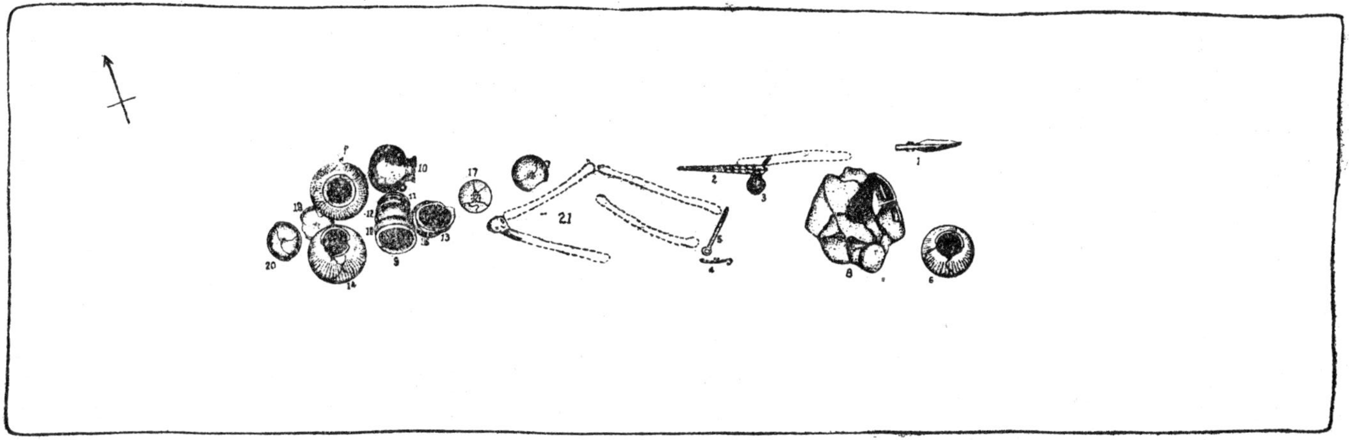

插图22 冬M58平面图

长491、宽153、深90厘米 1. 铜矛 2. 铜剑 3. 残铜钺 4. 铜带钩 5. 铜柄铁身削 6、14、15. 陶罐 7、11、12、16、18—20. 陶豆 8. 残陶片 9、13. 陶盂 10. 铜鍪 17. 陶空底器（甑?） 21. 人骨痕迹

存深度同于船棺墓。

葬具 冬笋坝这一类墓葬中的葬具均已完全朽烂，仅有少数的坑底存有朽木的痕迹，故葬具的结构不得而知。宝轮院的四座墓葬，亦仅宝M4、M13保存较为完整，而M4已在工程中掘残，椁板已大部被挖出。M13仅木椁的盖板被揭去，木椁的周墙和底、椁内的小棺均保存完好（图版一〇，3，插图26），今以之为例，借以说明此类墓葬中葬具的结构。

宝M13的木椁，全长4.1米，宽1.38米，高1.12米。木椁的结构可分为：底栓、底板、周墙及盖。木料全用楠木。底板下置栓两道，栓（有的称为枕木）的上面向下凿成凹槽，宽度恰容底板。底板系用两木拼成，嵌入木栓的凹槽内，凹槽的外端再加木楔，使底板结合紧密。周墙用四块整板合成，墙板的结合，系在两端的墙板上凿两道凹槽，将两边墙板的两端嵌入凹槽内，再将其置于底板之上而成椁。木板的厚度均在13厘米左右。椁盖在土方工程中被揭去，不知其详。

木椁内一端靠右边置棺，棺为木作，用六幅整板合成。板则上薄下厚，成楔形。棺的结构，系在两面墙板两端起槽，并在下沿出榫，将档头板嵌入槽内而以榫穿斗。周墙的下缘起槽，套合底板，底板下有栓二道。棺上盖板一层。

冬笋坝的狭长坑墓中的棺椁是否也是如此，因其全部均腐朽无存，故无从推断。

葬式 因人骨架无有保存，故不得而知。但自随葬品在棺椁中的排列地位看，或者与船棺葬中的无多大差别。

随葬品 在坑中情况有两种排列形式：一种与船棺墓坑的同，惟坑形较短而两端无空隙。一种较为杂乱而不分群。随葬品大体上尚保存船棺墓中的形式，但在数量的比例上则有所变动。例如铜钺的数量相对减少了。此时期的主要兵器似为剑与矛，戈是很少见的。铁则仅限于铸造工具，斧与削仍大多数用铜制造。半两钱较为普遍，铜印章、铜带钩亦常见。陶器仍以豆及罐形器为主，但罐形器中平底的增多。漆器的利用似较普遍，故漆皮痕在坑中亦常见。漆色仅见红、黑两色。

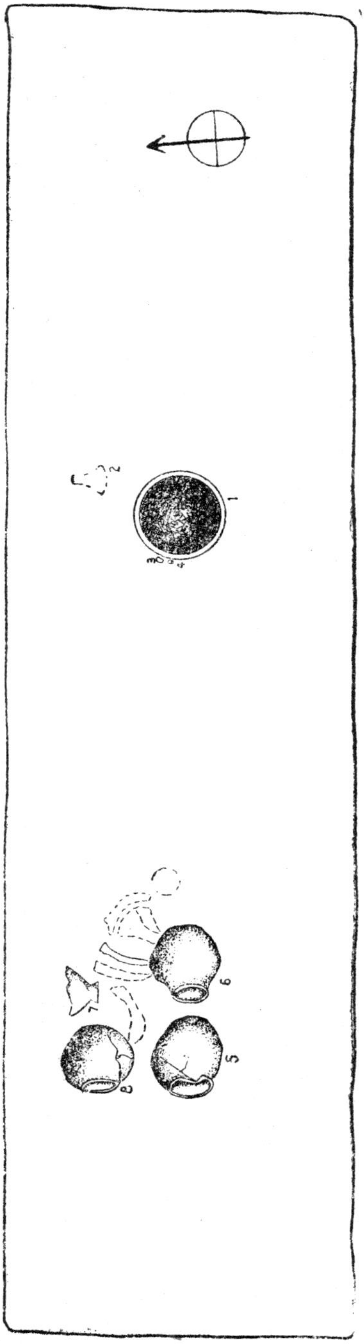

插图23 冬M32平面图

1. 铜盘 2. 铜钺 3、4. 铜印 5、6、8. 陶罐 7. 陶豆

长350、宽87、深47厘米

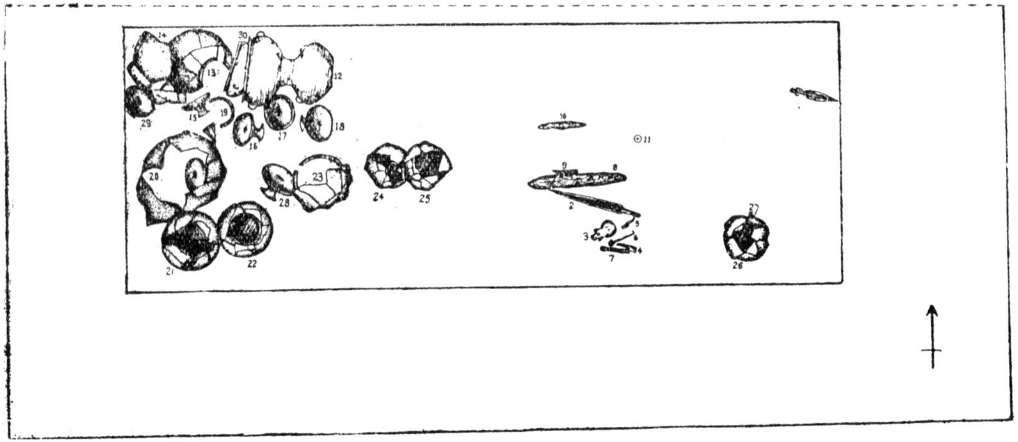

插图24 冬M85平面图

长420、宽：东170、西180、深170厘米 1. 铜矛 2. 铜剑 3. 铜钺 4. 铜刀片 5. 铜带钩 6. 小铜物 7. 铁物（匕首） 8. 木棒 9. 铜刀片 10.铁物（矛） 11. 铜钱 12. 铜甑 13、14、19—26. 陶罐 15—18、28、29. 陶豆 27. 琉璃珠 30. 铜釜

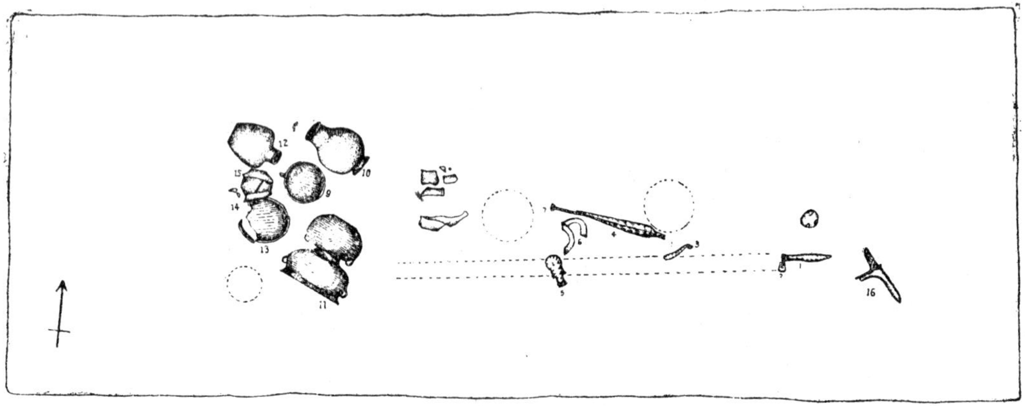

插图25 冬M33平面图

长405、宽：东152、西148、深120厘米 1. 铜矛 2. 石斧 3. 铜带钩 4. 铜剑 5. 铜钺 6. 铜桥币 7. 铜削 9. 铜鍪 10. 四耳陶壶 11. 铜甑 12. 陶罐 13. 铜釜 14. 陶豆 15. 陶器 16. 铜戈

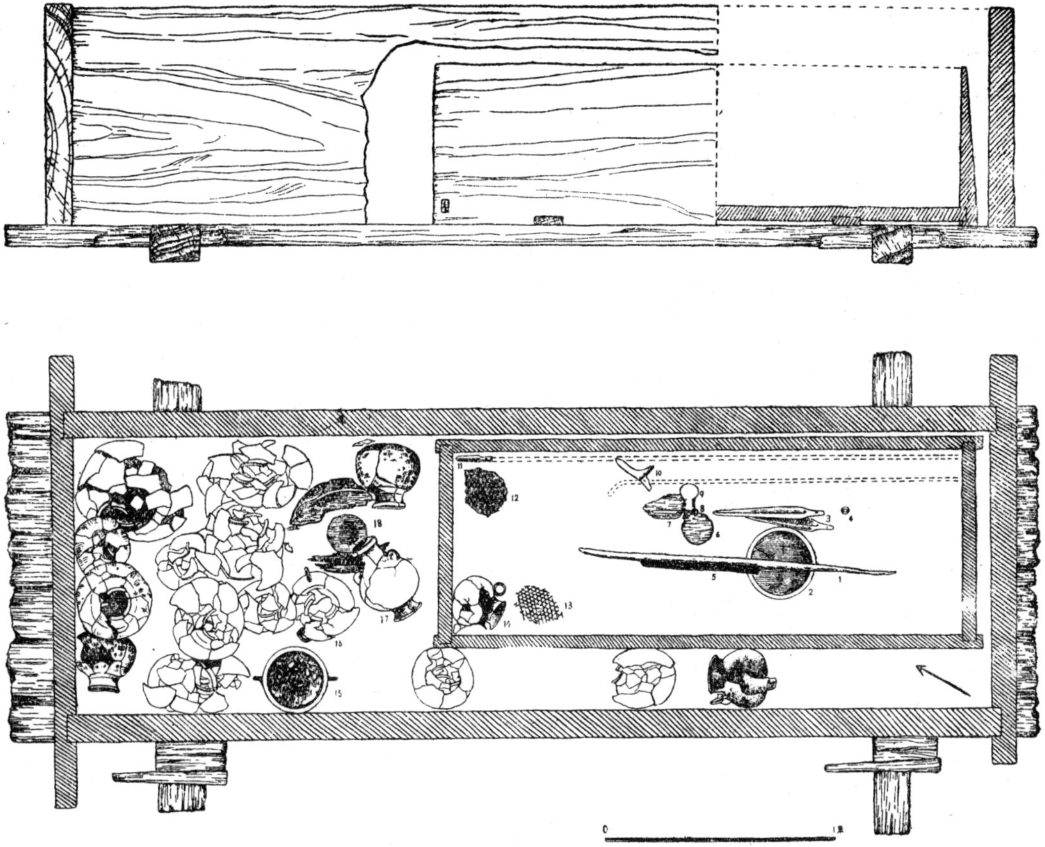

插图26　宝M13平面图及
木椁剖视图
1.弓　2.铜盘　3.铜剑
4.铜钱　5.剑鞘　6.漆盒
7.残木器　8.铜削　9.铜钺
10.铜戈　11.铜矛
12、13.篾器残部
14、16.铜釜　15.铜甑
17.陶壶　18.残木盘
其余都是残破陶器

三 长方坑墓

长方坑墓共得十三座，均在冬笋坝。除三座在中区土台西部边缘外，其余均在冬笋坝靠西南部的边缘地区（见地图一）。此类墓葬的坑形，亦均为直下竖穴式，不过长度缩短，阔度加宽，大半几为正长方形。坑的深度不详，因其上面的积土大半已被取去一层，残存的深度浅的不到半米，深的亦不超过1米半。在此类坑形中，惟冬M56稍为特异，坑的东面有一小耳室以另置陶器（图版八，3，插图27）。

葬具的形制完全不明，据坑中随葬品排列的位置来看，大概先建木椁，椁内亦另置棺，棺则置于椁室的东端而靠北侧。西端及南侧稍有隙地以置放陶器或铜铁容器。亦有少数陶器和铜铁容器可能是放置于棺中的。兵器及随身用具则均放置棺中骨架的周围（插图28、29）。

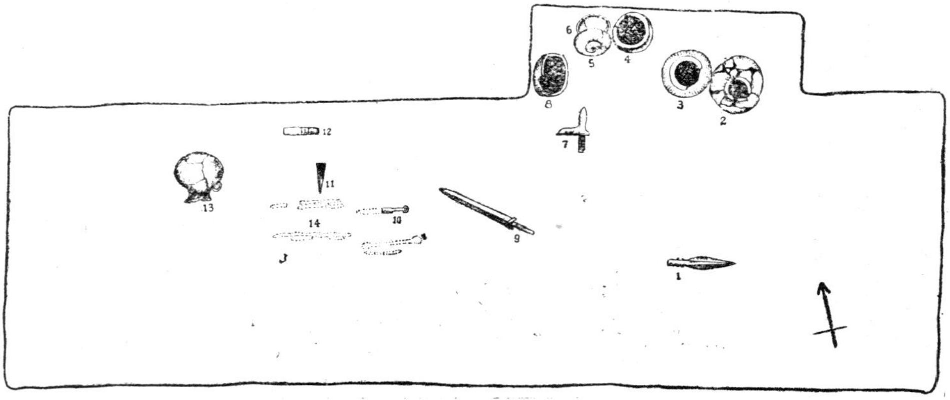

插图27 冬M56平面图

长370、宽：东118、西110、深140厘米 耳龛长110、高90、深36厘米 1. 铜矛 2、3. 陶罐 4、8. 陶盂 5、6. 陶豆 7. 铜戈 9. 铜剑 10. 残铜削 11. 残铜钺 12. 铜镈 13. 铜鍪 14. 人骨痕迹

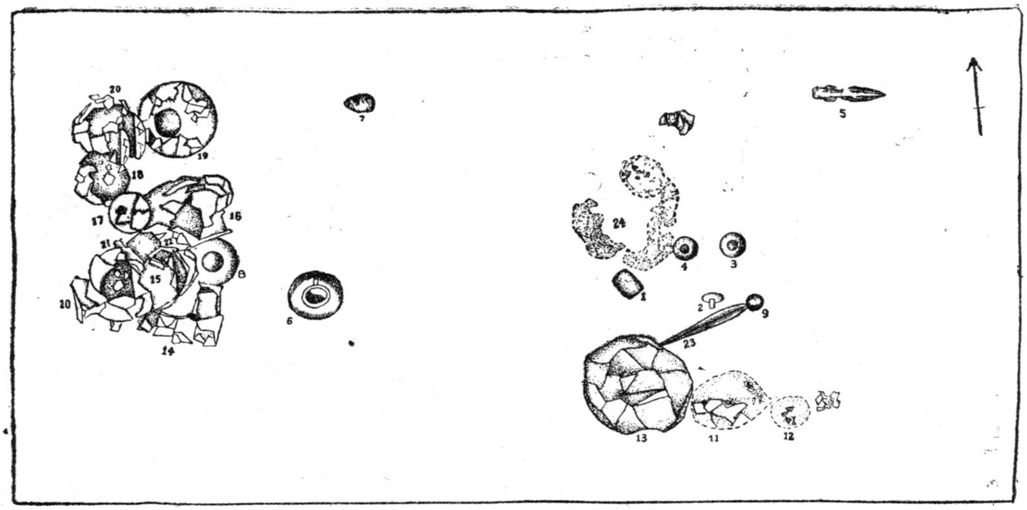

插图28　冬M36平面图

长330、宽166、深95厘米　1—4. 陶杵　5. 铜矛　6. 铜鍪　7. 铁斧　8、21、22. 陶豆　9. 铜薄圆物　10. 陶壶　11—13、17、18、20. 陶盘　14. 陶钵　15、16、19. 陶罐　23. 铜剑　24. 陶器痕迹

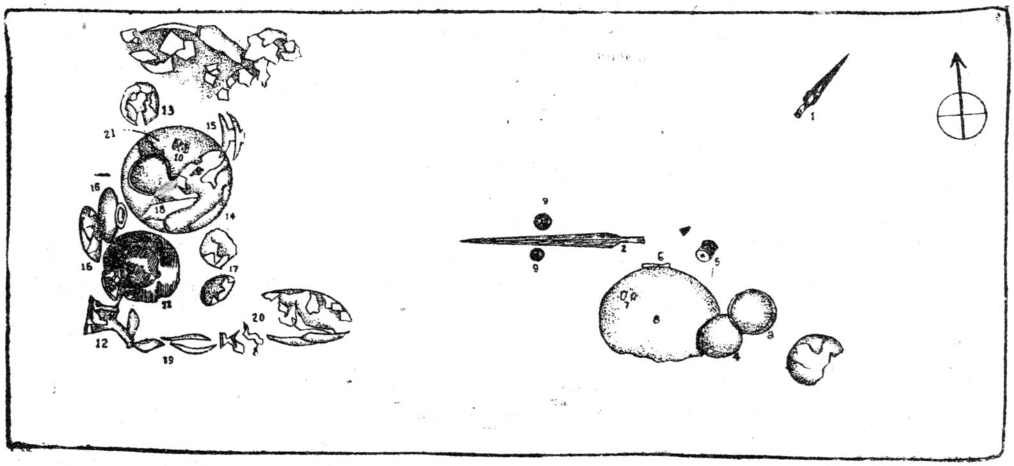

插图29　冬M37平面图

长219、宽150、深46厘米　1. 铜矛　2. 铜剑　3、4、13、15—17. 陶豆　5、9. 铜钱　6. 铜带钩　7. 铜印　8. 陶盘　10. 铁斧　11. 铜鍪　12.陶壶　14. 陶罐　18—20. 陶片　21. 铜削

此虽仅系一种推测，但大概亦相去不远。

随葬品中以剑、矛为主要兵器，钺则更形减少，陶胎铜皮的钺则全为明器。削仍以铜制为多，但已出现了三柄铁削。铁斧出了三件。此类墓中最显著的现象，即十三座墓中有十座有鍪，其中六只为铁铸，四只为铜制。铜釜、甑几乎绝迹，仅冬M78中出一釜一甑。钱币为“半两”，印章少见。陶器中仍以罐形器和豆为主要器皿，每墓中必有之。豆的形制愈小，但数量则加多，一墓中有多至十八件的。

四　方坑墓

此类墓葬共得十八座，亦均在冬笋坝，除四座（冬M20、M30、M29、M83）在中区土台并打乱船棺葬、狭长坑墓外，其余均散布在冬笋坝西北边缘。

墓坑亦均为直下竖穴式，大半略呈方形而稍长，少数呈正方形，冬M83南边坑前似有墓道。因墓上的土多被取去一层，故深度不详。残存的深度同于长方坑墓。有个别的墓（如冬M47，见插图30）坑底有一薄层红赭石粉末。

葬具和骨架均已全朽，故葬具的制作和葬式均不详。因随葬品往往散置于全坑中（但亦有少数偏于一端及一边的），故墓葬的方向（尸体的足端向何方）亦无法加以推定。

随葬品中最显著的现象，即为兵器的绝对减少。在十八座墓葬中，仅冬M69和M74各出一铁矛（插图31），冬M64和M69各出一铁刀。削则均为铁制，铜制的仅一柄。值得注意的是铁生产工具的出现，如铁钁或臿（冬M74与M75两墓各出土一把），此是四川自西汉至东汉时期的标准农具（插图32、33）。鍪则少用了，仅有个别遗留。铁釜已开始出现。纯粹西汉后期和东汉式的铜釜在此类中晚期的墓葬中已有出现（冬M20）（图版一六，4，插图34）。钱币中有小半两、五铢及莽钱。

随葬品中在陶器上亦有显著的变化，陶器在器形上平底器增多，陶质及烧煅上亦较前进步。大半的陶器硬度亦加高。陶豆还是普遍的随葬品，但在较晚的墓葬中则有陶耳杯及陶案的出现。个别墓葬中则有陶鼎及钫。在此类中最晚的墓葬中（冬M83，见插图35）则有黄釉陶片出现。

五 砖室墓

砖室墓仅发掘两座，冬M13和冬M62。冬M13在中区土台的东部，冬M62在原砖瓦厂动力房水池的东南角上。两墓均早已被盗毁，仅存墓室下部的砖墙。从残留的砖墙来看，两墓均系券顶，不过冬M62为楔形有榫砖（一般称子母砖）券顶。它们另一特点是墓向与船棺墓及狭长坑墓完全相反，后者的墓向均向岸，砖室墓则朝河。

随葬品中仅剩陶器及少数莽钱，陶器均为平底的青灰陶，兼有少数的红褐陶。冬M62还出有黄色釉陶，此亦证明其时代较晚。其它除冬M62中有两个小银细圈外，未见金属的痕迹（插图36）。

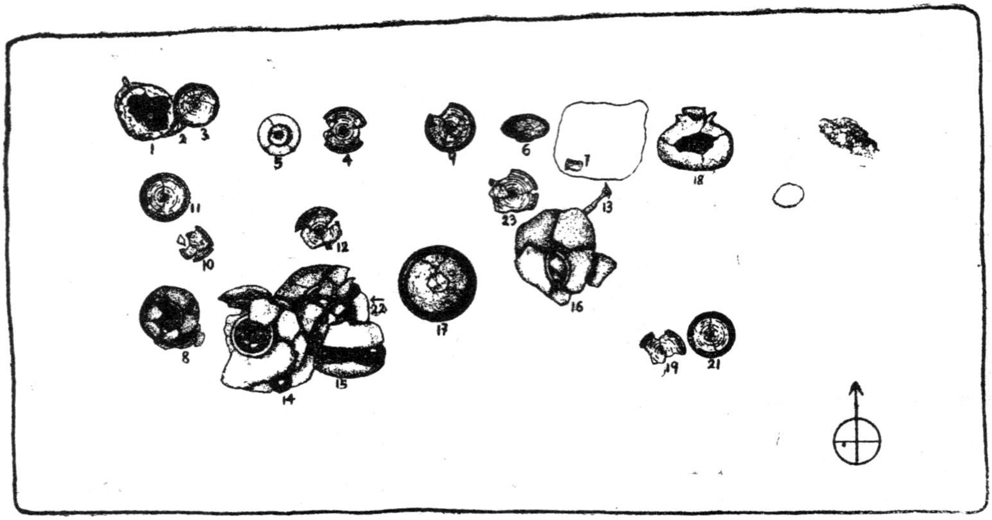

插图30 冬M47平面图

长318、宽165、深64厘米 1. 铁錾 2、3、5、6、10、19、21. 陶豆 4、9、11、12、23. 大型陶豆 7. 漆痕与木纹 8、14—16、18. 陶罐 13. 铁削 17. 陶钵 22. 陶纺轮

插图31 冬M69平面图

长280、宽130、深143厘米 1. 铁矛 2. 铁斧 3. 铁刀 4. 铁削 5—8. 陶豆 9—12. 陶罐

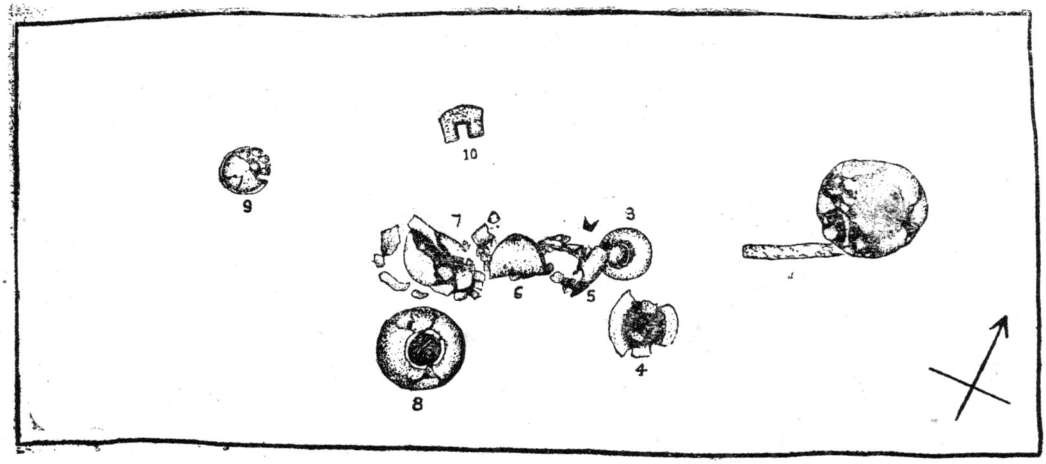

插图32　冬M74平面图

长240、宽：东106、西99、深101厘米　1、5—8. 陶罐　2. 铁矛　3、9. 陶豆　4. 陶盂　10. 铁镢

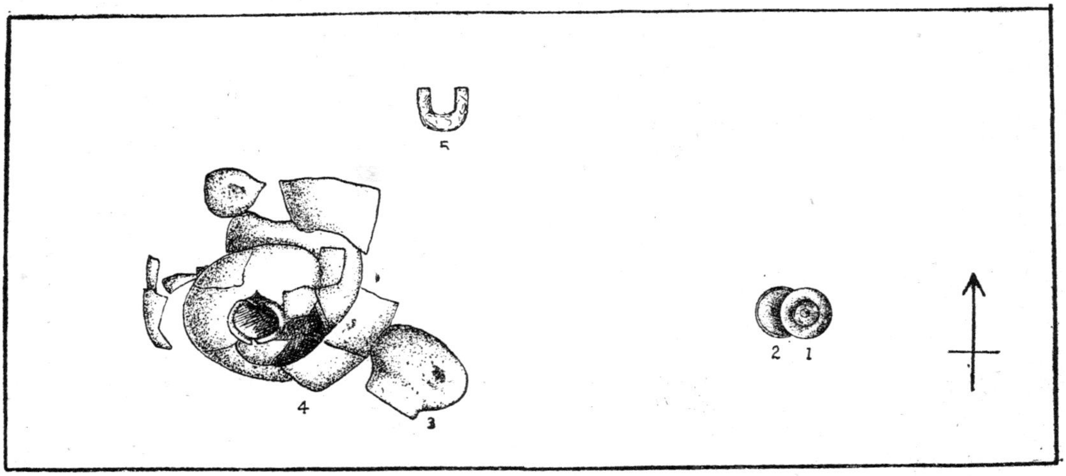

插图33　冬M75平面图

长225、宽100、深50厘米　1、2. 陶豆　3、4. 陶罐　5. 铁镢

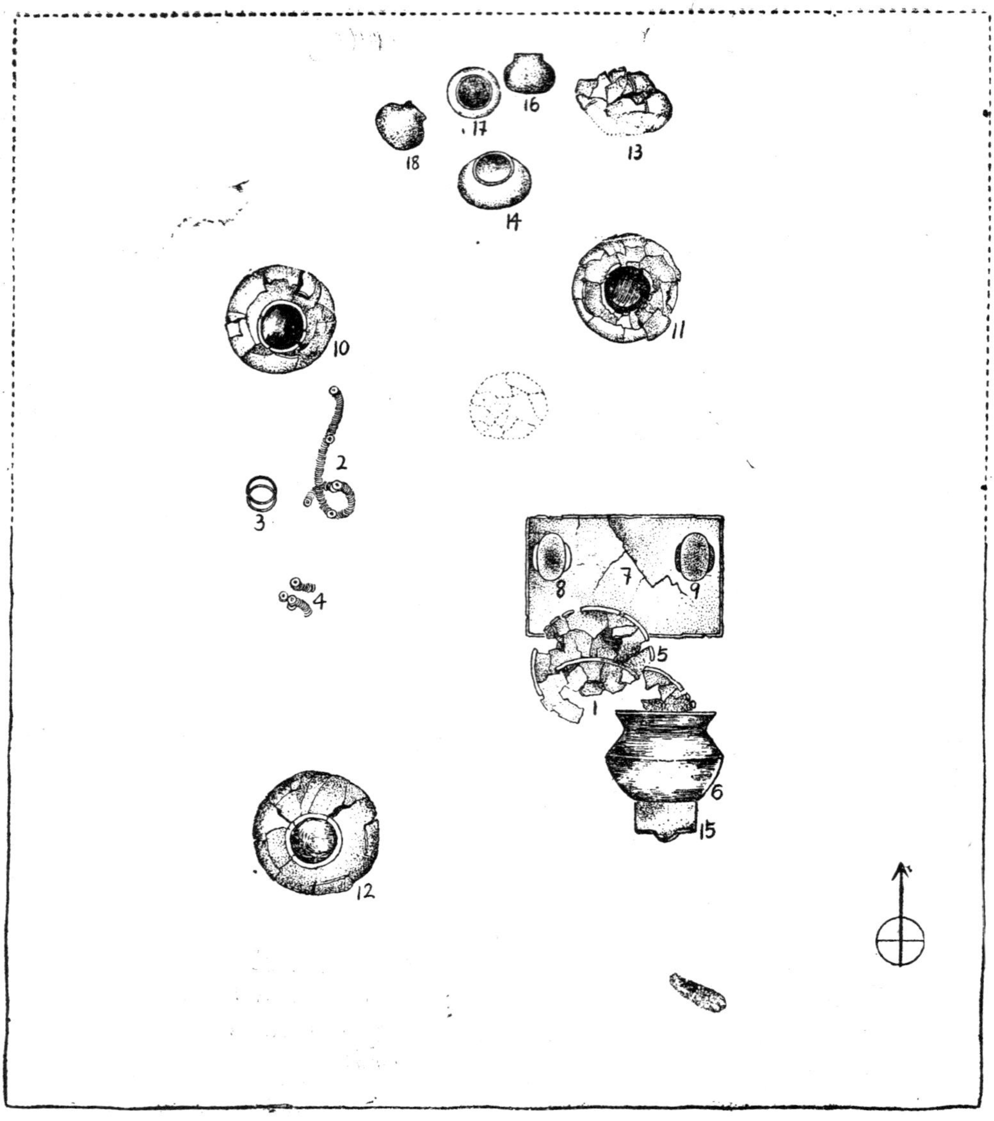

插图34 冬M20平面图

残长444、宽254、深30厘米 1、5、10—14、16—18. 陶罐 2、4. 铜钱 3. 银圈 6. 铜釜 7. 陶案 8、9. 陶耳杯 15. 汉子母砖

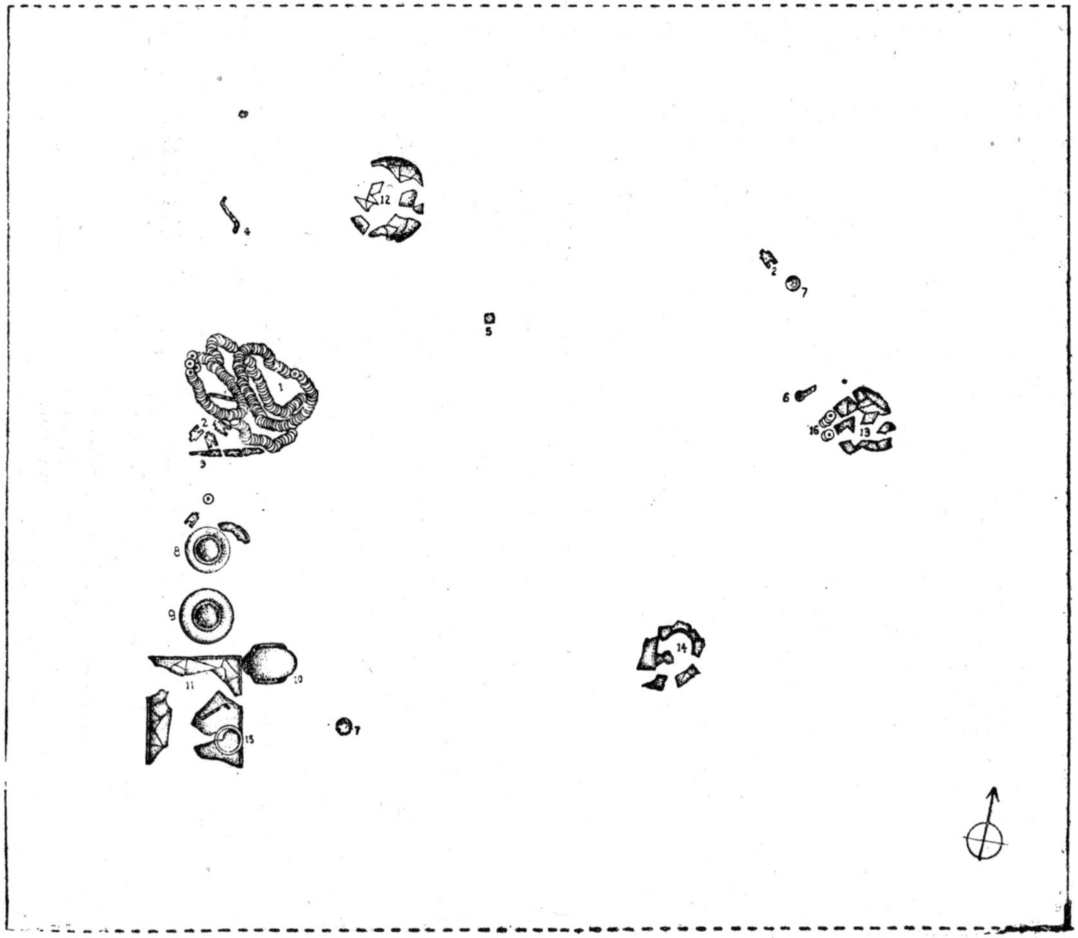

插图35　冬M83平面图

长520、宽330、深150厘米

1. 大泉五十　2. 货布

3. 残铁剑　4. 铁物

5. 陶印　6. 铁削

7. 铜泡　8、9. 陶罐

10. 陶杯　11. 陶案

12—14. 陶片　15. 铜圈

16. 货泉

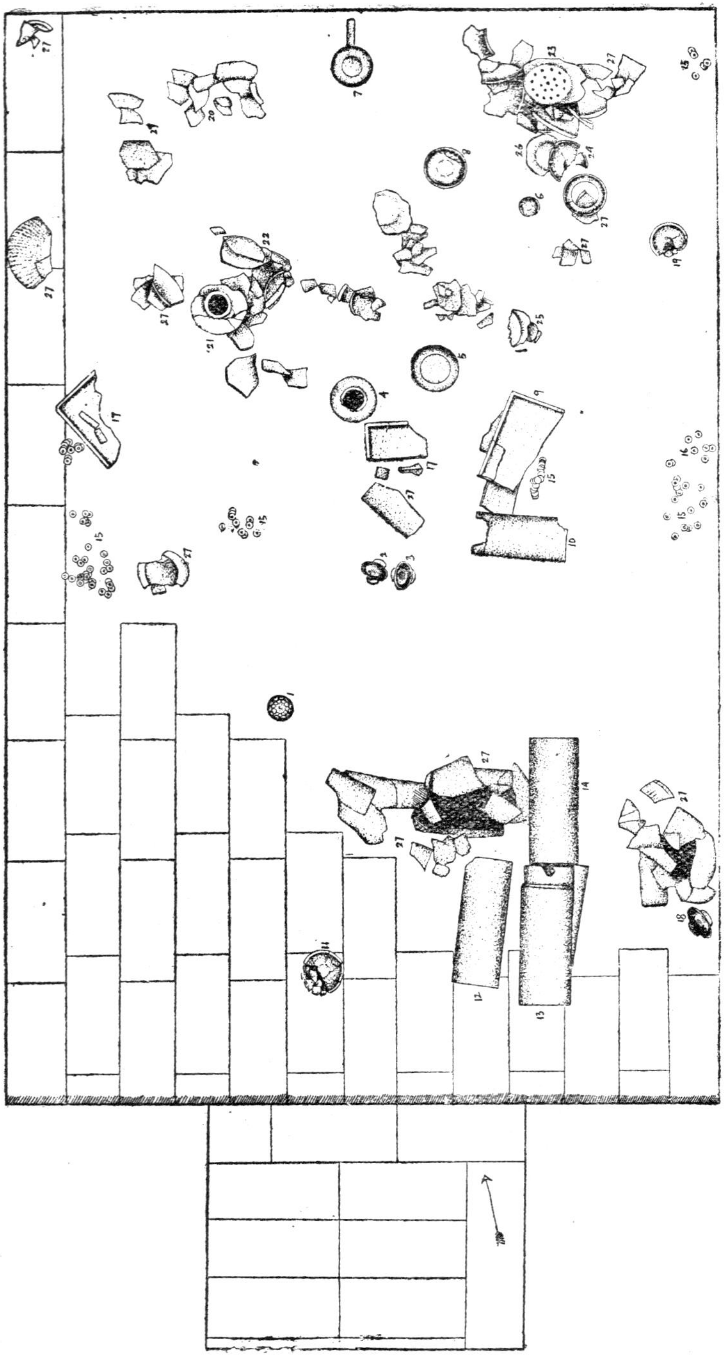

插图36　冬M62平面图

长410、宽260、残深91.5厘米　1. 陶盖　2、3、18. 陶耳杯　4. 陶罐　5、21. 灰陶罐　6. 黄釉陶小杯　7. 陶瓢　8、11、19、20、24. 陶钵　9、17. 陶案　10、12—14. 陶筒瓦　15. 货泉、大泉五十、铜小钱　16. 银小圈　22. 陶罐片　23. 陶甑　25. 灰陶钵　26. 残陶盘　27. 残陶片（整理时还发现陶釜和黄釉圆物，图上未列）

第叁章

铜、铁器

一　铜兵器

剑　可分为“巴蜀式”与“中原式”两种：

“巴蜀式”剑是四川古代铜剑的一种特殊形式，故称之为“巴蜀式”剑。其特征是扁茎无格，剑身常铸有斑纹，身近柄处铸（或刻）有符号（象形纹样）。剑茎与剑身同时铸成，剑身内收与扁茎相接，故茎的前部略宽而后略窄。茎上两端有圆穿孔二。多数剑身中脊两侧有凹槽，少数两侧平斜而无明显的边刃（图版二一、二二、二三）。

“巴蜀式”剑的茎部两面附接木条两片，木片互相对合而以小木钉于穿孔中钉合，再在其上缠以细绳并用漆髹加固。此种剑的茎端无界首，故可用木条接成很长的柄部，如宝轮院M13剑后木柄接长至16.5厘米（图版二四，4）。此种长柄想系使其便于把握作猛烈的斩刺，必要时还可以掷出以遥击敌人。《后汉书》卷116《巴郡南郡蛮传》有巴氏子务相掷剑独中石穴的故事，可与此参考。墓中随葬剑的数量，往往有两柄的，此两柄中必有一柄为巴式剑，这不仅反映出他们善于进行短兵相接的战斗，而遥掷击刺还可能是巴族的一种绝技。“巴蜀式”剑均无剑格，但间有用薄质铜皮包裹两刃基部的。

“巴蜀式”剑上的纹饰有：虎皮斑纹、半圆形斑纹、三瓣花纹、斜棱纹等四种。满布于剑身的前三种斑纹基本上是用斑纹与点来组成的，因而理解它们是用蜡制的母范铸成的，故在纹样上看不出锋刃部分加工的痕迹。这种满布斑纹的剑，其表面多作黝黑色或油绿色而不锈蚀，似与铸成成分或面镀技术有关（图版二三，插图37、38）。

“巴蜀式”剑剑身基部上多有符号，最常见的有：虎纹、手心纹，并有类似文字的记号。不仅剑上如此，在矛、钺、戈上亦常铸有或加刻着符号。此类符号可能是代表氏族或部落的记号，也许还有文字意义。可注意的：所谓“手心”纹，多铸于剑上，在它种兵器上仅在极少数的矛上有之，这种只见于斩刺兵器上的“手心”纹，当具有使用它们的人群所赋予的特殊意义。“虎”纹最为常见，或与巴人有特殊关系。（“虎”这一纹形又有长短形状及身上条斑、圈斑的不同，也许还包含着豹纹甚至龙纹，就其与巴人传说关系看来，暂总视之为“虎”纹。）《后汉书》卷116《巴郡南郡蛮传》说：“廪君死，魂魄世为白虎，巴氏以虎饮人血，遂以人祠焉……”又巴人有“弜头虎子”（《华阳国志》）、“巴氏虎子”（《晋书·载记》）、“白虎夷王”（《东汉浮兰碑》）等称，更证明巴人与“虎”有一定的联系。

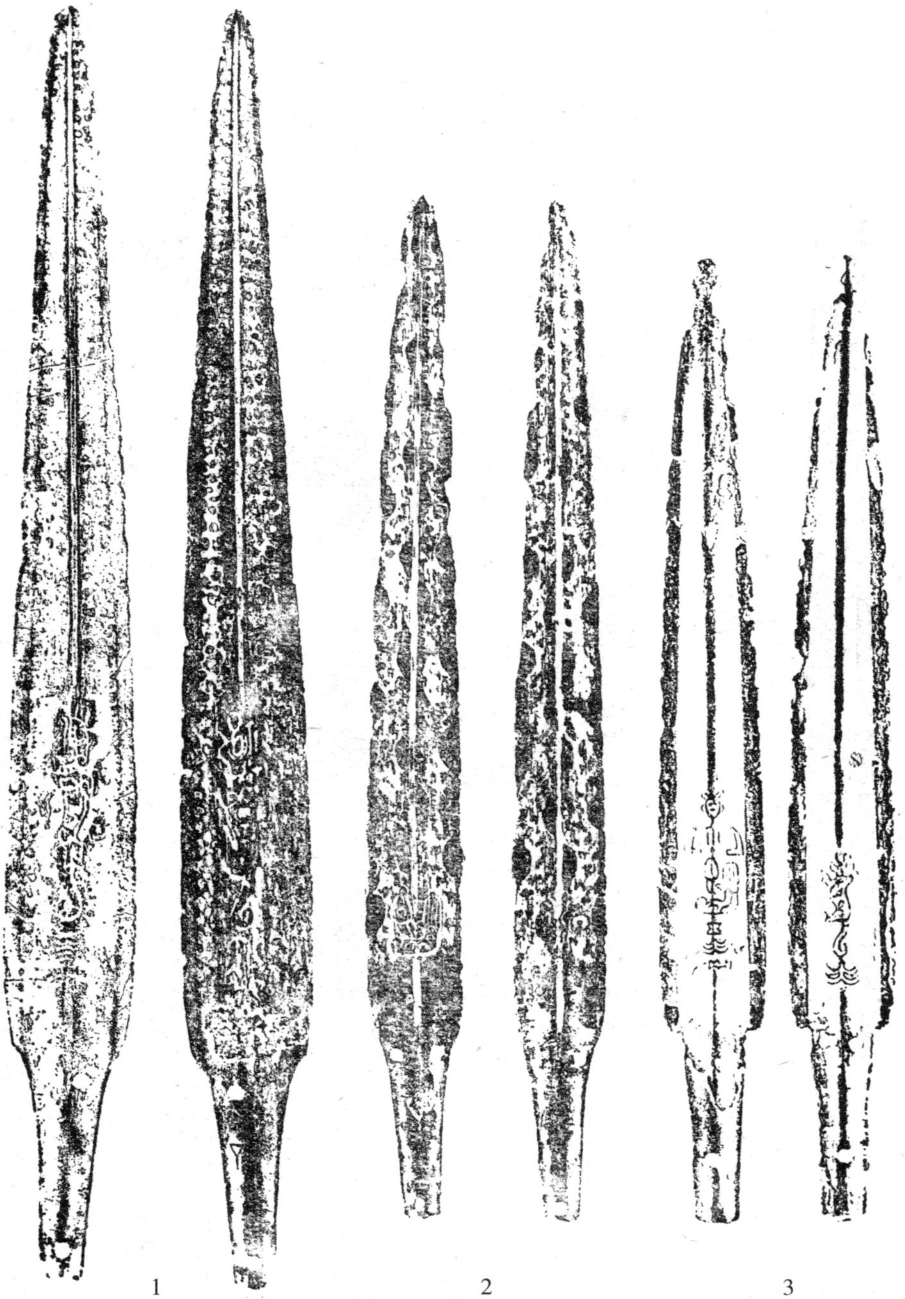

插图37　冬笋坝出土铜剑拓片

1. 冬M84：3　2. 冬M85：2　3. 收集

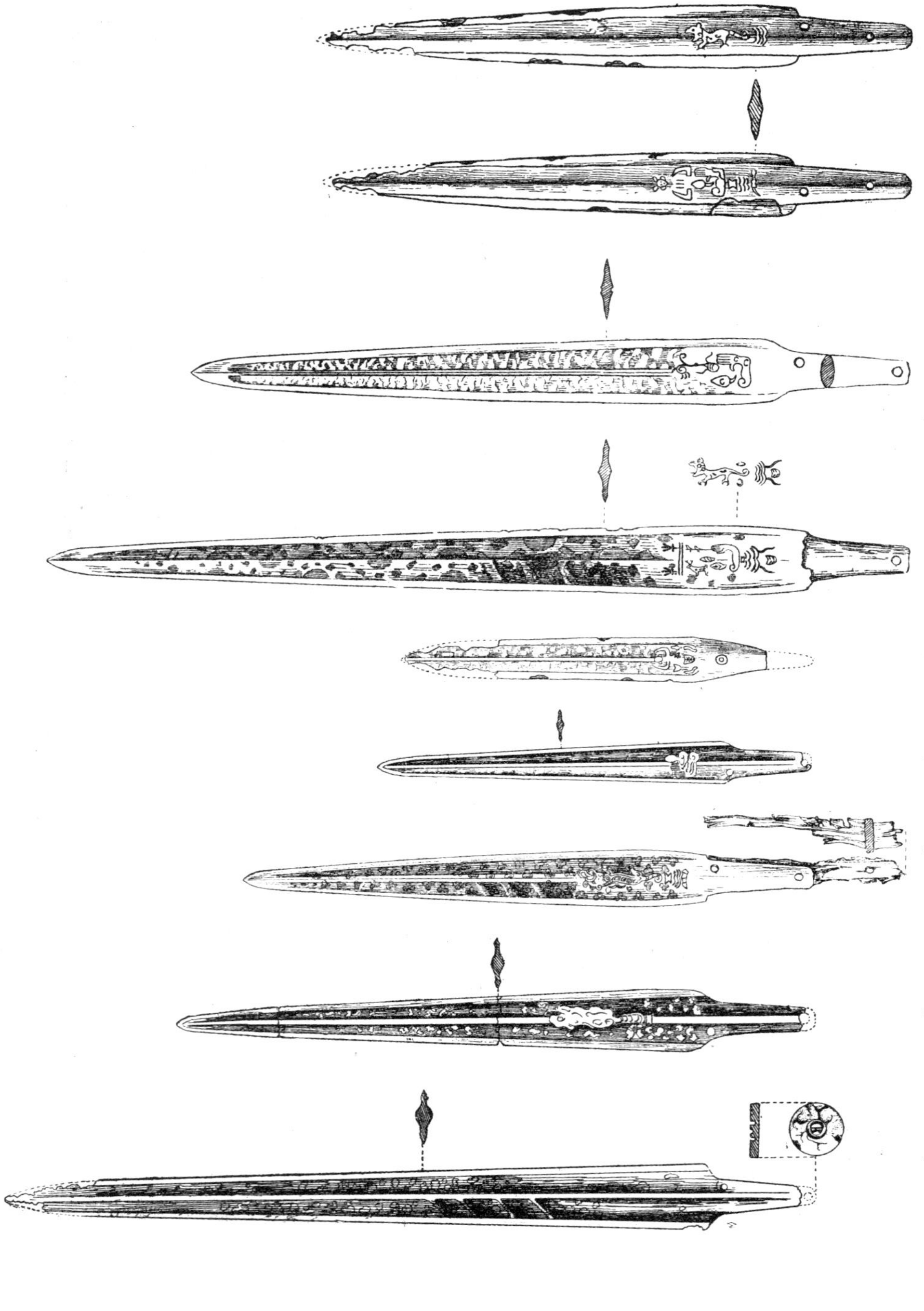

插图38 “巴蜀式”剑

1. 冬M50：7 2. M50：11 3. 宝M14：3 4. 冬M52：5 5. 冬M65：3 6. 宝0：21 7. 宝0：22 8. 冬0：30

关于剑鞘，多已腐烂不存。宝轮院所出剑鞘系用两片兽皮对合缝缀，表面髹漆。鞘在出土时曲折相叠，洗净后尚能使其平展，可见当时甚柔软，亦无悬系装置及饰物。冬笋坝所见鞘痕与上述情况相同的亦有数剑。但剑茎附近有细铜环数个，是否与剑系有关则不明确。又冬笋坝墓坑中剑上有黄绢痕出现，可能是剑袂的遗痕（图版一八，2、3，一九，3）。

又有少数几件改装了的“巴蜀式”剑。锉去茎与身相接处的圆曲交界，使成直交角而加上铜格。例如冬M76（长方坑）巴式半圆形斑纹剑则锉去圆曲交界处加上玉格（璏）与铜圆首，此剑鞘端上尚有玉珌，或是玉具剑的雏型（图版一九，4）。冬M56（长方坑）亦出土有加格的“巴蜀式”剑，冬M73（长方坑）“巴蜀式”剑的茎后加有铜标首，冬M50（晚期船棺葬）“巴蜀式”剑的茎后加有玉标首，此皆是剑的改变情况。此种改装剑的茎部皆加半圆木条片，再用丝缠（缑）为圆柱形柄，柄部比原“巴蜀式”剑柄为短。晚期长方坑墓中（冬M76）有玉珌出现，又有木鞘痕出现（冬M65），可见已使用硬剑室了（插图39）。

冬笋坝清理出土的三十四柄剑中，二十九柄皆“巴蜀式”剑；宝轮院出土的八柄剑中有六柄“巴蜀式”剑；说明“巴蜀式”剑占绝对多数。冬笋坝M49出土有镡有首的扁茎剑一柄，冬M56出土有镡扁茎剑一柄，皆异于“巴蜀式”而又非一般战国圆柱茎剑。宝轮院有两柄有镡的扁茎剑是异于“巴蜀式”的，也未见于一般战国时期的剑。剑在船棺葬坑与狭长坑中最多，在长方坑中颇少，在近方形坑中就绝少了，可见当时兵器使用的演变。

除上述“巴蜀式”剑外还有少数几柄“中原式”剑。它们的特征是有格有首，剑茎扁平并在茎末加标首。

钺 钺是此类墓葬中最普通的兵器之一，几乎每一墓中皆有，多者有两柄，按其形状可分为三式（图版二六，插图40）：

I 圆刃折腰式：钺身呈圆形或椭圆形，中部折收成细腰。腰以上展开成肩，有平肩，亦有作钩状肩的（宝M13：8）。肩以上内收作銎，銎作椭圆形或圆六方形。

II 曲刃长身式：此式显系与前式有演进关系，刃部不再作圆形而作曲刃，刃以上至肩平行而不再折腰。銎仍作椭圆形或六方形。此式钺整个形状似一小口的深袋。

III 月口式：刃口作不对称的新月形，身短小而直接于銎，銎作椭圆形。此式钺形制皆较前两式为小。

另有一种钺的形式颇异，仅冬M67出有一件钺身作宽叶形，而銎直贯钺身如矛骹，刃末有两刺，全形似琵琶形乐器，此类钺显系外来，又仅一例，故不列为一式。又有对称式月口斧一件，出于狭长坑中（冬M32），未予列式，可视作最早的月口斧。又冬M77方坑墓出有小型对称刃口钺一件，可视作月口斧的演变形制。

前两种形式的钺多见于船棺墓和狭长坑中，往往有一墓出大小各一件。但亦见于长方坑墓中，有的已非实用的兵器而是陶胎铜皮的明器。月口式钺见于长方坑及方坑墓中。钺身近肩处亦常刻有符号。冬M9所出大小两钺上所刻的鸟纹相同，可能是使用人的标志。

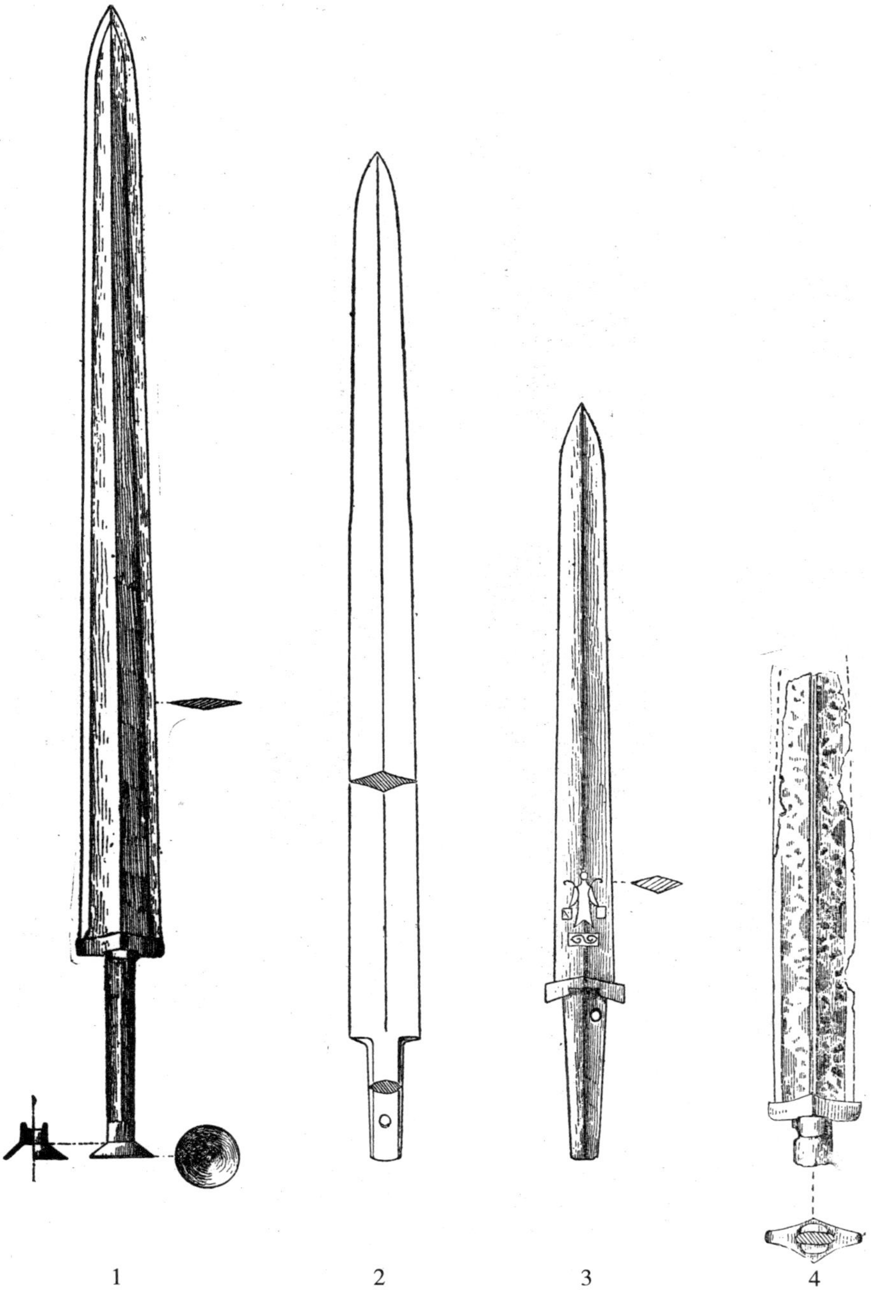

插图39“改装式”剑

1. 冬M49：9　2. 宝M15：3　3. 冬M56：9　4. 宝0：26

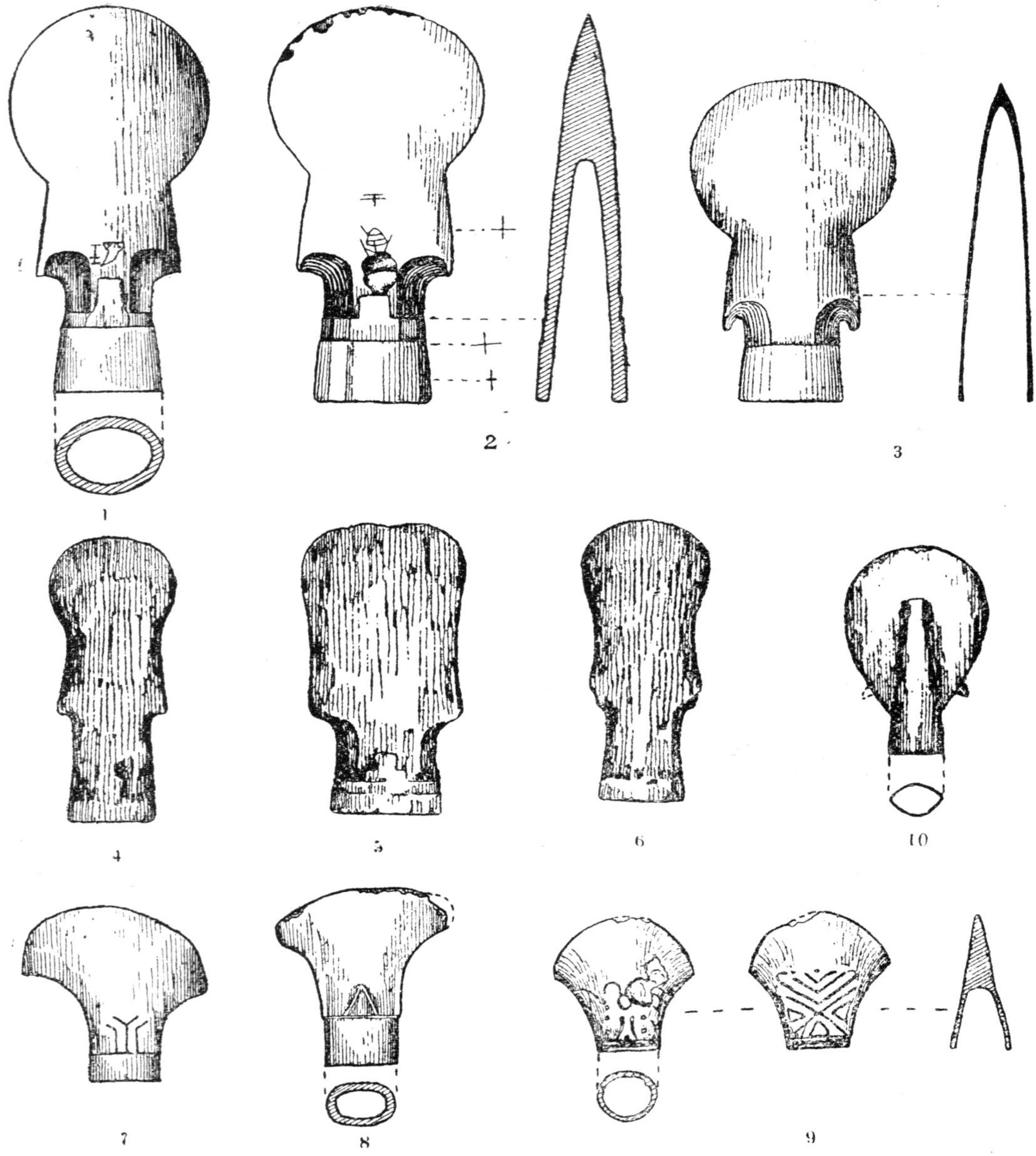

插图40　铜钺

1. 冬M50：4　2. 宝0：24　3. 宝M13：8　4. 冬M56：11　5. 冬M35：6　6. 冬笋坝收集　7. 冬M65：2　8. 冬M64：14　9. 冬M77：1　10. 冬M67：2

钺的载柄方法当是曲载如斧柯的。首先此种兵器的圆口本身是刃而不是锋，不宜作刺兵用，已表明柄不会是直载。钺在墓坑中的放置情况多是銎向天、刃朝地，若为直载则其木柯则直插于坑中，这是不合情理的。又墓坑中的矛都是直顺坑长放置，戈胡所示的柲亦系顺坑放置，钺不能独特立置。坑中的此两种情况可以确证钺是曲载，冬M49中的钺銎是向坑南边而其距离极短，亦可证明其决不是直载。冬M46中钺銎上横一长条空痕，痕与銎成直交，条痕长约25厘米，它可能是钺柯的遗痕。

矛　矛可分为三式（图版二七、二八，插图41）：

Ⅰ　长骹式：叶与骹长度相等，骹下部两侧有弓形耳系，叶最宽处在基部而收接于骹。

Ⅱ　短骹式（巴蜀式）：骹仅占全长三分之一，弓形耳系紧接叶基，叶身为尖叶形而最宽处在中部。

此式矛占出土的绝大多数，在演进上还有差别：最初为上下相等的弓形耳系，矛叶颇宽；进而耳系变为上小下大，矛叶变狭；再变为下垂形耳系而与叶相连。

Ⅲ　单穿式：形如长骹式，骹上穿一单孔，将矛钉固于柲上。又一种为短骹式加一穿者。

另有几件外地传入的几式矛，因皆系仅见的独例，故不列为式。其一为尖锋形叶而后部凹曲以接于骹，仍有弓形耳系。其二为直刃，脊与边刃明显凸出，骹短而无耳系。其三为斜刃而叶后部垂接于骹上，骹长而无耳系（图版二九）。

矛骹上常铸或刻有符号或花纹，与剑上所见略同。

矛柲长度：据宝轮院M13墓坑保存的柲是200厘米，M14的柲是195厘米，可见宝轮院方面柲长约为两米。据冬笋坝M35墓坑中的矛与镦的距离为110厘米，M11墓坑中的矛与镦的距离为82厘米，这两个距离是在一直线上，当即矛的柲长，可见冬笋坝方面柲长约为1米。冬笋坝矛柲较宝轮院短至一半，或其间表示有不同的用法。

戈 可分为方内戈、刃内戈（戟）、无胡戈（戵）三种。戈铜皆呈微黄色，表面则呈绿色，仅宝0：11呈青铜色（图版三〇、三一，插图42）。

Ⅰ 方内式：内作长方形，长胡三穿，有侧栏突起。多数刃面与援身间无簐棱，宝0：11则有簐棱。

Ⅱ 刃内式：内作刃形，长胡有侧栏。此种戈亦有称为“戟”的。

Ⅲ 无胡式（蜀式）：仅见两件（冬M9和冬M11两墓所出），皆极薄，显非实用兵器，当是早期戈制的遗形。两件戈的援上均铸有纹饰。此种形制的实用品常见于川西战国墓中，应是蜀地形制，有称之为“戵”的。

戈内上亦有符号，有铸有刻。冬M50所出的戈内上刻的符号与同墓铜钺上所刻的符号有两个单符全同，可能是使用者或氏族的符记。

戈在墓坑内的位置是镈在西部，戈在东部，戈援前锋指向南或北不定，镈的横断面前杀后丰如楔形，由此可见戈柲是前杀（向前锋）后丰（向内）的，如此才便于勾击时辨明戈的方向。

冬M4的镈与戈的距离约190厘米，冬M50的镈与戈的距离约145

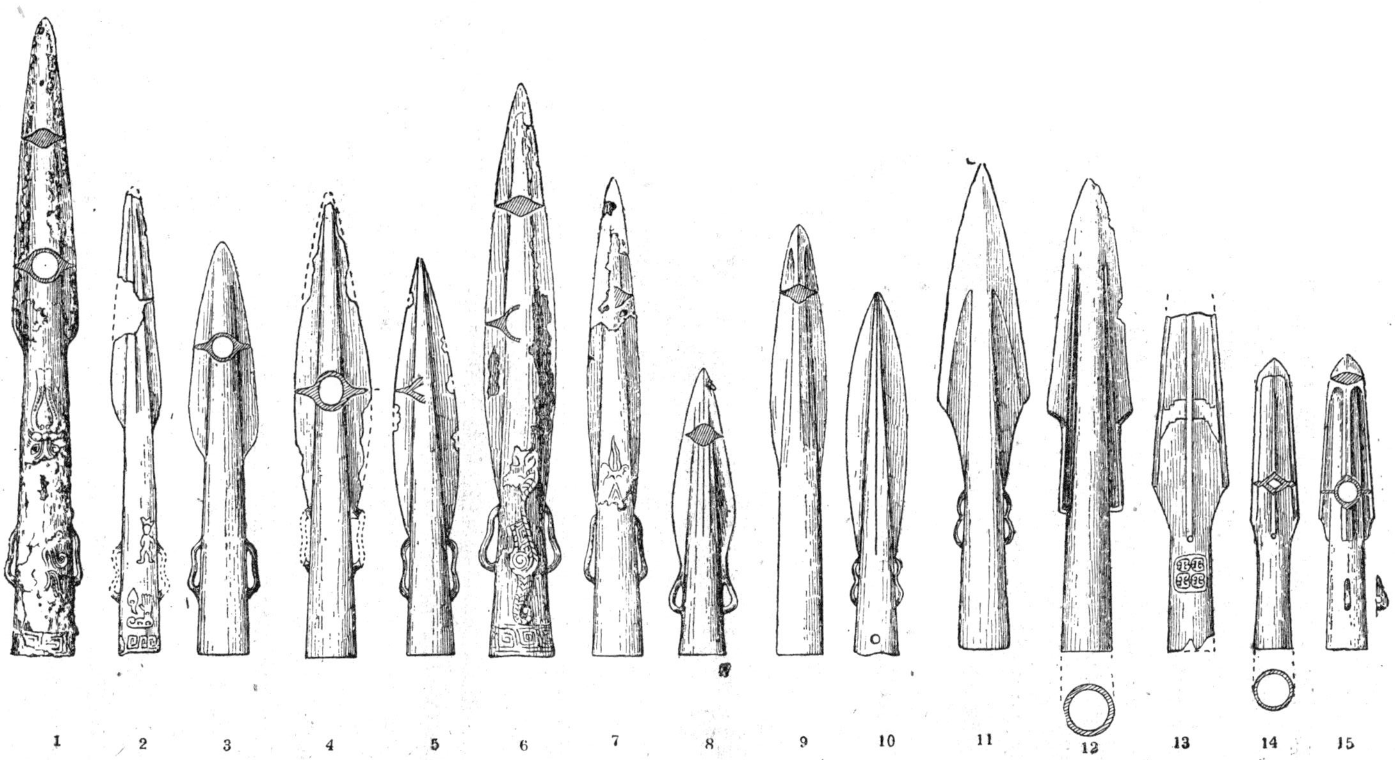

插图41 铜矛

1—3. 长骹式 4—8. 短骹式 9—10. 单穿式 11—15. 杂式（1.宝M10：16 2.冬M6：8 3.宝轮院收集 4. 冬M52：1 5. 冬M50：1 6. 宝0：23 7. 宝0：16 8. 宝0：1 9. 宝0：13 10. 冬M9：1 11. 冬笋坝收集 12. 冬笋坝收集 13. 冬M35：1 14. 冬笋坝收集 15. 宝M13：12）

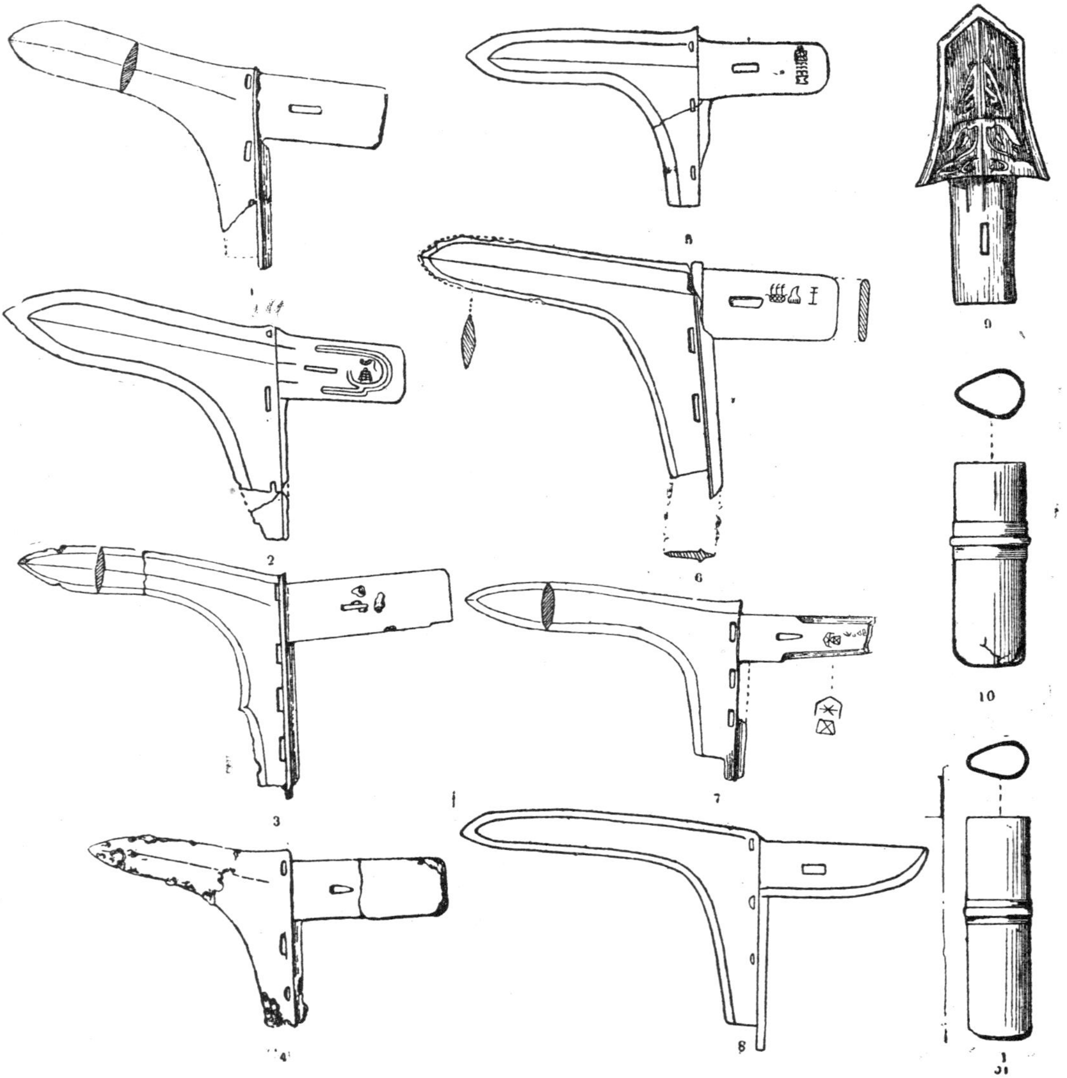

插图42 铜戈、戳、镈

1. 宝0：7 2. 冬M4：4 3. 宝0：11 4. 宝M10：18 5. 冬M3：11 6. 冬M50：3 7. 宝M13：9 8. 冬M33：16 9. 冬M9：23 10. 宝M10：15 11. 宝0：31

厘米，冬M56的镈与戈的距离约102厘米，此可显示柲的大概长度。

戈的出土不多，可见它的应用不及钺、剑和矛的普遍。

斧 在冬笋坝船棺墓坑中出土长条形斧二件，方銎而身条长，刃口部分略为撇开。斧身近銎部亦有铸文出现。此种斧可能也是曲载柯，是实用物。在方坑墓中又见一前期遗留的长条形斧，其口部撇开略阔（图版三二，1、7，插图43）。

削 可分为三种形式（图版三二，插图43、44、45）：

Ⅰ 直刃式：身直而柄扁平，环部有圆方角形、椭圆形、卷云形、斜孔形等四种。

Ⅱ 曲刃式：身作弧形，柄扁平，环部有圆方角形、椭圆形两种。冬M49和M84所出的两柄曲刃式削身皆有血槽。

Ⅲ 外弧刃式：刀身短而宽，柄部细长，环有椭圆形、斜孔带垂形、柄上半圆孔形等，有的似无环。

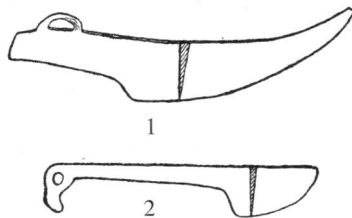

另有直柄切刀一件出

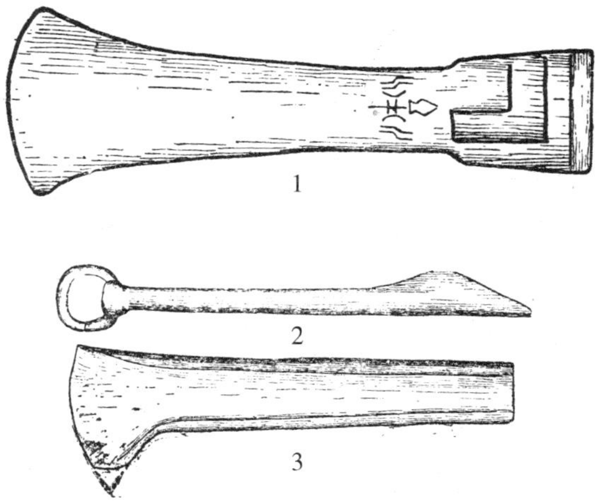

插图43 铜斧、铜削
1. 冬M11：10 2. 冬M11：6 3. 冬M11：20

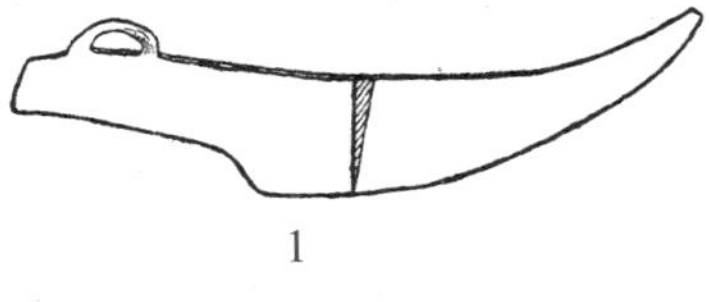

插图44 铜削
1. 宝M14：8 2. 冬M11：17

于冬M11坑，扁平长条形，刃斜而不对称。又短刃式长柄削一件亦出于同墓中。

削出土时多与剑相伴，冬M84所出的削则插于剑鞘内，其环与剑茎同叠置而露出于鞘外，削是船棺墓与狭长坑墓中常见的工具或兵器，长方坑墓中则有铁身铜柄的出现，方坑墓中仅见一柄。削在四川的盛行当在战国时代。

在冬M49中所出的一把削柄上刻有一符号，形似草叶，其意义不明（见插图45，1）。

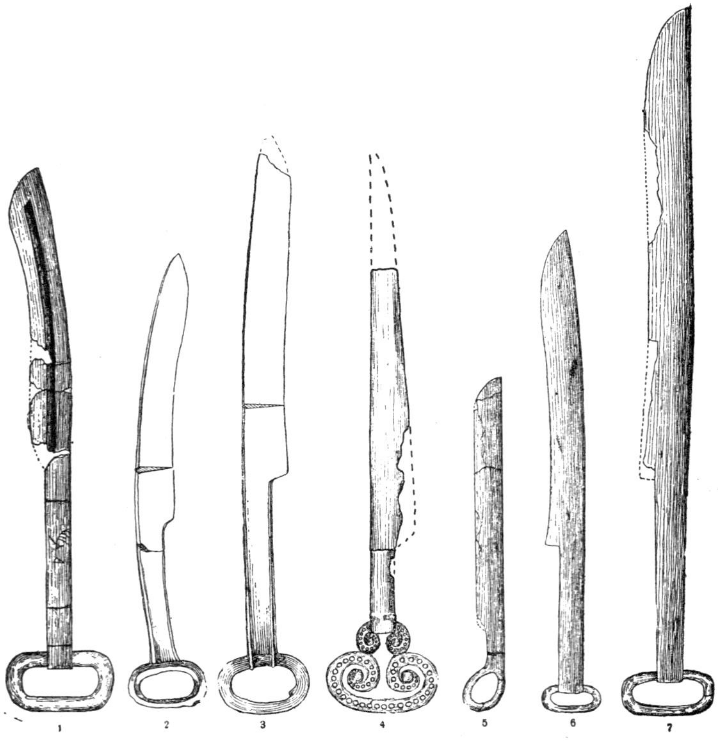

插图45 铜削

1.冬M49：17 2.宝M11：16 3. 宝M13：11 4. 冬35：9
5. 冬M42：7 6.冬M52：7 7.冬M50：36

箭镞 发现不多，在冬笋坝船棺墓中发现七枚，长方坑中有一枚（铁铸），基本上可分为三式（插图46）。

Ⅰ 三棱式：镞身三面合成三棱，断面呈正三角形，三棱合于镞端成锐锋（冬M35：18）。另一件（冬M4：20）身略长，其后接以铁铤。

Ⅱ 圆身式：其一圆身而前锋扁平如锥（冬M4：23）。另一圆身圆尖锋（冬M2：13）。另一圆身前锋圆锐，系铁制，铁铤外包有径约1厘米的木质（箭杆），出于长方坑（冬M24：4）中。

Ⅲ 扁锋式：其一平面呈三角形，脊略凸起，两翼撇开成倒刺（冬M4：2）。另一脊略凸起，两翼基部撇开成倒刺，锋与刺皆圆锐（冬M50：35）。另一如前而无倒刺（冬M50：38）。后两件两叶上铸有斜棱如巴式剑的纹饰。

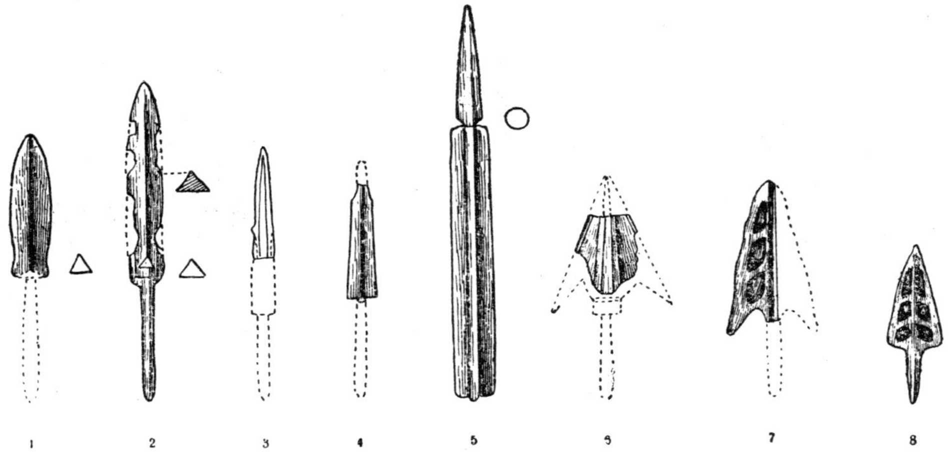

插图46 箭镞

1. 冬M35：18 2. 冬M4：20 3. 冬M4：23 4. 冬M2：13 5. 冬M24：4 6. 冬M4：2 7. 冬M50：35 8. 冬M50：38

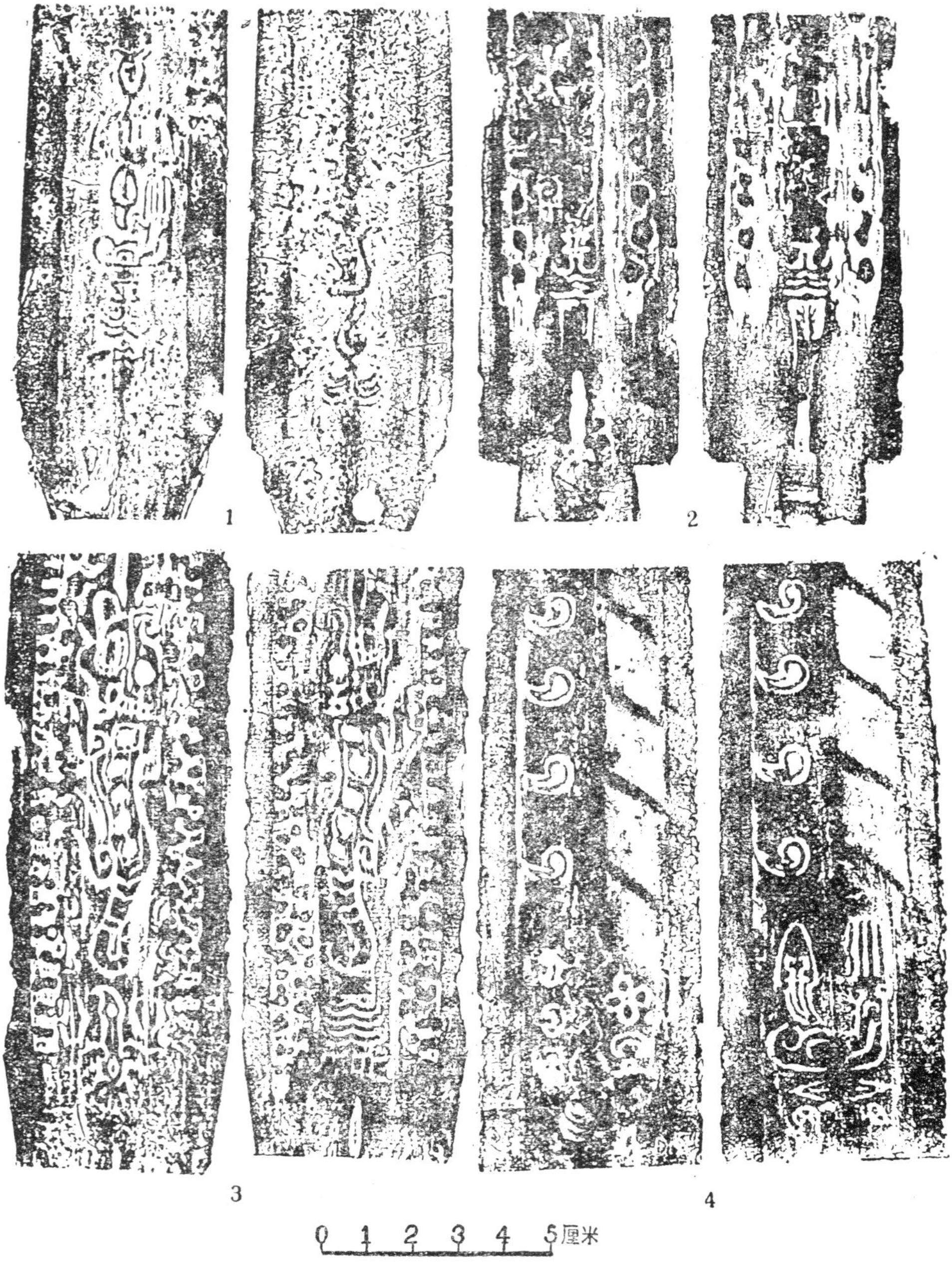

插图47 “巴蜀式”剑剑身基部上的符号拓片之一

1. 冬M34：2 2. 冬0：3 3. 冬M4：1 4. 冬0：122

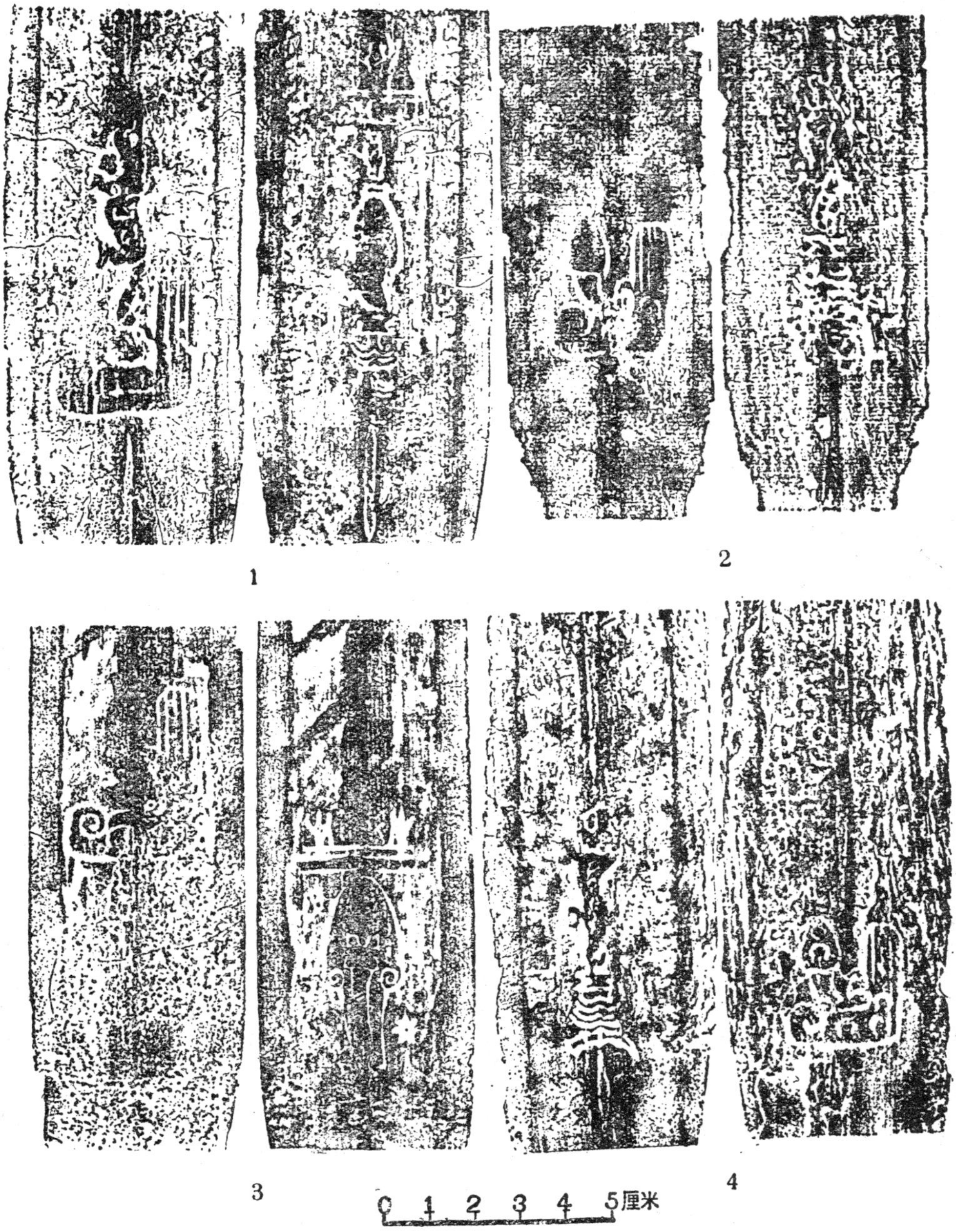

插图48 “巴蜀式”剑剑身基部上的符号拓片之二
1. 冬M7：1 2. 冬M37：2 3. 冬M9：6 4. 冬M9：7

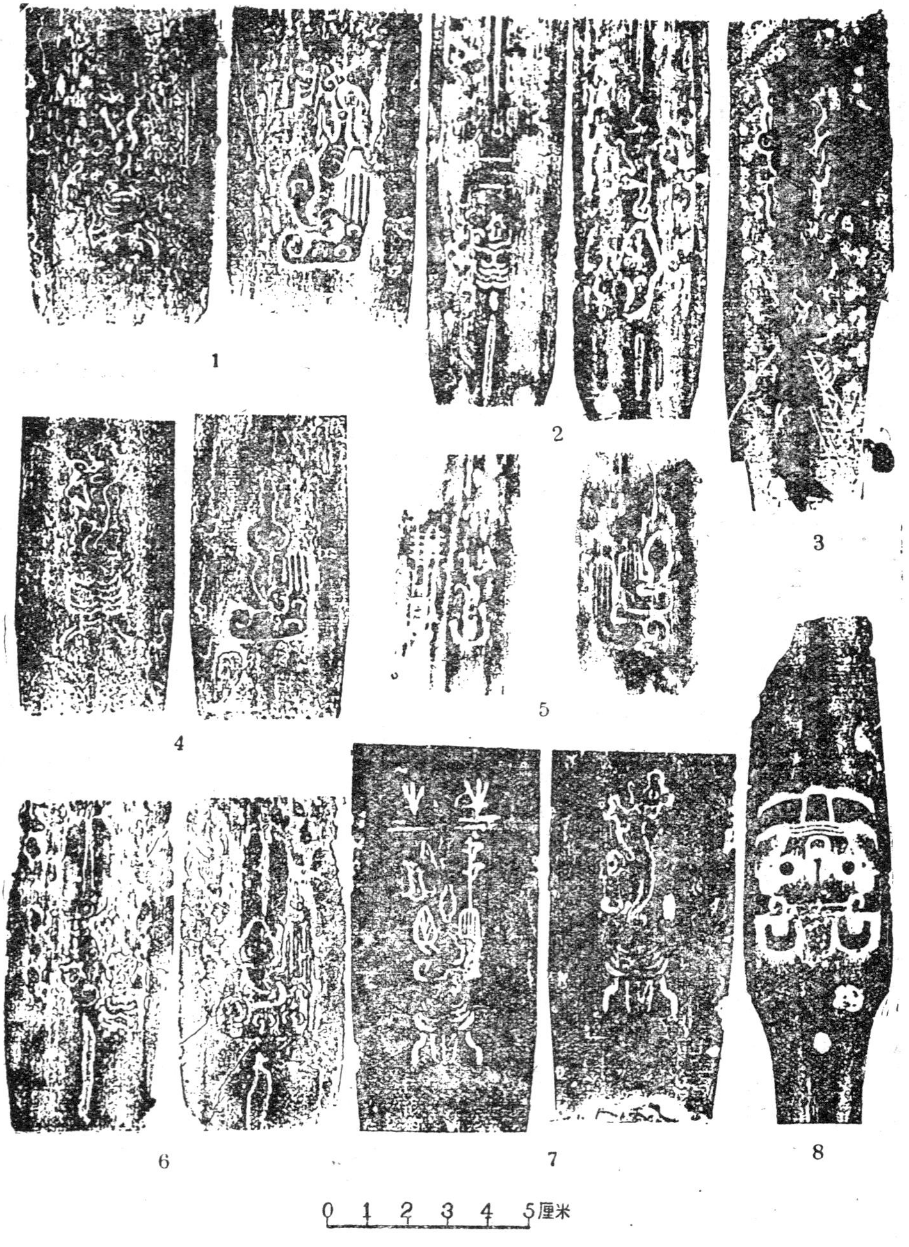

插图49 “巴蜀式”剑剑身基部上的符号拓片之三

1. 宝0：22 2. 冬0：21 3. 宝M14：2 4. 宝M14：1 5. 冬笋坝出土 6. 冬M33：4 7. 宝0：12 8. 冬M35：10

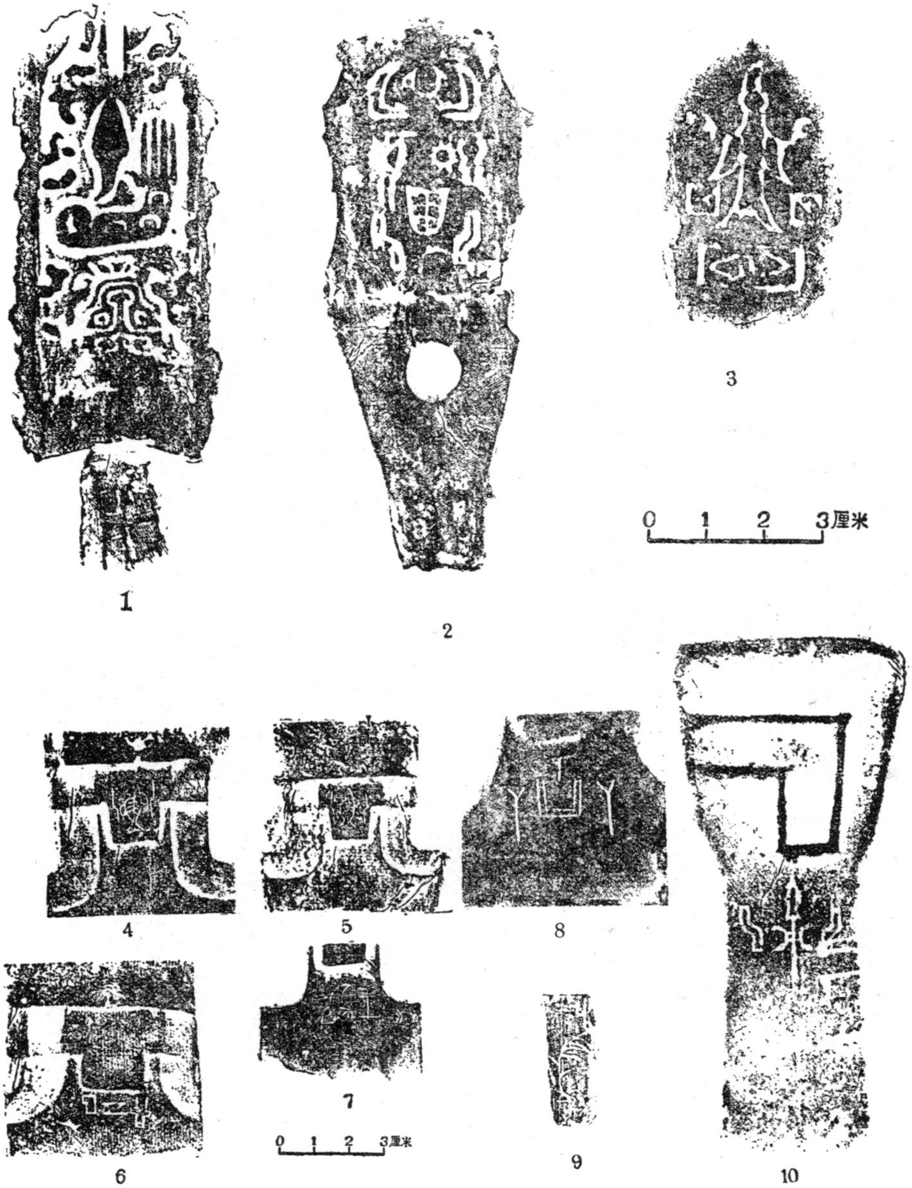

插图50　铜兵器上的符号拓片

1. 冬M76：1（剑）2. 冬M65：3（剑） 3. 冬M56：9（剑） 4. 冬M9：4（钺） 5. 冬M9：14（钺） 6. 冬0：123（钺） 7. 冬M50：4（钺） 8. 冬M4：3（钺） 9. 冬M49：17（削） 10. 冬M11：10（斧）

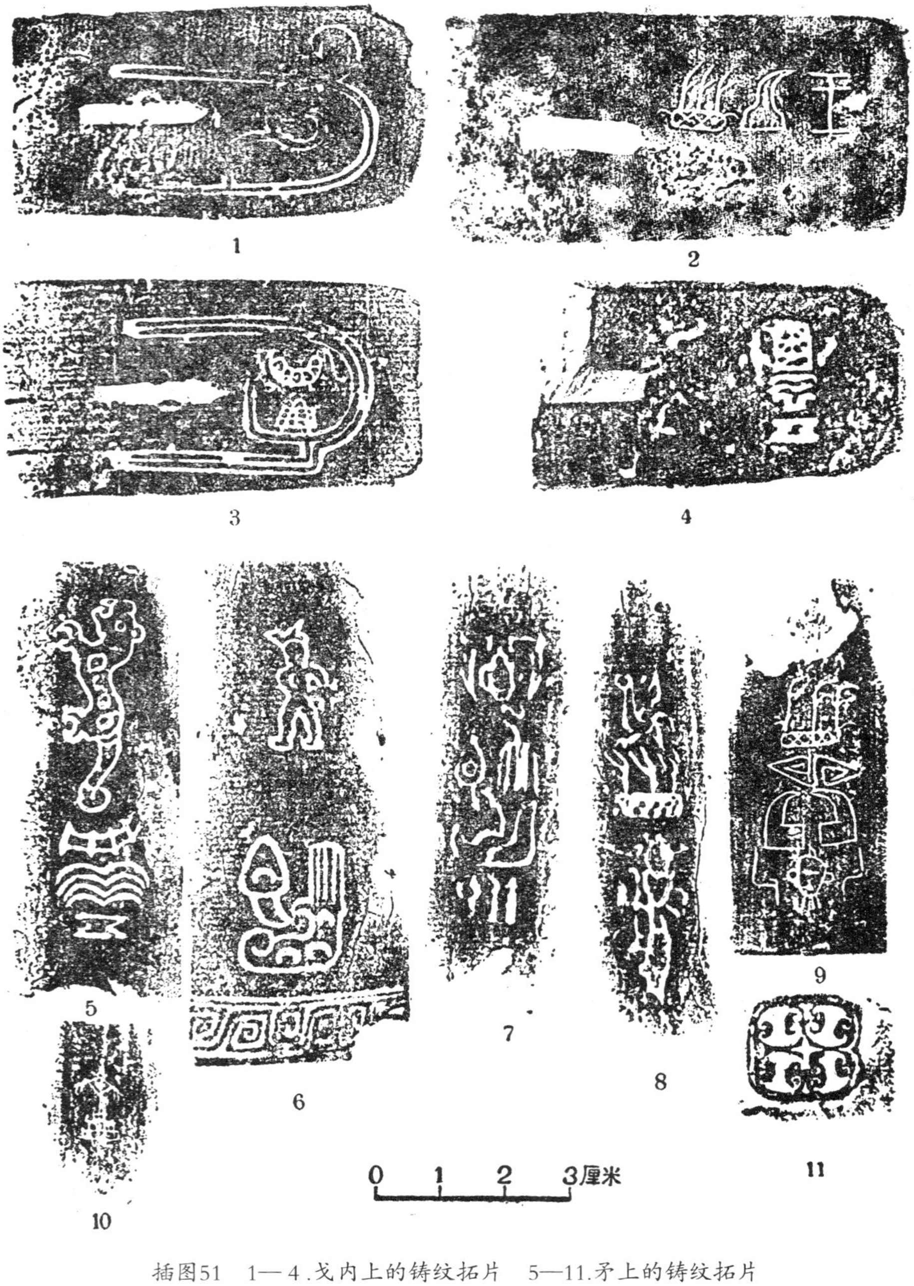

插图51　1—4.戈内上的铸纹拓片　5—11.矛上的铸纹拓片

1. 冬M4：4　2. 冬M50：3　3. 冬M4：4　4. 冬M3：11　5. 冬M6：8　6. 冬M6：8　7. 宝M14：2　8. 冬0：4　9. 冬M15：4　10. 冬M4：5　11. 冬M35：1

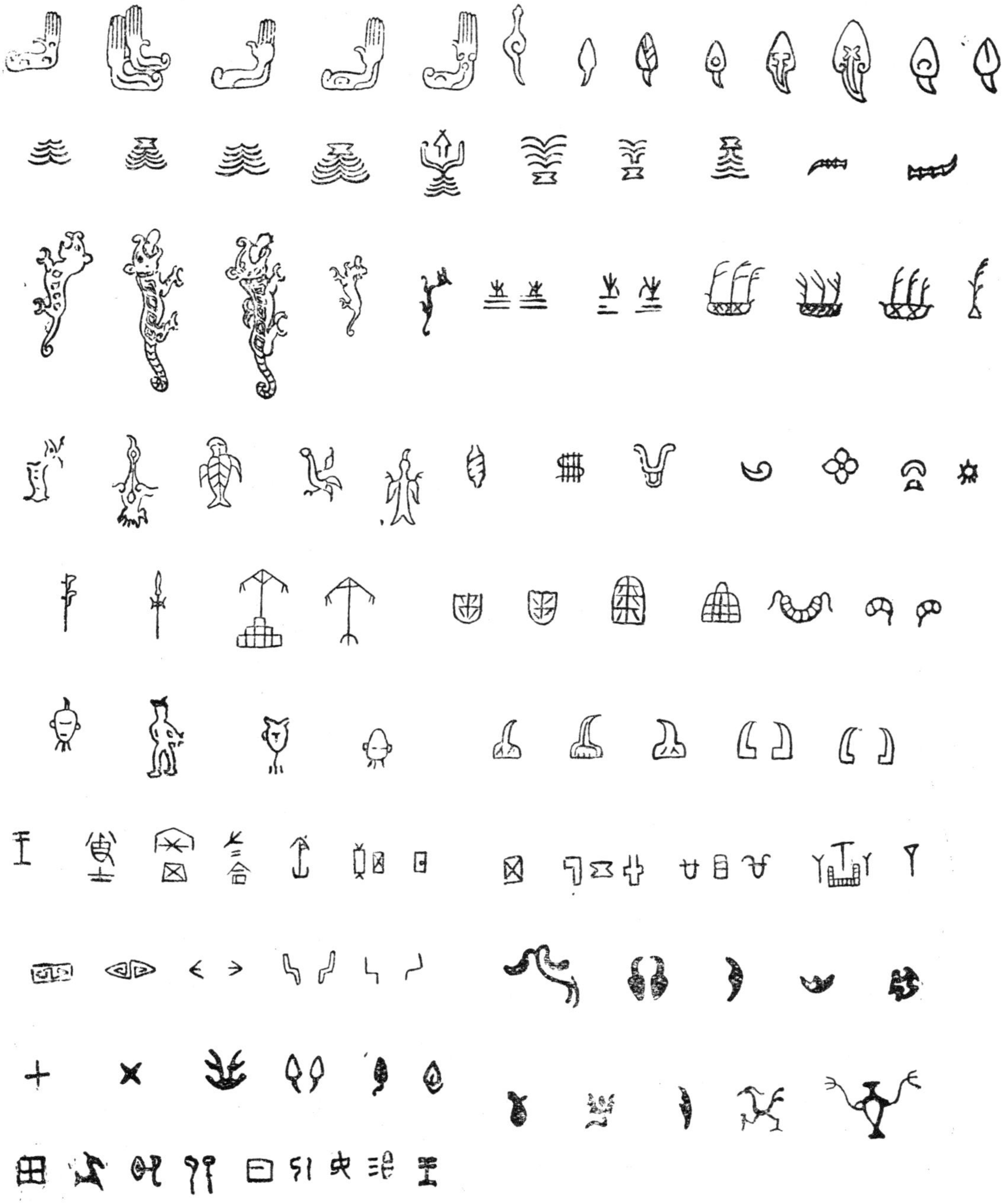

插图52　冬笋坝和宝轮院出土铜器上的符号

胄顶 冬M9（船棺葬）东部约在人骨架头部有一尖顶圆形物，铜质薄壁，径约10—12厘米，高12.4厘米，周边有长方形立列孔一周约5—7个。可能是皮胄的铜质顶部——兜鍪。冬M1（狭长坑）亦出现一具，其出土部位与形状全同于上（图版三三，1）。

二 铜容器

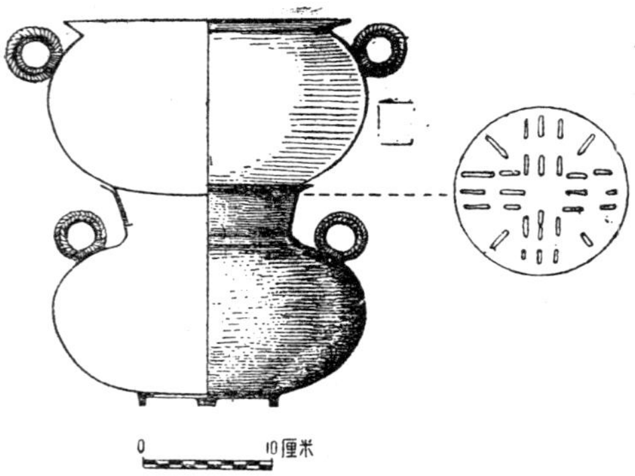

插图53 宝轮院出土铜甑

甑 甑的形制分上下两部：甑与釜。甑纳食物以受蒸，釜贮水烹煮。甑的形制是：侈口，平唇外折，鼓腹，底下凸出如圈脚，肩上有对称的编索纹双系。腹底有条形小孔以通蒸气。釜则小口而有短颈，以纳甑足，肩部仍有编索纹双系。釜底圆平而有四个小钉足（图版三四，1、2，插图53）。

釜 大口无颈，平唇外折，鼓腹，圜底，肩上有对称的编纹双系。釜底多有烟炱痕，当是实用物（图版三四，5）。

釜于出土时均塞满污泥，泥中往往有食物遗迹，如猪的下颚骨及牙齿、兽（獐?）的上颚骨及牙齿、鱼骨、果核等。

鍪 鍪如球形而有短颈，直唇，口微侈，颈肩相接处设编索纹耳系。方坑墓中（冬M77）所见铜鍪又加一小环，两相对称成双耳系，但形制全同单耳的。船棺墓和狭长坑皆出单耳铜鍪，长方坑中已见与铜鍪相同形的铁单耳鍪，方坑中则多用铁铸，但亦偶有铜的（图版三四，3、4，插图54）。

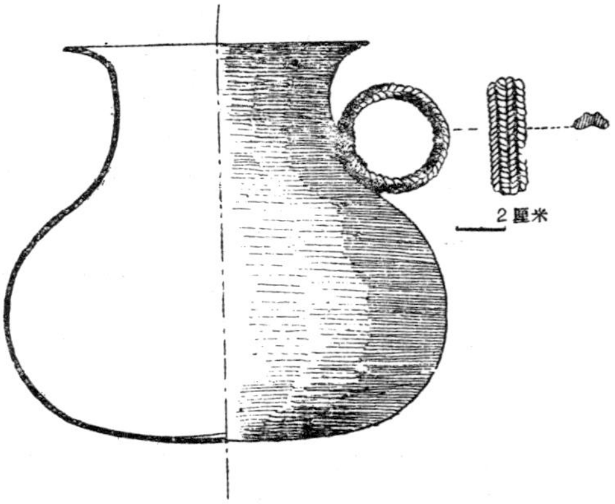

插图54 冬笋坝出土铜鍪

以上三种炊器的随葬情况：随葬品丰富的，往往三种皆备，少的仅具其一，有个别随葬品较贫乏的墓则全无。此中或者是贫富的差别，暗示着阶级的分化。

盘 平边大口，身直而浅，平圆底。在冬笋坝船棺坑与狭长坑中所见盘的情况，其位置均在骨架的胸或腹上，且几乎全为复置。盘的功用是否为死者生时盛水盥漱之具，抑或为葬仪上的一种特殊用具，今尚不明了。

壶 小口，高颈，肩部向下圆斜至腹最宽处下收接于圈脚，腹上有兽面衔环的双耳，腹及颈下有带纹。仅一件出于冬M11（船棺坑）中（插图55）。

铜甑、釜、鍪和盘为此类墓葬中特有的容器，甑则沿用至西汉初年；釜与鍪至秦汉间改用铁铸；盘则随船棺墓与狭长坑墓而绝迹。壶为外来的一种容器形式，但其厚薄及制法均与甑、釜等器无异，想系为本地所制。

就现有资料看来，巴地铜容器是具有地区特征的：首先是铜器器质皆极薄，是用双合范铸成，附耳部分往往经几次焊接（曾沿用多次）；且有独特的辫纹（插图56）。其次是器底多有烟炱痕，都是实用具入殉而没有铜明器。再次是未见大型器，所盛食物仅能约供五人食用。最后是均呈绿色素表，未见有装饰花纹及铭刻。

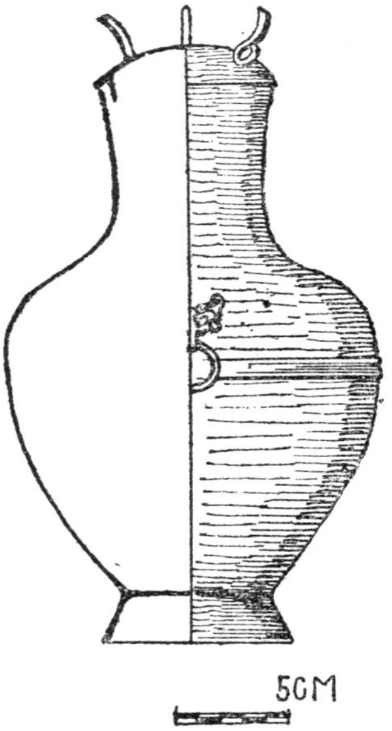

插图55 铜壶 冬M11：13

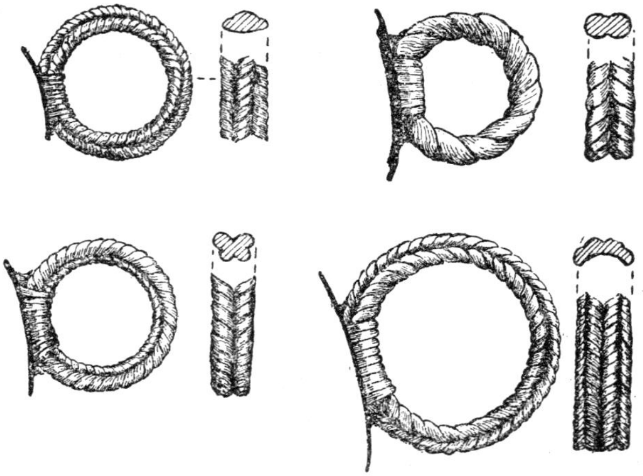

插图56 铜釜、甑系上的辫纹

三 铜杂器

带钩 可分为三式（图版三五，插图57）：

Ⅰ 条柱式：宝轮院所出两件（宝M14：4、宝0：32），钩身略呈圆柱形，一端渐瘦小而铸作螭首形曲回成钩，柱背部突出一纽。钩

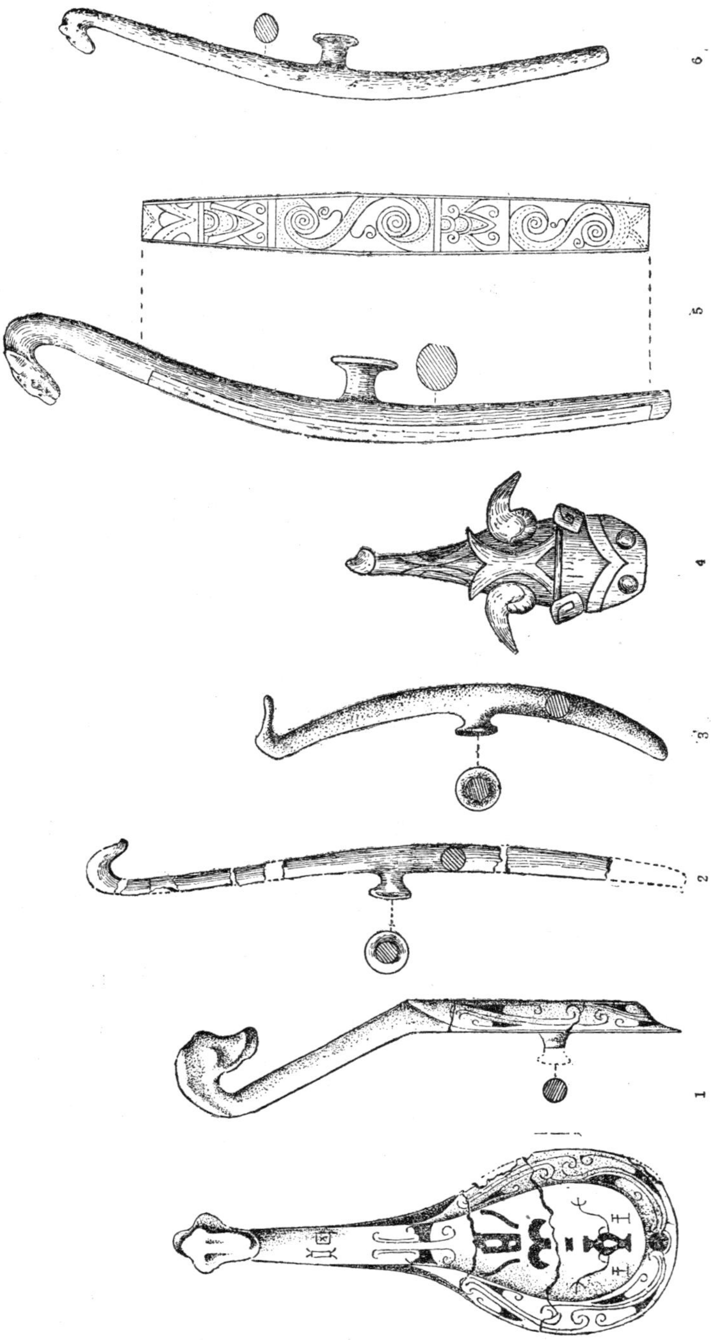

插图57 铜带钩

1. 冬M50：12 2. 冬M41：2 3. 冬M49：5 4. 冬M35：7 5. 宝M14：4 6. 宝0：32

身的正面错金银丝纹饰。冬笋坝出土七件，亦曲柱小纽，钩多作兽头形。带钩多出于骨架的腰部。

Ⅱ 象生式：宝轮院出两件（宝M3：2、宝0：5），身作犀形，正面依着犀牛的体态用金银错嵌，从雄硕的外形中表现出活泼绚丽的图案。利用犀头上的角延长回曲为钩，钩端另饰一兽头。另一只原钩的兽头系折损后补接的，祇有镂刻纹而未加错嵌。此两钩形态逼真，虽高度图案化而略露板滞之迹，但其技术的造诣是很高的。

Ⅲ 勺式：仅冬M50出土一件，上细下宽略呈椭圆形。全身用金银丝嵌错，图案精美。其上所嵌符号与印章和兵器上所见同属一类，可见此类符号在具体应用上的普遍。与此同形而嵌金银错的在成都羊子山土坑墓中也有出土。

镜 仅见冬M42出土一件，素背小鼻纽，背上有三圈凸棱，纽上有三棱线，径7厘米。出土于坑的东部，约当人骨架的头

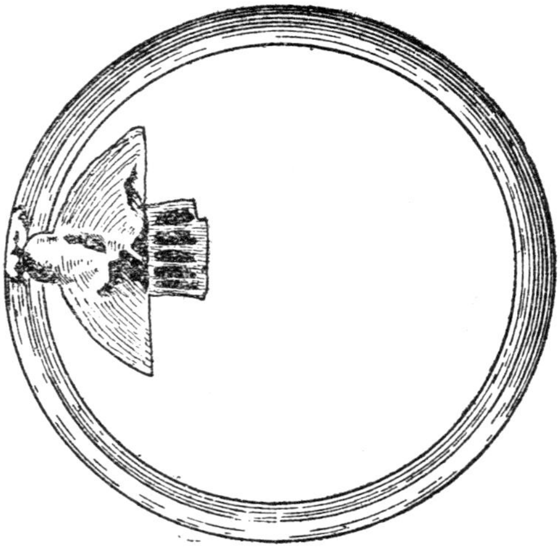

1

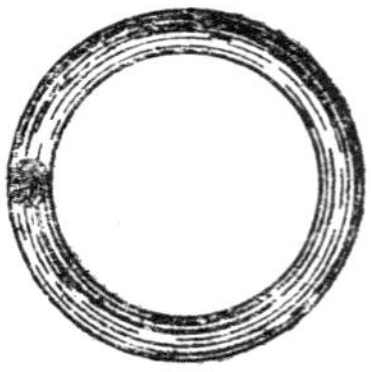

2

3

插图58 铜环与小环（法码）
1.冬M41：2 2.冬M50：8 3.冬M50：9

部附近，全体呈绿色，与大半两钱三枚伴出（图版一六，1）。

小环 冬M9船棺墓出小环一枚，出土时似盛在一个长方形小漆盒内，位置似在人骨架下。冬M50船棺墓出小环两枚，出土位置在骨架附近。其中一枚与半两钱同在戈上，另一枚在其附近不远，似是同盛在一个圆形小盒中。此二小环，大的重市秤二钱六分；小的重一钱三分；两者差重恰为一倍。大的约相当于秦、汉的十二铢，小的约六铢，似为法码（插图58）。

系环 冬笋坝墓坑中剑首附近常见有细铜丝环几圈叠置，环的一侧有三角形附柄，环径5—6厘米。其用途可能与剑有关（插图58）。

锯片 冬M35船棺葬坑中有铜锯片一段，长约10厘米，宽约2厘米（图版三二，2）。

四 铜印章

铜印章绝大多数是铸字，“巴蜀文”的冬M50：39可能是刻字，“汉”字的“扞×”、“富贵”、“中人”等可能是镌刻。冬M50：16肖生形印文及两枚扁方形（宝M6：1、冬M64：17）很近似汉字的印，则难确定其为铸或为刻。实际上出土了二十一枚可见印文的印章。另有冬M8：8印文锈蚀，冬M50：40仅见一残角，冬M60：1仅见方印痕。船棺墓坑出土圆柱形符号印一枚、方形汉字印二枚、方形符号印一枚、方形肖生印一枚、长方形符号印四枚、长方形汉字印四枚。狭长坑出土圆形符号印五枚。长方坑出土圆形汉字印二枚。方坑墓出土方形近汉字文印一枚（图版三六，插图59、60）。

我们认为“汉”字印是比较早期的东西，可能由中原传来。“巴蜀”字印则是摹仿汉字印在本地仿铸的，故时代上应为较晚。证之以现有出土资料，船棺墓出“汉”字印较多，狭长坑则出“巴蜀”字印较多。

巴蜀文字印章早见于《瞻麓斋藏印》《宾虹藏印》《十钟山房印举》中，诸谱可考者说明是在四川搜集。此类印在四川省博物馆、重庆市博物馆、收藏家手中还有不少，但已有伪造出现。此类印现仅知有成都、重庆、昭化、芦山等地出土。汉字吉语印多见于各印谱中，冬M49所出“万岁”一印与《澄秋馆印存》卷十在陕西搜集的一枚全同。兽形肖生印与在新疆出土的肖生印也有类似情况。

印章可分为两类：“巴蜀”字类和“汉”字类，巴蜀字类包括一般称的肖生印与类似汉字的符号。

巴蜀字类印章共十三枚，所铸文字皆不能认识。其中有似汉字而又非汉字者二枚（宝M6∶1、冬M64∶17），分格为田字形而铸有四个类似汉字的符号。其中有兽形印一枚（冬M50∶16），印身漆亮，文形奇古。其它十枚皆“巴蜀”符号，亦有与铜兵器上的铸文相同的。

汉字印章八枚，“高”（冬M2∶11）、“扞x”（冬M24）、“福”?（冬M37∶7）、“中仁”（冬M50∶14和15）。此类吉语见于印谱中的颇多，均定为战国及秦汉间物。

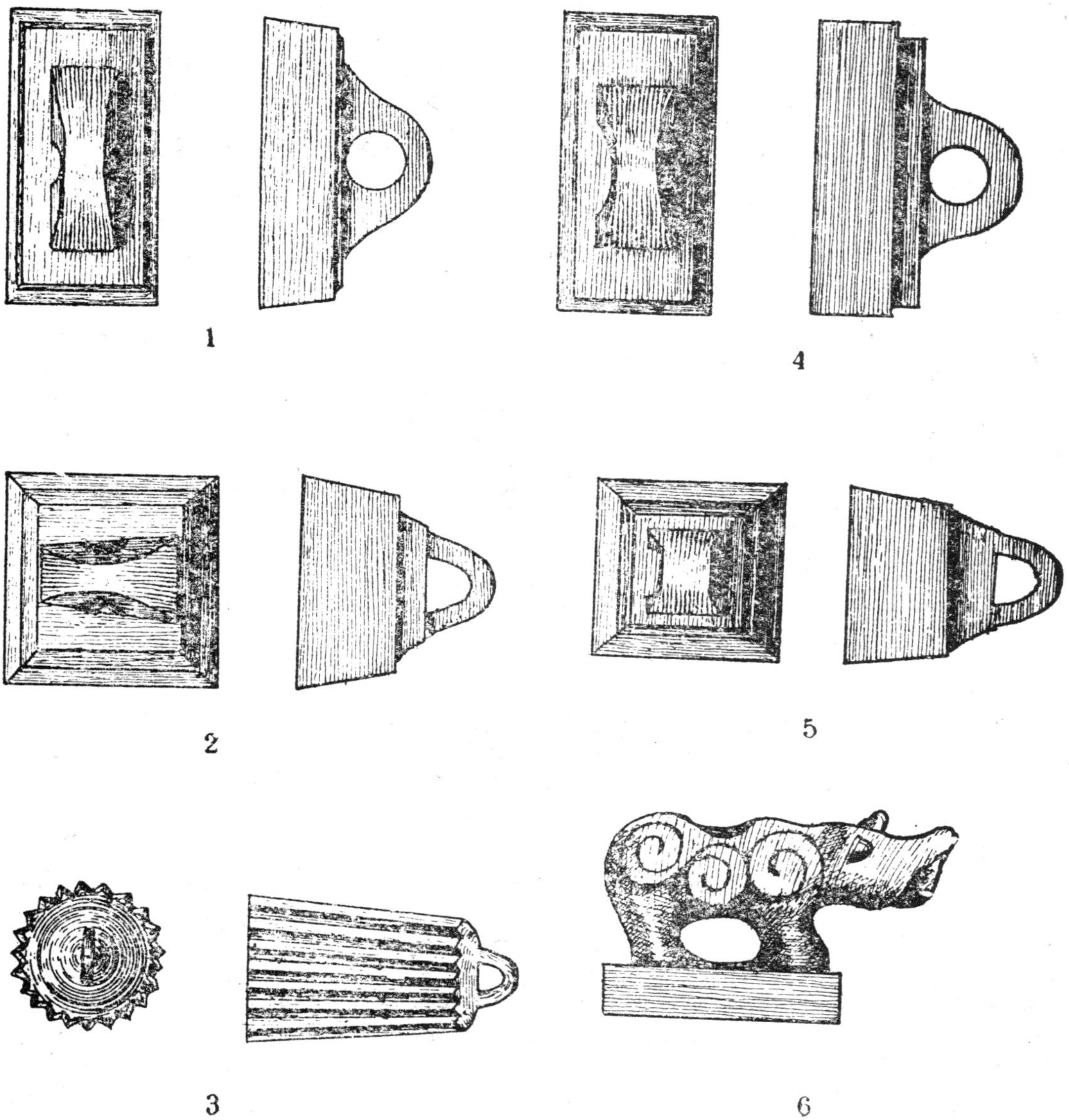

插图59　铜印章　比例放大一倍

1. 冬M49：14　2. 冬M49：18　3. 冬M49：13　4. 冬M50：39　5. 冬M50：16　6. 冬M50：17

插图60 铜印章印文拓片 比例原大

1. 宝M16：7 2. 冬M53：11 3. 宝M6：1 4. 冬M64：17 5. 冬M32：4 6. 冬M32：3 7. 冬M1：6 8. 冬M50：17 9. 冬M50：16 10. 冬M50：39 11. 冬M24 12. 冬M2：11 13. 冬M49：13 14. 冬M2：14 15. 冬M37：7 16. 冬M41：20 17. 冬M49：18 18. 冬M49：10 19. 冬M49：14 20. 冬M50：14 21. 冬M50：15

出土的二十四枚印章的形制：巴蜀字印以扁圆形鼻钮的为最多（五枚），扁长方形鼻钮次之（三枚），扁正方形鼻钮的又次之（二枚），另有圆柱形小钮（冬M49：13）、扁长方犀兽钮（冬M50：17）各一枚（二枚）。汉字印有扁长方形鼻钮的三枚，覆斗形鼻钮的二枚，扁圆形鼻钮的二枚，扁近方形鼻钮的一枚。综合看来，印钮除一枚为犀钮外，其它皆鼻钮。印形有：正方覆斗形、近方扁形、长方扁形、扁圆形、圆柱形五种。后两种体形可能是本地的形制，其应用时代可能是由战国下及于汉。

五 铜钱币

大半两钱 大小厚薄不一，大的径3.7厘米，最小的亦重于汉四铢半两。文字粗放，且无文字全同的。铸铜时留下的“火口”皆宽大（约5—7毫米），火口必在两侧或上下，未见如汉范的四方火口的。这种半两钱是秦国的钱币，秦钱本来轻重不常，故有大小差异（图版三七、三八，插图61）。

冬笋坝有三个船棺墓坑（冬M42、M49、M50）、四个狭长坑（冬M52、M53、M59、M85）、三个长方坑（冬M37、M65、M78）、二个近方坑（冬M64、M70），共十二个墓坑出有秦半两钱。宝轮院有六个船棺墓坑（宝M3、M6、M11、M12、M14、M15）、两个狭长形坑（宝M10、M13），共八个墓坑出有秦半两钱。从两地墓葬出钱币墓坑的比数来看，宝轮院的秦钱应用较冬笋坝为普遍，这可能是时期略晚的缘故。

此种半两钱出土于坑中骨架上部近侧。多为散置，有的（冬M49）叠置，外用绢裹着。其出土数量多为几枚，仅有两墓（冬M49、M50）多至二十余枚。

两甾钱 仅冬M49一叠半两钱的表面一枚为两甾。钱文作“两甾”，径约3厘米，有外郭。冬M59亦出一枚，径3.2厘米，亦有外郭（图版三七，16，插图62）。

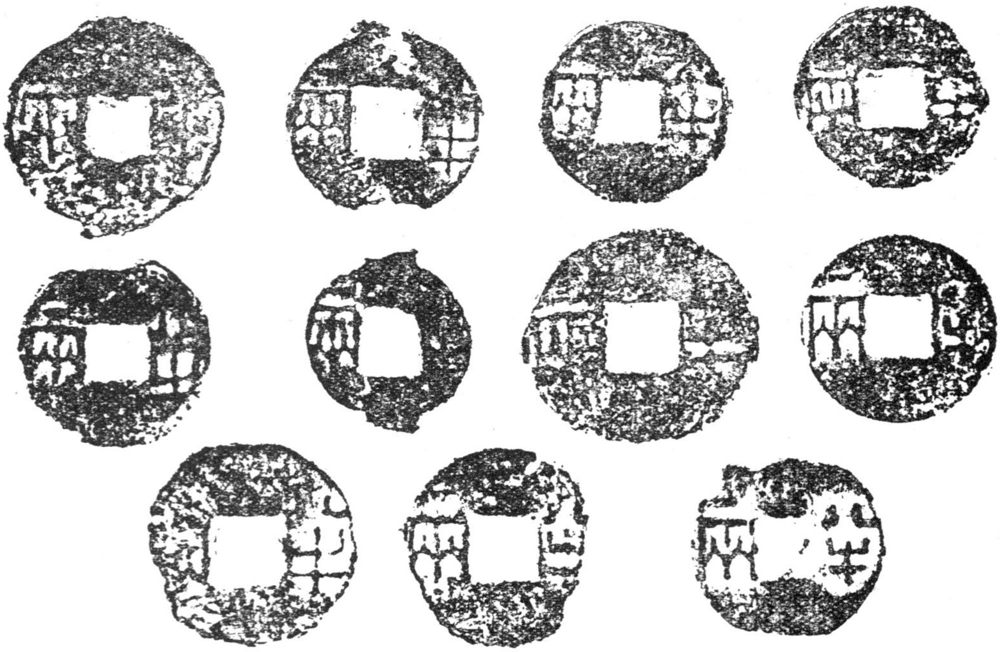

插图61 宝轮院出土铜钱币拓片

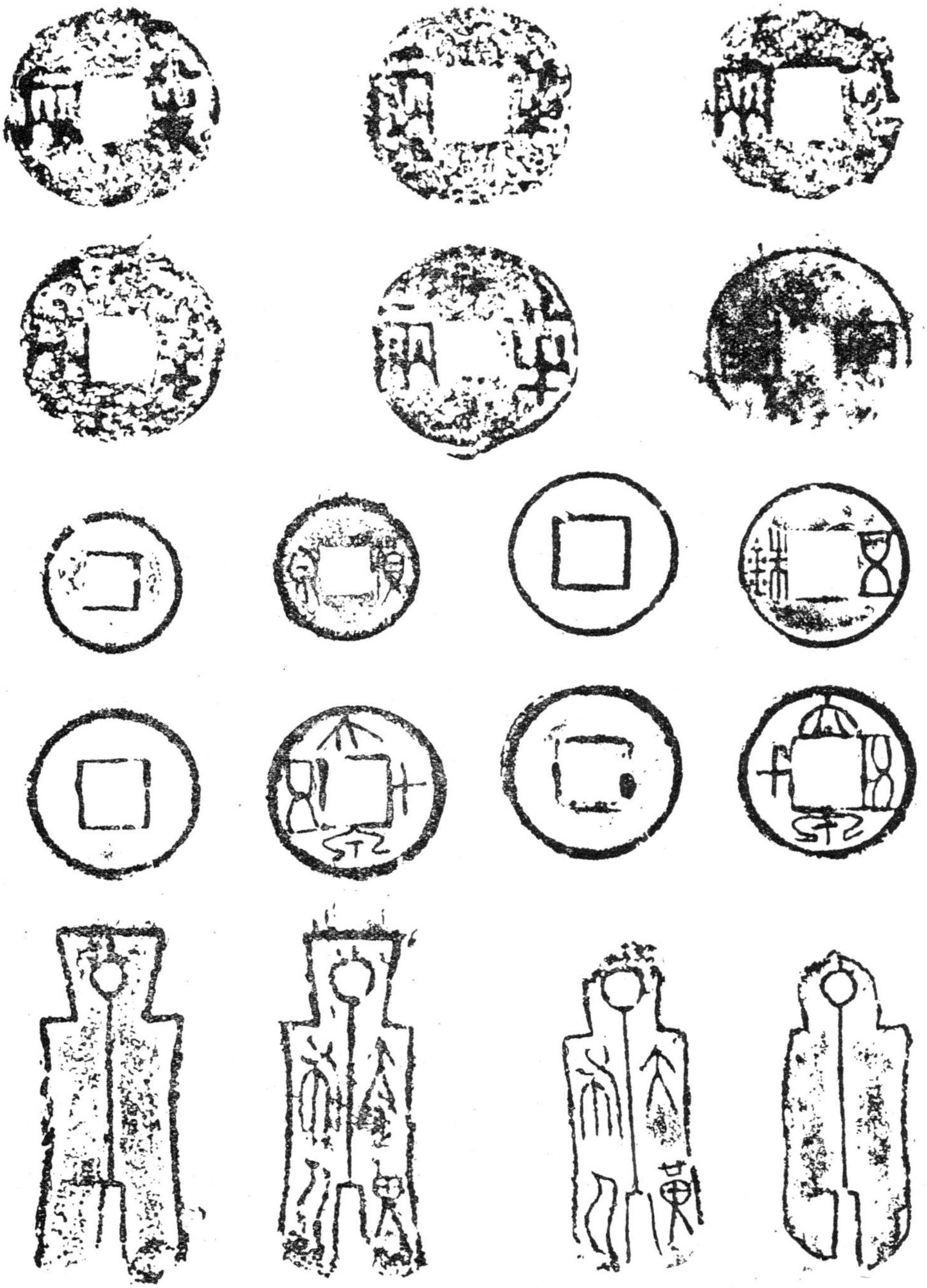

插图62 冬笋坝出土铜钱币拓片

小半两钱 冬M21、M22、M67、M77四个方坑墓均出土有小半两钱，径约2.4厘米，是汉四铢半两钱。

五铢钱 冬M20正方坑墓出土西汉五铢钱一串有百余枚，冬M40正方坑墓出土西汉五铢钱两串两百余枚。

大布黄千、大泉五十、货泉、五铢 四种钱皆同出于冬M83正方坑中。其中“大泉五十”四百六十五枚，“五铢”一百六十四枚，“货泉”三十一枚，“大布黄千”八枚。

另外在冬笋坝M4、M41、M50三个船棺墓及M15、M33两个狭长坑中，各出土了几枚璜形薄铜片，宝轮院M3墓中同半两钱伴出了一枚“桥形币”。这种称为“桥形币”或“虹币”的璜形铜片在墓坑中是叠置堆放的，其出土部位与钱币同位或在相对称的地位，与饰珠等不联系伴出，它是否是钱币，或者系一种装饰品，现在尚不明了。

六 铁器

削 铁削的形制与直刃式铜削相同。冬M14（船棺墓）及冬M48、M58（狭长坑墓）都出土铜柄铁身直刃式削，冬M35、M49（船棺）及M85（狭长坑）三墓都是有铜削又有铁削。铁削在后期船棺墓中与铜兵器群伴出，这说明铁器在四川开始出现的情况（图版三九，3，插图63）。

斧 铁斧也是开始在晚期船棺墓中出现。铁斧的形制正面呈梯形，侧面作楔形，长方銎，大体上近似四川现在用的斧头。在墓坑中，铁斧多放置于陶器群中，足证其是日用工具而非武器（图版三九，2，插图63）。

在晚期船棺葬墓坑中，铁器仅此两种。削的制法是锻打，斧好像是分两半用锻铁打制再合接的。此外在四个晚期船棺坑（冬M35、M42、M50、M84）中，还有残铁痕发现，方坑墓中（冬M47）亦有铁痕铺于墓底部。

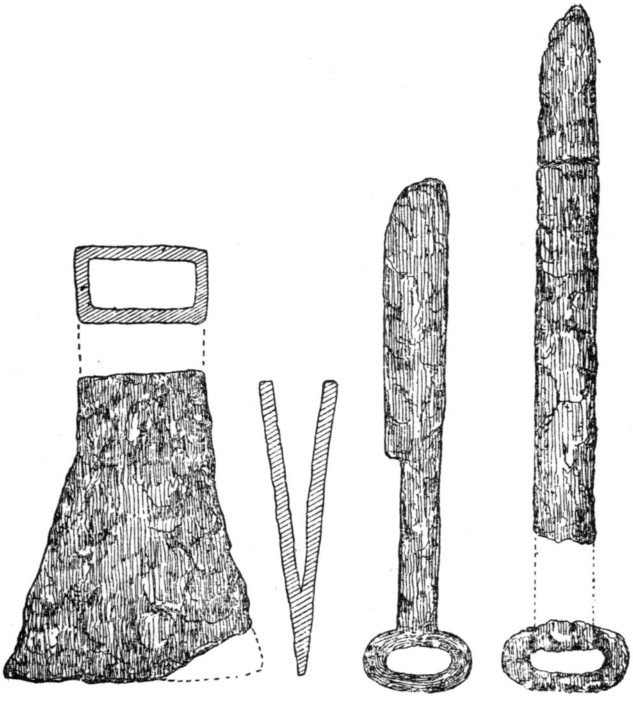

插图63　铁斧、铁削
1.冬M55：5　2.冬M47：13　3.冬M49：8

鍪　铁鍪开始出现于长方坑（冬M61）中，在方坑墓中则为常见。其形制与铜单耳鍪全同，当有其承袭关系。出铁鍪的墓坑中则不出铜容器，但铜兵器则仍沿用着。由这一现象亦可看出铁器在四川出现的次第（图版三九，1）。

矛　在冬M85狭长坑墓中出有一长约20厘米的锈铁物，很像是矛，但同坑中已有铜矛、铜钺和铜剑等，故不能肯定。矛的确切出现是在冬M69号方坑墓中，它标志着铁兵器的开始。铁矛的形制是长骹直上为脊，脊两傍的双刃合成尖叶形，它与前期船棺葬中的铜矛近似唯骹特长。冬M69近方坑墓是陶器集中于西端，东部放着：铁矛、铁刀、铁斧、铁削（图版一九，5）。另一铁矛亦见于近方坑（冬M74）墓中，该墓中另有一铁镢。这两个墓都是比较晚期的木椁墓，其时代约当西汉初期。

刀 铁刀是一种兵器，冬M64、M69两个方坑墓中出土各一件。其形制同于直刃铁削，一长36厘米而茎首有环，一长49厘米而未见环颖。铁刀与铁矛一样地标志着铁兵器的出现。

镢 铁镢标志着铁农具的出现，皆见于晚期的方坑墓中（冬M74、M75）。铁镢的正面如凹字形而口部略为圆曲。它是包镶在木锄或木锸口部使用的。战国时称这种铁农具为镃箕，镢或是镃箕的另称。

镞 铁镞在冬笋坝长方坑（冬M24）已经出现。宝轮院M14墓中有切面作扁形长铁镞一枚长10.3厘米，中部最宽处1.4厘米，厚0.8厘米。此铁物尾后有木痕，可能是箭杆。从镞身表面审视，通身没有一小块平滑处，尾歧又长短不平，表征它的制作过程是锤打的，质地上应属锻铁。

第肆章

陶　器

昭化宝轮院和巴县冬笋坝两地船棺葬及狭长坑、长方坑、方坑墓等出土的陶器，从数量上言，占全部随葬物的最大比率，这对于说明船棺葬文化的性质及其以后的变化，至关重要。同时四川考古资料中比船棺葬早的还不多，所以它是研究四川地方以及我国古代文化中的一种可贵资料。这批陶器的保存情况很差，一则被填土压得很碎，又因陶质疏松，随葬后受水浸膨胀，出土后干燥收缩破裂，故能修补复原的为数极少。

属于船棺葬、狭长坑、长方坑三类墓的陶器种类，以使用性质分，可别为：炊爨器、容器、盛器、生产工具、装饰物等五种。形式有：釜、罐、壶、豆、盆、盘、陶拍（制陶工具）、纺垂、饰珠等。此中可能有属于明器的制作，但在反映人们的实际生活情况则同。

其次是方坑墓出的陶器，形式除前者以外，更多了三脚陶釜、圈足和平底陶甑、鼎、案、耳杯、盒等。容器中平底罐增加。原有的几种器形也都有了变化。

一 陶质与烧煅

从全部船棺葬陶器上看，基本上是夹砂陶，但亦有少数用碎陶屑羼和的。砂量的多少粗细，则根据器种和器形的大小作适当配合，至于纯泥质细陶，仅见陶珠一种。有一部分船棺葬，陶器中小口圜底罐和矮圈足豆占优势的情况下，陶质的夹砂量较多；另一部分船棺葬，有了卷唇口缘和无颈矮腹平底罐时，陶质中羼砂量就减少，而泥质选练也较纯细。以下的狭长、长方、方坑诸墓陶器的质地，可以类推。

这批陶器的陶色虽较复杂，但基本上是赭红色与青灰色两种，而其中有因烧煅火度或方法上的不同，于色度上有各种深浅。总的说来，船棺、狭长、长方坑诸墓，以赭红色陶为主，方坑墓则以青灰色陶为主。

再以全部陶器的硬度而论，前三种墓所出的陶器一般都不甚高。比较起来，青灰色陶高于赭红色陶；扣之能发清亮的声音的，在灰色陶中还只是少数，但吸水性仍很大。因之，这批陶器所代表的烧窑技术还未达到一定高度。到了方坑墓中的耳杯、钫盖、砖、盒、案等器形时，烧造技术才有显著的提高。

二 制陶技术

前三种墓所出的陶罐，内壁上绝大多数有陶拍的印窝，表面都有拍打印出的垂直行绳纹。小口圜底罐的口颈部，直唇高腹平底罐的底部，都有粘接形迹，表面并有轮旋手抹纹；有的颈、腹表面有平行弦纹和带纹。盘、盆、豆等食器器壁均匀，表面旋抹纹甚为平整。

依据上述情况，炊爨器和绳纹器大半都是轮制与手制兼施，而豆、盆等食器，则全用轮制。

方坑墓中所见的陶器的情形：一种小口平肩圜底灰色罐器壁极薄，但仍有印窝，可见还未放弃轮手兼制的过程。耳杯是用模制加手工研光，其余则全由轮制了。

三 船棺、狭长、长方坑墓陶器的主要特征

陶罐 基本形制有两式。一为小口圜底罐（下称Ⅰ式罐），罐的肩部以下至底部满布绳纹，黑色居多而间有浅赭色。这式罐在船棺葬中所占的比率最大，罐底常见火烧过的形迹，可能兼作炊器。由这种罐的比率情况看出，应该是船棺葬陶系中基本形式之一（插图64）。二为平底罐，以它的特征又可分为直唇、短颈、高腹与卷唇、无颈、矮腹两式（下称ⅡA与ⅡB式）。两式的一般特征：前者罐口较Ⅰ式罐为大，直唇微侈，唇面外线间有一道凹陷的弦纹，腹腔较高，腹下

敛小接于平底。器表有垂直行绳纹，轮制和手制兼施，器壁不很均匀，赭色、灰色皆有，陶质较松。ⅡB罐口仍较圜底罐略大，卷唇成圈线，并紧接器肩，腹腔膨大而矮，平底较ⅡA罐为大。器色仅灰色一种。制法中拍打印窝已不甚明显，表面垂直绳纹上又加平行带纹，其中也有全属轮制素面的。器壁厚度很均匀，质地中砂量减少；火度不高，仍多疏松（图版四一、四二、四三，插图64）。

这种平底罐，在宝、冬两地船棺葬中的情况，一般比率要少于I式罐，但在个别墓中又有相反的现象。因此，平底罐多的墓，其在时代先后上，一般可以看作晚一些。又两种平底罐之间，它们在发展过程中的先后，则ⅡB式罐比ⅡA式罐为后，如在以后的西汉墓葬中，ⅡB式罐就大为盛行，而ⅡA式罐则逐渐少见，在有了莽钱和五铢钱的墓中乃完全绝迹。

陶豆　宝、冬两地的前三种墓都普遍用豆随葬，惟在各墓中的数量及放置位置没有一定的规律。豆的基本形制：口面较大，身腔较深，底下无校而设圈足。陶质有适当的羼砂量。陶色黑、浅赭、灰三种均有（图版四四，插图66）。

这种器形，在宝轮院各墓中未见有什么变化，可能是因为各墓时代的先后距离甚为接近。但在冬笋坝各墓中就有不同。此中演变：即船棺葬中的豆身由口到底呈圆弧状；长方坑墓中的豆身则为周圆垂下转折为平底的盘形，更有呈斜侈口形浅盏状的。

陶釜　两地共出十六件。因为多数墓中已用铜炊器，故陶釜随葬已非必备，但宝轮院各墓，用它随葬的还很多（图版四五，插图67）。

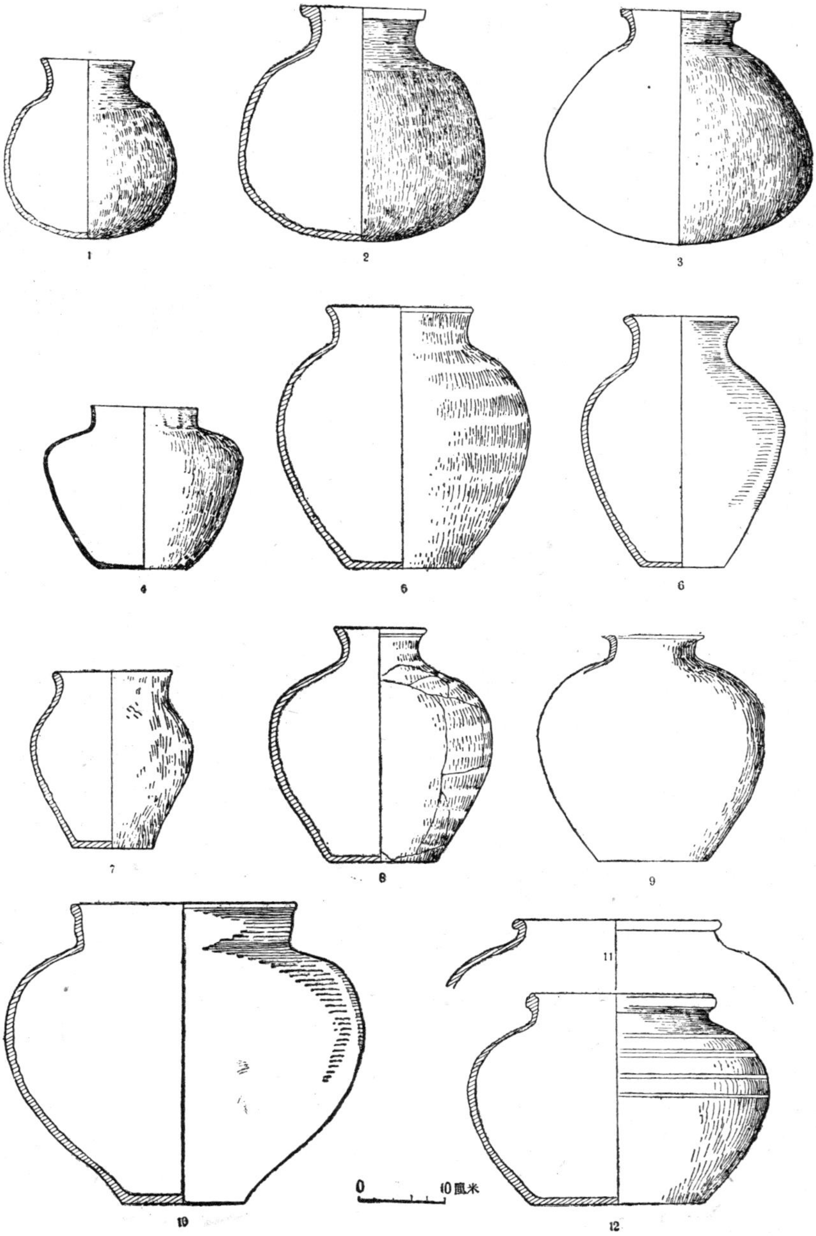

插图64　1—3. 圜底陶罐　4—12. 平底陶罐

1. 宝M10：15　2. 宝M10：2　3. 冬M41：8　4. 冬M49：23　5. 宝M10：16　6. 宝M9：9　7. 宝M10：25　8. 宝M1：3　9. 冬M52：18　10. 宝M13：28　11. 宝M11　12. 宝M8：8

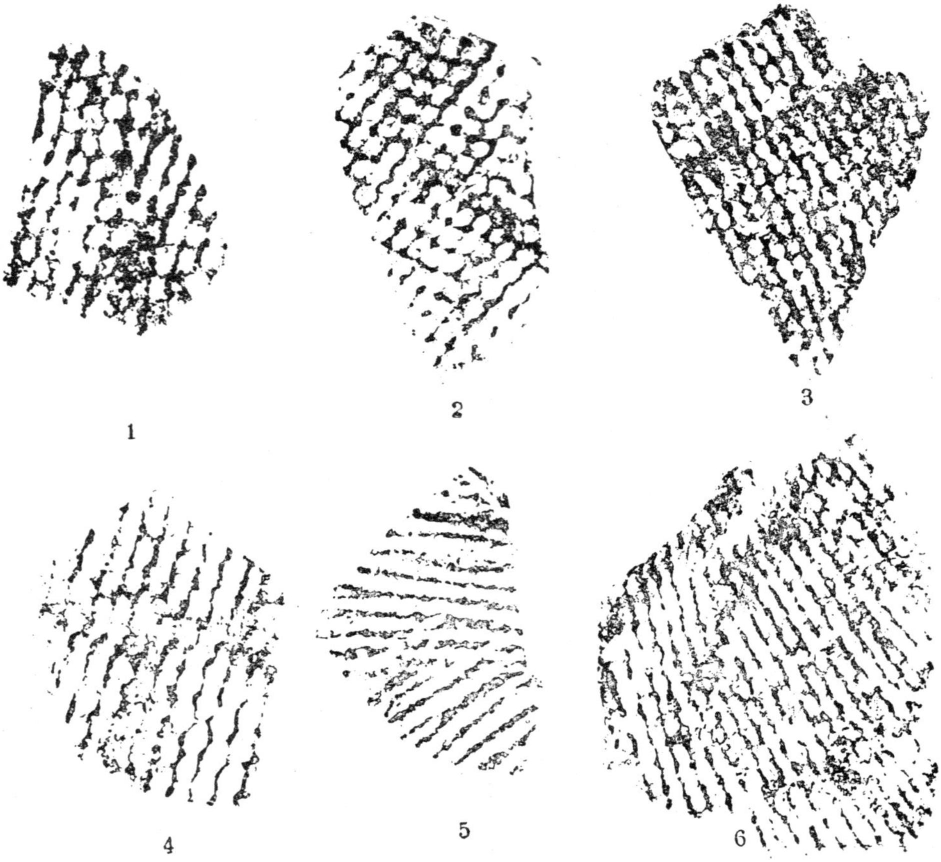

插图65　陶罐上的绳纹拓片

1. 冬M3：8　2. 冬M39：16　3. 冬M41：18　4. 冬M37：19　5. 冬M47：11　6. 冬M47：15

釜的基本形制：口大稍侈，多直唇，圜底，外表有绳纹。陶色灰的居多，亦有褐色的。制作上为了使它具有炊器特点，故羼砂量比其它器多而粗。形式上有直唇深腹、侈口高腹、侈口扁腹等不同。但这几种釜形，于冬笋坝都未曾延续到方坑墓中，宝M8：4一例，则在汉代墓中多有出现。

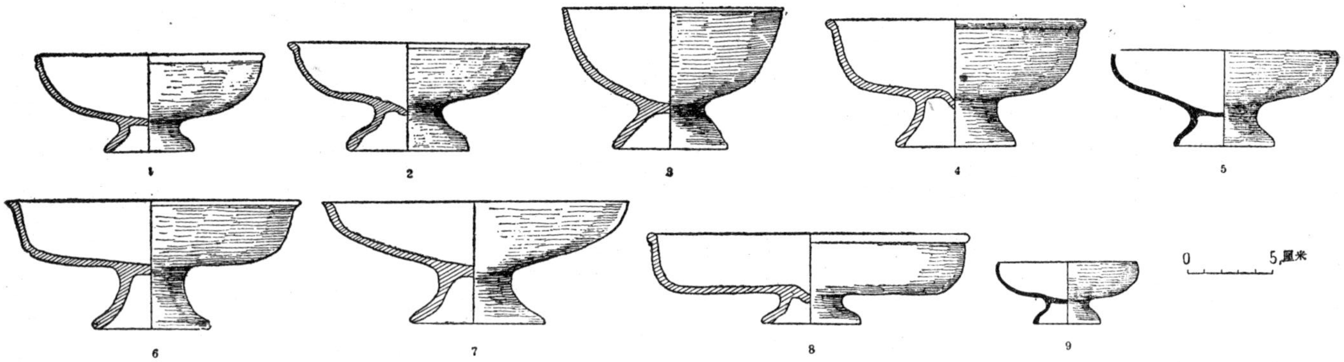

插图66　陶　豆

1. 冬M4：14　2. 冬M50：20　3. 宝M10　4. 冬M49：26　5. 冬M39：22　6. 冬M63：13　7. 冬M60：10　8. 冬M46：4　9. 冬M24

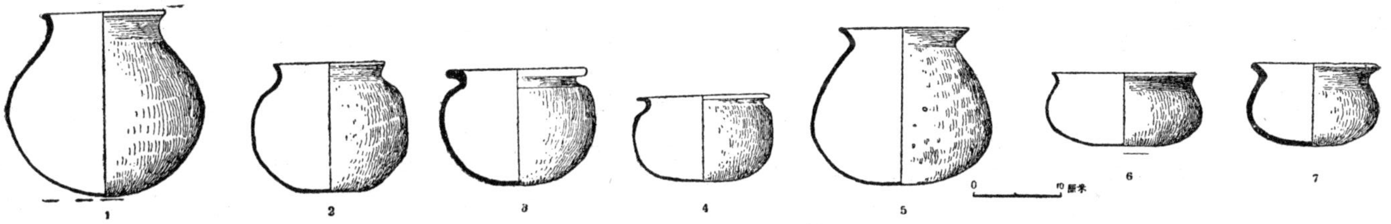

插图67　陶　釜

1. 冬M8：4　2. 冬M50：21　3. 宝M10：9　4. 冬M18：14　5. 冬M52：19　6. 冬M50：34　7. 宝M9：4

陶壶 在船棺葬及木椁墓中共出九件。在全部陶器中占的比例，较前述几种为少。从它的形制特征可分为两式（图版四四，插图68）：

I式：以冬M50、M33、M37、宝M13：17为例，其形制为口小有颈，有盖，腹膨大，肩设两枚或四枚耳系，圜底下接圈足。表里都呈灰色。器内现有陶拍印窝，器表平整，但制造不甚精致。

Ⅱ式：以宝M15：14为例，形制为小口有颈，有盖，宽肩，敛腹，平底下接圈足。器壁较薄而均匀，内壁无陶拍印窝，表面除轮旋随手抹平外，并敷一层黑色，颈、肩部用白色画上两匝网格纹饰。盖顶设圈状提手。

从两种壶的制作技术来论，后者已全用快轮制作，前者为轮、手兼施。

根据上例诸壶的形式看来，与中原战国晚期的铜壶或陶壶的风格，有一定的影响和关系。从用壶的数量看，使用不甚普遍，因此这一器形，可能非船棺葬陶系中所固有而且比较晚出。

陶盆 宝轮院共出七件。有六件为船棺葬所出，一件为木椁墓所出，全数未得一件完好的标本。由宝M14：2和宝M15：21两侧的复原图样看来，盆口直敞而大，口缘外折平展（插图69）。前者盆身下半截敛小斜折收接平底，后者盆口至周身上下呈斜壁，底略凸出。两盆均为轮制，灰色，但有深浅。

以两地有无陶盆出土的区别来说，宝轮院除M13而外，其余全不用铜盘随葬。冬笋坝船棺葬及两种长方坑墓，一大部分皆有铜盘。盘或盆皆可盛水作盥洗器，故两者只是随葬的器种不同，其在反映人们

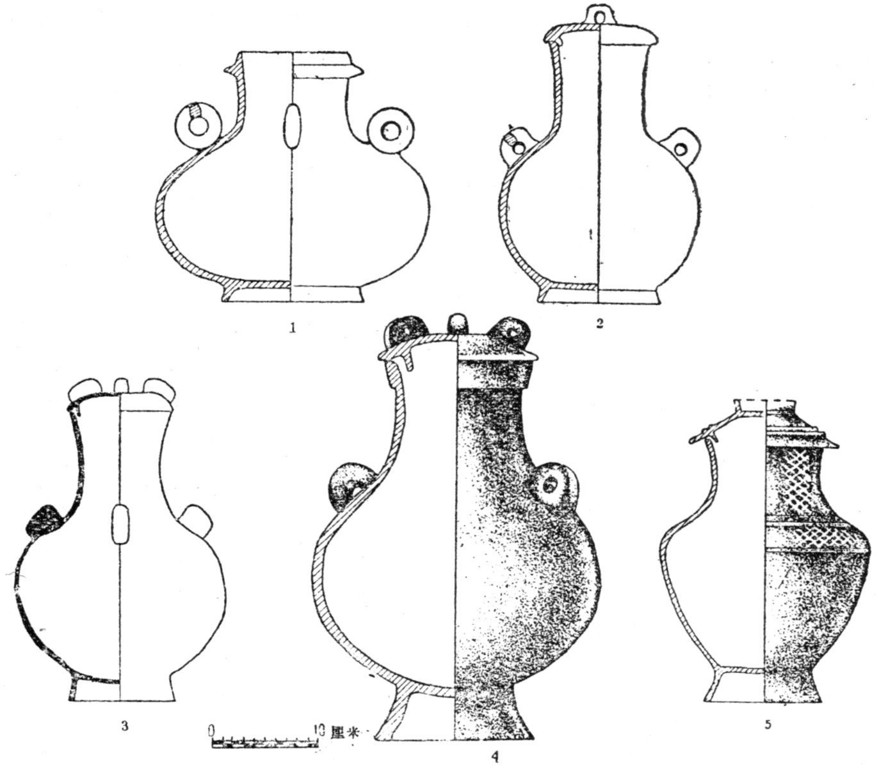

插图68　陶　壶

1. 冬M50：30　2. 冬M37：12　3. 冬M33：10　4. 宝M13：17　5. 宝M15：14

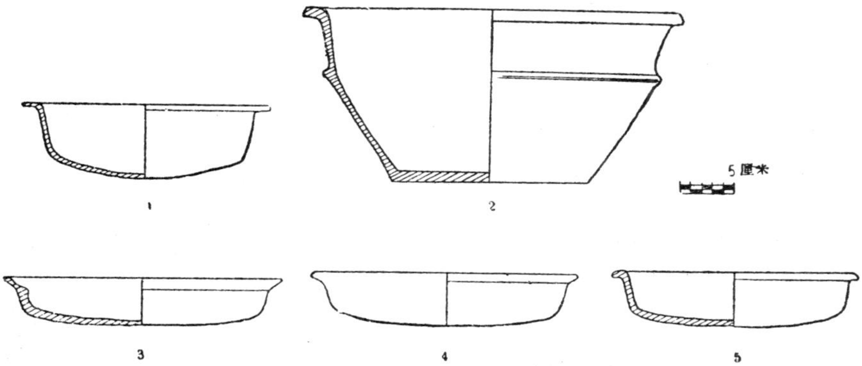

插图69　陶盘、陶盆

1. 宝M15：3　2. 宝M14：2　3. 宝M3：8　4. 冬M19　5. 冬M47：17

生活情况仍是一样。

陶盘 两地共出五件。盘与盆的主要区别，是器身更浅一些（插图69）。此器在全部陶器中占数太少，说明它在生活用品中不甚占重要地位。也可能因为用了铜盘而少用了。

陶瓿 宝M13、冬M14两墓各出一件。从数量上说是最少的一种。保存情况十分不好，经过对破片的整理测算和复原，计冬M14瓿身高16厘米，口径13.5厘米；宝M13未作复原，但由底部与圈足看，大小及形式两者全同（插图70）。

双耳罐 冬笋坝M35所出。这是全部陶器中仅有的一例。全高12厘米，口径4厘米，双耳高9厘米。陶色里面呈灰白色，外表有一层薄薄的黑色。平底下接圈足。出土时已碎裂得不能携取（插图71）。

陶纺轮 宝、冬共出五枚，在形制大小上两地有所不同：宝M12：7底平，径4.1厘米，高1.7厘米，顶部呈圆凸面，并且有四圈弦纹。冬M18：16、M28：11、M1：11三枚，呈扁平形，周侧中部有

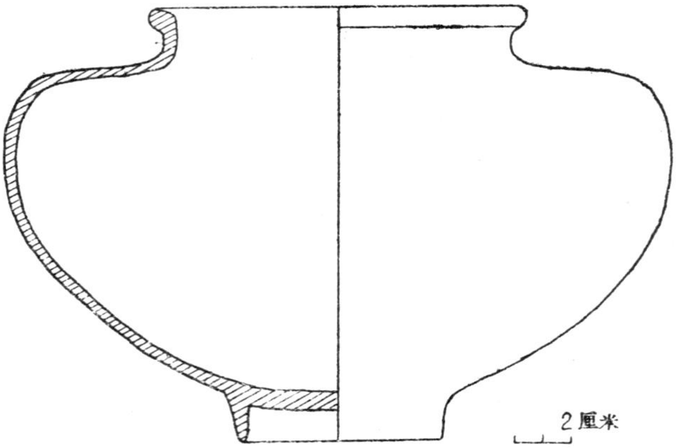

插图70 陶瓿 冬M14：7

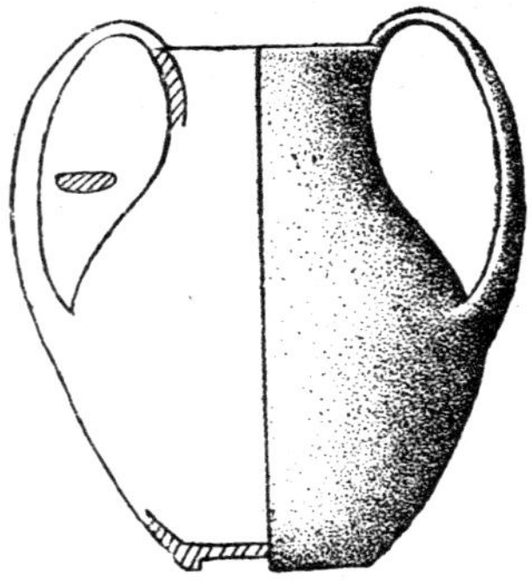

插图71 陶双耳罐 冬M35：11

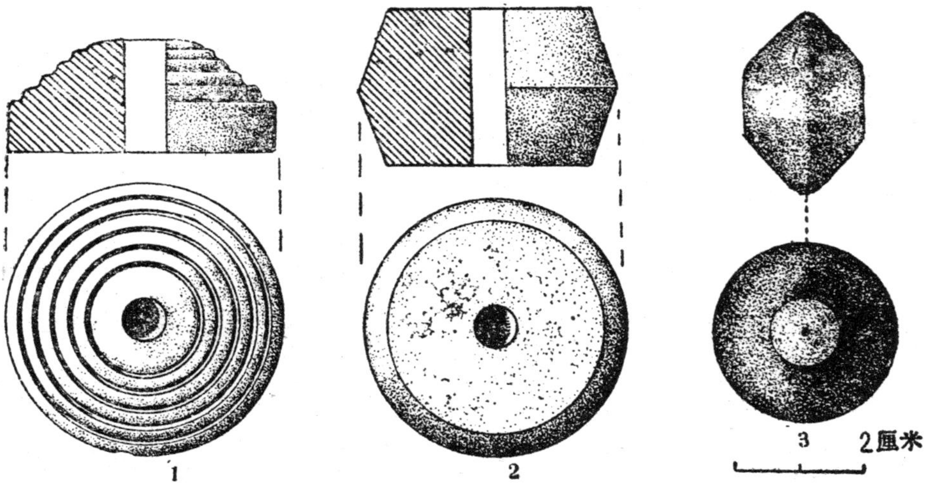

插图72　陶纺轮
1、2.宝轮院出土　3.冬M41：19

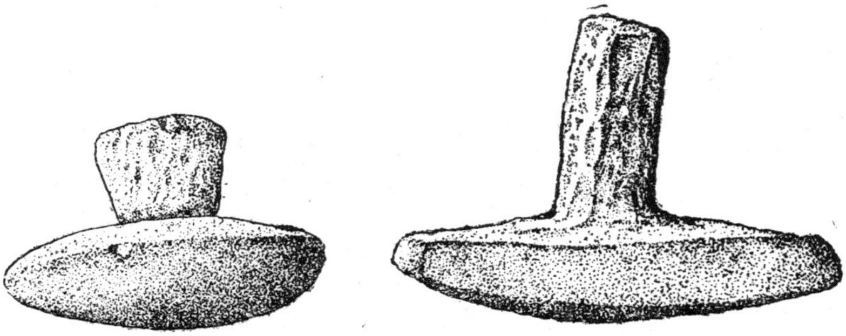

插图73　陶拍
1. 冬M36：4　2. 冬M36：1

上下斜行的凸棱，体高在1.6—2.5厘米之间，直径2.8—3.8厘米之间（图版三六，下，插图72）。

陶拍　为一种制陶工具。冬M36出土四枚，三枚圆的和一枚方的。圆的整体如伞形的菌状，顶面圆凸，底平接于柱形的把柄。方的除顶端略呈长方形外，仍与前者相同（图版四〇，4，插图73)。

冬M36有铜兵器伴出，证明墓主人一方面是陶工，但同时又有军役的任务，这是很值得注意的问题。

陶珠 宝M10、冬M35、M49三墓共出十一枚，前一墓占九枚，后两墓仅各出一枚。其在墓中的部位，前者约在骨架的颈部，后者约在腰际，可见确为装饰品。珠为管状而中腰略粗，细泥质，浅赭色；冬墓所出的表面涂有金色（插图79，冬M49：11陶珠图）。在全部船棺葬及两种长方坑墓中，除陶珠一种为装饰物以外，仅有极稀见的几颗琉璃饰珠，可见它们物质生活方面，还没有余裕来满足更高的要求。

四 方坑墓陶器的主要特征

方坑墓只冬笋坝一处出现。全数共十九座，分布在中区（船棺墓葬区）的有M20、M29、M30、M40四座，其余分布在南区（机砖房水池以南包括柑子林）的十二座，北区（太平寺右）有M21、M22、M23三座。南区未有船棺和狭长坑墓；北区全属方坑墓一种。中区M20、M29、M40均打破了船棺及狭长坑墓，故时代应比前三种墓为晚，除葬制坑形上有区别于前三种墓葬而外，于陶器形制及制造技术方面，也显然有所不同。

首先是陶质的改变：陶色已经以青灰色为主，赭红色和褐色尚有少数遗留；此外尚新出现了黄色及灰绿色釉陶。质地一般亦较前者为细，除原泥中自然的含砂量而外，基本上不再特地掺粗砂，硬度一般也较高。

器种与器形方面：除前见主要的两种罐、壶、釜、豆等以外，新出了耳杯、鼎、甑、钫、三脚镬、砖、案等物。

前三种墓的陶器纹饰，主要是器身上垂直行的绳纹、平行的弦纹和带纹；而方坑墓则新见有小方格、斜方格、斜条印纹、人字形、斜条形划纹和堆纹等，绳纹也更形细密。纹饰在数量上也逐渐增多。

伴出物方面，过去有成套的铜兵器（指有戈、矛、斧、剑伴出），而方坑墓中绝少见此类铜兵器，而有铁制品——锛、刀、镬、釜架（三脚架）。钱币中有小半两、五铢以至莽钱。漆器有奁、盘等出现。

陶器在墓中排列的位置，过去集中在坑位的西端，现在环列在坑位的三面，空出中间或一边，即是放置尸体的地位。

此外，更将陶器的形制、纹饰方面的变化，分别陈述于后：

宽肩圜底罐　Ⅰ式圜底罐为船棺葬陶系中的主要形式，并且数量上占优势。到了方坑墓中，虽然还有冬M63、M67、M71、M72、M26等墓出这类圜底罐，但不仅显得数量少，而且在形制上也有显著的变化——罐的全身加大，颈下肩部平宽，颈肩交接明显，腹部绳纹细密，器壁较薄。例如冬M20：7，下腹圜底已很低平。这种迹象，可以说明圜底罐这种器形，将不适合人们的需用，而多向平底器发展了（插图74）。

三脚釜与甑　三脚釜与圈脚甑，是一套合用器。冬M30出土一套，冬M26碎片中亦有这种釜、甑的破片。前三类墓葬没有出现这样的陶器。从形制的基本特征及它的用法来说，是前三类墓中铜釜与甑的仿制品。它所不同于铜釜的地方，只不过是底部三足与四足之分和高与矮的区别罢了。这也可能是专作明器用的（插图75）。

冬M40另出一种形式的陶甑，口唇平折外展，盆状小平底，底有圆穿眼气孔。这种形式，是东汉砖室墓和崖墓中盛行的器种。这比有三足的陶釜为晚。

陶钫、壶和鼎　冬M22、冬M26清理时发现有钫盖，但器身残碎看不出全形，惟从盖上面看出，已是灰绿色釉陶。盖为四方盝顶形。冬M26、冬M21有鼎和壶。而墓都很残破。从口缘及涂朱红的情况看，已经与一般西汉墓或东汉墓中的壶完全相同了。从鼎的残片中检查，附耳很短，蹄足也矮，圆顶式盖面有三个扁形的钮（插图76）。

平底罐　为方坑墓中占数量最多的一种。其器形特征可概括为五种形式：（一）冬M29例，口唇平折外展，颈、肩、腹联曲成一体。（二）冬M26：1例，颈、肩交替明确，腹略扁，平底较大，肩上有弦纹。（三）冬M72：7例，口唇外卷成圈缘，口与颈收缩为一体，由口下圆转为腹，下腹收小接于平底。腹部有垂直行绳纹，又加平行带纹。（四）冬M72：8例，口下转圆肩，肩腹大而下腹小，素表。（五）冬M20例，口、唇直而稍外张，肩腹处最大，全形看来有些带扁（插图77）。

冬M20、M62都有王莽钱伴出，时代最晚。冬M72：7器形与冬M21所出的相同，冬M2出半两钱。冬M26、M29都未出钱，其时代

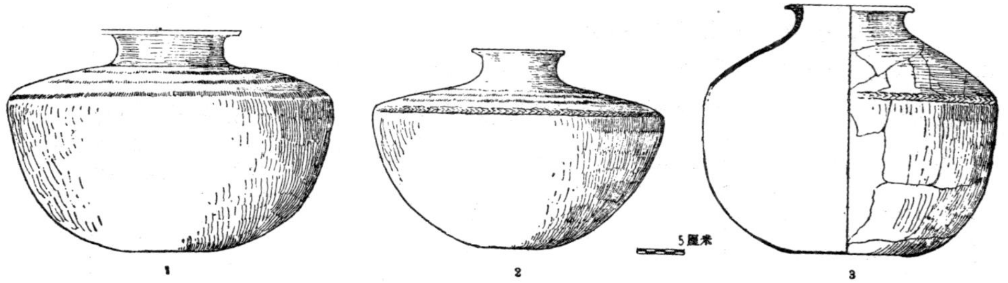

插图74 圜底陶罐
1. 冬M29 2. 冬M20：1 3. 冬M20

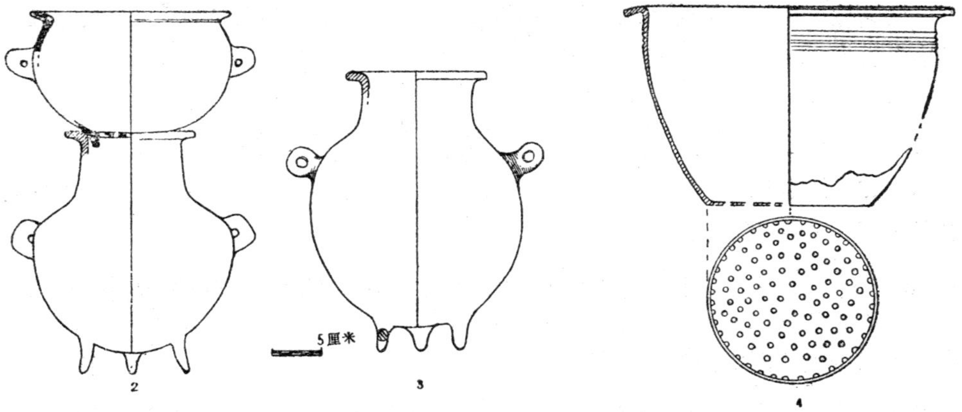

插图75 陶三脚釜与甑
1. 冬M30：16 2. 冬M30：2 3. 冬M72 4.冬M26

可能比出半两钱的墓略早一些，但决不在其后。

陶盆 盆形器在冬笋坝整个墓区里不甚普遍。全数仅冬M20、M72、M67三墓有盆，并很破碎。从整理测量中得知冬M20例，口径29.2、底径14厘米。冬M67盆内壁涂有朱红色。器壁很均匀，已为快轮制品（插图78）。

陶钵 冬M20、M22、M82三墓均有出土。形制为敛口、圆腹、

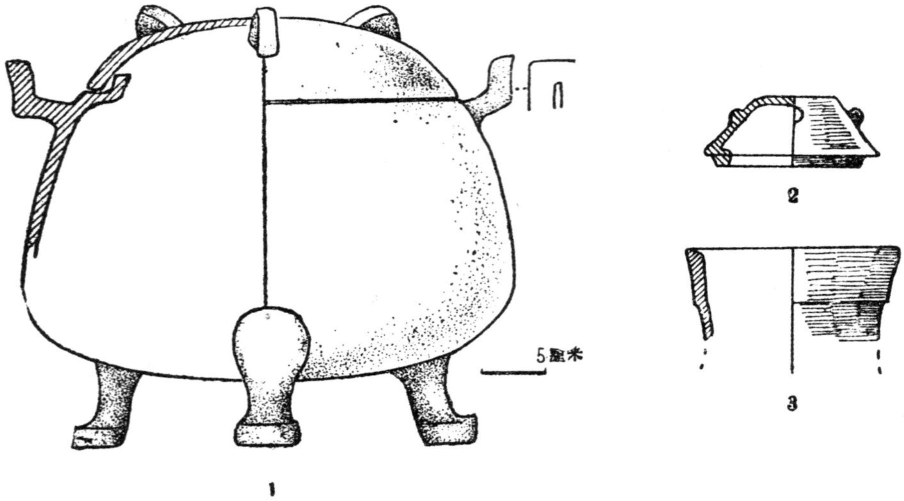

插图76 陶鼎、陶钫盖、陶壶口部
1. 冬M21 2. 冬M26：2 3. 冬M21

平底、实足、素表。口径在29—30厘米之间。因全器都极破碎，仅得知复原尺寸与其形制的大概。

陶豆 用豆随葬的在方坑墓中有冬M21、M22、M30、M70、M71五墓。数量上有一墓多至十余件的。形制同于前三种墓中所出的而体形缩小（不能实用了）。有豆的墓未见有耳杯伴出。钱币只有半两钱，且比一般四铢半两为大。豆身有涂朱的。推知年代约在西汉之初，但晚于前三种墓而为方坑墓之最早者。

陶案与耳杯 仅出现于方坑墓冬M20、M62、M83三墓。有五铢钱、莽钱伴出。仅冬M20未经盗乱。耳杯置放在案上，陶案边栏甚浅，平底无足，面积为50×30厘米。冬M62、M83两案均有四只矮足。三墓所出耳杯的形制相同，胎质很精细，表面光洁涂朱红。

陶盒 仅冬M83出土一盖一底，但不属一套。原质地为灰色，外表涂朱红。

纺锤 冬M67、M71两墓各出一件。形体与前船棺葬所出相同。这是全部方坑墓中惟一的陶生产工具。

“陶印” 仅冬M83出现，底面呈方形平面，上为圆顶，高2厘米，底方3厘米，周身涂朱红，究竟作何用不敢断定。不过从出土部位看，似在人架身际，可能为明器的陶印（插图78）。

砖与瓦 冬M20铜釜下垫有子母榫砖半块。冬M29坑中有绳纹瓦残片。按子母榫砖一般专用于营建墓室，可见此时已有砖建墓葬。冬

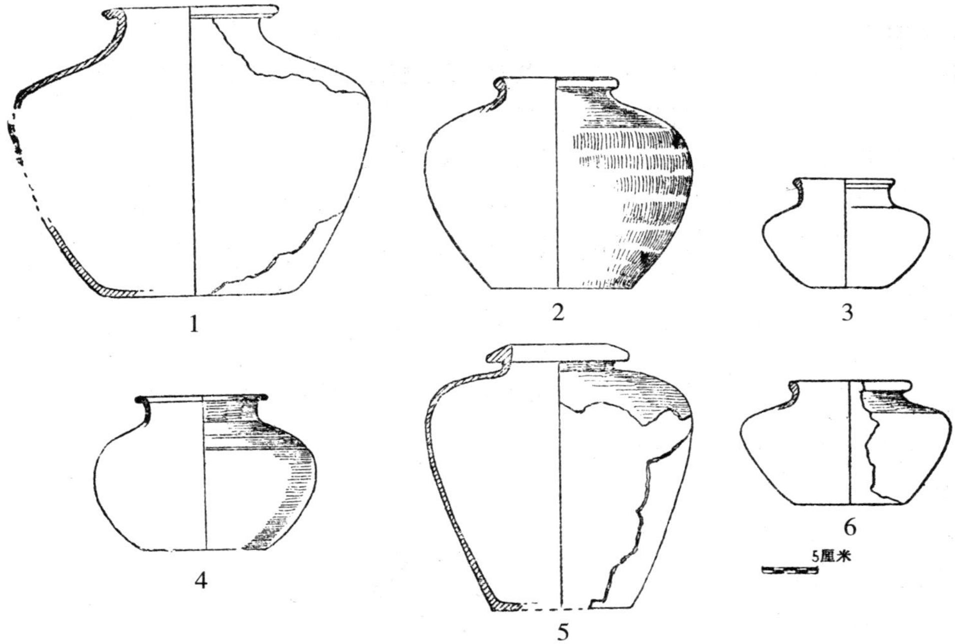

插图77 平底陶罐

1. 冬M29 2. 冬M72：7 3. 冬M20 4. 冬M26：1 5. 冬M72：8 6. 冬M62

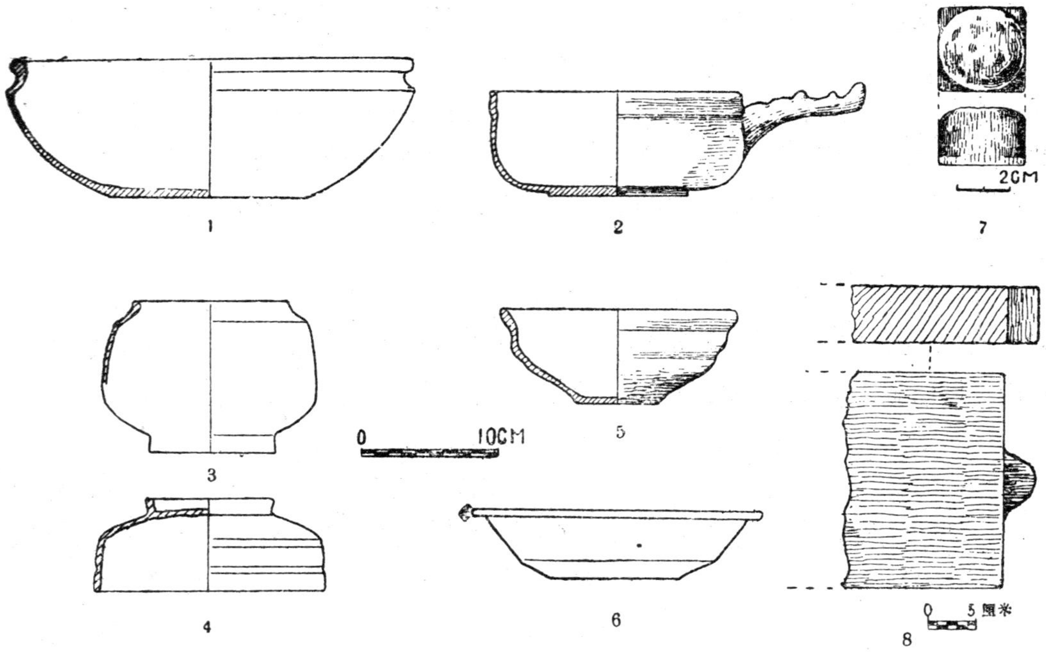

插图78 陶盆、陶勺、陶碗、陶盒、“陶印”、残有榫砖
1. 冬M20（陶盆） 2. 冬M62：7（陶勺） 3. 冬M83：8（陶盒底）
4. 冬M83：6（陶盒盖） 5. 冬M62：8（陶碗） 6. 冬M72：26（陶盆）
7. 冬M83（陶印） 8. 冬M20（残有榫砖）

M83虽属土坑墓，但已有新莽“大布黄千”及“大泉五十”出现。而冬M62亦有莽钱，墓则已为砖建墓室。其中冬M62：7陶勺已为黄色釉陶（图版四五，4），冬M72：26陶盆已为东汉一代的典范形式。在冬M83中已发现黄釉陶片了。

五 结语

根据上述船棺葬以至方坑墓的陶器情况，这一陶系正是处于由地方文化融合于中原文化的发展时期。船棺葬的小口圜底罐、矮圈足豆、折唇口缘的盘、大口小底的盆，是属地方固有器形。有圈状提手及耳系的壶，直唇平底高腹罐、圈口平底矮腹罐，当是在中原文化影响下的新形式。至于方坑墓中壶、鼎、钫、案、耳杯等，更是吸收和融合于中原文化的证明。这样的变化过程，同时也于墓的坑形及其它器物方面反映出来。再由制陶技术上看：主要陶色由赭红色发展为青灰色。这不仅是陶色的问题，而更重要的是反映出烧窑技术上的重要进步，因为足以说明陶工们已在劳动实践中发现并掌握了氧化还原反应的知识与技术。由于这种技术的进步，正是反映了社会生产的前进与分工和专门化。这种物质文化的巨大发展与面貌的变化，不能不是秦在政治上统一巴蜀的结果和反映。

这一陶系变化和发展过程所处的相对年代，从由小口圜底罐占优势到壶和平底罐出现，此时期约相当于秦统一巴蜀之后和统一六国之前。鼎、钫出现时期，则在秦统一六国之后，但前后必仍有参差。案、耳杯、盒的出现，由于与五铢、莽钱伴出，故确定已在西汉之末。

这一陶系面貌的大变化，除政治与先进文化的影响而外，是否又由于人口迁移？冬M30、M26有仿制船棺葬中主要的铜釜（鍑）和甑的陶釜甑出现；小口圜底罐、矮圈足小豆等，也同在其它墓中出现，这就说明当地文化在渐变过程中的遗迹。也就是巴人并没有离开原来的地区，只是在统一的政治与先进文化的影响之下，他们自然地成为祖国古代文化的一部分，并且能融合无间了。这不仅冬笋坝是如此，在成都羊子山、东山灌溉渠的考古数据中，都可以看出这样的情形。

由这批陶器表明：巴蜀两地区的文化，在公元前四世纪末到公元前一世纪末，面貌上已经很相同，但从早一些的其他考古数据上看，两者的文化面貌是有区别的。

第伍章

竹、木、漆器及杂物

两地墓葬中的杂器本来不多，而竹、木、漆器的保存情况又极坏，所留存的遗迹，因埋在潮湿多水的泥层里，有些已很难究寻一器的全迹。在宝轮院各墓中的许多遗迹中，可以认出的有：篾垫、篾胎漆盘、木胎漆盒、木盘、梳栉等。冬笋坝的船棺，狭长、长方坑诸墓，少数有漆器、竹器的残迹，麻、丝织品的印迹，此外尚有个别墓出琉璃器和玉器、砺石、木棒等。

冬笋坝一群方坑墓中，除冬M21有漆盘残迹及冬M23有漆奁、红地墨绘纹饰漆盘残迹外，还有六件盖弓帽。

这些器物，虽然很大部分只能保有现象记录，但对当时物质文化的整体研究和了解，仍是不可缺少的资料。

一 竹器

篾垫 宝轮院一部分和冬笋坝M50船棺墓的棺底，时有篾条编织物的印迹，尤以宝M13木椁墓较为明显，约为5毫米宽的六棱孔眼的平展蔑编器。当时因泥层潮湿多水，且粘性甚大，仅拨出约40平方厘米一块，未及全器的边缘。根据这一情况，认为是垫尸的篾垫，其大小可能比棺底略小。

竹编胎骨漆盘 宝轮院M14：15篾编漆盘，于发现时仅存印迹，测量直径约20厘米。篾条编织的缝间，曾用胶漆物体填密，表面有用金色涂料的残迹（图版四六，6）。

二 木器与漆器

木弓 宝M13出木弓一件。全长10.7厘米，附（握手处）呈扁圆形，宽3.7厘米，厚1.7厘米。现存木质已炭化呈黑色，体质出土干燥后有些收缩，表面尚保留部分漆皮。按此弓由附至渊（弯曲处）及箫（两稍）作渐次瘦细状，通体一木制成，至为简单（图版二四，6）。

盘 宝M13：18木盘，出土时仅存残边缘和中心部三残块，测得复原后之圆径为31厘米，现存圈足残高4厘米，盘深1厘米，底厚1厘米。木质纹理很细密，属楠木。制法是取直理木板为料，削制为圆形后再上下挖削盘面及圈足（图版四六，1）。

棒　冬M85出有木棒一根，长42厘米，表面有残漆痕（图版一八，3）。

漆盒　漆器残迹，于两地墓葬中时有发现，能认出是盒的有：宝M13：17、宝M13：10、宝M14：9、宝M14：13等四件。其基本形制为盒身甚残的圆盒，直径大小在8—14厘米之间。木胎取材有楠木和松木。制法都为手工挖制，在木理上未见有同心圆的旋削痕迹。器表里均用漆髹，器面与漆层之间未用介接物质，系直接髹漆在器面。漆面呈黑色。

漆盘　冬笋坝方坑墓冬M21、M23均有彩漆盘残迹。前者于发现时有一件内盛有四铢半两钱一叠，余两件各盛两件小陶豆。盘面的周边及中心为素朱红色。后者盘面除同前者外，中心部分另加黑色勾画云气纹样。

奁　为冬M23方坑墓所出，奁身只见印迹，周身铜饰件尚可收拾，整个形制与湖南长沙汉墓中的漆奁相同。

梳　见于宝M12中的，径约5厘米。见于宝M14中的，径约8厘米（图版四六，3）。

三　琉璃器

琉璃管　冬笋坝有七座船棺墓中共出土九枚，其中仅冬M49为两枚，余均仅一枚。形为圆管状，长2厘米左右，径0.6—0.8厘米。呈天蓝色，不透明，表面不显光泽。出土部位在尸骨头部或腰际（图版三六，下7、8，插图79）。

琉璃珠　冬M49出两枚，圆形有贯孔，径约1厘米。蓝底色嵌黄、白色旋丝纹。质料不纯细，表面不光泽，嵌纹因腐蚀有剥落。出土部位约在骨架腰部和头部（图版三六，下5、6）。

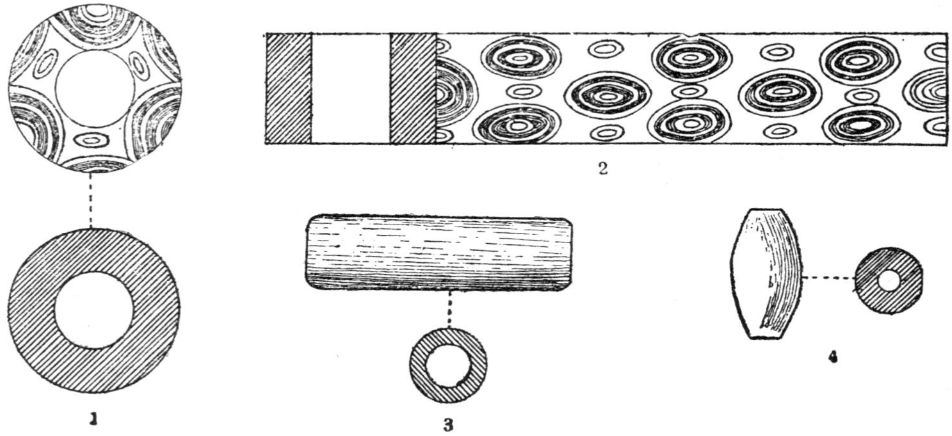

插图79　琉璃珠、琉璃管、陶珠

1.冬M49：15（琉璃珠）　2.琉璃管花纹展开图　3.冬M49：4（琉璃管）　4.冬M49：11（陶珠）

四　玉、石块

谷纹玉片　冬M35出谷纹玉片一块，长约5厘米，弧形，一边琢有边缘，可能是一枚谷璧的残块，但三面稍加修整过（图版三九，5）。

砺石　冬M35出14厘米长方条和8厘米长的红砂石两块，并有研磨的平面，显然是砺石。

此外少数出土的剑上附有玉剑饰。又冬M33中出有一个小石斧（图版一七，6）。

五　麻、丝织物

麻布及绢纹两者仅见于附着其它器物上的印痕。麻及麻布痕发现附着于矛柲装入骹内的尖端上，其用意是使矛头与柲紧密连结。另则发现宝M13：6、宝M14：5两个剑鞘上，因原来皮革破裂，用麻线麻布修补破绽。绢纹普遍地发现于剑上、铜盘以及宝M10的一小截残锈铁器上，冬M49一叠圆钱曾用绢裹，绢均匀细密，尚有粗、细差别。

六　小结

由以上竹、木、漆器及杂物情况看来，在船棺葬、狭长、长方坑时期，近邻的楚国的先进漆器文化，还未影响到巴蜀地区，故仍保持着原来的初创面貌。到了方坑墓时期，漆奁和彩漆器出现了。这种吸取外地先进文化用以丰富地方文化的情况，就明白可见了。两汉时期四川漆器工艺的驰名国内外，可能即是在这个基础上发展起来的。

篾编器虽不多见，但比木器来得精致，这与本地产竹而种类又多的地方特点有密切关系。现在四川的篾器工艺，所以能成为世界上的绝艺，证明是有悠久的历史渊源和民族传统的。

麻和丝织品，也是四川地方特产，并且在历史上一直有着传统的发展。巴緞和賨布，汉及三国时就负有盛名。

琉璃器很少，看来还是当时人们喜爱的珍品。质料上烧造不很纯，表面不光泽，嵌花易剥落，显得是一种开初的仿制品。由其数量少来看，是否为本地产品，还不能断定。

从碎玉块和陶珠等情况看，对纯装饰性的饰物还相当贫乏。这可证明当时人们的经济生活，还没有余裕力量发展这方面的生产来满足更高的需要，或与外地作更多的交换。

第陆章

推　论

我们对这一群墓葬，拟提出三个主要的问题来加以讨论，即：（一）时代问题；（二）族属及社会性质问题；（三）墓葬所表现的物质文化演变问题。

（一）在墓葬总说中曾把这七十多座墓分成五个类型来加以说明，并言它们之中有着先后承袭的关系，就中以船棺墓为最早，狭长坑墓次之，长方坑墓又次之，方坑墓又次之，而砖室墓则为东汉初期的墓葬。如此，我们若能将船棺墓的时代大体上先加以确定，则其它各类型的墓葬的时代，就可以很容易地推定了。

在断定船棺墓的年代上，半两钱的出土，是一种比较重要的材料。在叙述钱币的一段中曾提及有一部分船棺墓中出有半两钱，这些“半两”虽不是标准的十二铢半两，但自其形制上来看，大概都可以认为是秦钱而非汉钱。如果我们暂假定它们都是秦钱，那末，秦在什么时候开始行“半两”钱呢？一般均据《汉书》食货志以为秦之行“半两”系在统一六国以后，不过我们觉得这种说法是值得商榷的。按《史记》始皇本纪有秦惠文王二年（公元前336年）“初行钱”之文，此时所初行之钱是否为“半两”，则史无明文。有人以为秦惠文王所初行之钱不是“半两”，而是如周代所行的圜钱，但亦缺乏实证。不过我们以为此时所初行之钱，可能为“半两”，故《史记》六国年表（惠文王二年）有“天子贺行钱”的记载。若其所行之钱仅是以前的圜钱，又何劳周天子来致贺。想此时初行之钱，必是一种重要的经济措施，故周天子亦来致贺，所以很有可能是“半两”。又按《史记》及《汉书》中在未行“五铢钱”以前所指的钱，都是指“半两”而言的，此则更加强秦惠文王所初行之钱为“半两”的可能。我们的推测，秦之行“半两”，大概早在灭六国以前，统一六国后，才将“半两”钱推行到全国[①]。我们认为这种看法，既比较合乎实际情况，而与《汉书》食货志之文亦不相悖。

现在假定秦行“半两”系在惠文王二年（公元前336年），而秦灭巴蜀后，秦钱亦可能流入四川，或者在本地鼓铸。秦举巴蜀之年，根据《史记》秦本纪及六国年表为惠文王后元九年（公元前316年），《华阳国志》为周慎王五年，与《史记》同。但据《史记》张仪列传及其它材料，本纪及六国年表之文显然有误，“后元”应为“初元”

① 《博古图录》卷26。

之误。故秦灭巴蜀之年应提早十三年，为公元前329年[①]。但此问题在这一讨论中并不十分重要，因无论如何，秦举巴蜀总在“初行钱”以后七八年或二十年之久。

在冬笋坝所发掘的二十一座船棺墓中，从其中所出的随葬品及墓葬分布地位看来，以M2、M5、M7、M8（第一列）和M18、M9、M10、M11（第二列）入葬的时期为较早。墓中全不出铁器及“半两钱”，兵器全为“巴蜀式”，陶器多圜底，铜容器仅有甑、釜、鍪及盘。属于中原式的兵器及其它铜、陶器均甚少。并且墓葬排列整齐密集而不是互相打乱。它们的入葬时期当不出秦举巴蜀的前后，即公元前四世纪末。

其余的十三座船棺墓的入葬时期较以上的八座为晚，它们均分散在中区土台的西面和北面，以及西、南两面的边缘地带，即靠近台地的内部。在它们中大半出半两钱及少数铁器——铁柄削、铁斧。铜器中有了镜、带钩，印章也多了。陶器中有了陶壶，平底器变多，豆的形制变小而数量变多。兵器中“巴蜀式”剑有将其茎、鼻部锉平而改装的。这些都是受了中原文化影响的现象而来的。它们入葬的时期，应在秦举巴蜀以后，其中最晚的可到西汉初年，换言之，即不出公元前三世纪范围以外，因其中所出的钱币，绝无有可认为是高后以后的“半两”的，特别是陶器，平底器虽增多，但尚未演变成四川其它处西汉初期墓葬中的形式。

---

① 参见马培棠《巴蜀归秦考》(《禹贡》卷2，第2期)，钟凤年《论秦举巴蜀之年代》(《禹贡》卷4，第3期）及郑德坤《四川古代文化史》19—21页。

宝轮院的船棺墓大体上当与此批墓葬同时期。

狭长坑墓的时代，其中早的可与晚期的船棺墓同时。一则，因其中有的与晚期船棺墓相杂而不互相打破。（例如冬M6、M31、M34等墓均杂于船棺墓的墓列中，整齐密集而不互相打乱，其入葬的时期，当与其旁的船棺墓相去不远。）再则，因其中所出的随葬品几大半与晚期船棺墓中的相同。在另一方面，其中最晚的可能至西汉初年，因其中的随葬品虽小有改变，但基本上尚保存晚期船棺葬墓中的形式。又其中没有发现可认为系汉“半两”钱的。当然，不出汉“半两”钱不一定就早于西汉初期，但至少不至于晚过西汉前期以后。其大概年代当不出公元前三世纪后半叶和二世纪初叶。

长方坑墓中之最早的可与较晚的狭长坑墓相接，其中主要的是西汉前期的墓葬，大抵相当于公元前二世纪。在此类墓葬中最能代表时代推移的当推铜容器。釜甑仅在个别墓中（冬M78）有遗留，鍪则尚普遍，但大半为铁铸，说明冶铁技术已大有进步，但不以之作兵器。在四川它处（如成都羊子山西汉墓群）的西汉前期的墓葬中，往往铁兵器与铜兵器并列，今在此类墓葬中仅有铜兵器而无铁兵器（铁斧实系一种生产工具而非兵器），故其时代似不能晚于西汉前期。钱币亦为大“半两”，或者为秦钱之沿用至西汉初的。陶器亦接近西汉前期的陶器（如羊子山）。

方坑墓一般为西汉后期的墓葬，大约相当于公元前一世纪。此一推断，由下面的现象中可以见之：一是兵器在数量上的绝对减少和铜兵器的绝迹；二是铁兵器的出现，如铁矛、铁刀等；三是铁农具

“镬”的出现；四是纯汉式的铁釜及铜釜的出现。

在陶器中虽仍以罐、豆等为主要，但有鼎、钫、釜、甑的出现，较晚的有陶杯（耳杯）及陶案。在最晚的墓葬中有釉陶和“子母榫砖”的出现，这大概与砖室墓同时了。

至于钱币，早的出小“半两”和五铢，最后则有莽钱出土。

在墓坑前，有的有了短墓道，形制已接近砖室墓。

此类现象，均说明此类墓的时代，以四川的整个情况来说，不会早到西汉前期和晚于西汉后期。

以上五类墓葬年代的推测，只能是一个发展顺序的大概，在它们之间是彼此互相衔接的。上一期最晚的墓葬也可能有些是与下一期最早的墓葬同时的，因为事物的发展是有联系而不能截然割断的。不过它的发展过程也是与四川其它处墓葬发展过程相吻合的，特别是川西平原的墓葬，所以在断定它们之间的年代时，也是参考了这些材料比较而来的。

（二）关于船棺墓的族属问题，我们不能不联想到古代的“巴人”，因为他们在历史上所活动的时期及区域，大体上是与船棺葬所在地相合的。上一节已经论及船棺墓的时代，其中早的大抵相当于秦举巴、蜀的前后，此正是巴人在当时作为一个独立“国”的最后的一个阶段。至于巴人在当时活动的范围，晋常璩的《华阳国志》（卷一，巴志）曾举其大概说：“其地东至鱼复，西至僰道，北接汉中，南极黔涪。”此亦不过就当时的情况大概而言，其确实的分界线是不能确指的，或者在当时亦不存在。因为在当时边疆的情况下，每一部族或当时所称为“国”的，与其毗邻的部族之间，必有一带荒无人烟的地带，即北方所谓“欧脱”。当时西南的情况，想亦不致与此大异。故据《华阳国志》所载，巴人在春秋战国时所活动的区域，大致相当于现在的川东、川南一带。

冬笋坝邻近重庆市，相当于巴人活动的中心地带，而重庆市及其附近地带在秦汉间为江州，而江州则相传为巴人的“故都”。《华阳国志》（卷一，巴志）说：“巴子时，虽都江州，或治垫江，或治平都，后治阆中，其先王陵墓多在枳，其畜牧在沮，今东突峡下畜沮是也。又立市于龟亭北岸，今新市里是也。”此虽言巴人的后期发展系由嘉陵江而北，但其主要的“国都”则仍在江州。按秦汉间的江州相传为张仪灭巴时所筑，其故址据记载在今重庆市以西。《通典》（卷175）：“汉江州县故城在今县西。”又清《嘉庆一统志》（重庆府古迹门记江州的故城）说：“在巴县西，本巴国都。”其它如嘉庆《四川通志》《巴县志》等均袭此说。按江州所治自秦汉以后，名称既屡有改易，治所亦时有迁动。《太平寰宇记》（卷136）说：“巴县，本汉江州县地，属巴郡。按巴城在岷江之北，汉水之南，即蜀将李严所修古巴城也[①]，今州所理在巴城北故仓城，汉水北有一城时人谓之北府城[②]，后汉巴郡所理，寻复还今理。州东北有石洞峡，即刘备置关之所，东西约长二里。其江州即南齐永明五年自州移理于僰溪口，即今江津县理也。”

① 按：此即相当于后来的巴县治。岷江即长江，汉水即嘉陵江，古有西汉水之名，故有是称。

② 按：此即相当于后来的江北厅或江北县治，现属重庆市江北区。

又在江津条下说："本汉江州县，属巴郡。南齐永明五年江州县自郡城移理楚汉（应为"僰溪"，以形近误）口，即今理是也。"是知古代的江州，曾移治于冬笋坝对岸的江口场一带。因綦江在古代有很多名称，如夜朗溪、南江等，而僰溪亦为最通行的名称之一[①]，"僰溪口"即相当于现代的江口场（綦江入长江处）。从形势上看，这一地区是相当险要的[②]，南齐时将江州县治移于此，想不无历史因素。巴子故都在江州以西什么地方现在虽不能确指，但或者离现在的冬笋坝不至太远。又《华阳国志》说巴人曾"立市于龟亭北岸"，龟亭在何处，现在虽不能知，或者与后来的龟停山有关。按龟停山在冬笋坝下游十余公里大江中，《寰宇通志》（卷62）说："龟停山在江津县（按明代此地属江津）东北六十里，其状如龟，有古精舍。"[③]《华阳国志》言"北岸"，则龟亭应在大江中或南岸，或者以在江中为宜，果如此，则《华阳国志》所言的方位似与后来的龟停山相合。又龟停之名虽以形似而来，其源或甚早。"新市里"今不可考，如果我们认为现在的龟停山即常璩时的龟亭，则"新市里"亦当在现冬笋坝附近[④]。

根据上面的记载来推断，巴人当时在此一地区的"国都"虽不

---

① 《太平寰宇记》（卷136）："僰溪水在县（江津）南十四里，西北流入大江。"《舆地记胜》（卷180）："夜郎溪从夜郎境来入江津县合大江，谓之僰溪。"嘉庆《四川通志》（卷11）引《元一统志》说："在县东南三十里，来自夜郎境，阔三十步，深七尺，可通二十石舟。"至于綦江和南江，则为后来的名称。

② 按：僰溪为古代通往贵州（古代夜郎及僰人地区）的要道。

③ 明以后记"龟停山"者多，均与此相类。按"龟停"在大江中而略近北岸，其北岸有镇曰小南海，故一般又称"龟停"为小南海，舟人又称之为"居亭子"。一般讳龟，往往读"龟"如"居"。

④ 按《水经注》将新市里系于鱼复县下（卷33江水）说："江水又东，左迳新市里南。"常璩曰："巴旧立市于江上，今新市里是也。"殊误。

能确为指出，但冬笋坝一带是当时巴人的重要活动地区之一则是可以断言的。以常理言，在巴人活动的重要地带除了巴人以外，想不会有如此武装的部落聚居于此而留下这样一群墓葬①，所以我们认为这一群墓葬应与巴族有密切关系，或者为当时巴人的墓葬。

巴县冬笋坝的墓葬当然可以这样看法，不过昭化宝轮院的墓葬，情况则有不同。昭化和广元一带，历来记载中均认为是蜀王封其弟葭萌的地方。《华阳国志》（卷三，蜀志）说："蜀王别封弟葭萌于汉中，号苴侯，命其邑曰葭萌焉。"秦汉之间其地均称葭萌，为通往汉中的要道，故均属汉中郡。此道在古代一般称为金牛道，相传即张仪入蜀之路，不过在此一地区所经过的实际路线，古今略有不同。自唐以后，路线系由现在的广元（唐代的利州）县城而南沿嘉陵江至桔柏津（白水与嘉陵江合流处），达旧昭化县城而上天雄关，沿白卫岭山岭而下至剑门。如此，则剑门之险顿失，因由白卫岭上有路可抄至剑门之后。《读史方舆纪要》（卷68）说："白卫岭，县西南五十里，与剑门山相接，唐玄宗幸蜀时登此。后唐长兴初，孟知祥董璋谋据两川，命石敬塘讨之，敬塘入散关，前锋将王元赟引兵白卫岭人头山后过小剑路出汉源驿，还击剑门，克之，即此。"不过，唐以前的路线，至少是魏晋以前的路线，似不上白卫岭，而是沿现在的川陕公路线，经宝轮院溯清江而上至大小剑门。如此则宝轮院的形势是颇为重要的，因为它是剑门的前卫。在前面已经讲过，我们认为宝轮院的船棺墓与

① 在船棺墓中，除极个别者而外，均有武器，有的多至四五种，这与历来记载中说巴人勇锐善战，当不无关系。

冬笋坝的船棺墓是同一性质的，而且认为冬笋坝的是巴人的墓葬。但此地为通往北方的要道，自不能容许有巴人的武装驻此，即蜀王的弟苴侯与巴为好，蜀王尚且伐之，致引起秦兵之入。故以宝轮院的船棺墓亦为巴人的，似有不合。但在另一方面，前面已经说过，宝轮院船棺墓的时期，相当于冬笋坝晚期的船棺墓。换言之，即秦举巴蜀以后的墓葬，最晚可以到西汉初年。据记载，秦灭蜀时，蜀人的抵抗是比较强烈的，且其后而屡起叛乱；而巴人则未曾作剧烈的抵抗。《华阳国志》仅言："因取巴，执王以归。"大概秦兵本是来助巴击蜀的，秦人或设计以执巴"王"而去，其国人故未作如何抵抗。而秦人对巴人的关系，历来是采取怀柔政策的。如秦昭王时巴人部落朐忍廖仲药何射杀白虎之后，秦人乃刻石与之要盟说："顷田不租，十妻不算，伤人者论，煞人雇死倓钱，盟曰：秦犯夷输黄龙一双，夷犯秦输清酒一钟，夷人安之。"在这种情况下巴人可能愿为秦用，而秦人利用巴人（有如后来汉王朝之利用巴人一样）来戍守屡起叛乱的蜀，想亦系自然之势。所以，宝轮院船棺墓，可能是为秦人戍守该地的巴人的墓葬。

这种情况，由川西（蜀的疆域）区域内考古上的发现，亦可得到一些旁证。在川西平原地区所发现战国早期或以前的墓葬，其中所出的铜器及陶器，显然是与船棺墓中所出的有区别的，这或者是属"蜀"的原来的东西。但是到了战国晚期（大概秦举巴蜀以后），许多墓葬中所出的铜、陶器，特别是铜器，如巴式剑、钺、釜、甑等，几完全与船棺葬所出的无异。在以前对于这些铜器都不能加以区别，统称之为“巴蜀式”铜器。现在出土的已日多，我们认为它们也应该是巴人的东西，在蜀亡以后由戍守蜀地的巴人带过来的。但到了西汉初叶以后，巴与蜀在汉文化的大量影响下，就逐渐混合而不可复分了。虽然这仅是一种推测，但应该是一种比较适当的解释。宝轮院的船棺墓，似应作如是观。

我们既认定此类墓葬是属于巴人的，那末，对于巴人的族源问题以及其中所出的物品与文献中所记载的巴人文化也需要略加说明，来看“巴人”的假定是否可以成立。

按历史记载巴人的来源的，共有两种说法。一种为《山海经》与《华阳国志》。《山海经》海内经说：“西南有巴国。大皞生咸鸟，咸鸟生乘厘，乘厘生后照，后照是始为巴人。”《华阳国志》巴志说：“《洛书》曰：‘人皇始出，继地皇之后，兄弟九人，分理九州为九囿，人皇居中州，制八辅，华阳之壤，梁岷之域，是其一囿，囿中之国，则巴蜀矣……其君上世未闻，五帝以来，黄帝、高阳之支庶，世为侯伯。’”随着又说：“武王既克殷，以其宗姬封于巴，爵之以子。古者远国虽大，爵不过子，故吴、楚及巴皆曰子。”《山海经》与《华阳国志》所说的巴的来源虽各不同，但皆将其起源强行拉入中国的传说系统中来，这是代表中国的一种正统的说法，所以后来的地志典籍之中，多有采取此说者，其可信的程度是比较有限的，故不拟在此讨论。

再一种说法，亦即所谓“廪君种”。此说开始于已佚的世本，其后各种记载中转录颇多（但《华阳国志》不取），《后汉书》（卷116）所录较详，今转录于后：“巴郡、南郡蛮本有五姓，巴氏、樊氏、曋氏、相氏、郑氏，皆出于武落钟离山，其山有赤、黑二穴，巴氏之子生于赤穴，四姓之子皆生黑穴。未有君长，俱事鬼神。乃共掷剑于石穴，约能中者，奉以为君。巴氏子务相乃独中之。……又令各乘土船，约能浮者，当以为君。余姓悉沉，惟务相独浮，因共立之，是为廪君。乃乘土船从夷水至盐阳，盐水有神女，谓廪君曰：‘此地广大，鱼盐所出，愿留共居。’廪君不许，盐神暮辄来取宿，旦即化为虫，与诸虫群飞，掩蔽日光，天地晦冥。积十余日，廪君思其便，因射杀之，天乃开朗。廪君于是君乎夷城，四姓皆臣之。廪君死，魂魄世为白虎，巴氏以虎饮人血，遂以人祠焉。”这一段传说，可以认为是巴人自己的传说，其中所举的事实虽不一定确凿，但多少总反映当时的一些文化情况。

这一传说除了说明巴人是从“夷水”（一般以为系湖北西南的清江）流域逐步向西发展而外，也表现了一些社会及文化情况。传说开始就说巴族原分为五姓，“姓”可能是一种氏族组织，即一部落中包括五个氏族。五“姓”之中独巴氏子生于赤穴，余四姓均生于黑穴，这说明巴氏这一氏族是享有特权的，也可能是选举部落酋长的特权。在原始氏族社会中，各氏族及其中的成员在权利与义务上虽是绝对的平等的，但对于部落酋长的选举，则系其中某个别氏族的特权。即部落酋长的人选，只能在某一氏族的成员中遴选。（又在若干情况中，又只能在某一氏族中某一家族的成员中选举，即系某一家族的特权，例如北美的伊洛魁人。）由上面的传说来看，酋长虽为全部落选举，但酋长人选的提出，则系“巴氏”氏族的特权。这是与原始氏族社会中酋长选举的习惯相合的。至于选举中的“掷剑”和“土船能浮”，不过是表示一般性的“神异”而已，这在一般的传说中，往往是不可少的。“土船能浮”和“乘土船”的故事，或者表示巴族是一种沿水居的民族，这与巴人后期的生活也相合[①]，也或者与以船作葬具的风俗有一些联系。总之，此是一段氏族酋长选举极生动的描写。

至于“盐神”，也可能是故事中的一个插曲，或者是表现最后脱离母系氏族的一种象征。

整个传说所反映的，是在此时期中，在氏族组织下出现了强有力的酋长，廪君也不过是一个象征的人物，率领着巴人部落向西发展，最后到达了现在重庆市以上及嘉陵江流域，而成为春秋战国时期的“巴国”。

巴人的活动之最早见于记载的——至少是比较可靠的记载——为《春秋》经传[②]。《华阳国志》虽说：“（禹）会诸侯于会稽，执玉帛者万国，巴蜀往焉。周武王伐纣，实得巴蜀之师，著乎尚书。”此不过是揣测之词，《尚书》牧誓中虽举出八个民族之名，但其中无巴。说者以为举“蜀”即可统“巴”，或者以为巴人乃系于濮人之中的，则皆是无所根据的。但无论如何，巴人到了春秋时期，已成为相当强大的部族，并能向外发动兼并战争，及七国称王时，巴亦称王，故其

① 《华阳国志》（卷一）巴志说：“阆中有渝水，賨民多居水左右，天性劲勇，初为汉前锋，陷阵锐气喜舞，帝善之，曰：此武王伐纣之歌也。”按賨民为巴人在汉代的名称之一，因“巴人呼赋为賨”，故称之为賨人、賨民、巴賨、賨叟等。

② 先秦典籍中如《竹节纪年》、《周书》王会篇等皆提到巴人，但皆属后人的追记，且过于简略，可靠程度不大。

前必尚有一段相当长的发展过程，其中的情况，现在已无从得知了。而船棺墓所表现的，应为巴人的最后的一个阶段。

在廪君的故事中，尚有廪君的魂魄化为白虎的传说，这是与在原始的氏族社会中把祖先的名字与自然物——特别是动植物——相联系起来是相合的，也是与蜀人的祖先杜宇（望帝，蜀人最早称帝的酋长）的魂魄化为子鹃鸟是同一类型的故事。换句话说，“白虎”原是“巴氏”氏族的图腾，后来由五个氏族组成的部落，因在巴氏族酋长的领导下，“巴”遂成为整个部落的称号了，或者“白虎”亦成了整个部落的徽帜了。这样的例子，在原始民族发展史中是很多的。巴人后来又称“白虎复夷”或“弜头虎子”等，想是不为无因的。或者说，若以为巴氏族既以“白虎”为图腾，则与后来巴人专以猎虎为业的事实不大相符合。不过我们须知，所谓“图腾禁忌”并不是图腾制中的一种普通的特征——主要的仅限于非洲——在许多地方并不禁止猎取或食用图腾动物。例如在伊洛魁人中，各氏族均以动物为名，但并无禁止打杀图腾动物的禁例。再者，“白虎”的故事，与船棺墓中所出的大批兵器上，绝大多数上皆有虎纹记号来看，其间想不无关系。不然的话，这种普遍虎纹记号就无法解释了。

前面已经讲过，“土船能浮”表示巴人是一种靠水居的部落，主要的是利用河道为交通线，这与他们后来沿水道向西发展的过程也是一致的。水上的交通必需用舟楫，于是故神其说而变为“土船能浮”的故事。船棺葬者若不是长于舟楫和傍水居的民族，想绝不会把葬具费偌大的工夫来凿成舟形。船棺墓中的独木舟，从其大小及制作来看，是完全可以实用的。我们的推测，此种葬具或者本来就是墓主人生前实用的水上交通工具，死后即以之作葬具。不然的话，若死后临时找这样大的一截楠木而将之凿成独木舟，在当时生产水平和工具的限制下，的确是一件不很容易的事。总之，不拘其为实用之具或专为凿成的葬具，船棺葬者若不是一种与河流有密切关系的民族，绝不会把葬具凿成如此形式。以舟为葬具，这或者是表示“以水为家”的信念，或死后还需要舟楫的信仰。

巴人一直到最后（即秦灭巴的前后）尚保存着比较强的氏族组织的遗留,《华阳国志》说巴人当川东的一支板楯蛮至西汉初时尚有七姓，这七姓很可能是板楯蛮部落中的七个氏族。我们知道氏族组织的特征之一，是每一氏族有一个共同葬地。从冬笋坝的墓葬区来看，船棺墓的排列是很整齐而密集的，宝轮院也是如此，这就说明它是一个人群的专用墓地，它很可能代表一个氏族，或者一个部落的公共墓地，其中所埋葬的当系氏族中的奴隶家长或氏族成员。到了西汉初年以后，墓地的情形就大变了，墓葬的排列凌乱，说明其氏族组织已经全部解体了。大概在船棺墓时期，巴人尚处在氏族组织的最后阶段——父系家长制（或奴隶家长制），此后在汉文化的影响下，很快地就解体了。

（三）船棺墓所表现的是四川地区青铜时期的最后一个阶段，从发展上来说，它结束了此一地区的青铜时期的文化，下则直接转入铁器时代的初期。从文化的性质上来说，它有它显著的地方性，同时亦有与当时全国整个文化的共同性。例如葬具中的独木舟，兵器中的剑和钺，铜容器中的釜、甑、鍪，陶器中的各式圜底罐，都是它所特有而与其它各地所不同的。并且也是有它简单的文字的，例如铜器上所铸或所刻的各种符号，虽现在所知道的种类尚不多（约数十种），但除了作为“文字”解释以外，则别无其它适当的解释。这些符号现在虽尚不能认识，但从其形体上看，大体上也是属于汉字的象形系统的。从另一方面看，兵器中的戈、矛，用具中的削，陶器中的豆以及少数的壶，都是与当时其它处文化相同，所异者仅形制上略有不同而已。

更为重要的是：从这一批墓葬中——虽然不太多——对于这一地区文化在公元前三百余年中在物质文化方面所发生的变化，可以看出一些端倪。我们认为船棺墓、狭长坑墓、长方坑墓、方坑墓以至于砖室墓，在墓的形制上虽有改变，在出土的文物中虽有不同，但族属则应该始终是一个。换言之，即是此一地区的“巴人”由于与汉族文化的相互交流，从战国末年开始，到西汉末期时则已完全与汉人一样了。例如早期的船棺墓和狭长坑墓，与后来的方坑墓和砖室墓，在形式上及随葬品上几乎完全不同，但这种演变则是逐渐的，前期的物品也存留到后期（仅在数量上逐渐减少），而最终至于绝迹。例如所谓“巴式剑”和铜钺，在船棺墓中是最普通的武器，以后则逐渐减少，至长方坑墓有以陶胎铜皮的钺（纯粹明器）来殉葬的，但到了方坑墓中则完全绝迹了。铜釜、铜甑的情况也是如此。铜鍪本是船棺墓中一种特有炊器，到了狭长坑墓和方坑墓中，器的前面稍上则另加上一较小的环耳，这种双耳鍪也是四川其它地区在西汉前期中的一种普通炊器，此地区在单耳的鍪上另加上一耳，很显明是受了其它地区的影响而来的。后来这种铜鏨则改用铁铸，但形式上还是一样。

陶器的演变也是如此。在早期的墓葬中，以圜底器（豆除外）占绝对多数，以后则圜底器逐渐减少，平底器逐渐增多，到了长方坑墓和方坑墓中，则与四川在西汉前期到后期其它地方（如成都平原区）所出的陶器完全一致了。豆在形制上也有它逐渐的演变（参见陶器），不过方坑墓和砖室墓中则为杯（一般称耳杯）与案所代替。这种演变不仅与四川其它地区的情况相合，亦且代表一种饮食风俗的转变。

铁器的逐渐加多，也是这一群墓葬中最显著的现象。在早期船棺墓中没有铁器的痕迹，在晚期船棺墓和狭长坑墓中就有小件铁器出现，但还不能作较大的兵器。同时又有少数铁斧出现，斧为方銎端刃，与西汉时期的铁斧相似，其用途想是一种生产工具而非武器。自此而后，铁器逐渐变多，在长方坑墓和方坑墓中有铸制的铁鏨和铁釜的出土，这正表明铸造技术的逐渐进步。在四川方面，从战国末至西汉前期，是铜铁交替的时期，在这一群墓葬中也与四川其它处的墓葬一样，但表现得更为明显。

在另一方面，从这一群墓葬中也可以看出它与当时云南方面的一些关系。例如在长方坑墓与方坑墓葬中发现有少数的所谓“月口斧”，即刃口如新月式的一种铜钺，这在四川方面说来，是一种新的形式，在它以前或以后，或四川其它地区，到现在为止，都未有发现过。从形制方面来看，这种“月口斧”与云南晋宁最近出土的这类兵器是十分相似的，所以，它可能是从云南方面传来的，或者也可能是在云南方面影响下而制造的。

图版一 巴县冬笋坝全景（发掘地的中区土台在右边大烟囱后）

图版二 冬笋坝墓区全景（左角〔北端〕大烟囱与树之间是中区土台，右角〔南端〕小烟囱后是南区土台）

图版三　冬笋坝中区土台（箭标所指处）

图版四 昭化县宝轮院街镇及清江远景（前面的一道宽白线即铁路基，亦即墓地，远处的白线为清江，宝轮院街镇在左上角）

1

2

图版五 1.宝轮院铁路基从坪上通过 2.在铁路线侧展开清理工作

1

2

图版六 1. 冬笋坝中区土台部分墓坑 2. 中区土台清理情况

图版七 1. 冬M12的船棺 2. 冬M12船棺的西部 3. 冬M12船棺的西端
4. 冬M9船棺的西端

1 2 3 4

图版八　1. 冬M50器物出土情况　2. 冬M50东南端器物出土情况
3. 冬M56器物出土情况　4. 冬M51器物出土情况

1

2

3

4

图版九 1. 冬M49中部器物出土情况 2. 冬M52器物出土情况 3. 冬M58器物出土情况 4. 冬M46器物出土情况

1

2

3

4

图版一〇 1. 宝M14的船棺和殉葬器物 2. 宝M14的船棺 3. 宝M13的木椁和殉葬器物 4. 宝M13木椁内殉葬器物部分

1

2

3

4

图版一一 1. 宝M15船棺内的陶器 2. 宝M10出土的陶器 3. 宝M11船棺的遗物 4. 宝M12的船棺

1

2

图版一二 1. 宝M3船棺墓在清理中 2. 宝M4船棺墓在清理中

1

2

图版一三 1. 宝轮院出土的船棺之一 2. 宝轮院出土的船棺之二

1

2

3

4

图版一四 1. 冬M1墓坑情况 2. 冬M5墓坑情况 3. 冬M6墓坑情况 4. 冬M7墓坑情况

1

2

3

4

图版一五 1. 冬M64双耳铜鍪出土情况 2. 冬M56坑内铜戈痕 3. 冬M76坑底木条痕 4. 冬M11墓坑情况

1

2

3

4

5

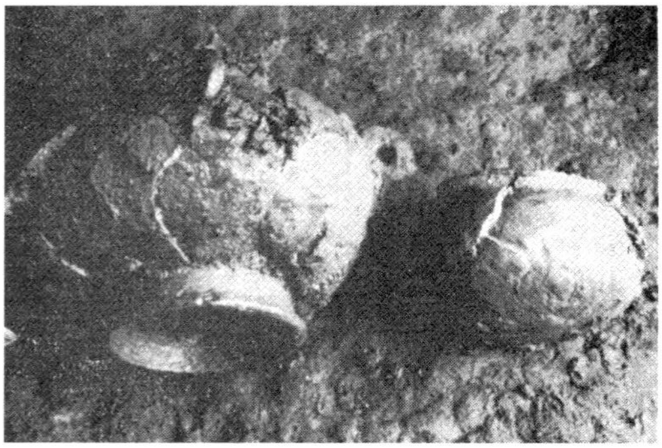

6

图版一六 1.冬M42铜镜与半两钱出土情况 2. 冬M35铜甑、铜釜、铜鍪、陶豆出土情况 3. 冬M50铜璜出土情况 4. 冬M20铜釜与子母榫砖出土情况 5. 冬M35器物出土情况 6. 冬M50陶壶、陶钵出土情况

1

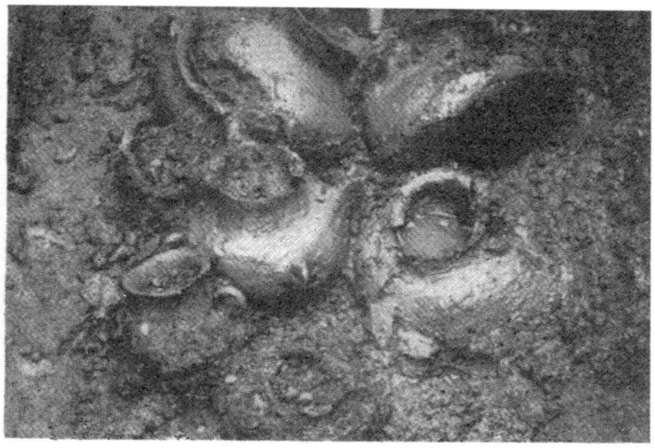
2

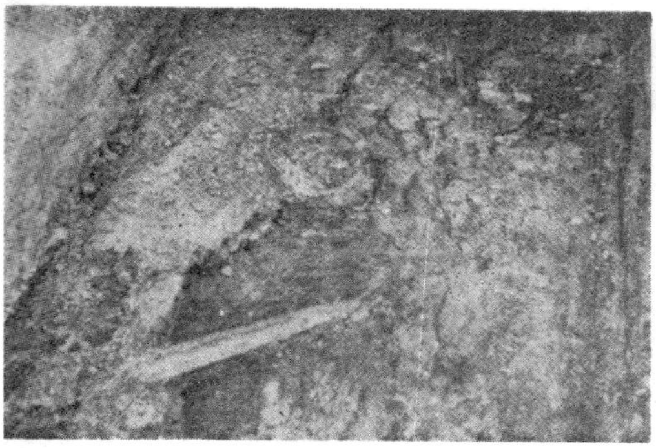
3

4

5

6

图版一七 1. 冬M43（上）与冬M40两坑情况 2. 冬M50西端陶器出土情况 3. 宝M3铜剑出土情况 4. 冬M9铜矛、铜斧、胄顶出土情况 5. 宝轮院墓葬容器中兽骨、鱼骨 6. 冬M33铜矛下压一小石斧

1

2

3

图版一八 1. 冬M42、M43、M44、M45四个墓坑的排列情况 2. 冬M9剑鞘痕 3. 冬M85中部剑北有一根木棒

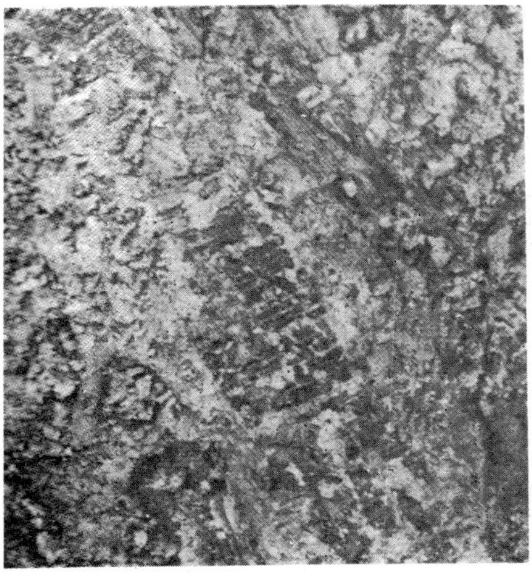

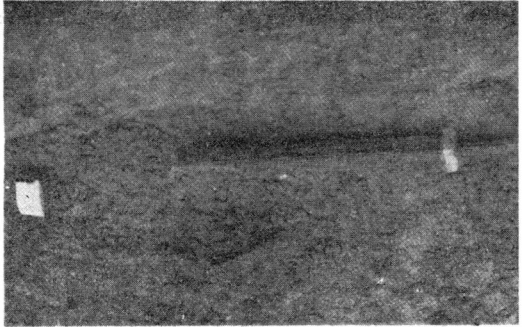

1

2

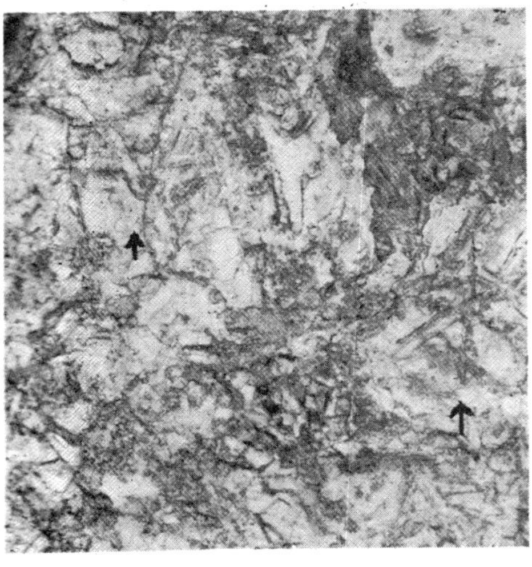

3

4

5

图版一九 1. 冬M33漆条痕（漆痕长约170厘米，中段宽，两端细，缠以丝再髹漆）
2. 冬M50坑底椒眼状篾痕 3. 冬M56有格剑及剑上鞘痕 4. 冬M76改装式有格剑与珌
5. 冬M69铁刀、铁斧

1

2

图版二〇 1. 铜剑上的花纹和符号 2. 铜矛上的花纹和符号

图版二一 冬笋坝墓出土的铜剑（1. 冬M6：4 2. 冬M37：2 3. 冬M4：1 4. 冬0：121 5. 冬M7：1 6. 冬M4：1 7. 冬M9：6）

图版二二 冬笋坝墓出土的铜剑（1. 冬0：6 2. 冬M49：9 3. 冬M50：7 4. 冬M51：4 5. 冬M50：11 6. 冬M52：5 7. 冬M35：10）

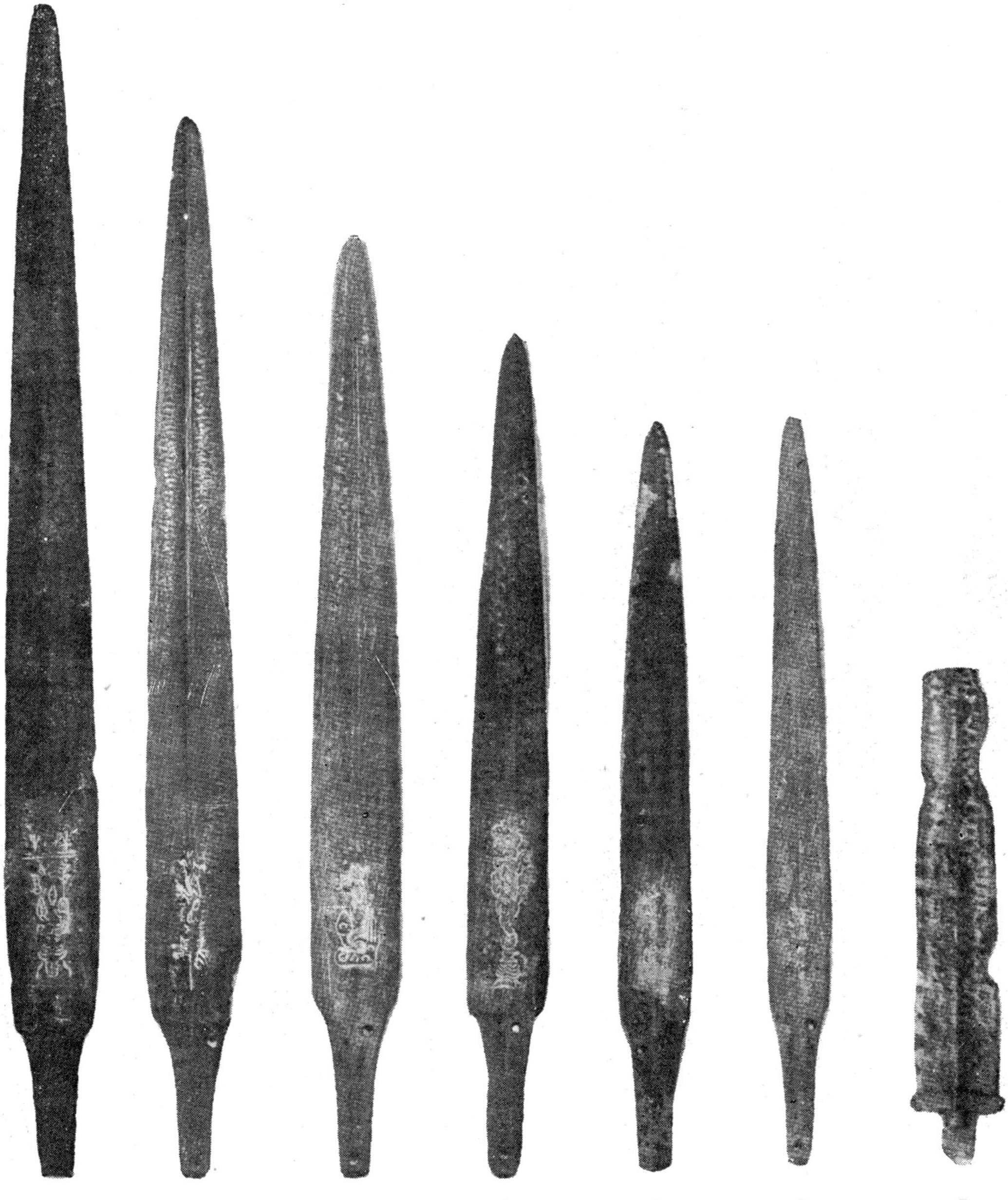

1 2 3 4 5 6 7

图版二三 宝轮院墓出土的铜剑（1. 宝0：21 2. 宝轮院收集 3. 宝0：22 4. 宝M14：3 5. 宝M13：3 6. 宝M8：3 7. 宝0：26）

1 2 3 4 5 6

图版二四 1、2. 宝轮院出土有格剑 3. 宝M15：3出土剑鞘痕 4. 宝M13：2剑茎后的接木情况 5. 宝M14长矛 6. 宝M13木弓

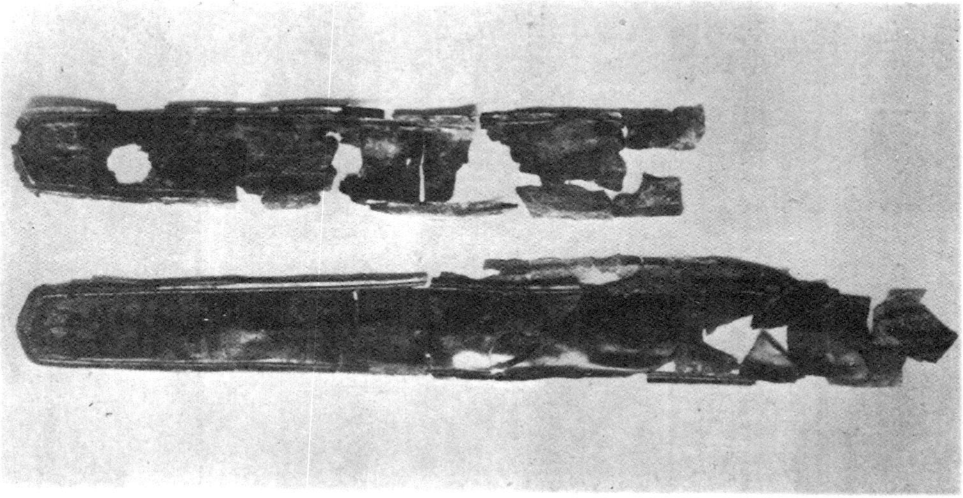

1

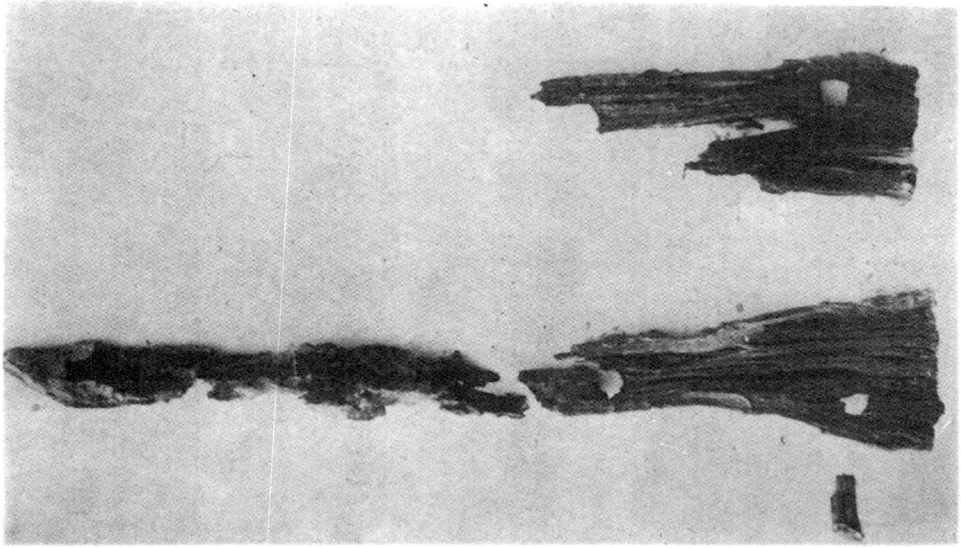

2

图版二五 1. 剑鞘（上：宝M14，下：宝M13） 2. 木剑柄（宝M14：3）

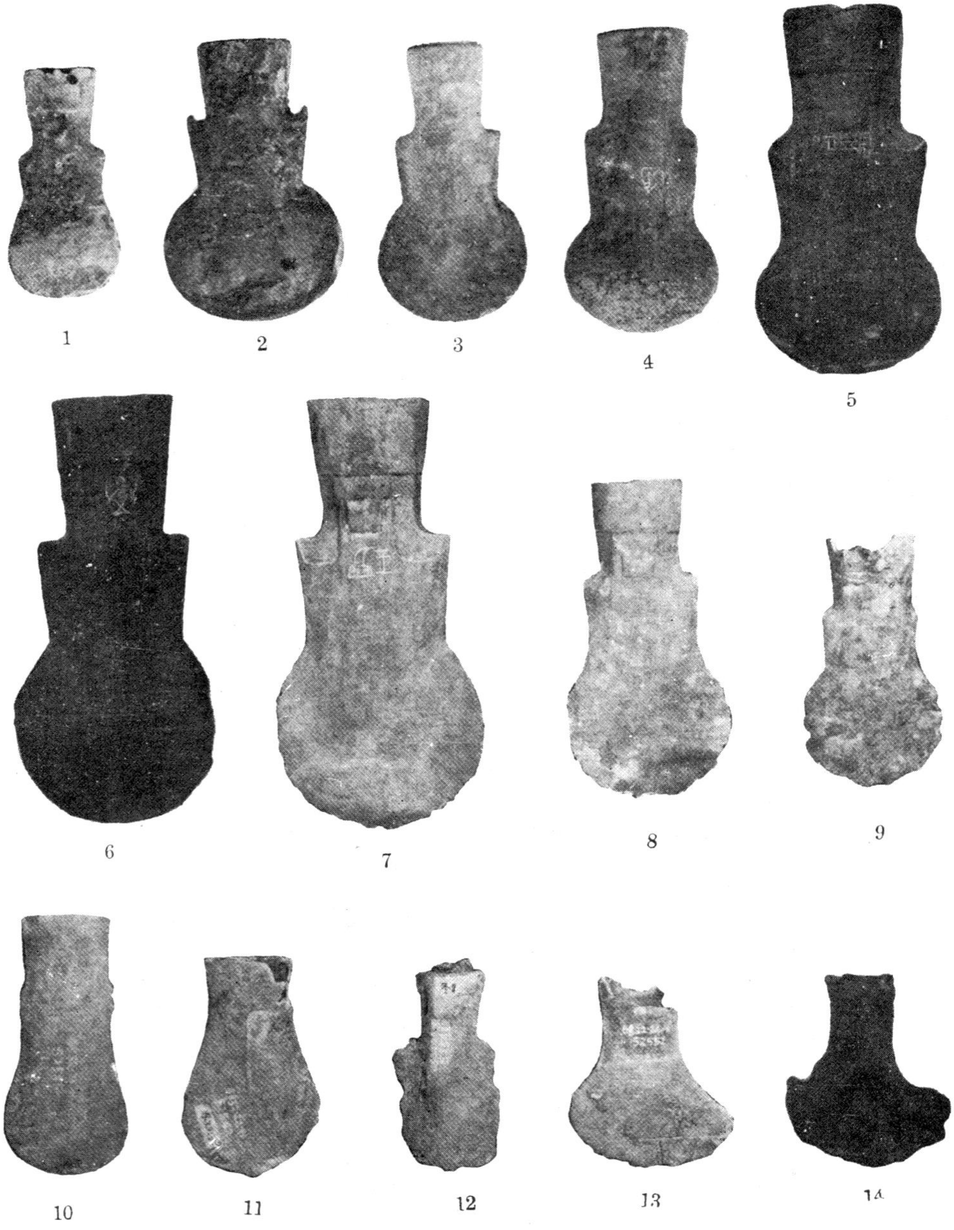

图版二六　铜钺（1. 宝0：9　2. 宝M13：9　3. 宝0：20　4. 宝0：8
5. 冬笋坝收集　6. 冬M9：14　7. 冬M50：4　8. 冬M1：5　9. 冬M7：2
10. 冬笋坝收集　11. 冬M39：3　12. 冬M8：9　13. 冬笋坝收集
14.冬笋坝收集）

图版二七 铜矛（1. 冬M35:l 2. 冬M15：4 3. 冬M4：5 4. 冬M6：8）

1 2 3 4

图版二八 铜矛（1. 宝轮院收集 2. 宝M10：16 3 宝0：23 4. 宝M13：2）

图版二九 铜矛（1. 冬M9：1 2冬M50：2 3. 冬M50：1 4. 冬M15：4 5. 冬M51：1 6. 冬M48：1 7. 冬M49：2）

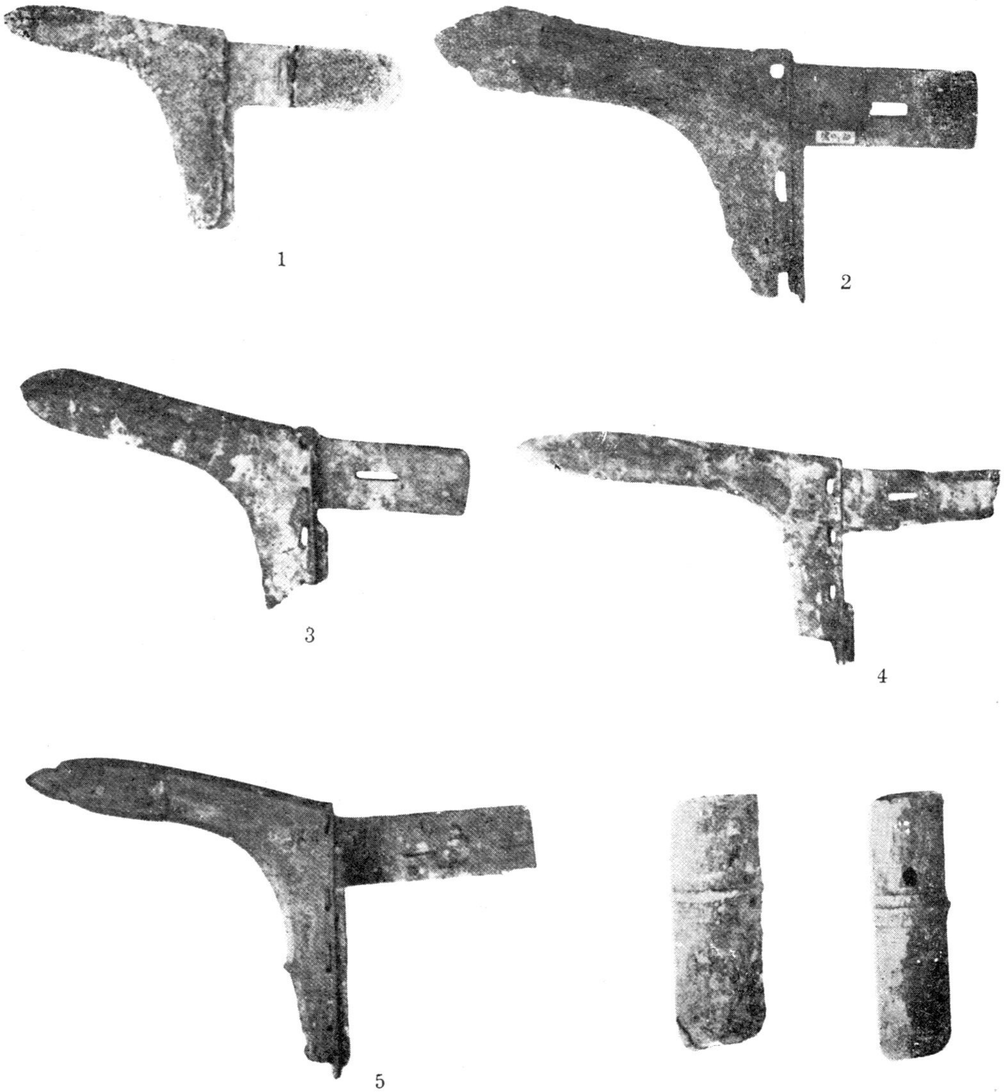

图版三〇 铜戈（1. 宝M10：18 2. 宝0：10 3. 宝0：7 4. 宝M13：9 5. 宝0：11）与铜镈

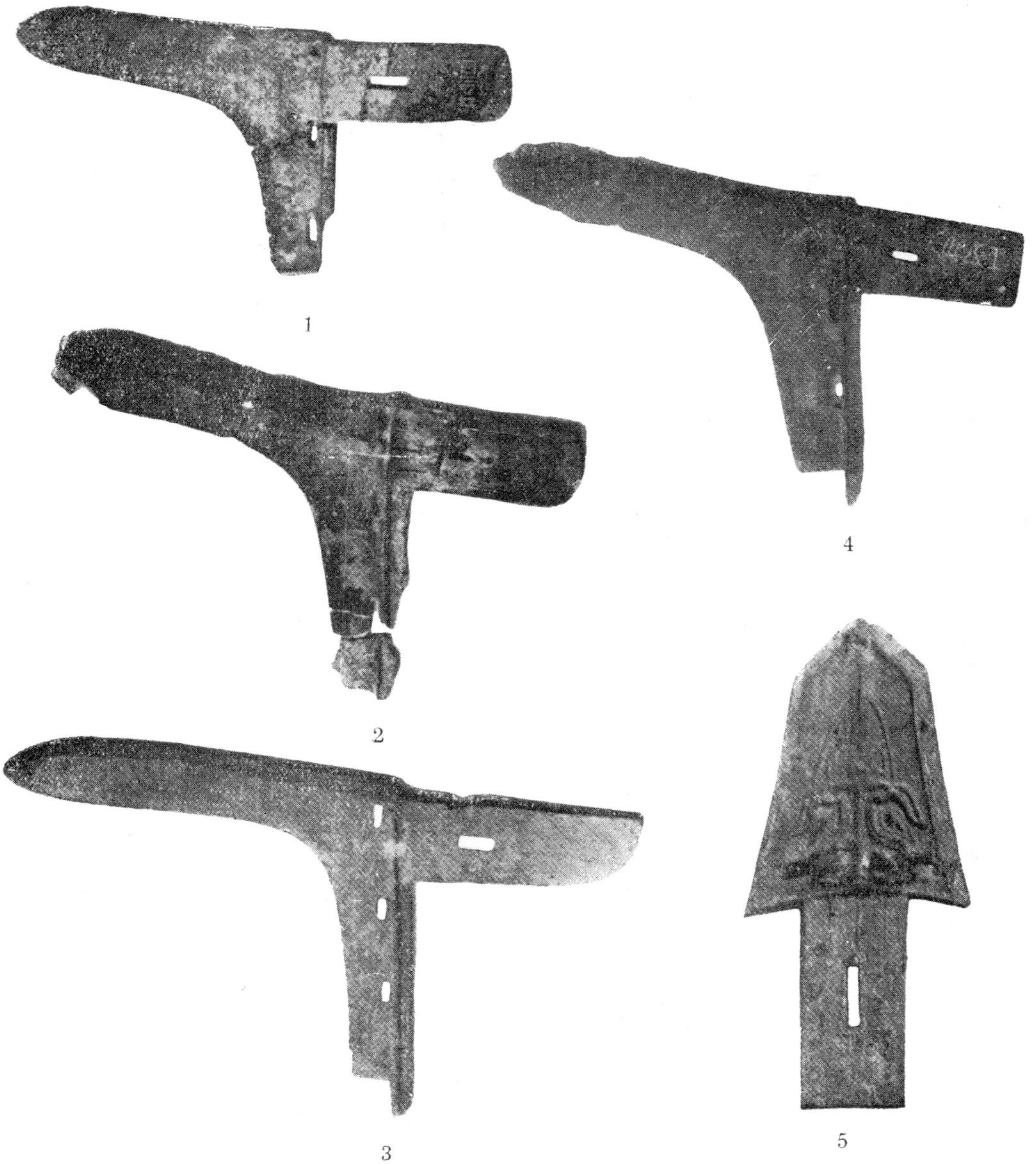

图版三一 铜戈（1. 冬M3：11 2. 冬M4：10 3. 冬M33：16 4. 冬M50：3）与铜戳（5. 冬M9：23）

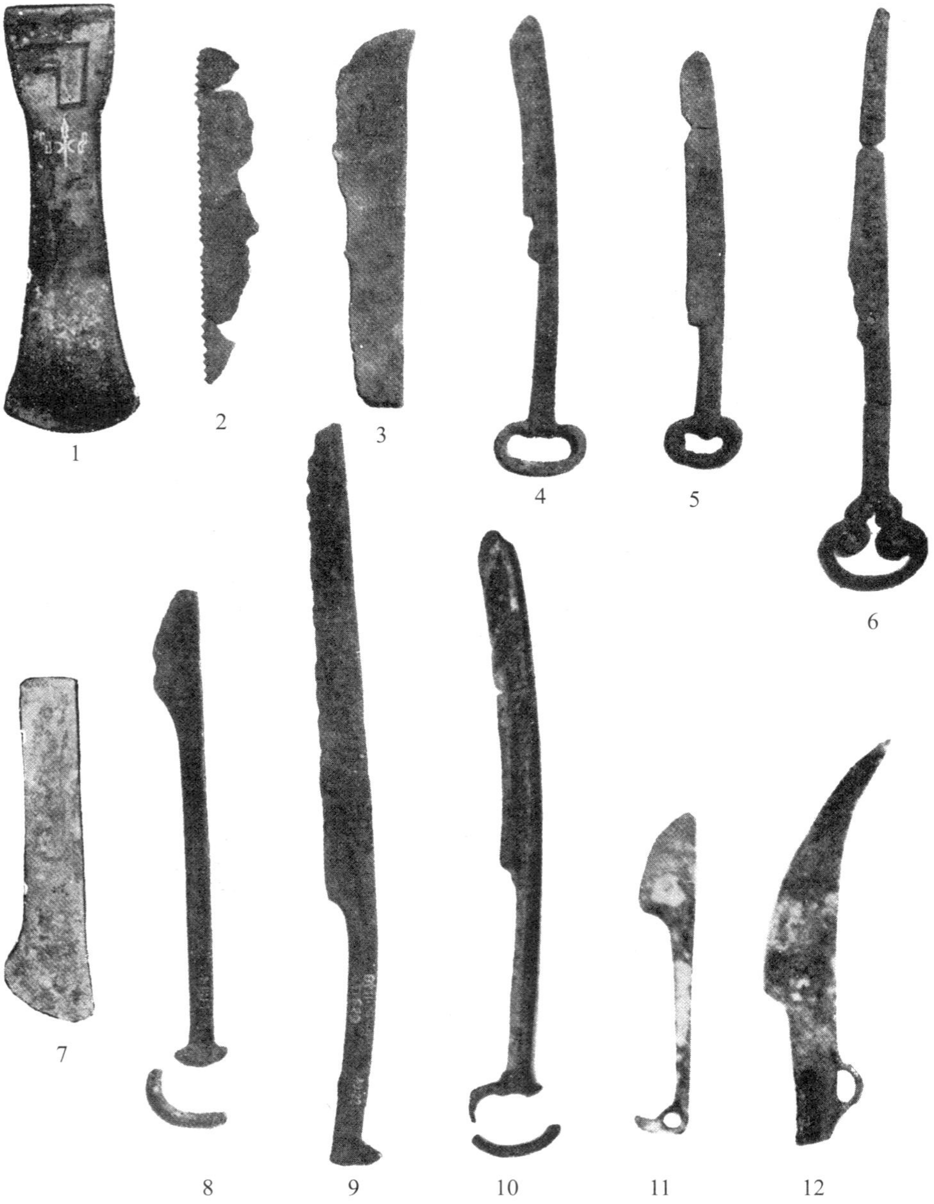

图版三二 1. 铜斧（冬M11：10） 2—6. 冬笋坝出土锯片、切刀与铜削 7—10. 铜斧、铜削（7. 冬M11：20 8. 冬M11：17 9. 冬M9：22 10. 冬M84） 11、12. 铜削（11. 冬M11：17 12. 宝M14：8）

图版三三 1. 铜胄顶（冬M9） 2. 冬笋坝出土器柄 3. 铜矛镦（冬M35：12）
4. 铜戈镈（冬M4：10） 5、6. 器柄（冬M35）

1

3

4

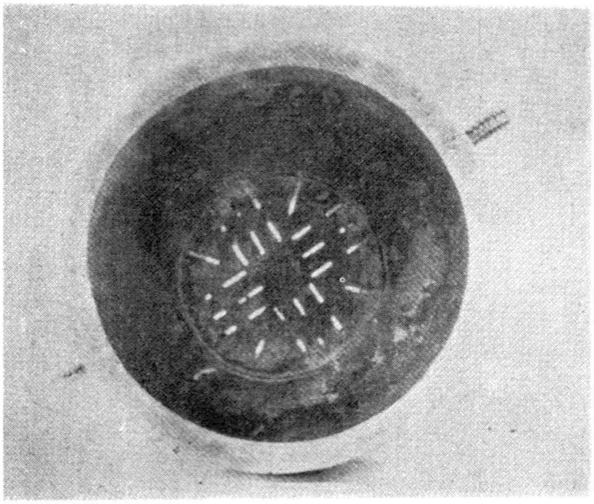

2

5

图版三四 1. 铜甑（宝M13） 2. 铜甑底部 3、4. 冬笋坝出土铜鍪
5. 宝轮院出土铜釜

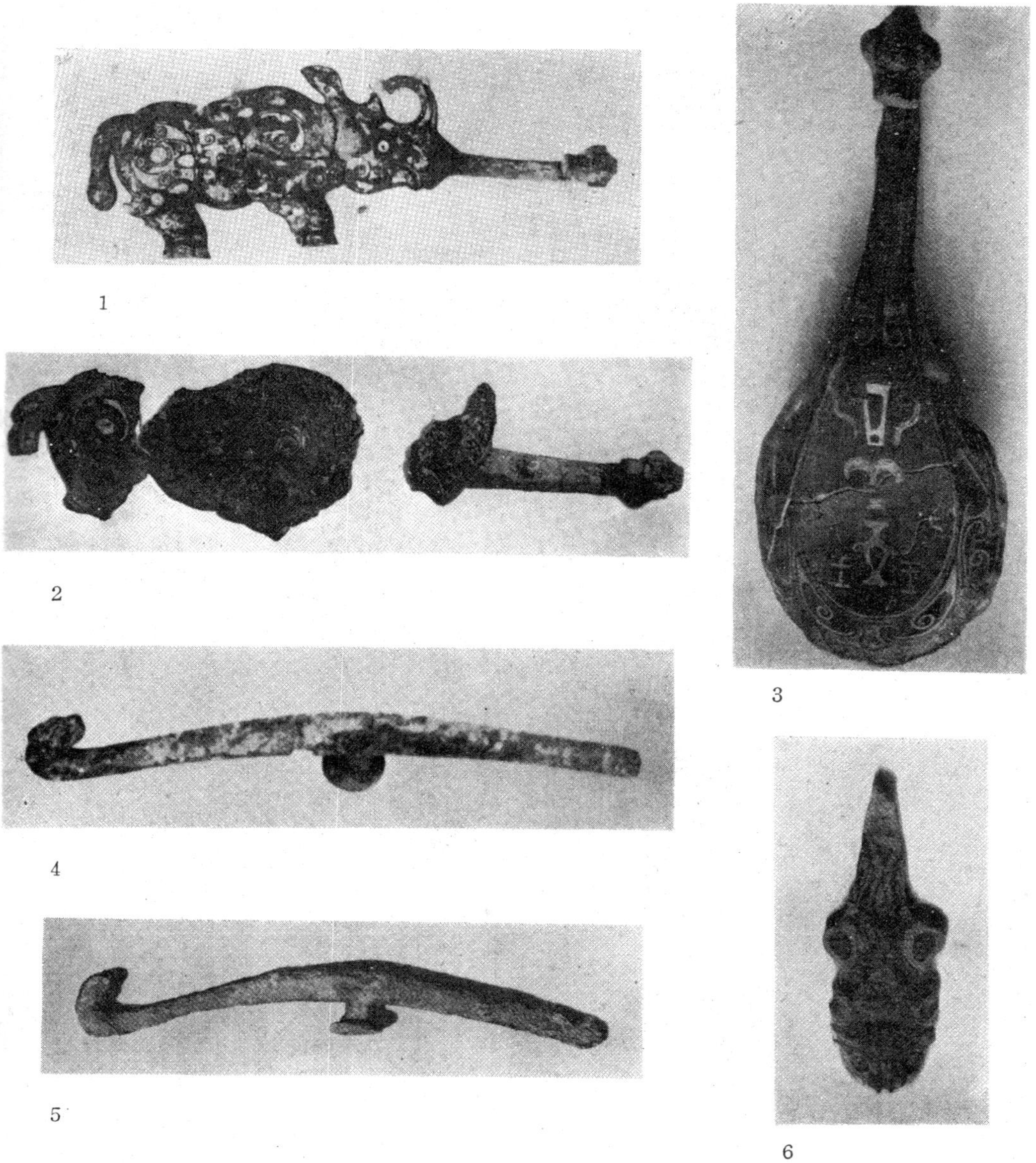

图版三五 1. 犀牛带钩（宝M3：2） 2. 宝轮院出土犀牛带钩 3. 勺式带钩（冬M50：12） 4. 宝轮院出土条式带钩 5. 冬笋坝出土条式带钩 6. 冬笋坝出土鱼形带钩

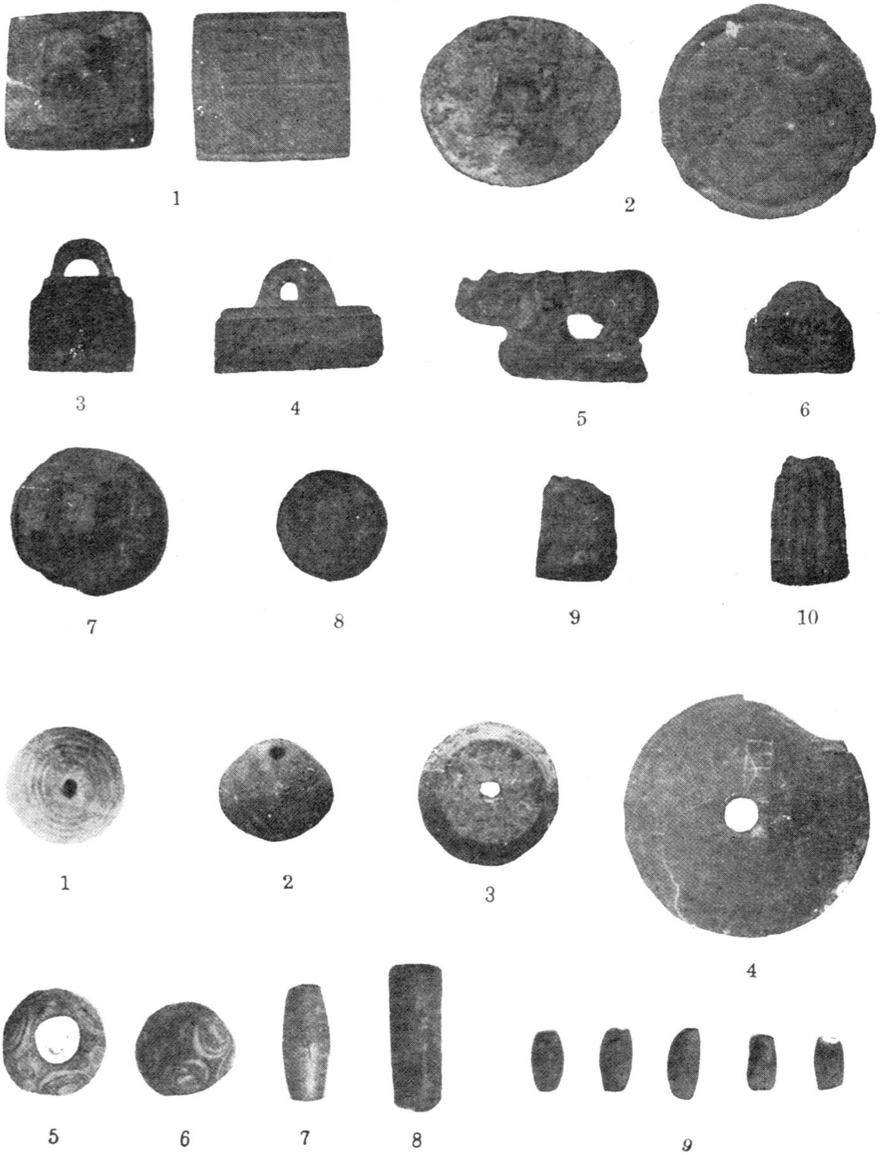

图版三六　上：铜印章（1. 宝M6：1　2. 宝M16：7　3. 冬M50：16　4.冬M49：14　5. 冬M50：17　6. 冬M49：18　7. 冬M1：6　8. 冬M32：4　9. 冬M32：3　10. 冬M49：13）

下：陶纺轮、琉璃珠、琉璃管、陶珠（1. 宝轮院出土　2—4. 冬笋坝出土　5—8. 冬笋坝出土　9. 宝轮院出土）

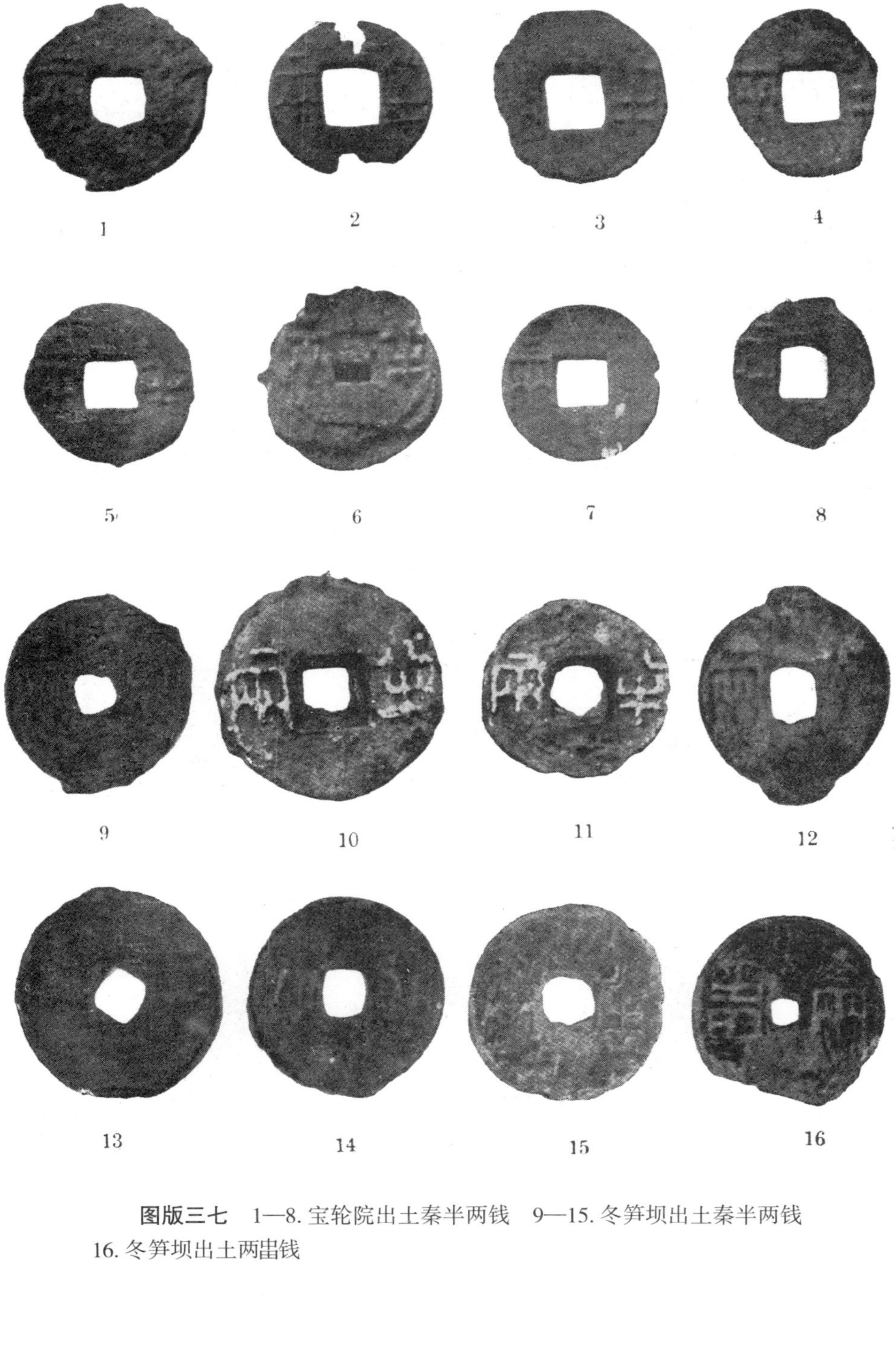

图版三七 1—8. 宝轮院出土秦半两钱 9—15. 冬笋坝出土秦半两钱 16. 冬笋坝出土两甾钱

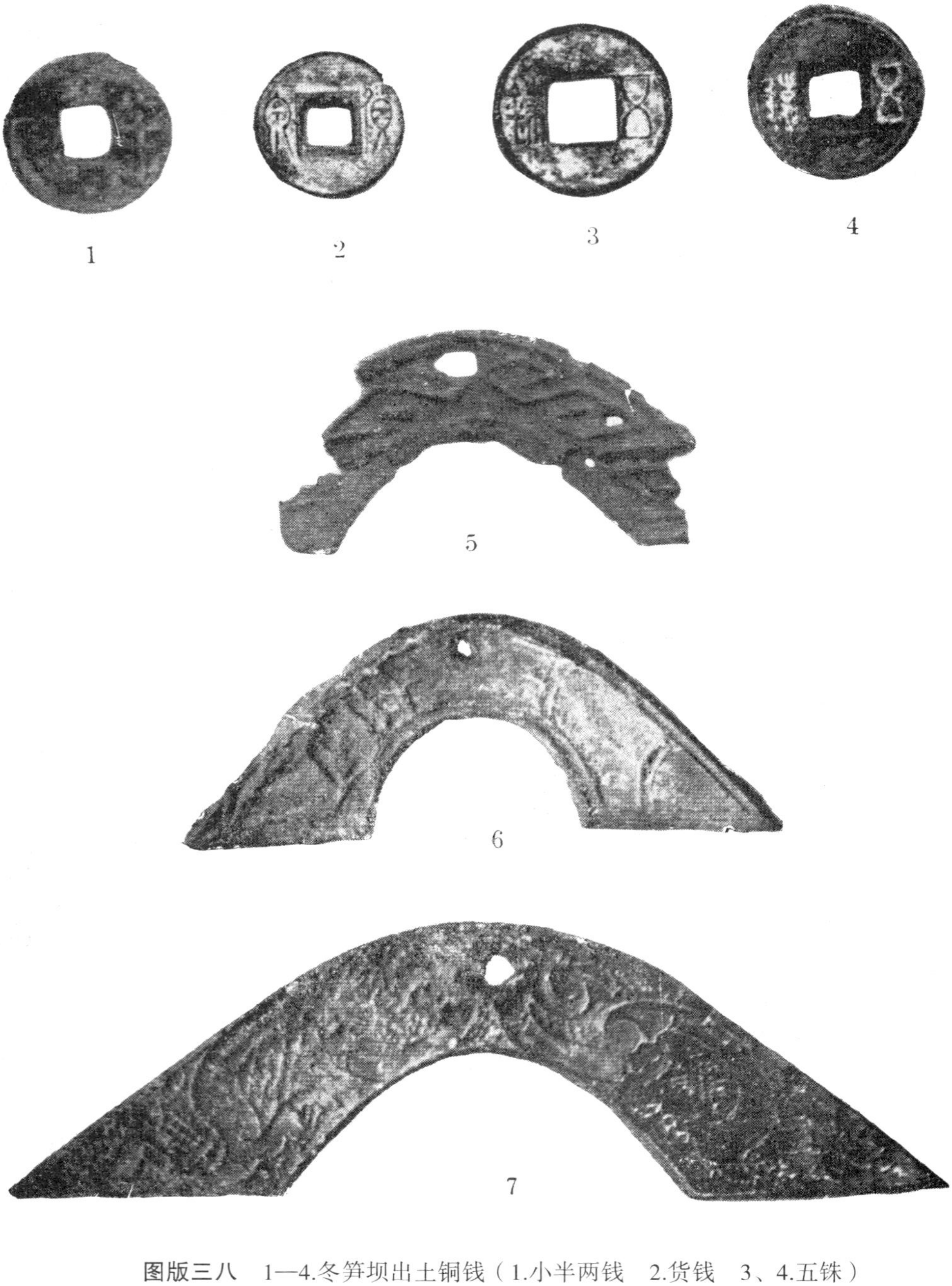

图版三八 1—4.冬笋坝出土铜钱（1.小半两钱 2.货钱 3、4.五铢）5.宝轮院出土铜璜 6、7.冬笋坝出土铜璜

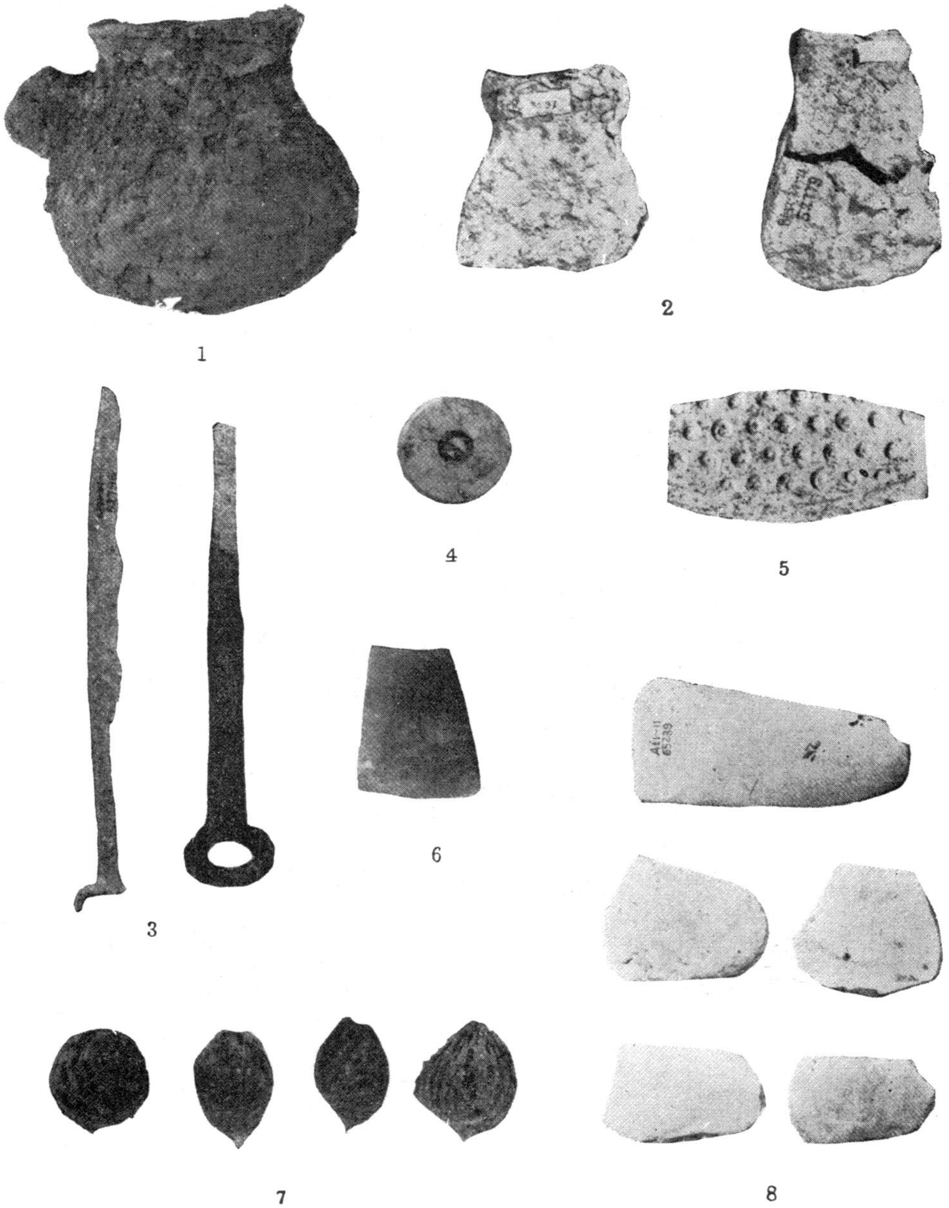

图版三九 1. 铁鍪（冬M54） 2. 铁斧（左：冬0∶97 右：冬M50∶24）
3. 冬笋坝出土铁削 4. 玉剑首（冬M50） 5. 玉璜（冬M35） 6. 石斧（冬M33）
7. 宝轮院出土果核 8. 冬笋坝收集的石斧

1

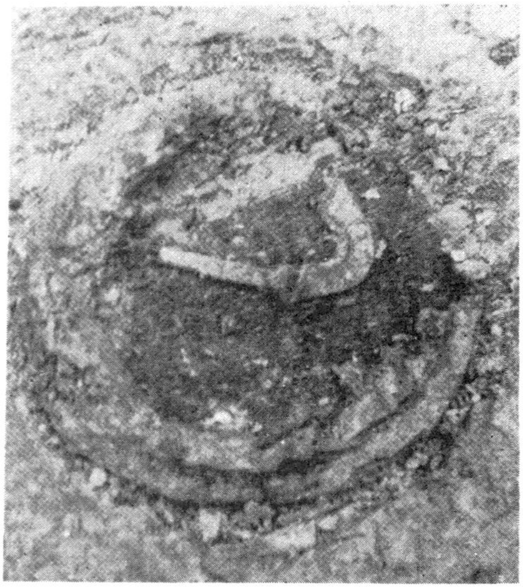

2

3

4

图版四〇 1. 冬M9铜环出土情况 2. 冬M41铜璜发现于铜盘内的情况 3. 冬M36陶拍出土情况 4. 同上的陶拍

1

2

3

4

5

6

图版四一 陶罐（1. 冬M84：9 2. 宝M15：15 3. 宝M10：4 4. 冬M41：8 5. 冬M85：22 6.宝M11：6）

1

2

3

4

5

6

图版四二 陶罐（1. 宝M10：2 2. 宝M1：3 3. 冬M84：11 4. 宝M10：16 5. 宝M15：12 6. 宝M10：25）

图版四三　陶罐（1. 冬M60　2. 冬M62　3. 冬M64　4、5. 宝M8　6. 宝M15）

2

3

1

4

5

图版四四 1. 陶壶（宝M13：17） 2—5. 陶豆（2.冬M60 3. 冬M63 4. 冬M85、冬M84 5. 宝M10）

1

2

3

4

图版四五 1. 陶釜（宝M10：9） 2. 陶釜（冬M56） 3. 陶钵（宝M14：2） 4. 黄釉陶勺（冬M62）

1

2

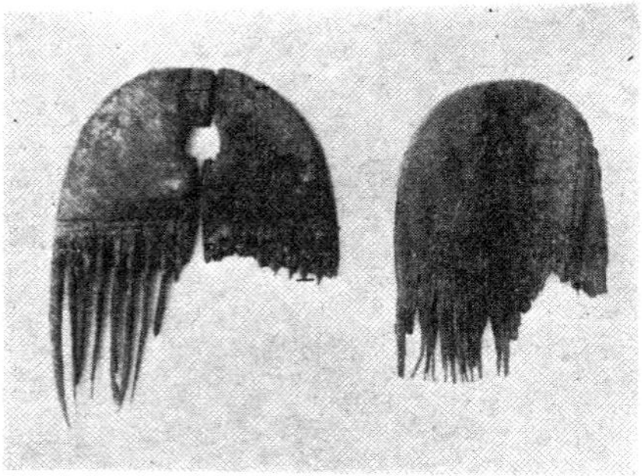

3

4

5

6

图版四六 1. 残木盘（宝M13：18） 2. 残漆盘（宝M14：20） 3. 木梳（宝M12） 4. 残木器（宝M13） 5. 残漆盘底（宝M14：17） 6. 篾器残片（宝M14：15）

附　录

为了读者便于查核与研究，同时为了保持此批新数据的全面与较为完整，兹将两地各墓出土文物情况表、残墓情况记要、各类墓坑平面图，作为附录印于书后。

冬笋坝和宝轮院船棺葬、狭长坑墓出土文物情况表

墓地	墓号	锋刃器（铜、铁）																	容（铜	
		折腰式钺	直腰式钺	月口式钺	巴式剑	改装式剑	有格剑	巴式矛	长骹式矛	有孔式矛	异式矛	蜀式戈	有胡戈	刃内戈	长身式削	异式削	铁削	铁斧	鍪	釜
冬笋坝船棺墓	2	1													1				1	1
	3	1			1								1		1				1	
	4	2			1			1						1+	1				1	1
	5	1																	1	1
	7	1			1															
	14																1		1	
	18				1														1	1
	9	2			2					1		1			1				1	1
	10	1																	1	1
	11	2			2			1				1			1	2			1	1
	8		1												1				1	
	16	1																	1	
	35	1	1		1						1×				1		1	1	1	1
	51		1		1			1							1			1		1
	43	1															1		1	
	42	1			1										1			(1)	1	1
	41														1				1	1
	84	1			1			1							1				1	
	49	2			1		1	1							1		1		1	1
	50	1			1	1		2					1+		2		(1)		1	1
	12																		1	
宝轮院船棺墓	1	1			1															1
	3				1			1												2
	5																			1
	6														1					1
	8																			1
	11	1													1	1				
	12	1																		
	14	1			1			1								1			1	1
	15	1					1												1	

杂物（铜）						陶容器				其它
符号印	汉字印	条式带钩	异式带钩	璜形铜饰	半两钱	豆	罐	平底罐	盂	
1	1					1	5			
						4	4			
				4		2	5			铜镞3，陶钵1（戈有镈+）
							6			琉璃珠？
						6	6			
						3	3			陶錇1
						4	5			陶盘1
						4	3			铜胄顶1，陶筒瓦1，陶纺轮1，铜斤1，小铜环1
							3			琉璃珠1
						1	4			铜壶1，铜斧1（矛有镦×）
	(1)					1	5			
							4			
			1			1	2	2		陶双耳罐1，陶珠1，铜锯片1，残玉璧1，琉璃珠1， 石块2，M 35（矛有镦）两兵器铜柄，镞1
		1				1	4			铁物1
						4	4			
		1			3	5	6			铜镜1
1				2		6	4	1		有柄铜细圈1，陶纺轮1
						3	3	1		石块1
1	3	1			20	5	5			小铜环1，琉璃珠4
4	2		1	6	30	5	5		2	小铜环2，玉剑饰1，陶钵1，陶四耳壶1，铜镞2（戈有鐏+）
						14	3		1	陶四耳壶1
							9	3	1	陶盆2，陶釜1
			1	1	1	1	6	2		陶盘1，陶豆1
					1	1	9	3	1	陶壶1
1					3		1	1		陶罐6
						1	2	3	2	陶盘1
					1		6	4	1	陶盘1
					2		2	1	1	陶盆1，木梳2，陶纺轮1
		1			4	4	4	2	1	陶盆1，漆盘2，剑鞘1，木梳1，铁镞1
					3		3	11		陶盆1，陶壶1，剑鞘1

续表

墓地	器类 名称 数量 墓号	锋刃器（铜、铁）																	容（铜、	
		折腰式钺	直腰式钺	月口式钺	巴式剑	改装式剑	有格剑	巴式矛	长骹式矛	有孔式矛	异式矛	蜀式戈	有胡戈	刃内戈	长身式削	异式削	铁削	铁斧	鍪	釜
冬笋坝狭长坑墓	1	1						1							1				2	1
	6	2			1				1						1				1	1
	31	1			1												1			
	33	1			1			1						1	1				1	1
	32			1																
	52	1			1			1							1			1	1	
	48							1									1			
	34				1			1												
	53				1			1							1				1	
	57	1													1				1	
	58	1			1			1									1		1	
	59		1													1			1	1
	68	1														1			1	
	85	1			1			1							1		1			1
宝轮院狭长坑墓	13	1			2						1			1	1				1	1
	4	1																	1	
	7																			
	10				1		1		1				1+							2
	2																			
	9																			2
冬笋坝长方坑墓	61																			
	37				1			1							1			1	1	
	36				1			1										1	1	
	39	2			1			1							1				1	
	46	1																		
	56		1			1		1					1+		1				1	
	54			1													1			
	55				1			1									1	1		
	60				(1)			1							1					
	65	(1)			1						1								(1)	
	73					1		1												
	76			(1)		1											1			
	78	(1)			1			1							1					1

杂物（铜）						陶容器				其它
符号印	汉字印	条式带钩	异式带钩	璜形铜饰	半两钱	豆	罐	平底罐	盂	
1						1	4			陶纺轮1，琉璃珠1，残铜物1
						1				
					4	1				琉璃珠1
		1		6		4		1		四耳陶壶1，筒瓦1，小石斧1，长条缠带漆痕（弓？）
2						1	3			
					4	9	4	1		琉璃珠1，残铁物3
						1	3			
						1				
1					1	4	2		1	
						4	5		2	
		1				7	4		2	
					1	2	2		3	
						2	2		1	
		1			3	7	10			木棒1，琉璃珠1，铜笄1，铁长形物1
					1		8	4	1	四耳陶壶1，木弓1，木物2，陶盆1，剑鞘1
						3	3	4		
							3	1		不明陶器4，铁器1
					6	5	9	4	1	陶珠9（戈有镦+）
							5	1	2	
						1		7		陶盆1
						3	2		2	
	1	1			20	8	4			陶盘1，陶壶1
						3	3			陶盘6，陶钵1，陶杵4，陶壶1，剑首？
						9	6			陶珠？
						18	5			陶钵1
						2	2		2	
						2	2	2	4	
						1	5		2	
	(1)					7	3	3		
					1	5	3		2	
						2	2	1		铜剑首？
						4	5		2	铜剑首1，玉璏1，玉珌1
					2	6	4		2	铜五段小环1

冬笋坝方坑墓出土文物情况表

墓号 \ 数量 \ 名称 \ 器类	陶器							铜器				铁器		
	罐	豆	平底罐	盆	钵	釜	陶纺轮	双耳鍪	汉式釜	削	月口式钺	鍪	釜	削
47	5	12			1		1					1		1
69	4	4												1
63	10	11		1			1							
64	2	7	1			1		1			1			
66	3				1									1
74	4	2				1								
75	2	2												
77	3	12				2		1			1			
80		7												1
67	1	1		1		1				1				
70		6				1								
71	3	6												
72	5		2	1									1	
26	8					1								
30	9	15	1		2	1								
20	9		1						1					
29									1					1
83	1		1		2	2								1
附砖室墓13														
62	2				3	1								

		钱币						
鑺	斧	大半两	小半两	五铢	货泉	大泉五十	大布黄千	其它
	1							
		1						铜汉字印1，细铜圈1
(1)								小铜物1，残铁物1
1								
1			1					
	1							铁物1
			20					铜斧1
			10					
								铜斧1
		2						陶甑1，陶鼎1，陶钫1
								铜管1，三足罐1
				200				汉子母砖1，陶案1，陶耳杯2，银圈2
								铁三脚架
				164	31	465	8	陶耳杯4，陶案2，黄釉陶片，铜圈1，铁钉4，铜泡2，陶方形物1，陶奁1
					5			黄釉陶片
						100		陶耳环3，陶甑1，陶盘1，陶瓦4，黄釉瓢1，黄釉杯1 黄釉圆物1

冬笋坝残墓情况记要

M15　仅余东部，出土有三个绳纹圜底罐，一个陶釜，一个陶豆，一柄铜削，铜矛、铜剑各一柄。铜剑全形短细，铜矛上有刻纹，一面是四个符号：三树置篱上、回云、双角、独角人头；另一面是一个符号：伞插土堆。

M17　仅见残乱墓底，在低于中区土台200厘米以上的黄桷树晒砖场上。出土陶罐二件，铜钺、铜鍪各一件。

M19　仅余东段，出土陶罐数个，陶豆三个，陶盘一个，铜鍪一件，陶胎铜钺一件。

M21、M22、M23　皆在中区土台北约半里的太平寺侧，是三个残乱的方坑墓（西汉）。M21出土鼎、壶、豆等陶器，大铁釜、汉四铢半两钱及秦半两钱，有漆器痕及大片铺底漆痕。M22殉物作匚形排列，有罐、钫、钵、豆等陶器，有大片漆痕见于墓底。M22东北角出有铜矛，其下压有汉半两钱。M23出土有铜扣漆奁及三脚盘，似盖弓帽的小铜管。墓底有大片漆痕，并见有花纹。有铁脚架及铜釜，但极残朽。此三墓特点是：陶豆口径小而数量多，有彩绘陶器（如方壶），墓底均有大片漆痕。

M24　在砖瓦厂水池南，墓约长3.40米，宽2米，墓底铺有朱砂或铁矿末。殉物为环列。陶器有豆、罐，铜器有鍪、印、带钩、半两钱，有铜剑、矛、钺各一件，有铁箭镞及一长铁物，有漆痕。

M25　与M24同在水池南，墓约长3.60米，宽2.80米。有铜镜一个，汉半两一串，铁剑一柄，铁削二柄，漆痕三处。铜镜身薄、边厚而钮小，中心正方形的四边各有一丁字，而四角各有一V字，铸有“常乐未央，长毋相忘”八字于中心方形的四边，径为9.4厘米。

M27　与M24同在水池南，墓约长3.20米，宽1.50米。陶器有罐、钵、豆等，“月口式”铜斧一个，铁釜及铁长形物各一件，漆痕两处。

M28　仅存西部，东部为29号方坑墓破坏。西部有罐、釜、钵、豆等陶器，铜甑、釜各一，陶纺轮一个。

M40　自M44西部上层打下，将M43西段的南边损占，致使M45全空。出土陶罐以青灰色硬陶为主，多平底罐，未见陶豆。有方玉片、五铢钱出土，墓中红砂石一段似曾经过琢刻。墓上层有汉陶瓦几块及大泉五十钱出现。

M79　盗乱，长约3.73米，宽2.20米。仅见残陶片。

M81　残留西段，出土有铜甑与铜釜各一件，陶器有五个罐，二个钵，十个豆。

以上各墓，M15、M17、M81三墓可能属狭长坑类。M19、M24、M25、M27、M28五墓可能属长方坑类。M21、M22，M23、M40四墓系方坑类。M79仅见陶片与西壁盗坑。M38、M44、M45情况略同。

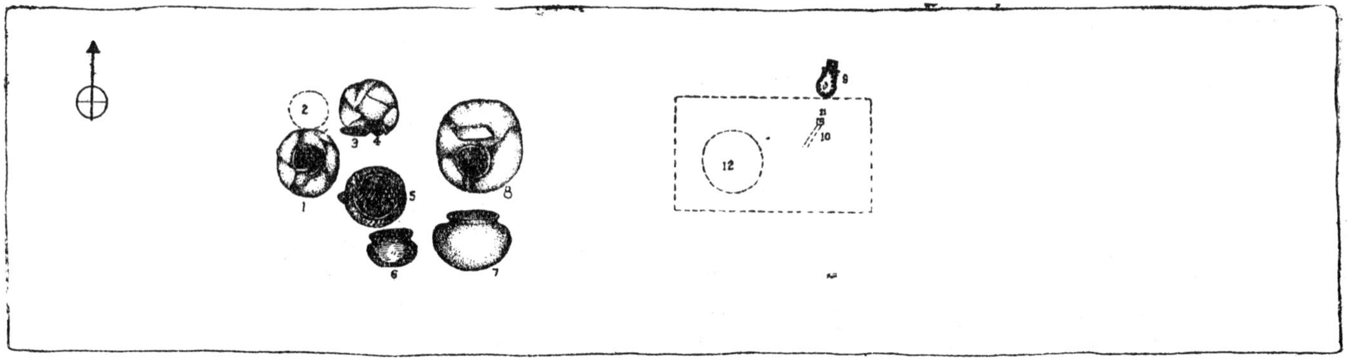

图1 冬M2平面图

长490、宽120、深22厘米 1、2、4、7、8.陶罐 3.陶豆 5. 铜鍪 6. 铜釜 9. 铜钺 10. 铜削 11. 铜印 12. 残铜器

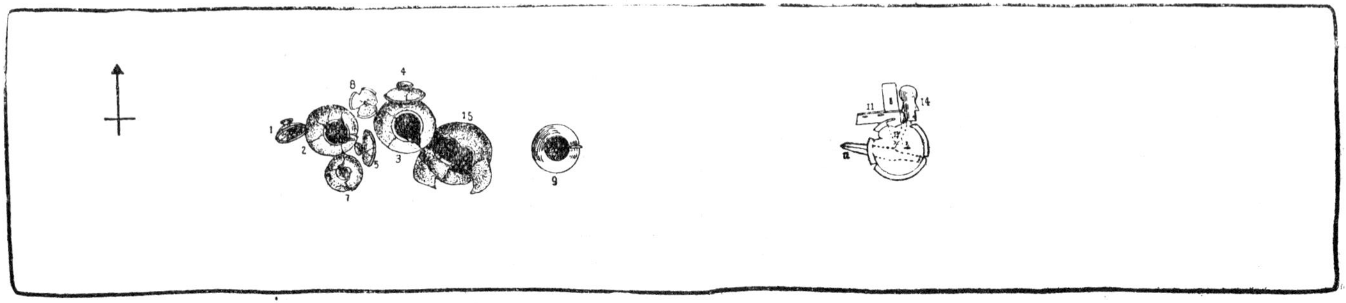

图2 冬M3平面图

长480、宽100、深180厘米 1、4、5、8. 陶豆 2、3、7、15. 陶罐 9. 铜鍪 11. 铜戈 12. 铜剑 13. 铜削 14. 铜钺

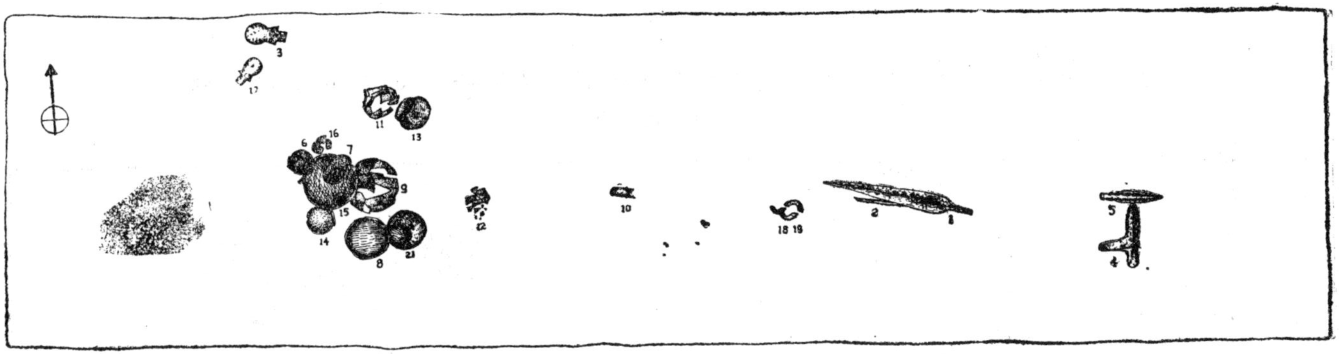

图3 冬M4平面图

长490、宽120、深54厘米 1. 铜剑 2. 铜削 3、17. 铜钺 4. 铜戈 5. 铜矛 6、14. 陶豆 7. 陶钵 8. 铜釜
9、11、12、13、16. 陶罐 10. 铜镦 15. 铜甑 18、19. 铜桥币 20. 铜镞 21. 铜鍪

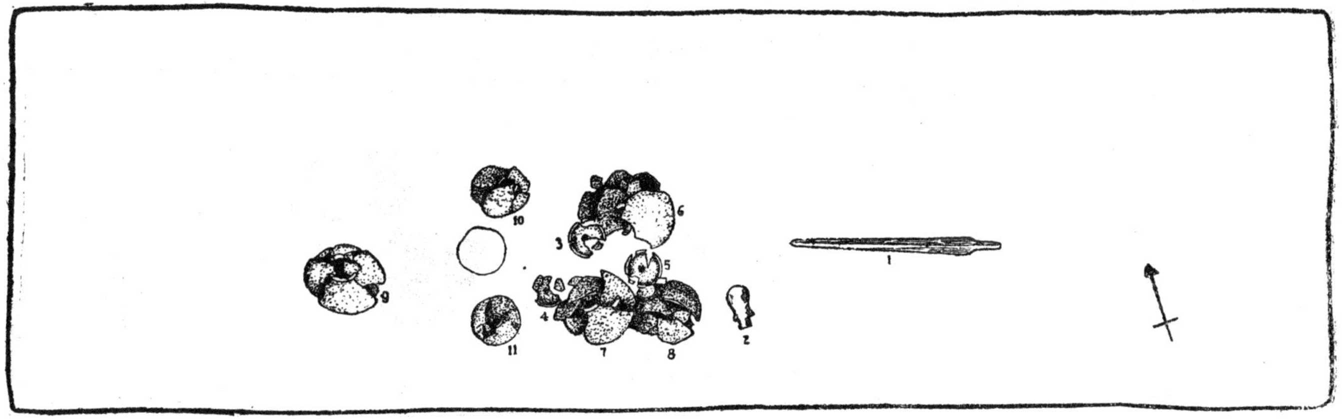

图4 冬M7平面图

长125、宽126、深54厘米 1. 铜剑 2. 铜钺 3—5. 陶豆 6—11. 陶罐

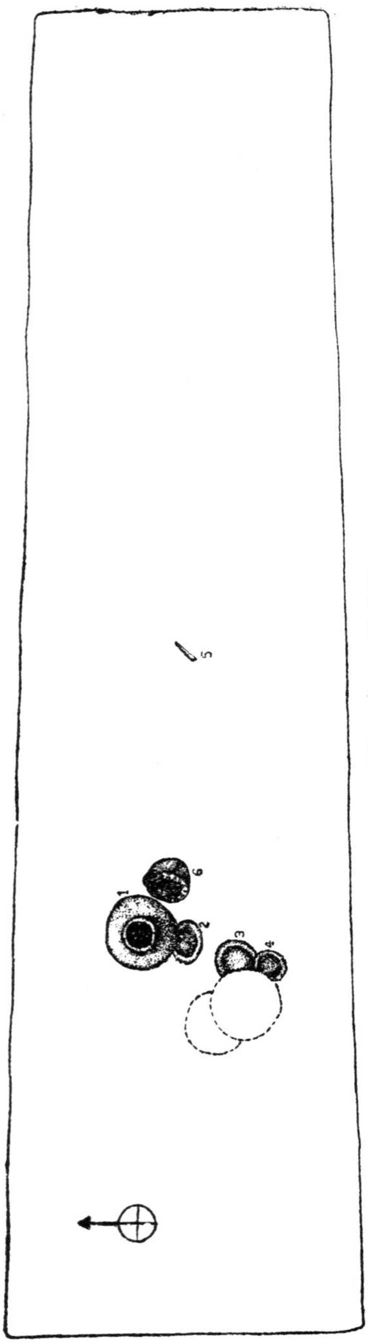

图5 冬M14平面图
长447、宽：东96、西118、深32厘米 1. 陶罐 2—4. 陶豆 5. 铁削 6. 铜鍪

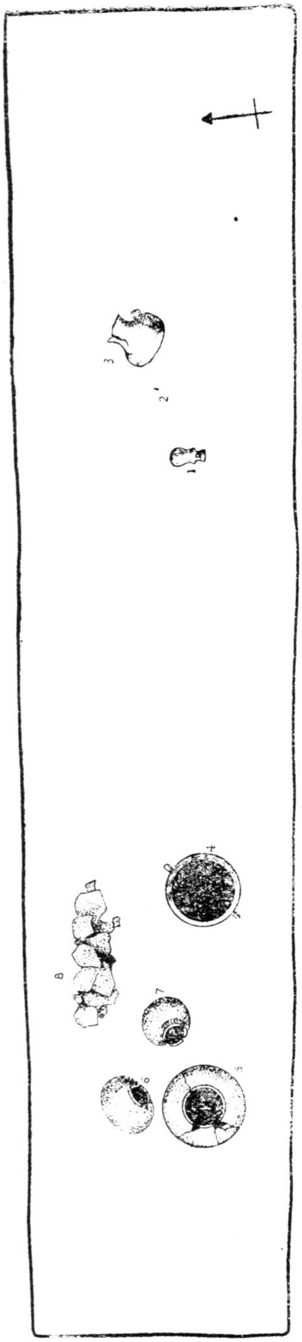

图6 冬M10平面图
长500、宽：东108、西94、深40厘米 1. 铜钺 2. 琉璃珠 3. 铜鍪 4. 铜釜 5—7. 陶罐 8. 陶片

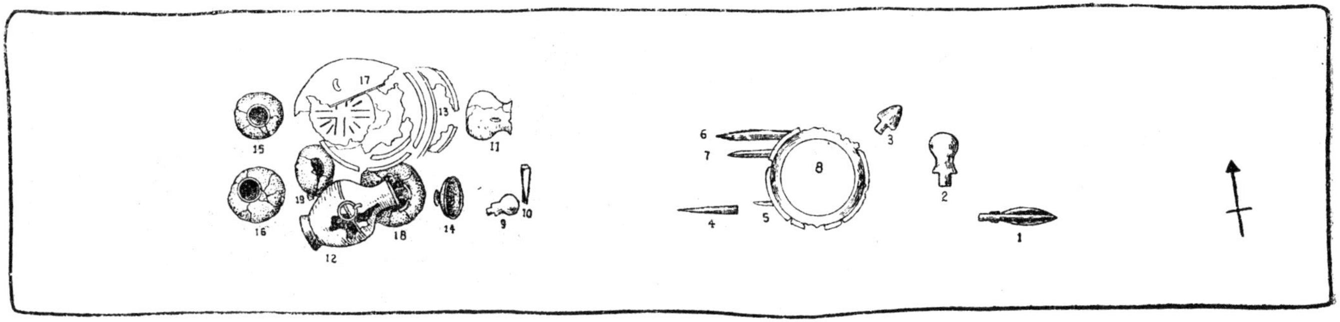

图7　冬M11平面图

长450、宽100、深54厘米　　1. 铜矛　2、9. 铜钺　3. 铜戈（戳）　4. 铜镦　5. 铜削　6、7. 铜剑　8. 铜盘　10. 铜斧　11. 铜鍪　12. 铜壶　13. 铜釜　14. 陶豆　15、16、18、19. 陶罐　17. 铜甑

图8　冬M16平面图

长505、宽：东128、西124、深56厘米　　1. 铜鍪　2. 铜钺　3—6. 陶罐　×漆器痕

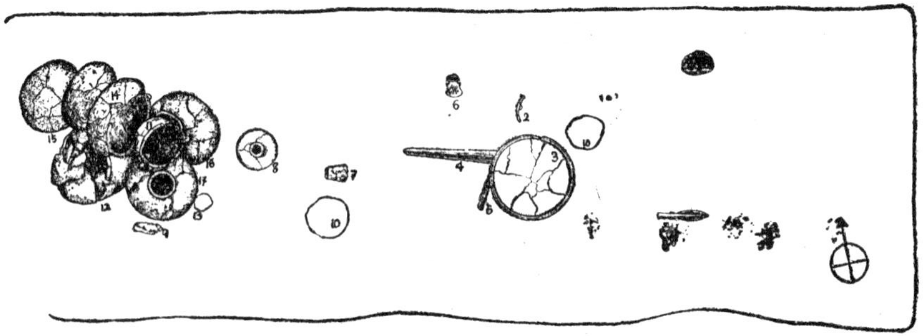

图9 冬M51平面图

长（残）、宽130、深65厘米

1. 铜矛 2. 铜带钩 3. 铜盘 4. 铜剑 5. 铜削 6. 铜钺 7. 铁斧 8. 陶豆 9、13. 铁器 10. 漆痕 11. 铜釜 12、15—17. 陶罐 14. 铜甑

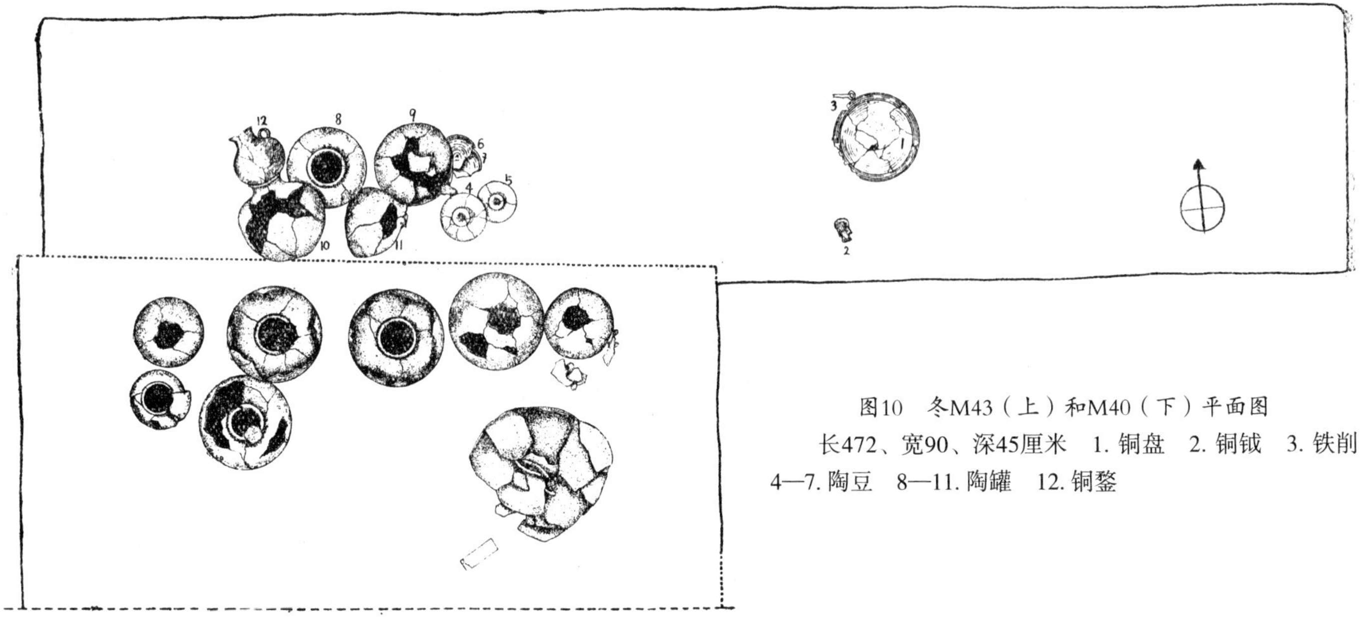

图10 冬M43（上）和M40（下）平面图

长472、宽90、深45厘米 1. 铜盘 2. 铜钺 3. 铁削 4—7. 陶豆 8—11. 陶罐 12. 铜鍪

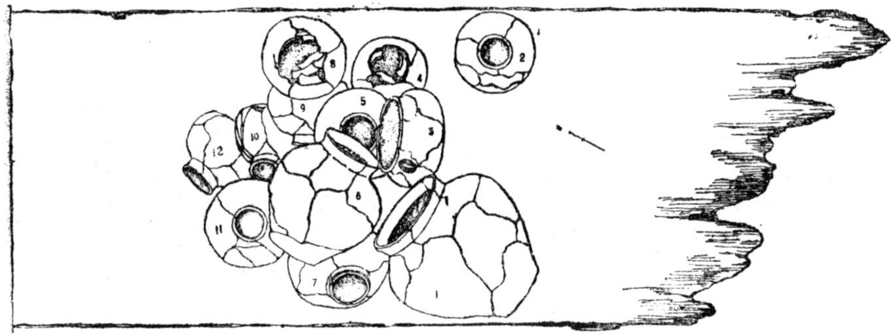

图11　宝M5平面图
1、6、8. 大口平底罐　3. 铜釜
2、4、5、7、9—12. 小口圆底罐

图12　冬M6平面图
长420、宽125、深50厘米　1. 铜鍪　2、5. 铜钺　3. 铜盘　4. 铜剑　6. 铜矛

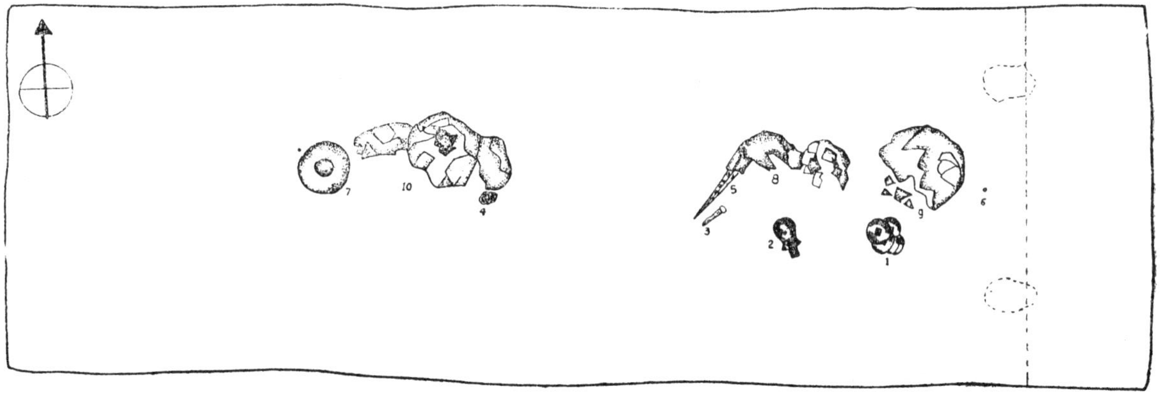

图13　冬M31平面图

长250、宽100、深22厘米　　1. 半两钱　2. 铜钺　3. 铁削　4. 残铁物　5. 铜剑　6. 琉璃珠　7. 陶豆　8—10. 破陶片（罐）

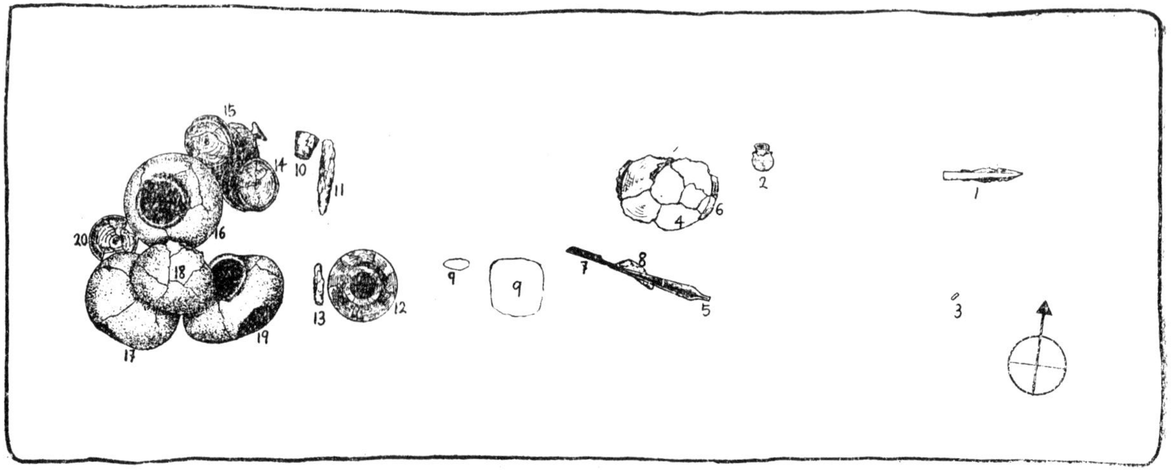

图14　冬M52平面图

长330、宽126、深86厘米　　1. 铜矛　2. 铜钺　3. 琉璃珠　4. 铜钱　5. 铜剑　6. 铜盘　7. 铜削　8、11、13. 铁器　9. 漆器痕　10. 铁斧　12. 铜鍪　14、15、20. 陶豆　16—19. 陶罐

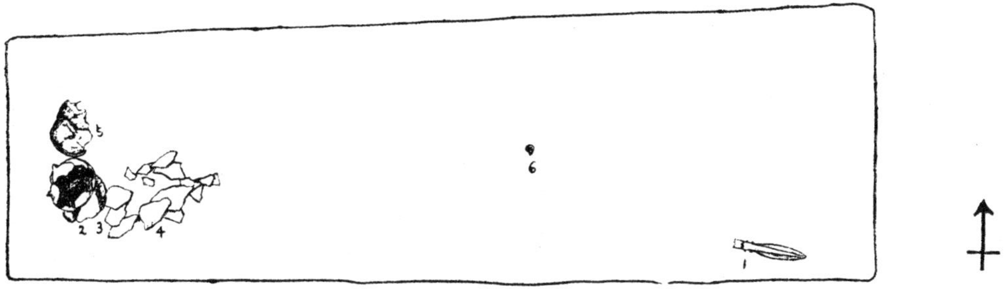

图15　冬M48平面图
长262、宽：东81、西72厘米
1. 铜矛　2—4. 陶罐　5. 陶豆
6. 铜柄铁削

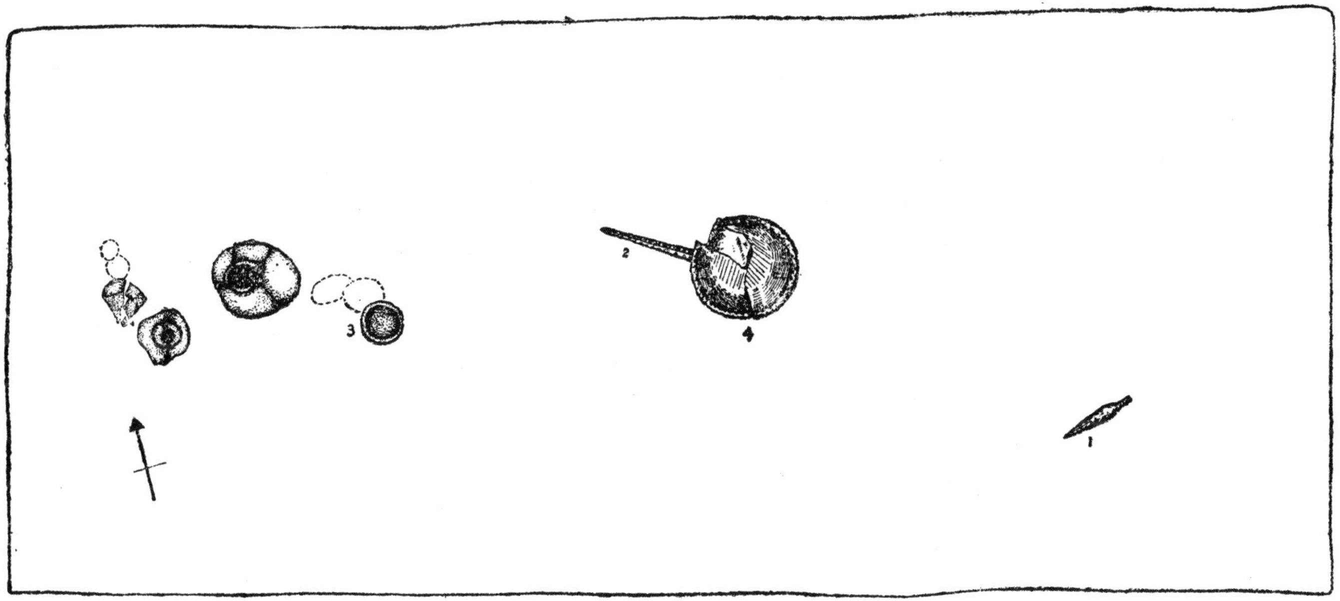

图16　冬M34平面图
长404、宽：东176、西167、深69厘米　1. 铜矛　2. 铜剑　3. 陶豆　4. 铜盘

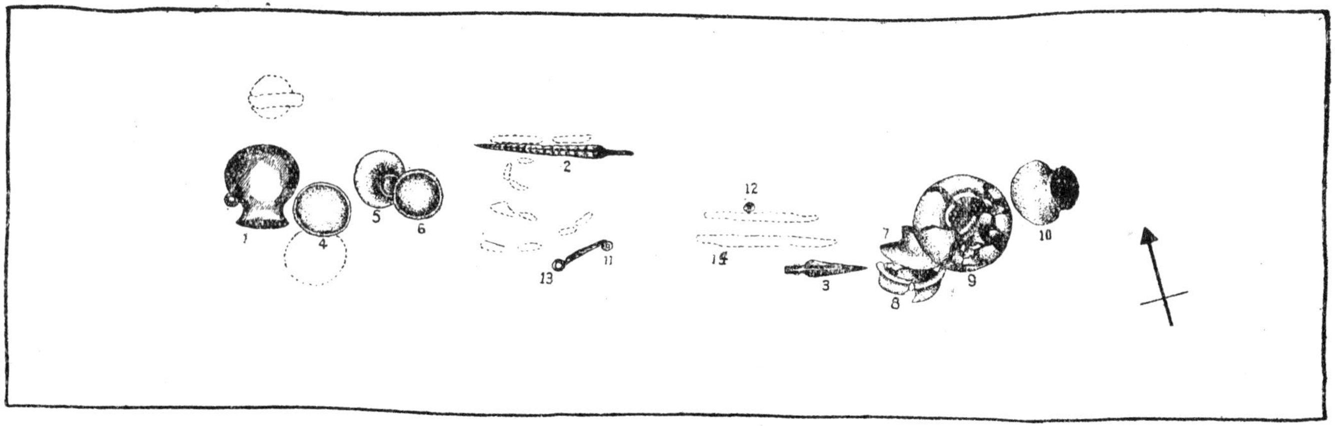

图17　冬M53平面图

长340、宽100、深66厘米　1. 铜鍪　2. 铜剑　3. 铜矛　4—7. 陶豆　8. 陶盂　9—10. 陶罐　11. 铜印　12. 铜钱　13.铜削　14.骨痕

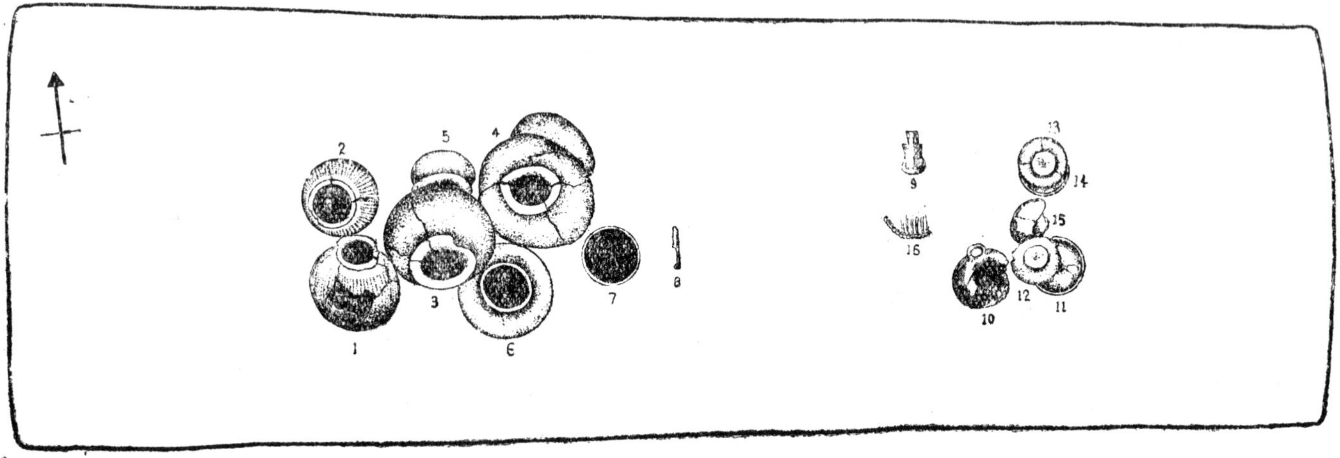

图18　冬M57平面图

长370、宽：东120、西132、深101厘米　1—4、6陶罐　5、7. 陶盂　11—14. 陶豆　8. 铜削　9. 铜钺　10. 铜鍪　15、16. 人骨

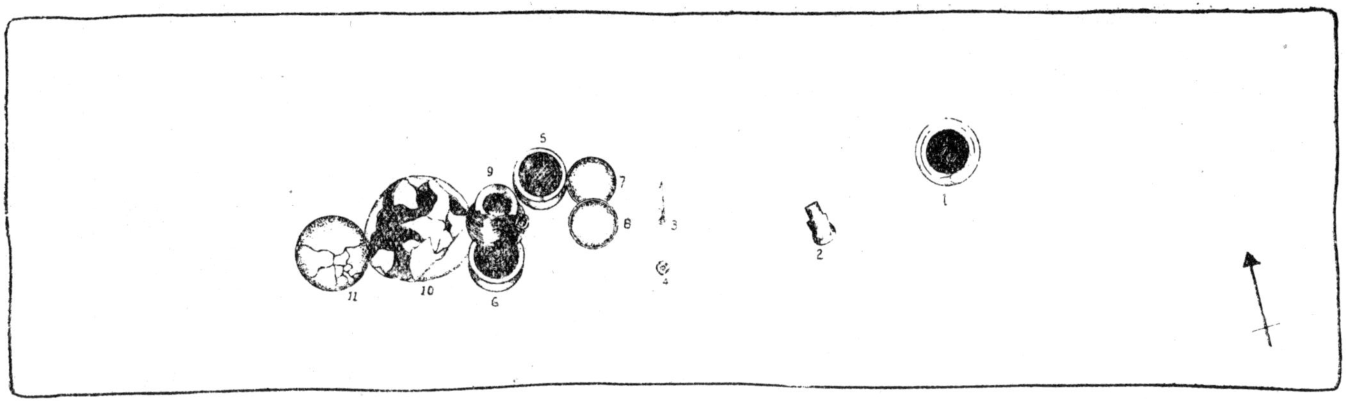

图19　冬M59平面图

长362、宽100、深95厘米　1、5、6. 陶盂　2. 铜钺　3. 铜削　4. 铜钱　7、8. 陶豆　9. 铜鍪　10、11. 残陶罐

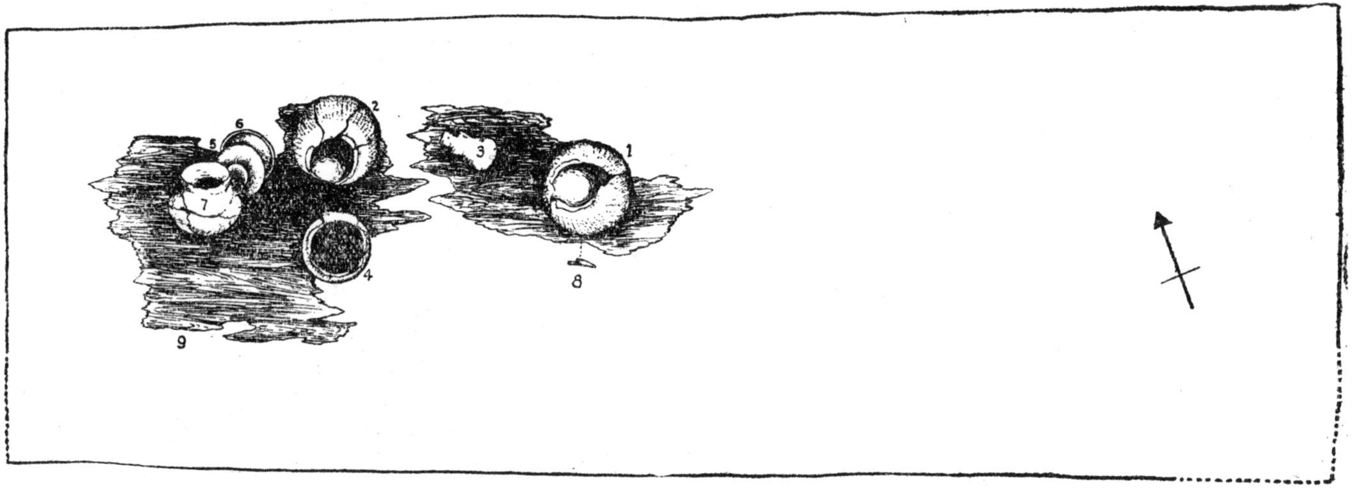

图20　冬M68平面图

长340、宽：东118、西108、深116厘米　1、2. 陶罐　3. 铜钺　4. 残陶盂　5、6. 陶豆　7. 铜鍪　8. 铜削　9. 木痕

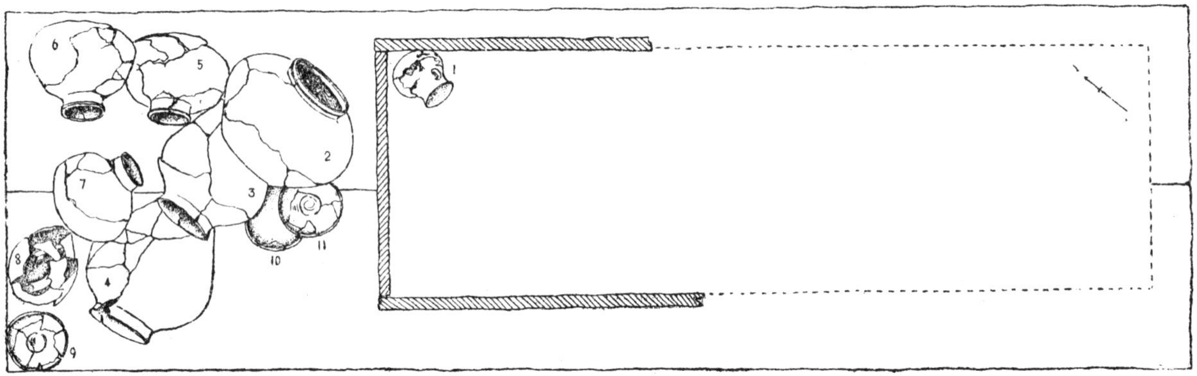

图21　宝M4平面图

1. 铜鍪　2—4、8. 大口平底罐　5—7. 小口圜底罐　9—11. 陶豆

图22　宝M7平面图

1、3、8. 小口圜底罐　2、4、5、7. 残陶器　6. 大口平底罐　9. 锈烂铁器痕迹

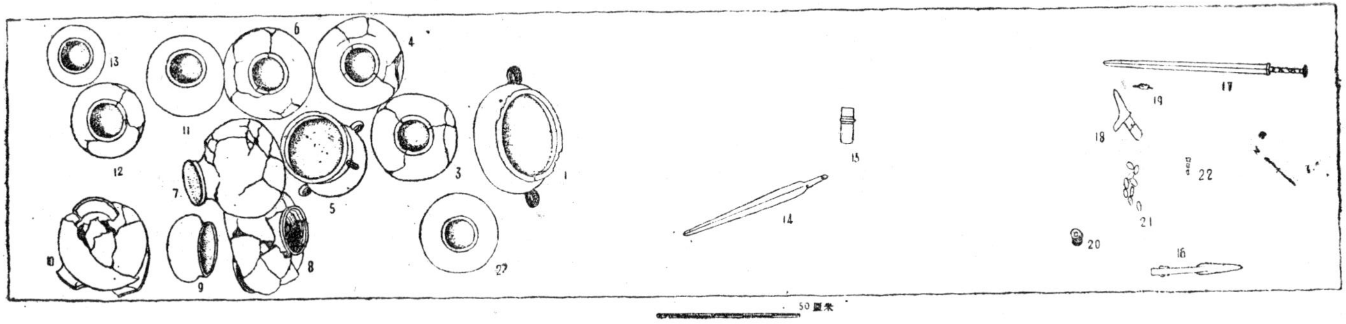

图23　宝M10平面图

1、5. 铜釜　2—4、6—8、11—13. 小口圜底罐　9. 陶釜　10. 大口平底罐　14、17. 铜剑　15. 铜镦　16. 铜矛　18. 铜戈　19. 铁锈　20. 半两钱　21. 陶珠　22. 人牙

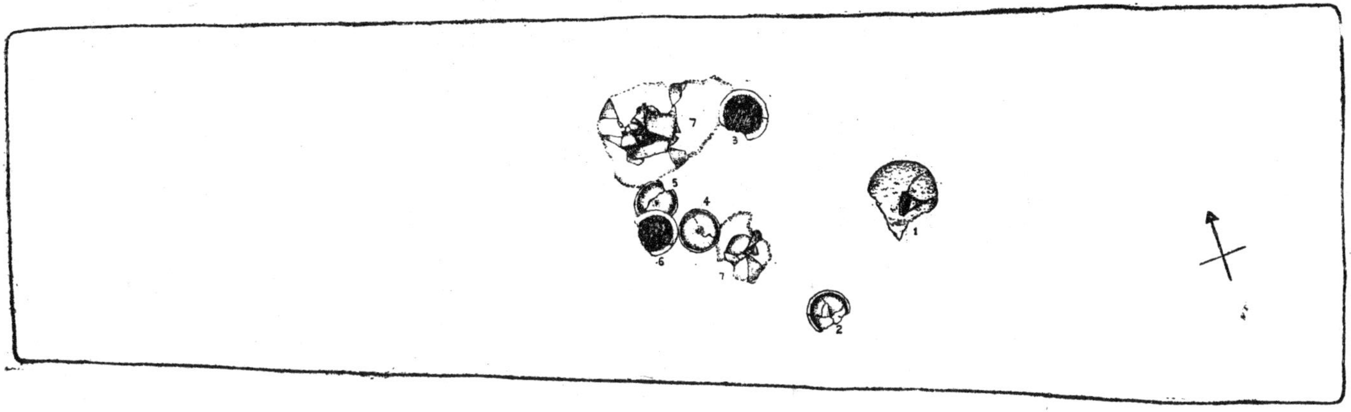

图24　冬M61平面图

长408、宽：东166、西137、深125厘米　　1. 铁鍪　2、4、5. 陶豆　3、6. 陶盂　7. 残陶片

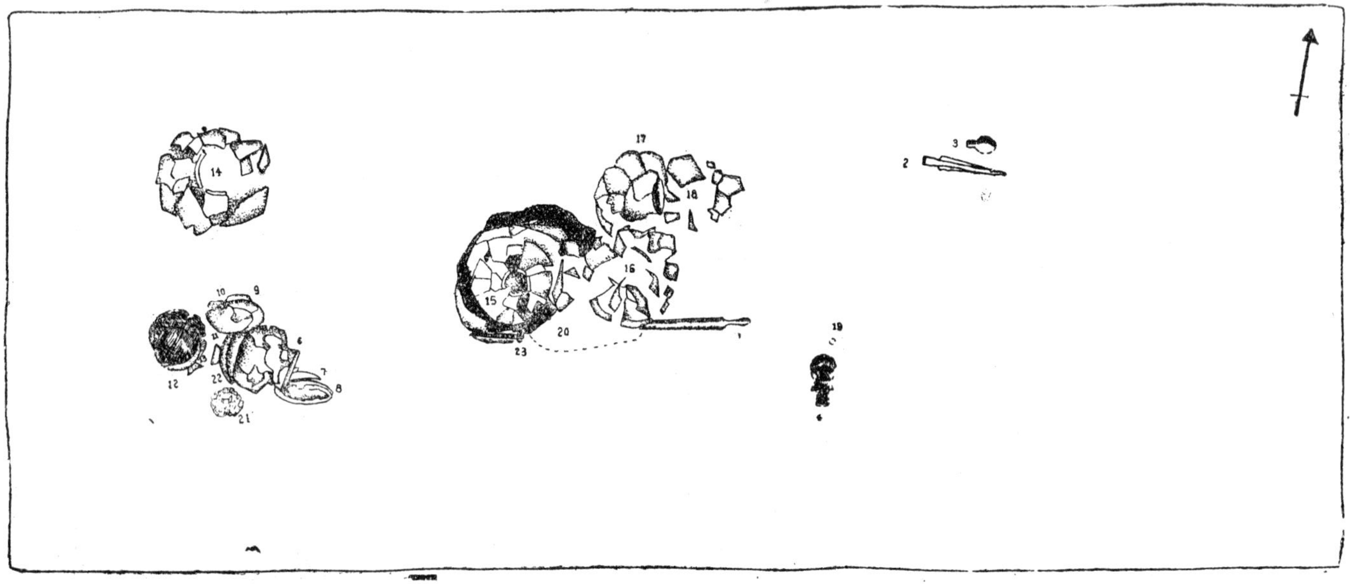

图25 冬M39平面图

长424、宽162、深92厘米 1. 铜錾 2. 铜矛 3、4. 铜钺 5. 铜剑 6、14—18. 陶罐 7—13、22. 陶豆 19. 似珠形痕 20. 漆器痕 21. 残陶片痕 23. 铜削

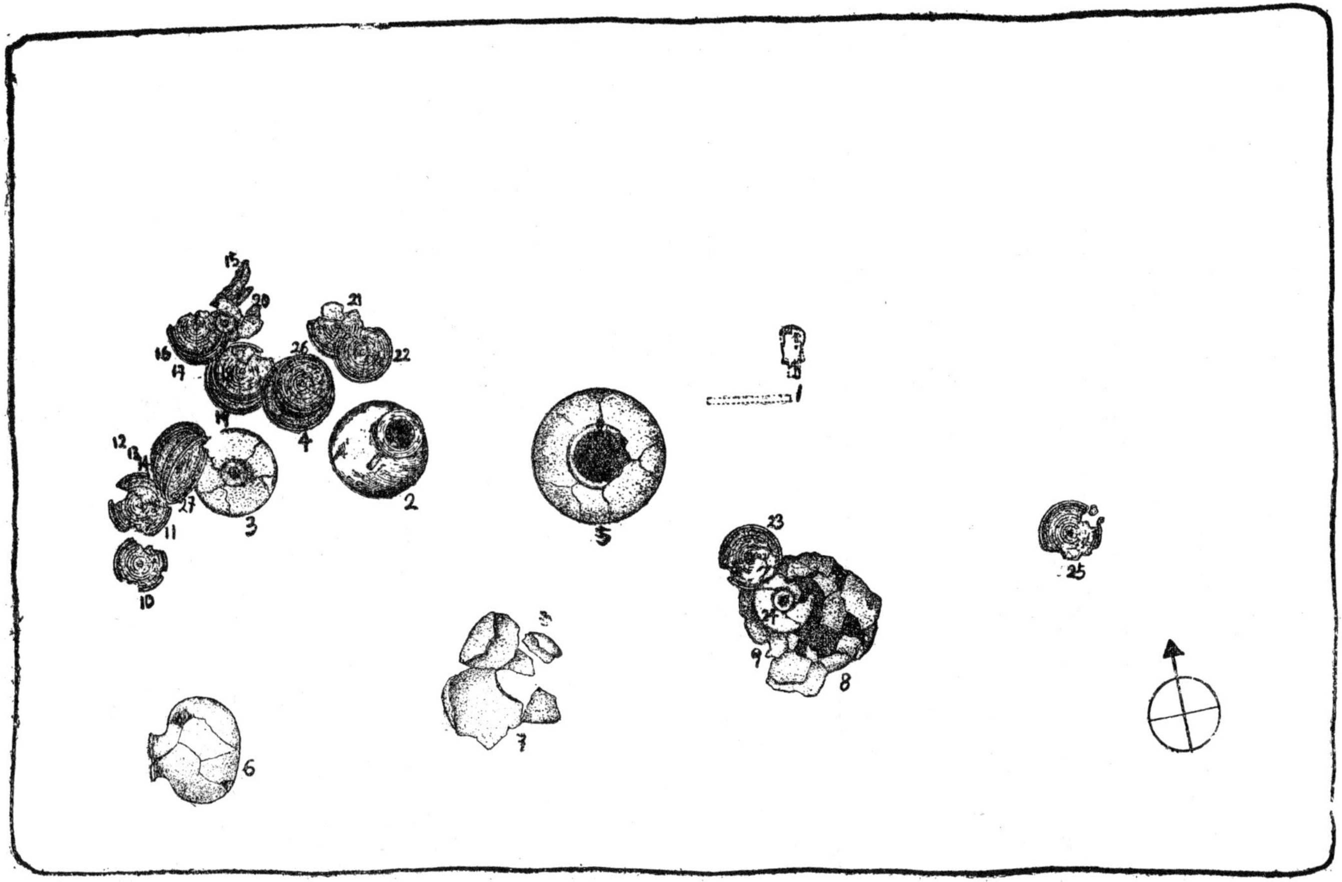

图26　冬M46平面图

长306、宽190、深25厘米　1. 铜钺　2. 铁鍪　3. 陶钵　4、10—27. 陶豆　5—9. 陶罐

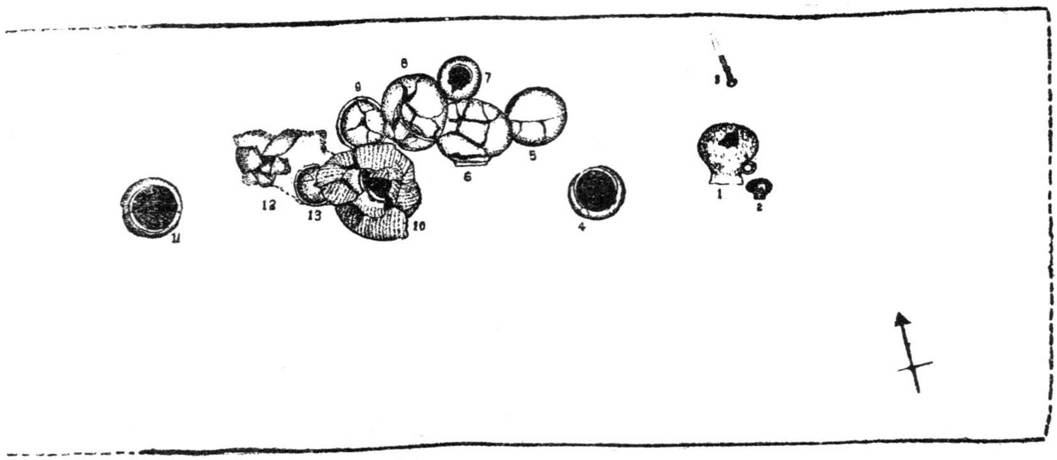

图27 冬M54平面图

长（残）、东宽134、深30厘米 1. 铁錾 2. 铜钺 3. 铁削 4—6、11. 陶盂 7. 陶罐 8、10. 残陶罐 9. 残陶豆 12. 残陶片 13. 陶豆

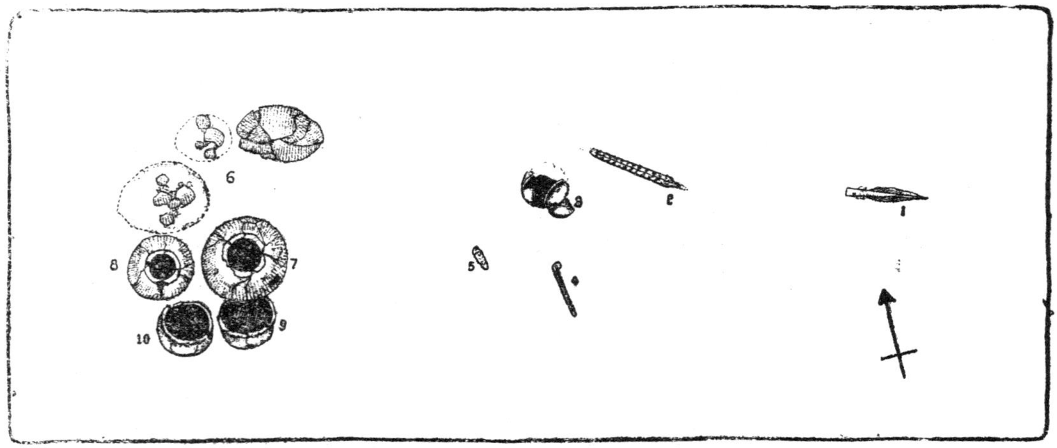

图28 冬M55平面图

长290、宽123、深30厘米 1. 铜矛 2. 铜剑 3. 残陶豆 4. 铁削 5. 铁斧 6. 残陶片 7、8. 陶罐 9、10. 陶盂

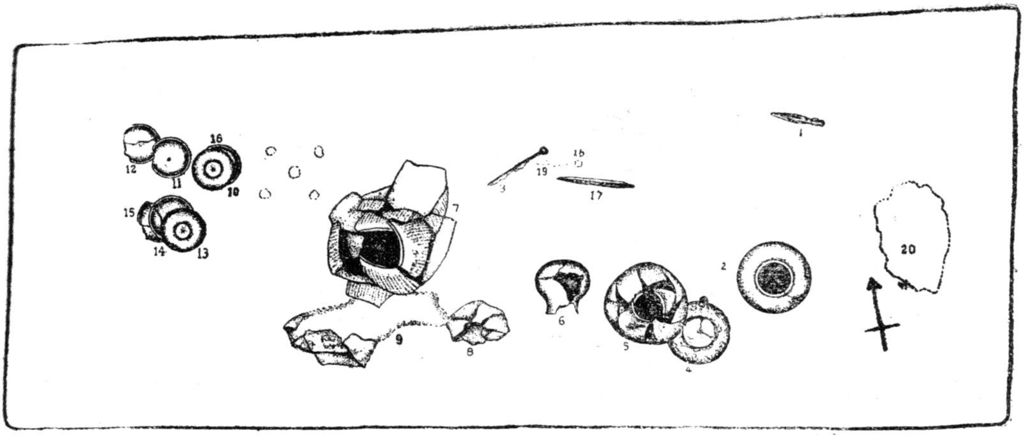

图29 冬M60平面图

长340、宽：东145、西134、深87厘米 1. 铜矛 2、5—9. 陶罐 3. 铜削 4. 铁錾 10—16. 陶豆 17. 铜剑痕迹 18. 铜印痕迹 19. 骨痕 20. 漆器痕迹

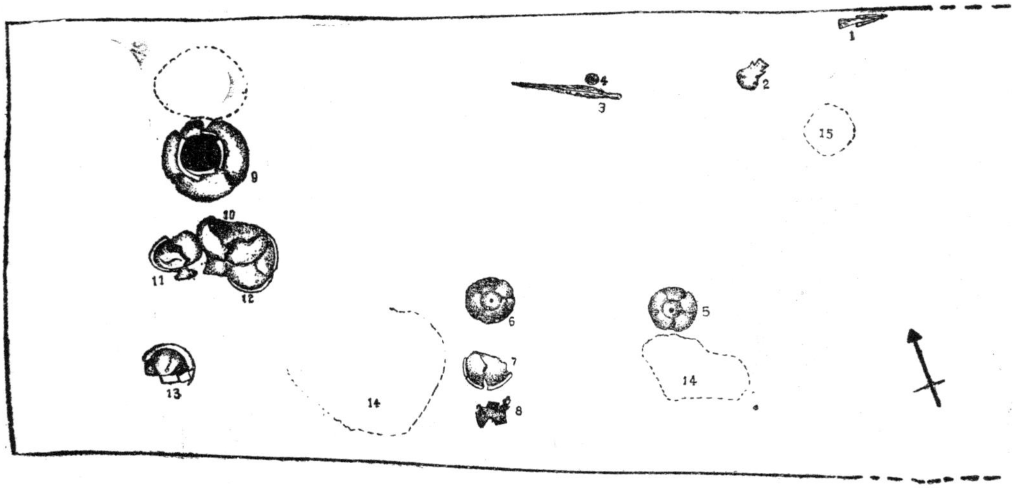

图30 冬M65平面图

长（残）、宽136、深90厘米 1. 残铜矛 2. 残铜钺 3. 残铜剑 4. 半两钱 5—8、13. 残陶豆 9. 残陶罐 10. 残铜錾 11、12. 残陶盂 14. 残陶片 15. 漆器痕迹

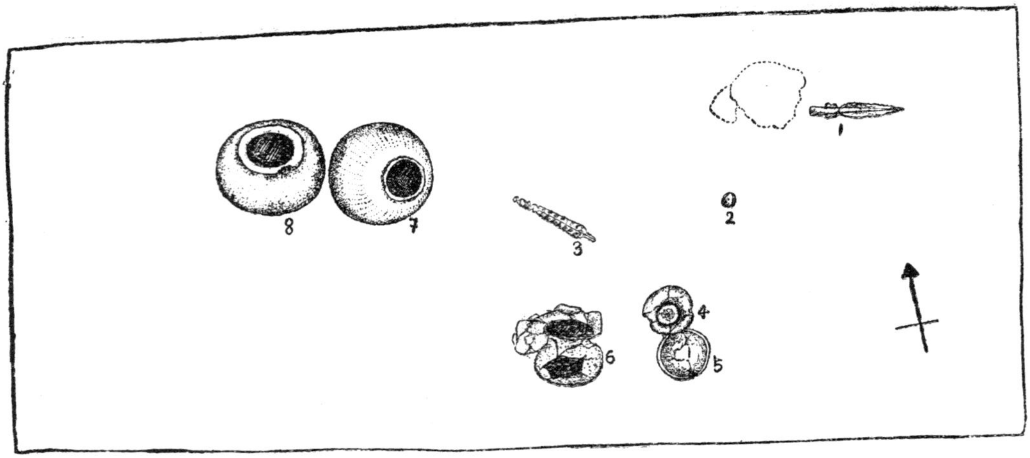

图31 冬M73平面图

长275、宽118厘米 1. 铜矛 2.残铜饰 3. 铜剑 4、5陶豆 6. 铁鍪 7、8陶罐

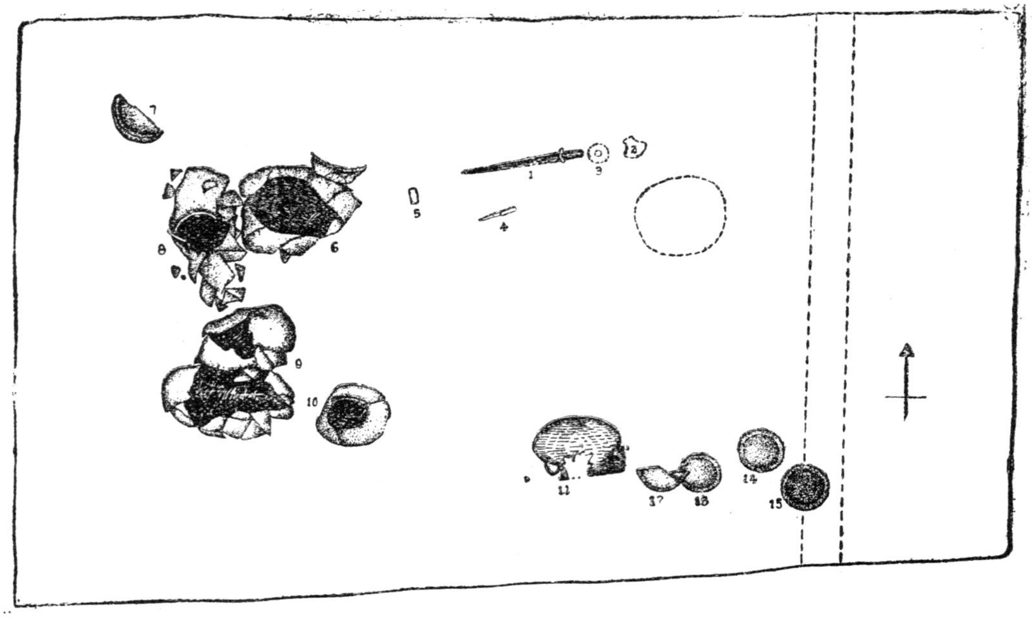

图32 冬M76平面图

长296、宽：东167、西178、深120厘米 1. 铜剑 2. 铜钺痕 3. 铜坛痕 4. 铁削 5.玉坠 6、8—10. 陶罐 7. 陶盂 11. 铁鍪 12—15. 陶豆

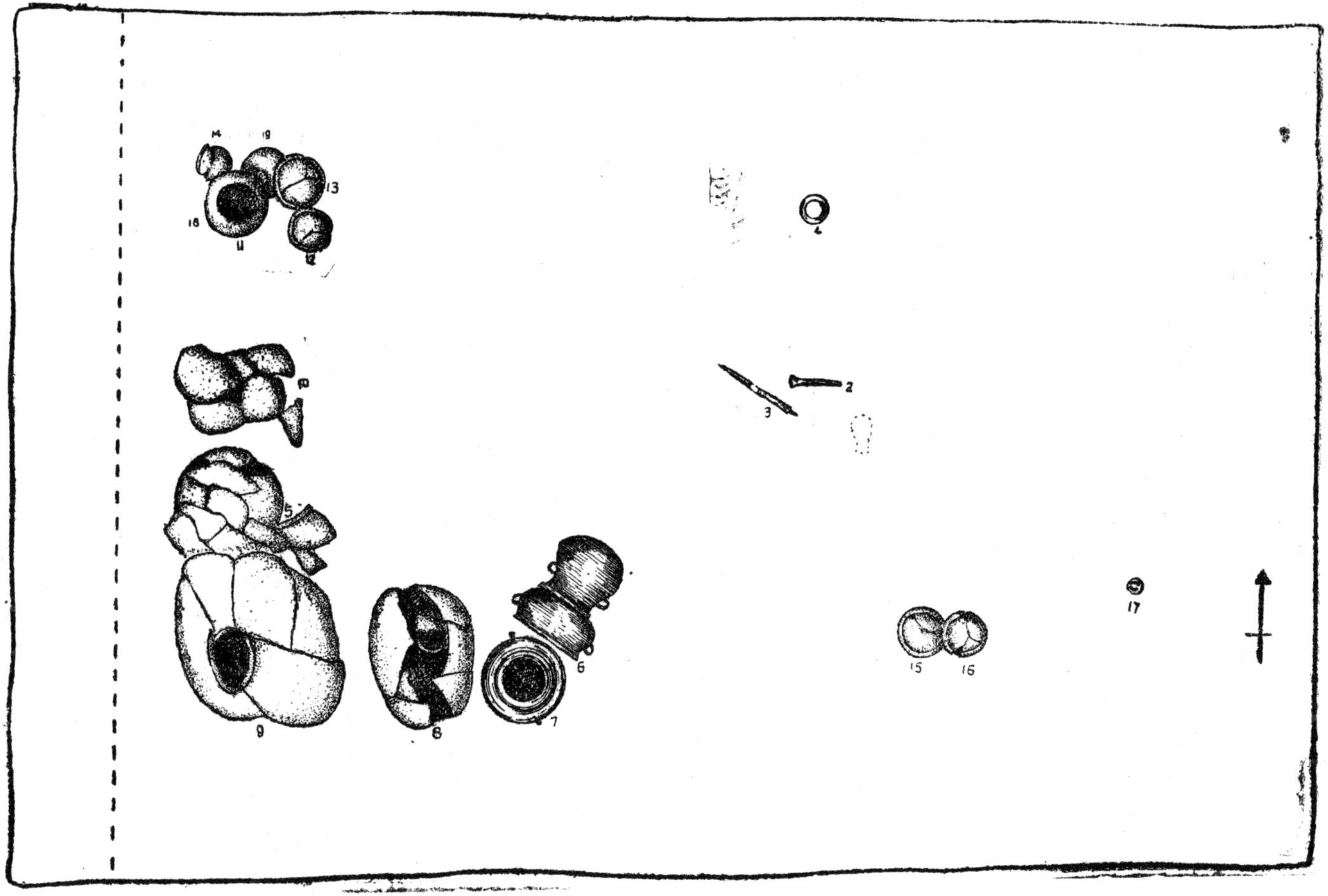

图33　冬M78平面图

长370、宽230、深72厘米　1. 铜矛　2. 铜削　3. 铜剑　4. 铜圈　5、8—10. 陶罐　6. 铜甑　7. 铜釜　11、18. 陶盂　12—16、19. 陶豆　17. 半两钱

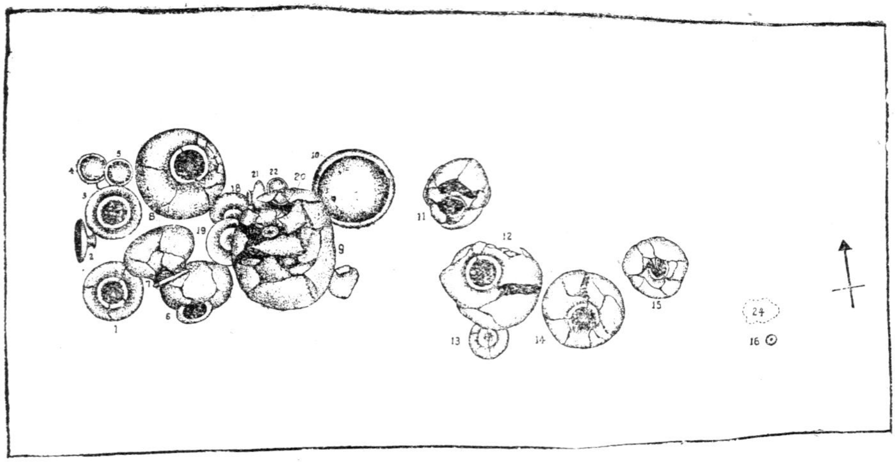

图34 冬M63平面图

长325、宽160、深45厘米　1、3、6—9、11、12、14、15. 陶罐　2、4、5、13、17—23. 陶豆　16. 陶纺轮　10. 陶盆

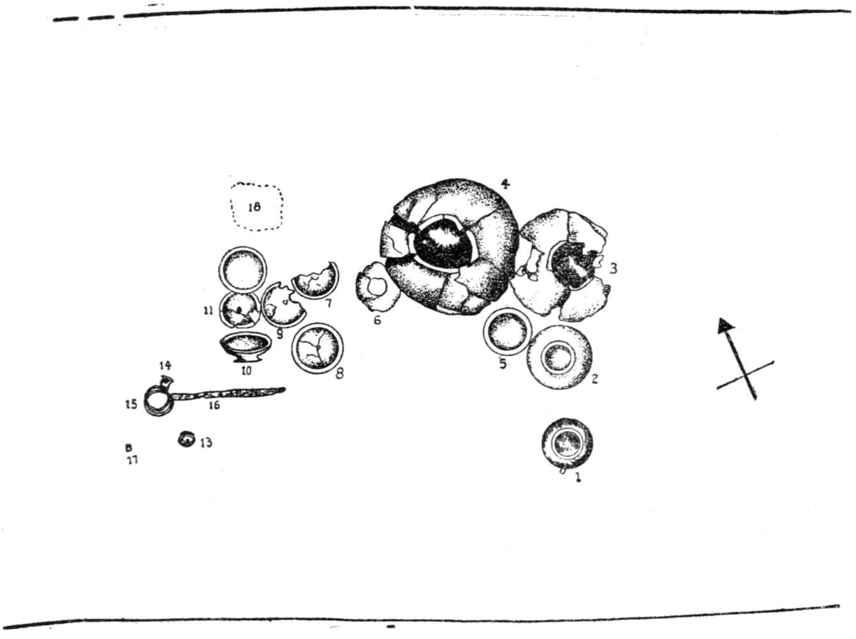

35 冬M64平面图

长（残）、宽180、深73厘米　1. 铜鍪　2—4. 陶罐　5. 陶釜　6—12. 陶豆　13. 半两錢　14. 铜钺　15. 细铜圈　16. 铁刀　17. 铜印

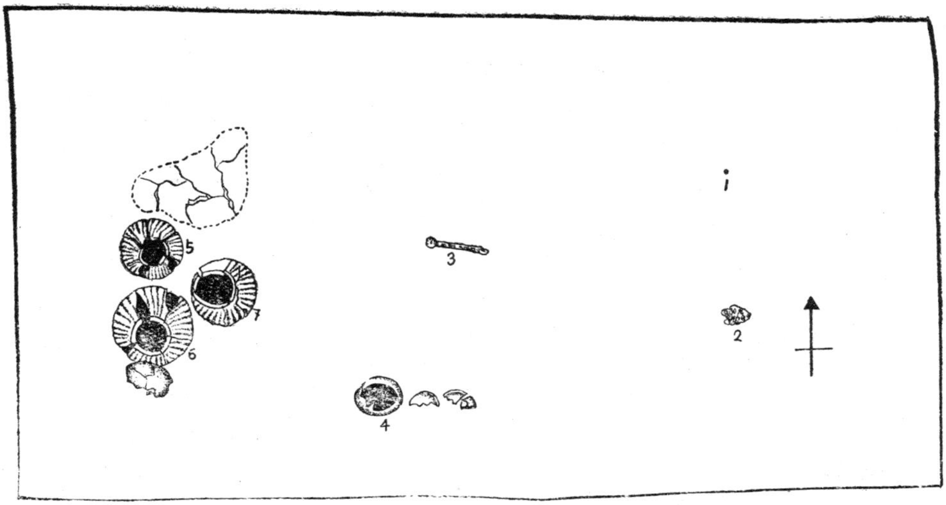

图36 冬M66平面图

长300、宽：东157、西166、深90厘米 1. 残铜饰 2. 残铁物 3. 铁削 4. 陶钵 5—7. 陶罐

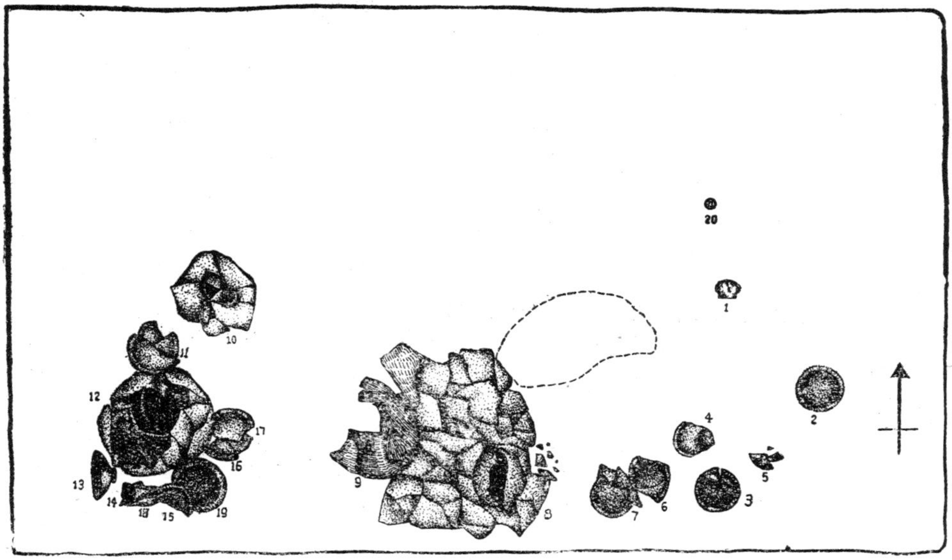

图37 冬M77平面图

长257、宽154、深14厘米 1. 铜钺 2—7、11、13—17.陶豆 8、9、12. 陶罐 10. 铜鍪 18、19. 陶釜 20. 半两钱

图38 冬M80平面图

长310、宽223、深87厘米 1、2、8—12. 陶豆 3、5、7、13、14. 陶片 4. 铁斧 6. 铁物

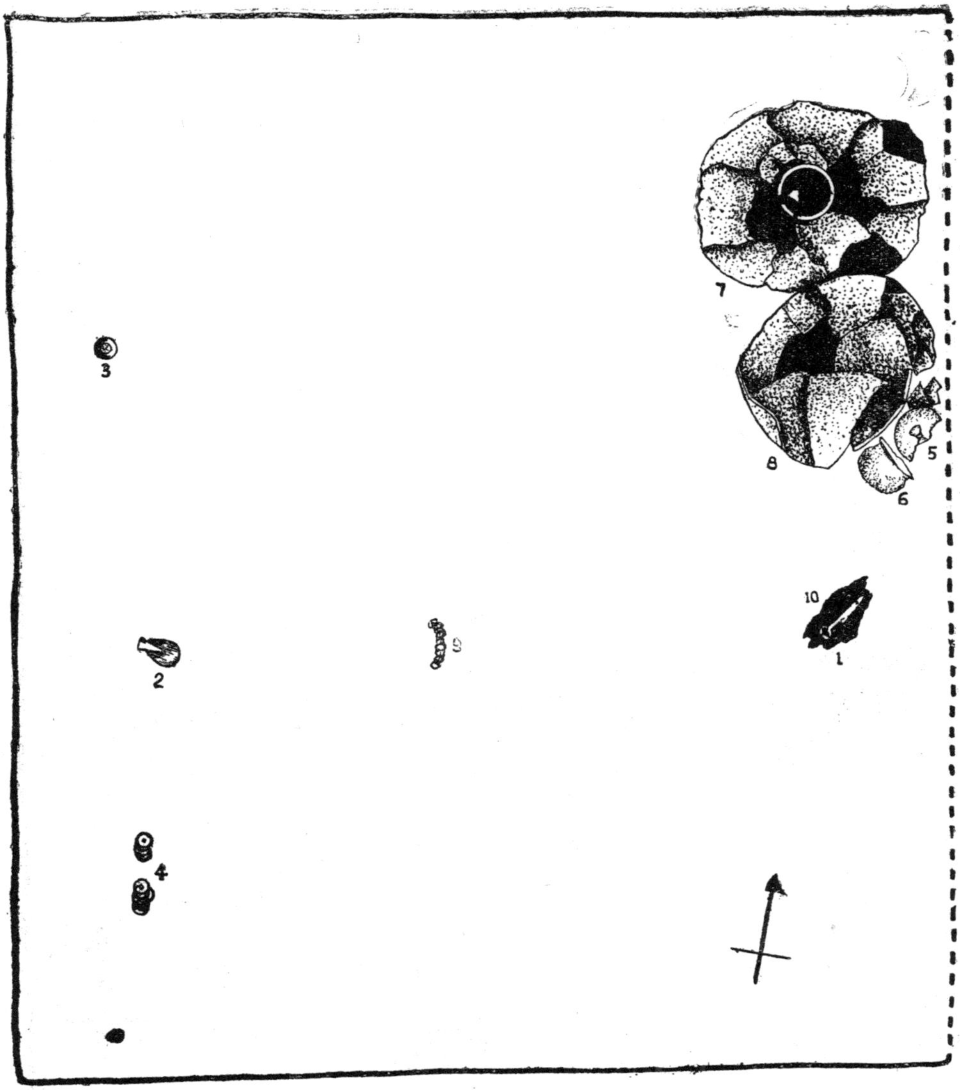

图39 冬M67平面图

残长220、宽240、深100厘米 1. 铜削 2. 铜斧 3. 陶纺轮 4. 半两钱 5. 陶豆 6. 陶釜 7. 陶罐 8. 陶盆 9. 齿痕 10. 木痕

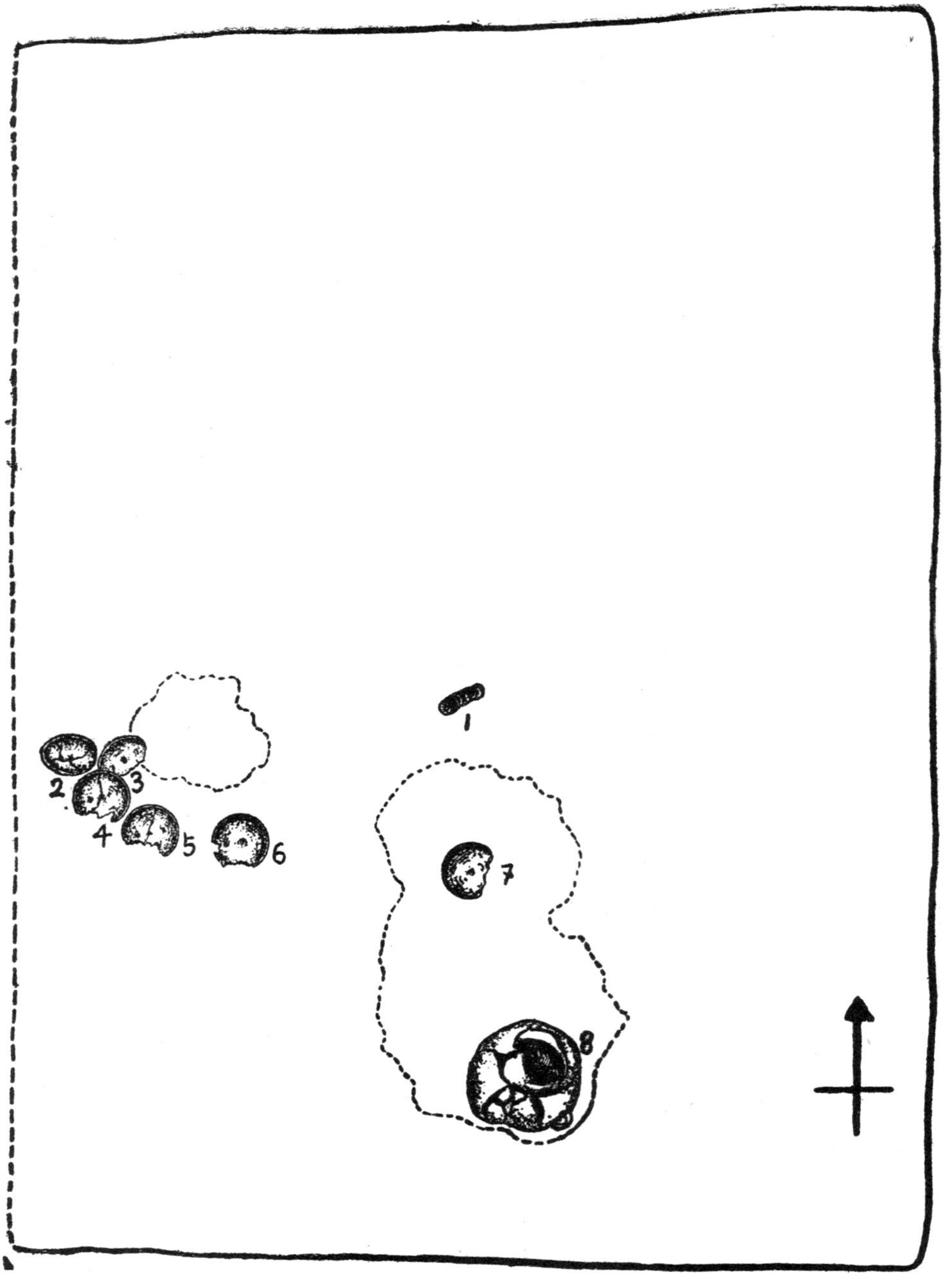

图40　冬M70平面图

长（残）、宽240、深95厘米　　1. 铜钱　2—7. 陶豆　8. 陶釜

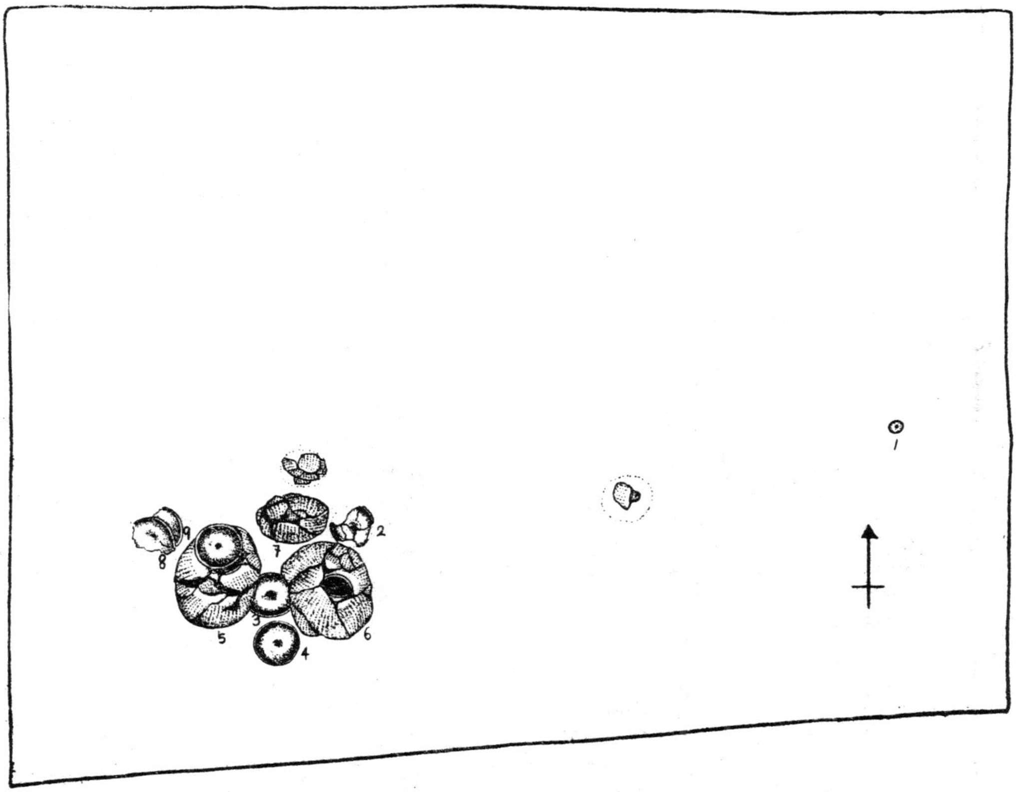

图41　冬M71平面图

长305、宽：东220、西239、深97厘米　　1. 陶纺轮　2—4、8、9. 陶豆　5—7. 陶罐

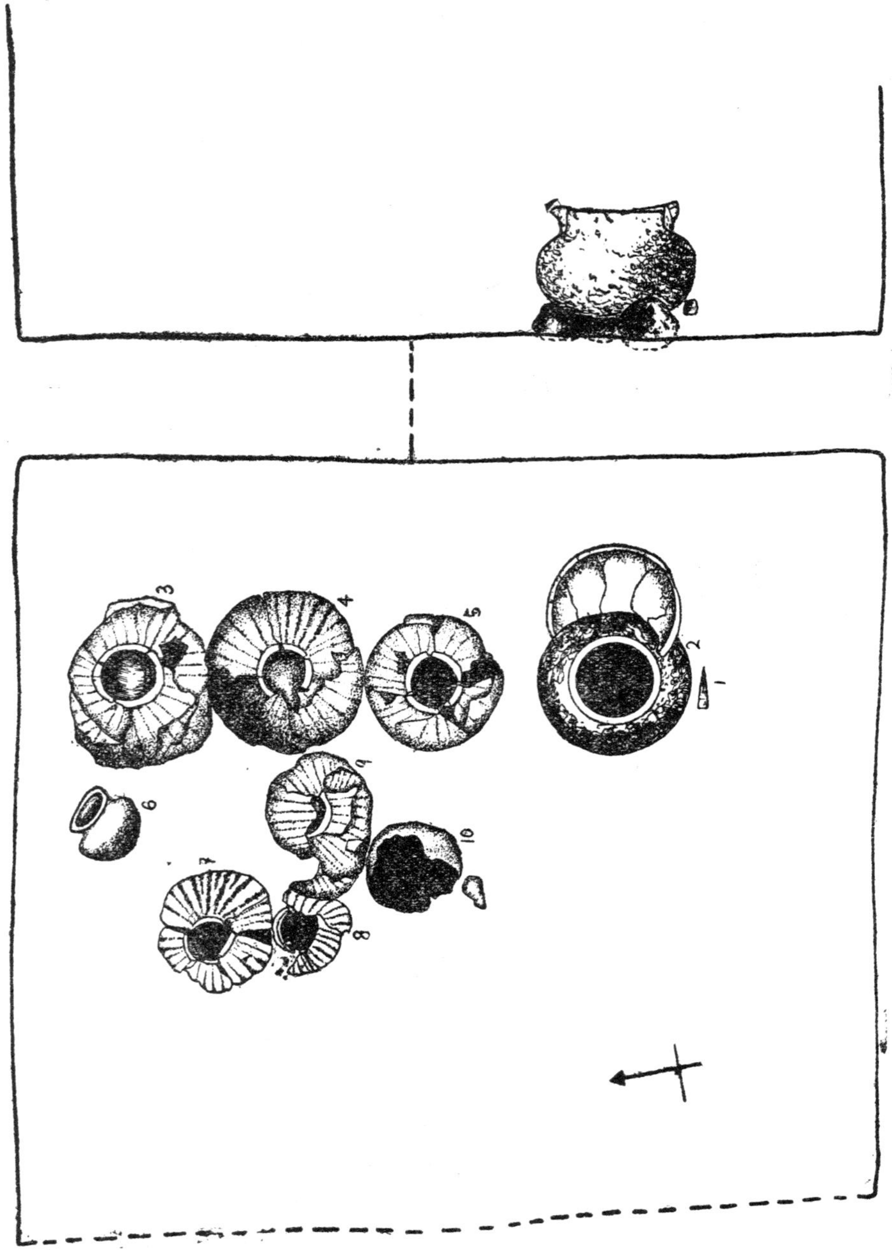

42 冬M72平面图

长（残）、宽229、深70厘米 1. 铜斧 2. 铁釜 3—10. 陶罐

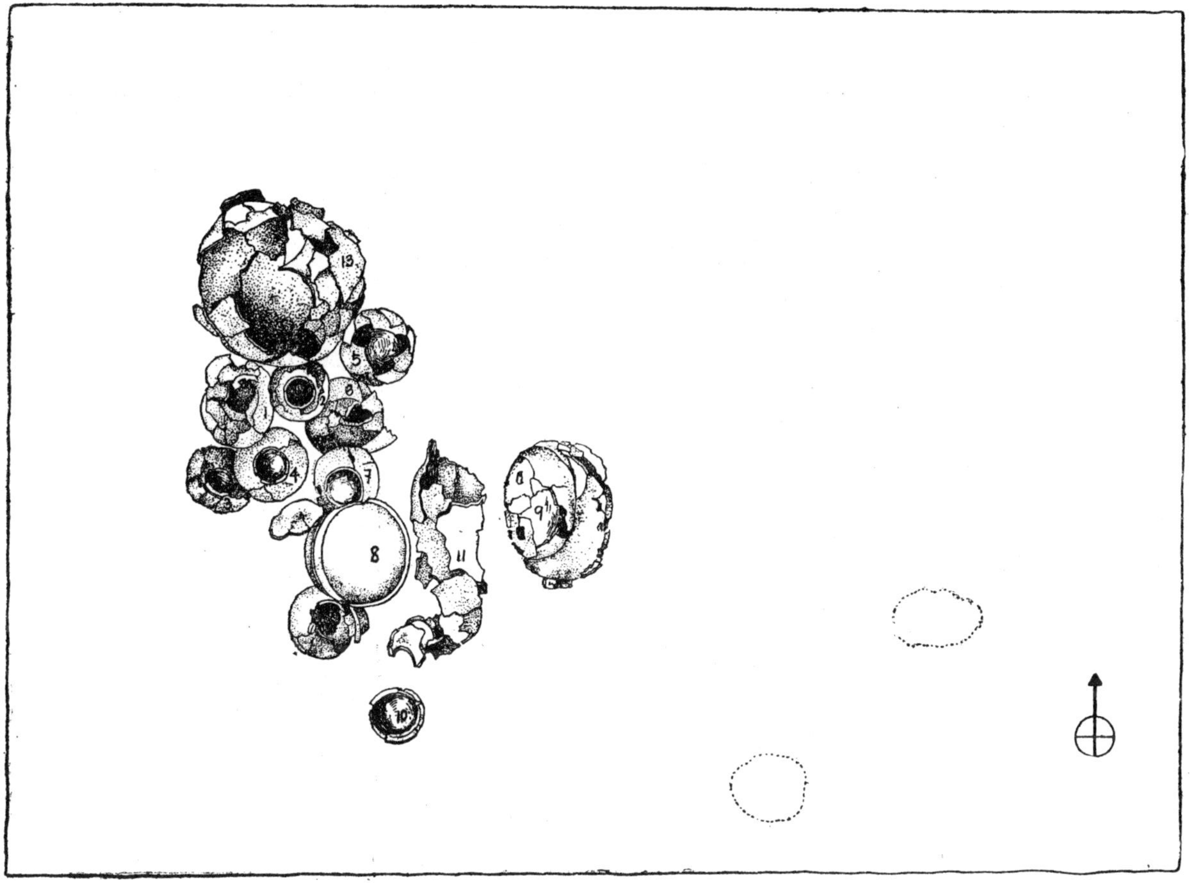

图43　冬M26平面图

长370、宽205、深150厘米　　1—7、13. 陶罐　8. 陶釜　9. 陶甑　10. 陶鼎　11. 陶钫　12. 铜钱

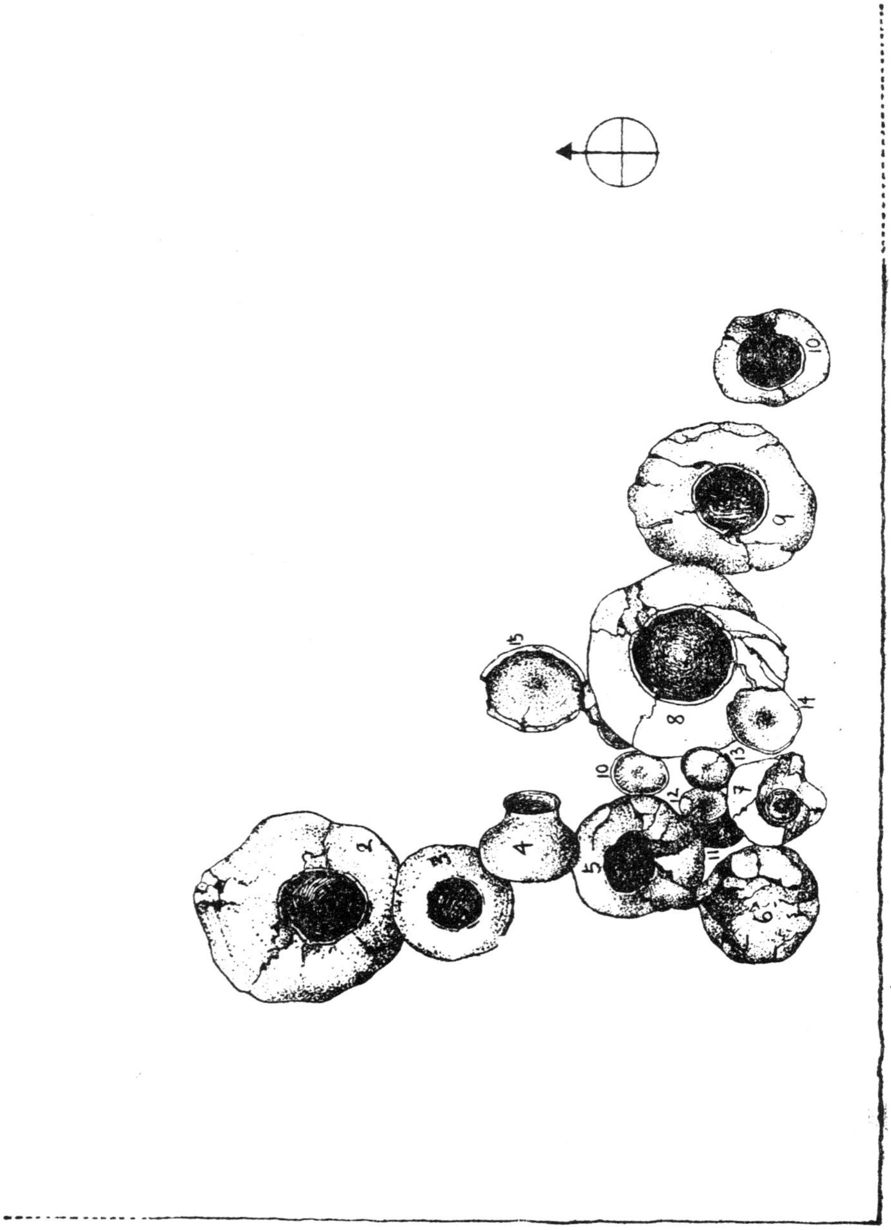

图44 冬M30平面图（残乱）
1—9. 陶罐 10—13. 陶豆 14、15. 陶钵

前蜀王建墓
发掘报告

据文物出版社2002年第2版

壹

永陵[1]的发现及发掘

宋欧阳修《新五代史》说王建卒后葬永陵[2]，王衍在位六、七年之间，曾数次拜扫[3]；孟知祥入蜀，亦曾遣官修前蜀主墓[4]，但都没有明说永陵在什么地方。直至南宋中叶，陆游游蜀，方说永陵在成都大西门外[5]。自此而后，方志及杂记之书，辗转抄袭，俱说王建墓在老西门外，但亦不能确指其究在何处。故老相传，以为现在距成都新西门外约2.5公里石人坝的“皇坟”，有二石人甚伟者，为王建墓。并

---

① “永陵”本为王建墓在当时的正式称号，本文有时为行文方便，亦袭用之。

② 欧阳修《新五代史》卷六十三（百衲本）《前蜀世家》：“光天元年（公元918年）六月建卒……衍立，谥建曰神武圣文孝德明惠皇帝，庙号高祖，陵曰永陵。”宋张唐英《蜀梼杌》亦曰葬永陵。

③ 宋张唐英《蜀梼杌》（卷上，《艺海珠尘》本）：“（光天）二年十二月拜永陵。”又：“咸康元年（公元925年）三月，衍朝永陵。”

④ 宋张唐英《蜀梼杌》（卷下）：“长兴四年（公元933年）二月，命修王建墓，禁樵采。”此时距王建葬后不过十五年。

⑤ 陆游《剑南诗稿》（卷八，《四部备要》本）：“后陵永庆院在大西门外不及一里，盖王建墓也。有二石幢，犹当时物；又有太后墓，琢石为人马甚伟。”

说在清末时，为人盗发，出殉葬物品甚多，认为皆是五代时物[①]。又苏兆奎所撰的《华阳古迹志稿》（成都美利利公司排印本），说王建墓在成都东南黄龙溪附近：

> 治东南九十五里黄龙溪罗家山，石台三层，工程宏伟，相传为王建墓。按《通志》据陆游集，谓墓在成都县西郭，有二石幢。然《蜀梼杌》本《前蜀开国记》载葬永陵，而不言其处，或有疑冢，究何处者真欤?

按石人坝的“皇坟”与黄龙溪的墓葬，均为明墓[②]，与王建墓无关。但由此也可见因为记载中未曾明言永陵所在地，所以关于它的传说也就多了。

此次所发现的永陵，并不是传说中或记载中所说的王建墓，而是一般所指为汉司马相如的琴台[③]。琴台在成都老西门外稍偏南不及半公里，土垄高耸，为成都附郭丘陵中之最高大者。

1940年秋，前天成铁路局在琴台下挖建防空室，其所开的西北

---

① 石人坝的所谓“皇坟”，一排三冢，南向，正中一冢最大，然亦不及王建墓三分之一。在抗日战争期间，成都伪防空司令部移驻于此，曾就之作防空室，加以发掘，其事甚秘，外面亦不知其详。自墓的形状看来，大约为明墓。其傍有石翁仲二，高2米余，工极粗劣。

② 黄龙溪的墓葬，在华阳县黄龙溪北附近岷江（即府河）的东岸。河岸层叠成自然的台阶三级，墓则因山为之，但早经穿掘。据传说：在初时原可入内，墓内的石门尚有存在者。墓为砖券，但其规模则远非王建墓之比。按明正德十三年（公元1518年）熊相修《四川志》（卷四）《园寝》内说：“和王葬府城南八十里黄龙溪。”其所言方位与以上相合，故黄龙溪的墓葬可能为明蜀和王墓。

③ 参看拙著《相如琴台为王建墓考》，载四川大学史学系《史学论丛》，1950年。

隅的一洞，深至4米多时，即为砖墙所阻，一般推测以为系琴台的基址。当时著者曾前往调查，认为系一墓葬，从砖的形制上看，时代亦不会甚早。是时因无力发掘，故仍请该局将原洞封闭。

1941年春，前四川博物馆成立，才开始拟定琴台的整理工作。至1942年9月15日开始发掘。参加工作的有冯汉骥、刘复章等，前华西大学博物馆林名均等亦曾协助工作。

开始时在琴台北面原铁路局防空洞偏西的地方开凿，因此处适当北面墓壁的正中。先在墙壁正中开凿宽约1米、高约2米的洞门一道，以达墓内。墙壁外层均为巨砖，厚约2米；内层为巨石条，厚约1米余。洞门凿开后，方知墓内已为淤土所填。遂顺着洞门在淤土中开宽1米、高2米的探洞一道，掘至半米时发现石像，再约半米，发现谥宝盝上的银饰。后因探洞崩塌，于掘取崩下的泥土时，发现墓内上部尚未为淤土所填满。于是先清理入门处3米以内的地段，在清理中发现玉册，乃确知其为前蜀永陵。在清理期间，曾经当地流痞阻难破坏，停工一周，至11月底始将第一阶段工作结束。

第二阶段的发掘工作，由前中央研究院历史语言研究所和前中央博物院筹备处共同组织“琴台整理工作团”，由吴金鼎领导发掘，参加工作的除第一阶段工作人员外，还有王振铎、王文林等。于1943年3月1日再行开工。

此次发掘由两方面进行，一方面由南面墓外封土的前面开掘，以探索前门外部及封闭的情况；另一方面由北面第一阶段中所开掘的洞口清理墓内淤土，以期了解其内部构造。

封土南面探沟起土工程，至7月底大体完成。发现墓室前面并无羡道及其他建筑，仅在全墓室的第一道券下垒石封闭，石条外再封砖墙一道，再此以外有砖建筑遗迹三道。墓室内面的清理工作至9月17日全部完竣。墓室内经过盗墓者的破坏，极为零乱，棺椁的木质部分已完全腐朽，仅存金属包角、铜环及铁钉等。全部发掘工作至9月21日结束，所有出土文物皆运至前四川博物馆进行整理。

贰

地理环境

永陵位于成都西郭老西门外稍偏南一里许，离环城公路约132米。此一地带系一高出地面1—2米的一段高地，东西长约300米，南北狭而形不规则，在地形上西部高而向东部倾斜。永陵即建筑在此一高地的靠东部分（图一、二）。

在墓的正南约93米处为一小河，流至陵台正南时向北迂回成一半月形（图三）。此半月形的河流，似系人工所开。河流东行为三洞桥，再东南半里许为将军堰，再南流入浣花溪。

墓后约八、九十米处亦为一小河，东流与护城河合，沿城南流至十二桥北分二支，一支由水洞入城为金河，一支南流入浣花溪。

墓南三、四里许为青羊宫、二仙庵及百花潭，潭水再东流即锦江。墓北约五六里为郫河，绕郭东北两面而南流与锦江合。永陵适处于此数重河流之中心，亦为西郭之胜地。

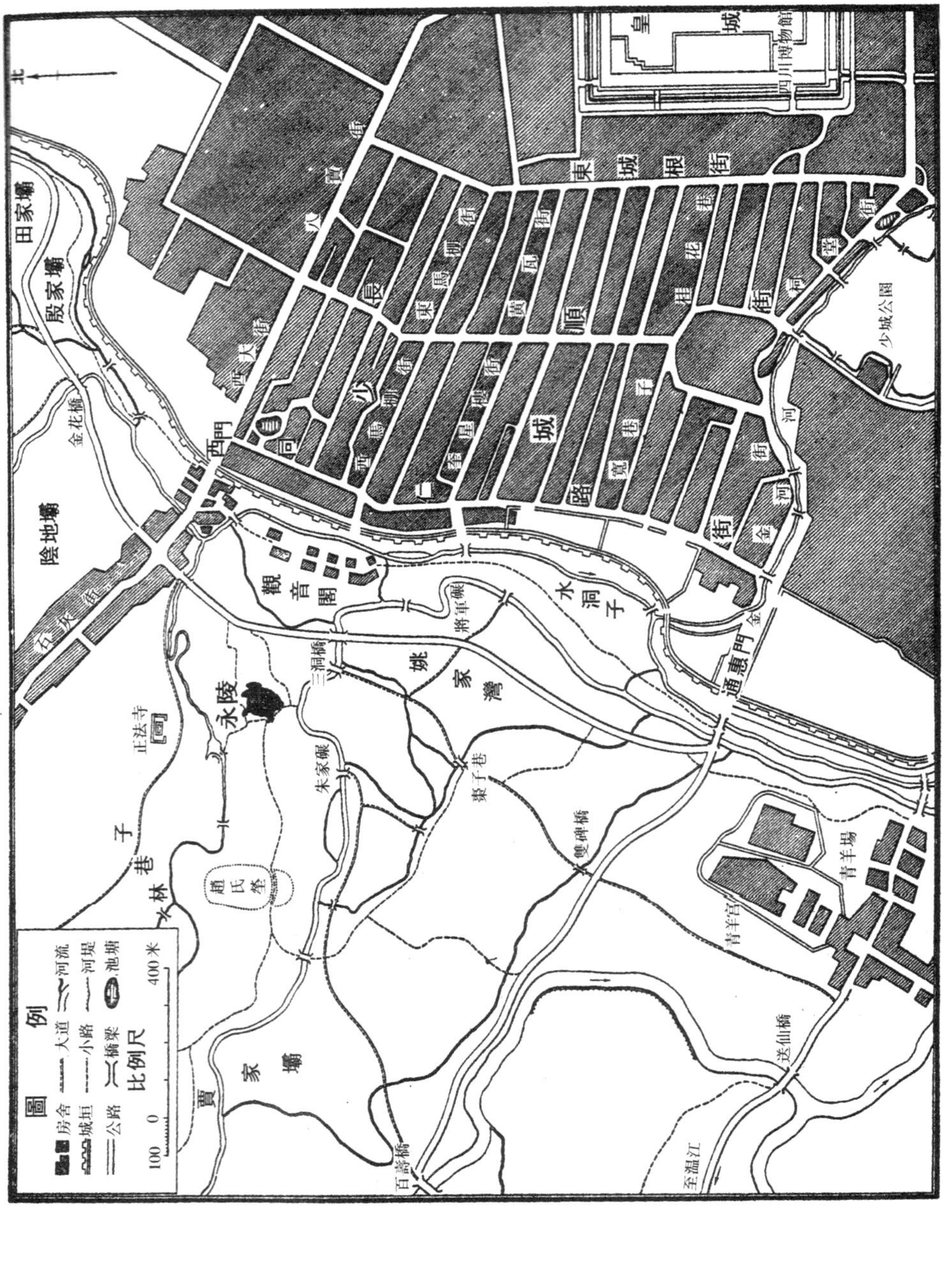

图一 成都西郊王建墓四周地形图（1942年测绘）

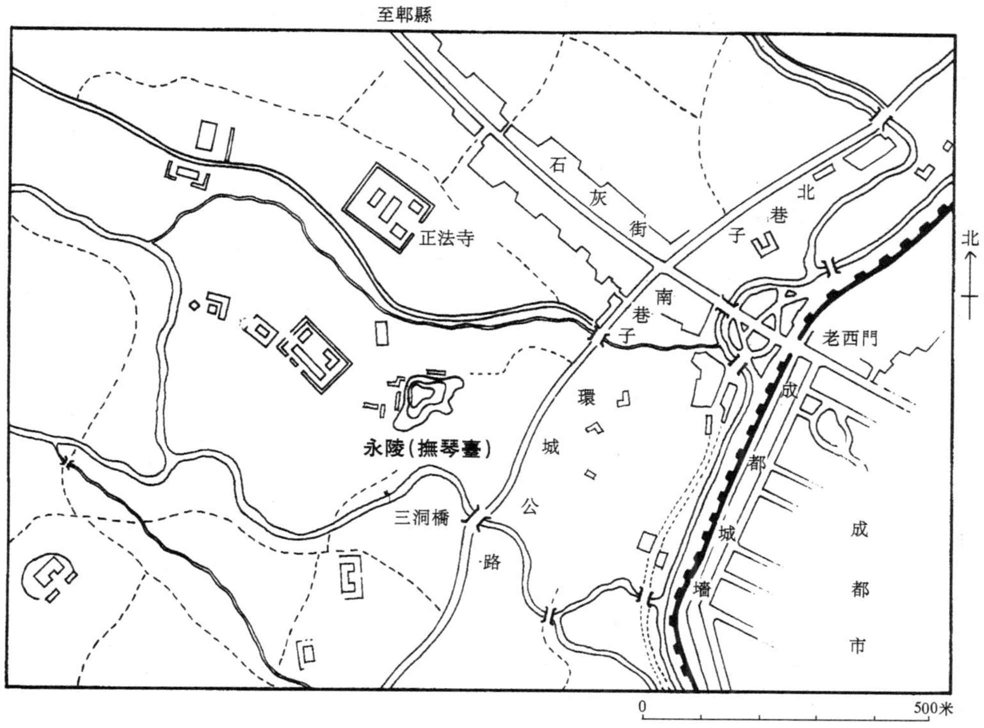

图二　王建墓地理位置图

但在王建葬时，此地的自然环境或与现在稍异。按现在环绕成都东北郭之大河（郫河），原系经成都西郭与永陵之间南流至现在的通惠门（新西门）入城，经方池街、上莲池、中莲池、下莲池至东南角出城，在安顺桥附近与锦江合，此地即历代的名胜合江亭。而此一连串的大池，即是旧河床，亦即《华阳国志》（卷三，《四部备要》本）所称“穿郫江、检江，别支流双过郡下”者。至唐末高骈帅蜀时，扩大旧城垣，始将郫江阻而东北流，而西郭外之大河遂废。但此距王建葬时不过三、四十年，此一带之旧河床必尚存在。

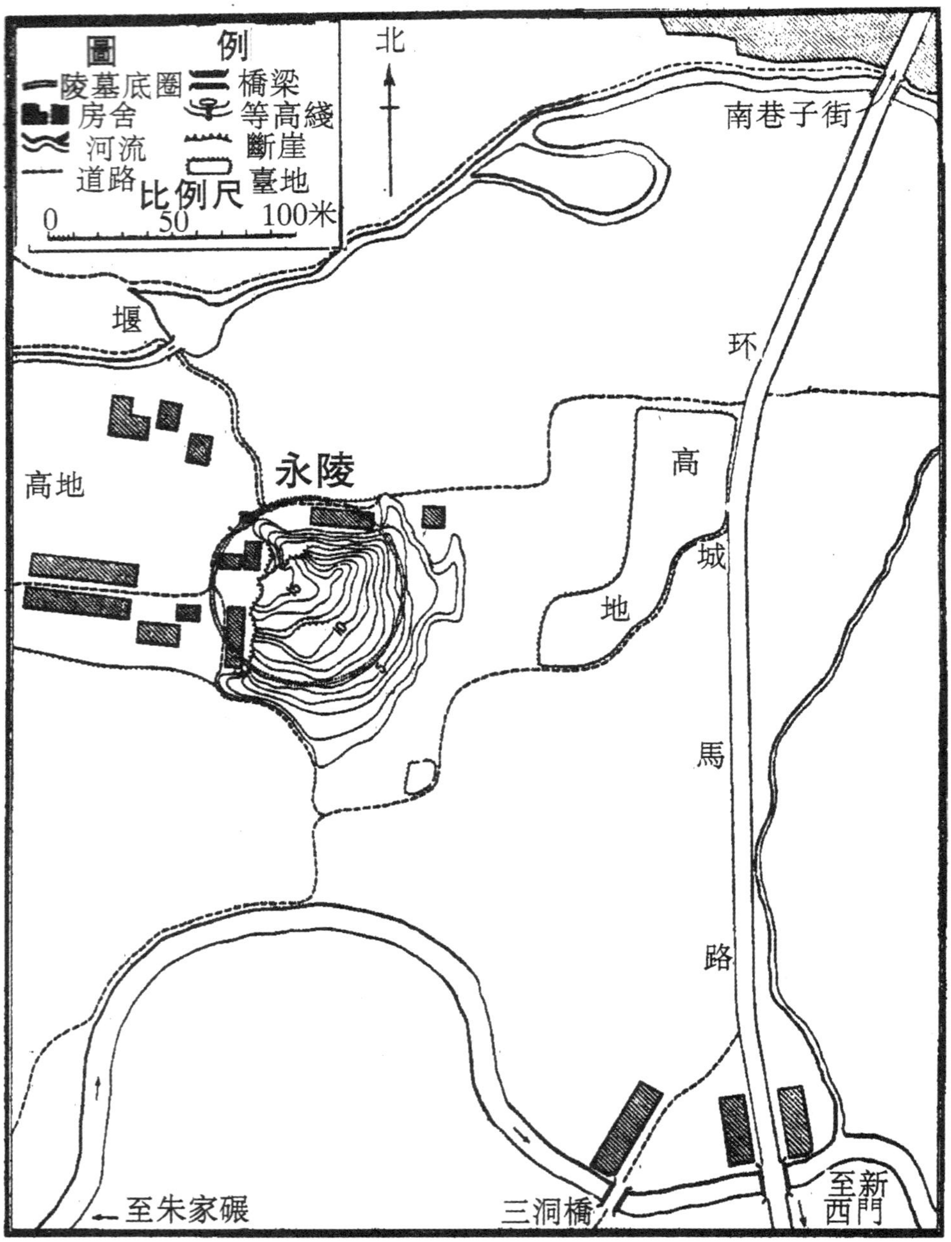

图三 王建墓陵台实测图（1942年测绘）

按永陵所在的一带高地，在汉代似系一居住遗址。如在墓的南面封土上所开的探沟最下部，曾发现汉代陶井一座，井甓尚完整。又在墓东五、六十米处所开的灌溉渠，在地表以下1米以内出唐、宋时期及近代的陶、瓷片，但数量极少；1米以下即大量出绳纹陶片、陶鼎足、高三足器脚、陶豆等，皆为四川西汉至东汉时期陶器所常见的形制。墓西一带高地曾发现铜鼎、敦及兵器等，视其形制，皆秦汉间物。又此地适当秦汉间成都西郭冲治桥与长升桥（相传为李冰所造七桥中之两桥）之间，历来为成都西郭的胜地。所以我们推测，永陵系建造在一个汉代的遗址之上。

叁

陵台的外形及建筑

陵台现高约15米，直径约80余米，圆形，周围界以石条（图四）。石条共九层，原埋于地下者可能有四层，地面上有五层，现存者仅有东、南两面（图版叁，1）。石条厚约0.28、长约1.2米，起嵌时每层向内收缩约10厘米。石条上面原嵌有砖五层，在南面的淤土中尚保存一段。陵台的西北两面，因取土已掘成陡壁（图版贰）；东南两面全为丛冢，多为清代所葬。顶上尚遗有少数石柱础，可能是后来修建的“琴台”亭榭的遗迹。

陵台上的土质与附近土质异。附近的土质砂质重，黏性小，干后作灰白色；陵台上的土质黏性大而色黄，杂质少，经过夯打，其中略含有文化物，如绳纹瓦片、残破花砖及瓦当等。此类陶片，在川中之时代，以东汉末年及蜀汉时为最多，晋以后则少见。

在石条之外约2.5米处有砖基一道（第一道砖基），厚约1.8米。此

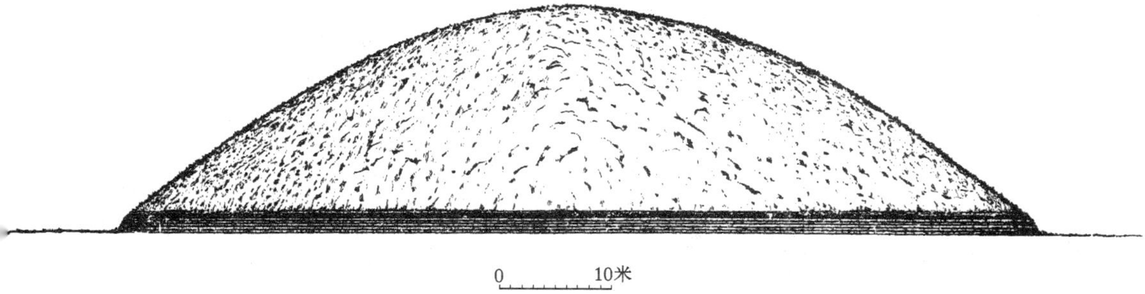

图四　王建墓陵台外形复原示意图

类砖系四川唐宋时期所通用的小砖，长约38、宽约20、厚约5厘米。砖基在地面下共有十九层，地面上已完全无存。在此道砖基之外1.5米处，另有较薄的砖基一道（第二道砖基），厚约65厘米，其深度只探至第十层为止（图版叁，2）。距此砖基1.5米处又有立嵌砖一周（第三道砖基），厚仅两层，深只探至第三层为止（图五、六）。

在墓的正南面第一道砖基之外，有两土墩的遗迹。两墩东西相距约18米，与第一道砖基相接而跨于第二道砖基之上，三面界以砖，中填以土，原来高度不明。两墩之正中第二与第三道砖之间亦嵌砖一段，宽约5米（图七）。

按汉代的陵台，均作方形，故有“方上”之称。但唐代多有因山为陵者，如太宗的昭陵之因九嵕山，高宗的乾陵之因梁山，玄宗的泰陵之因金粟堆，皆依循山势不拘形体。今永陵陵台作圆形，亦或为唐代的制度。又按陵台的外面，自汉以迄唐宋的制度，例缭以陵垣一重或二重（宋称神墙）。垣的四角有角阙，四方有神门。永陵陵台外的砖基建筑遗迹，亦或与陵垣的建筑有关。

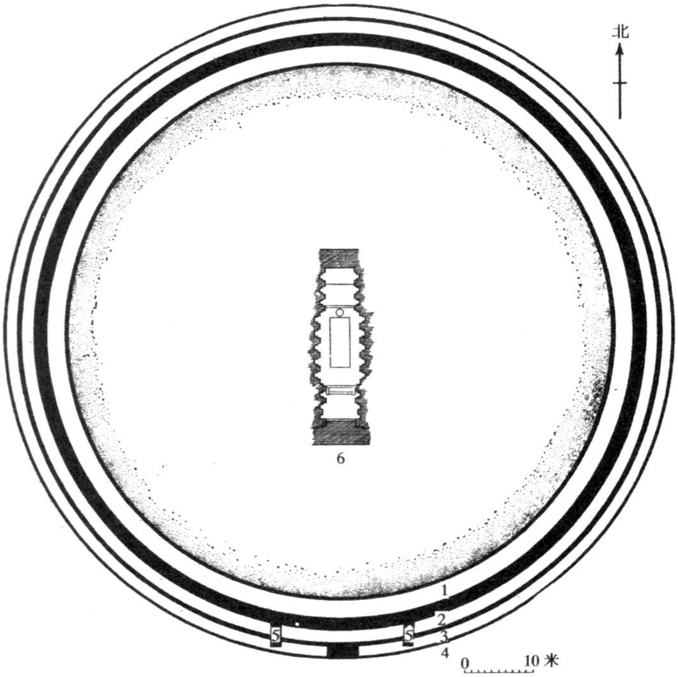

图五　王建墓陵台平面图

1.王建墓外界石条线（俗称坟箍）　2.陵台外第一道砖基　3.陵台外第二道砖基　4.陵台外第三道砖基　5.陵台南面外两侧土墩　6.墓室在陵台中的位置

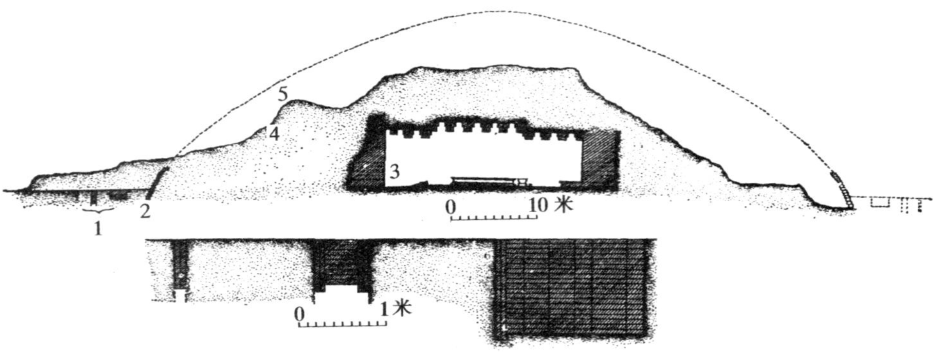

图六　王建墓陵台纵剖面图

上：1.陵台外三道砖基的位置　2.陵台基脚外石条及砖的位置　3.墓室的位置　4.发掘时陵台封土实测线　5.陵台封土复原线

下：陵台外三道砖基横断面及砖的砌法

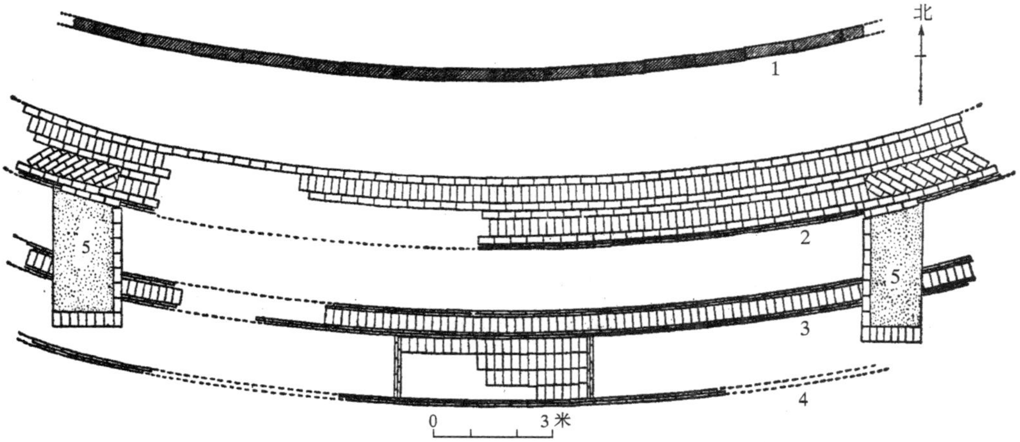

图七　王建墓陵台南面基脚结构平面图

1.陵台外界石条　2.陵台外第一道砖基　3.陵台外第二道砖基　4.陵台外第三道砖基　5.陵台外南面两侧土墩

肆

墓室的建筑

墓室为一红砂岩建筑，全长30.8米，室内长23.4米。墓由十四道券构成，分为三室（彩色图版壹）。中室最大，后室次之，前室最小（图八～一八）。每室之间以木门间隔。

建筑的基脚系在平地上挖基，基内填以卵石（其中杂有少量的红砂石小块和陶片），券墙则直接建于卵石之上（图版肆，1～4）。卵石的厚度及卵石之下是否还有其他筑基工程，因未往下发掘，不得而知。建筑材料全用红砂岩，券墙的石块大小不等，有长方形、长条形等。起嵌时用泥浆合缝，先平铺一层或两层，再竖立一层，如此互叠而上。这种平竖互嵌法，是四川唐及五代时期最流行的嵌砖法。

墓内所有的券除前室第一券为三重（图版伍，1）、第二券为单券外，其他均为双重券。前室第一券用三重券，大概以其为门券，

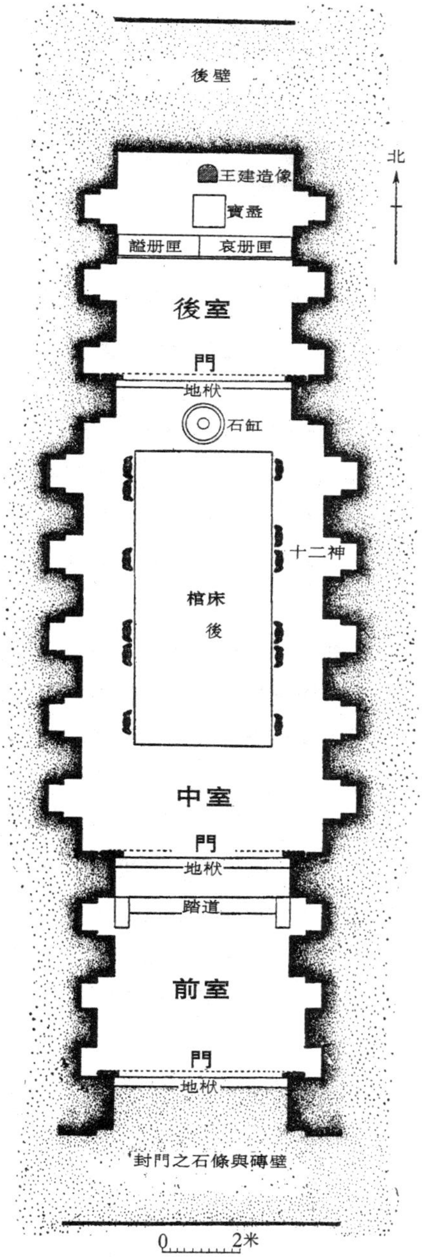

图八 王建墓墓室平面图

需要坚实之故。第二券用单券，系备门扇的启阖，因若用双重券，则高度不够，门扇不能向内完全敞开。券脚皆从墙面突出，突出的厚度与券的厚度相同。双重券者，券脚再从第一道券脚突出而宽度略为收缩，以成券的宽度。因为每券券墙突出，故墓室内壁呈凹凸之状。每道上重券宽约1.2、厚约0.4米；下重券宽约0.97、厚约0.41米；上重（亦即外重）券券与券之间的距离约为0.85米。起券石块的宽、厚度与券等。发掘时，中室及后室的下重券，几全部破裂。因上重券各石块之间的缝隙不能完全相合，有的在缝中填以卵石（图版拾贰，4），如此，在起成之后势必稍为下坠，致使整个墓顶重量，大部分压在下重券之上。大概在墓室筑成后，下重券即已部分被压破，当时曾用石灰修补过（图版伍，2）。在发掘时，这种填补的石灰，尚部分保存。

券与券之间铺以石板。石板以上，因未将覆土取去，故情况不明。不过自前门外开的探沟中以及后壁外的砖墙所显露者推之，券墙之外似尚有砖墙，上为平顶。

墓室内四壁先敷细泥一层，厚2～3厘米，再全部涂白垩（图版伍，4）。在白垩的表面，券顶涂天青色，券以下的墙壁均涂朱色。这种颜色在发掘时尚有部分保存。

在前室木门外，有一道封门墙。此墙共分两层，内层用红砂岩石条，紧靠木门封闭券洞。石条以纵排为主而间以横排（图版伍，3）；外层以巨砖为主而间以石条，砖每起三四层后即向内收缩，使封墙的外面略成不等的阶梯形（图版叁，3、4）。砖墙上部将券完全掩住，从存留的部分看，上部似为方形。在封门墙外稍偏西的地方有一盗洞（图版叁，3），盗洞上口甚大，下口仅能容身，系先将砖墙顶部取去一部分，再将石条抽去数条而成。墓室中的泥土，即是从盗洞中流入的（图版拾贰，1）。

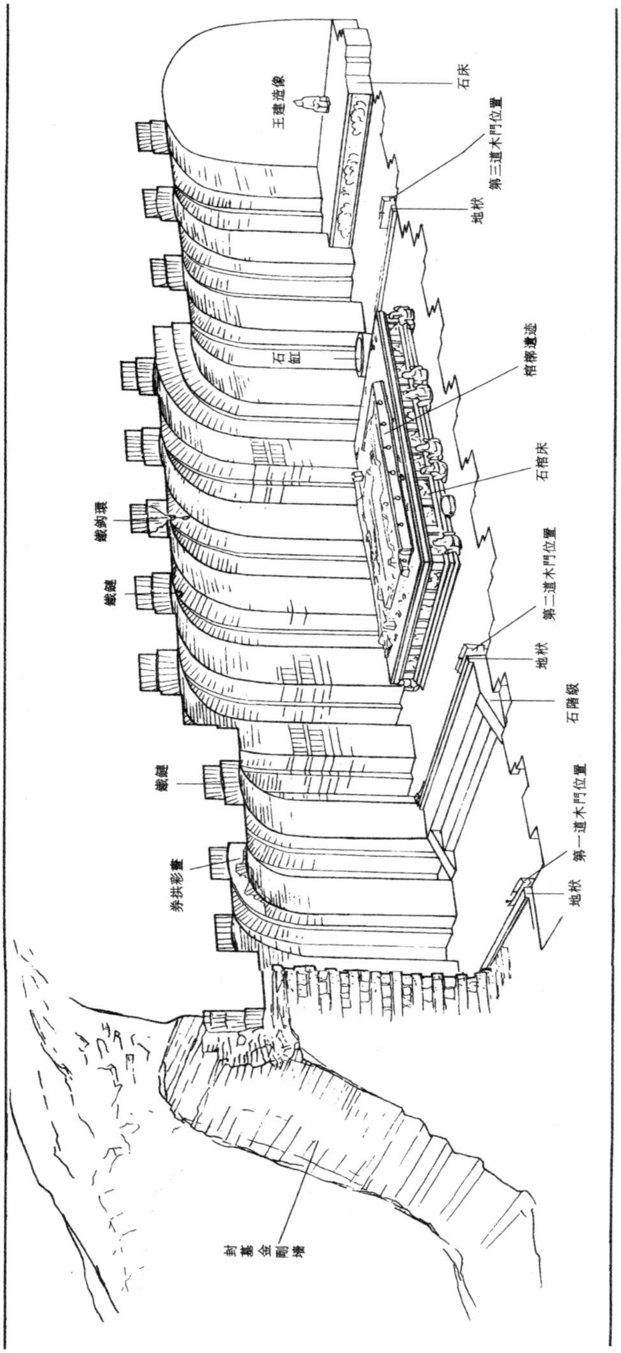
石床
王建造像
第三道木門位置
地栿
石缸
棺槨遺迹
石棺床
鐵鍵環
鐵鍵
第二道木門位置
地栿
石階級
鐵鍵
第一道木門位置
券拱彩畫
地栿
封墓金剛墻

图九 王建墓墓室透视图

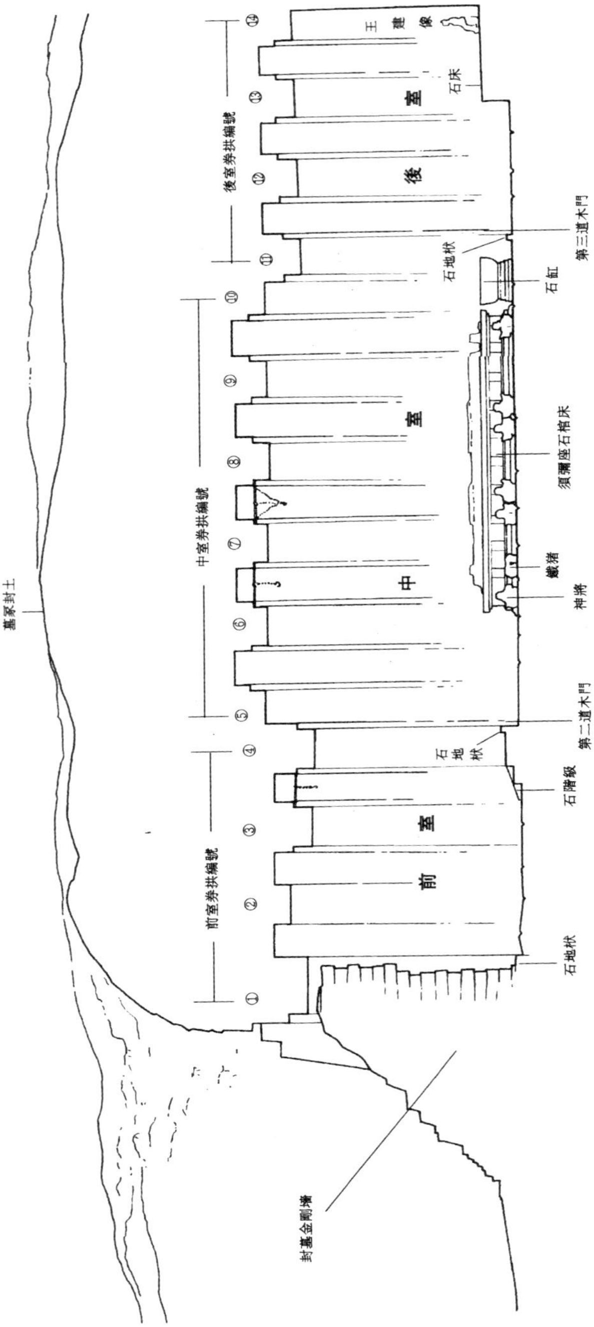

图一〇 王建墓墓室纵剖图

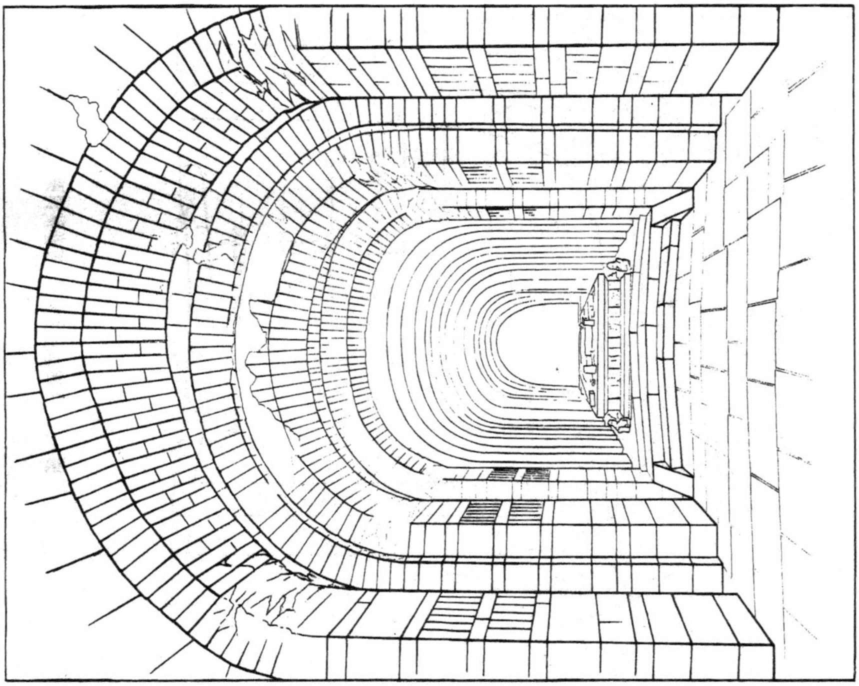

图一一　王建墓墓室内部全景图

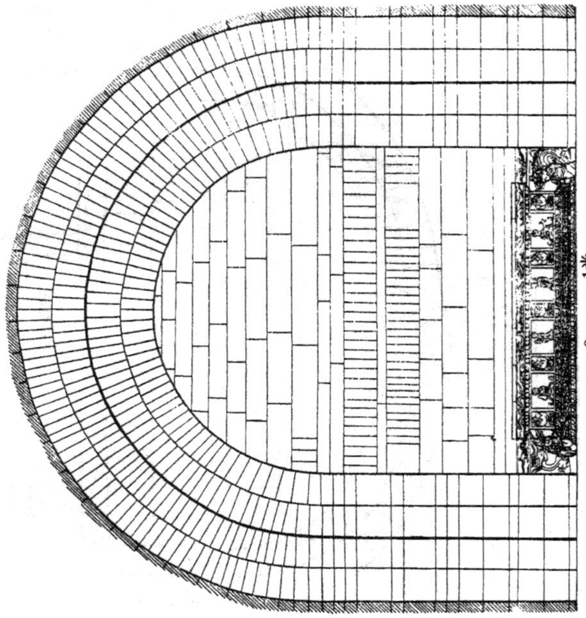

图一二　王建墓中室横断面剖视图

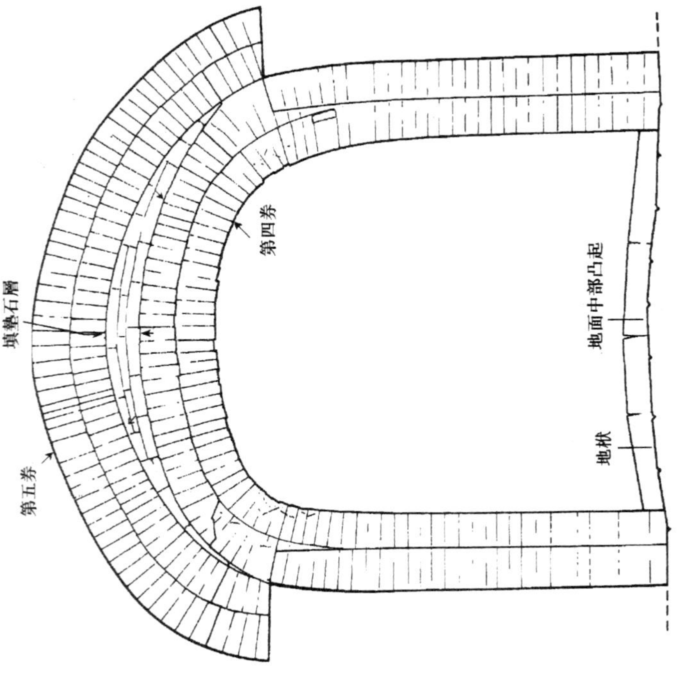

图一三 王建墓墓室第四、五券横剖图

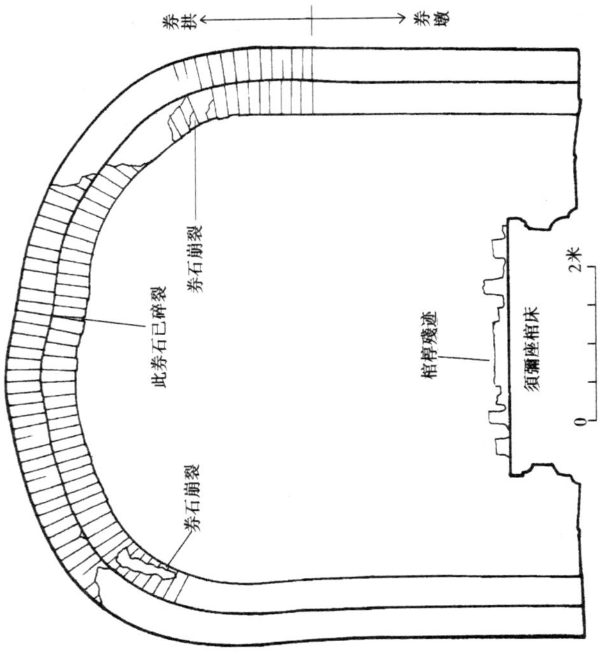

图一四 王建墓墓室第九券横剖图

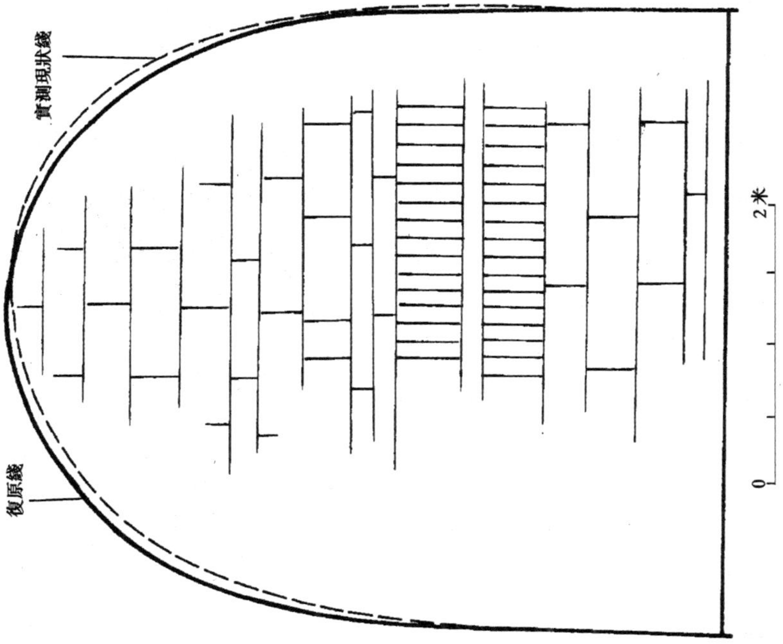

图一五 王建墓墓室后壁发掘现状

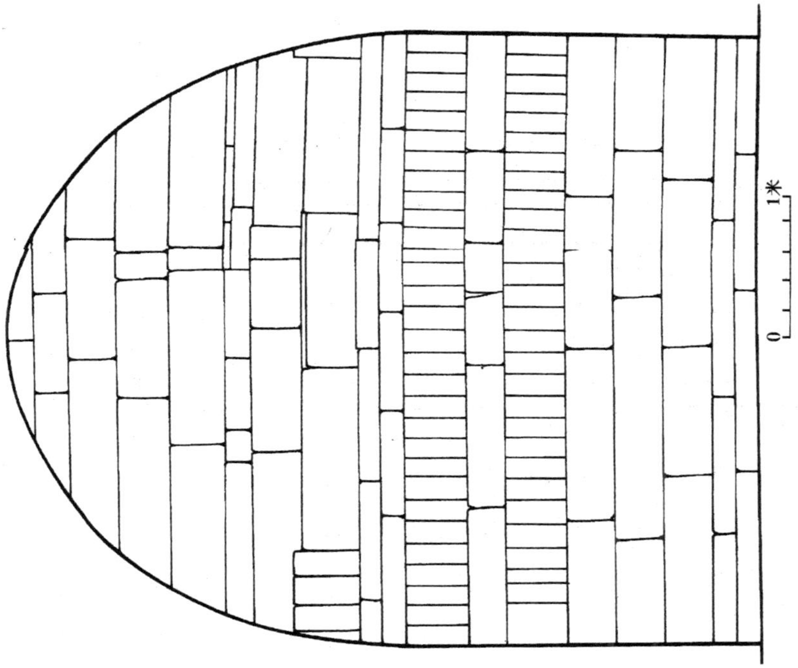

图一六 王建墓墓室后壁正视图

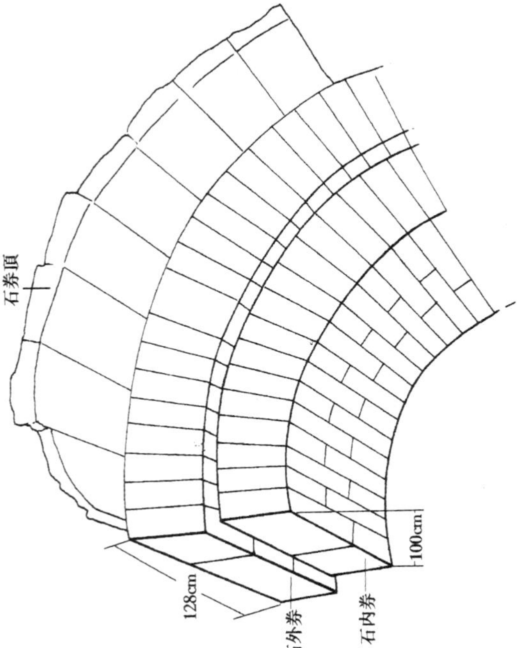

图一七 王建墓券拱结构图

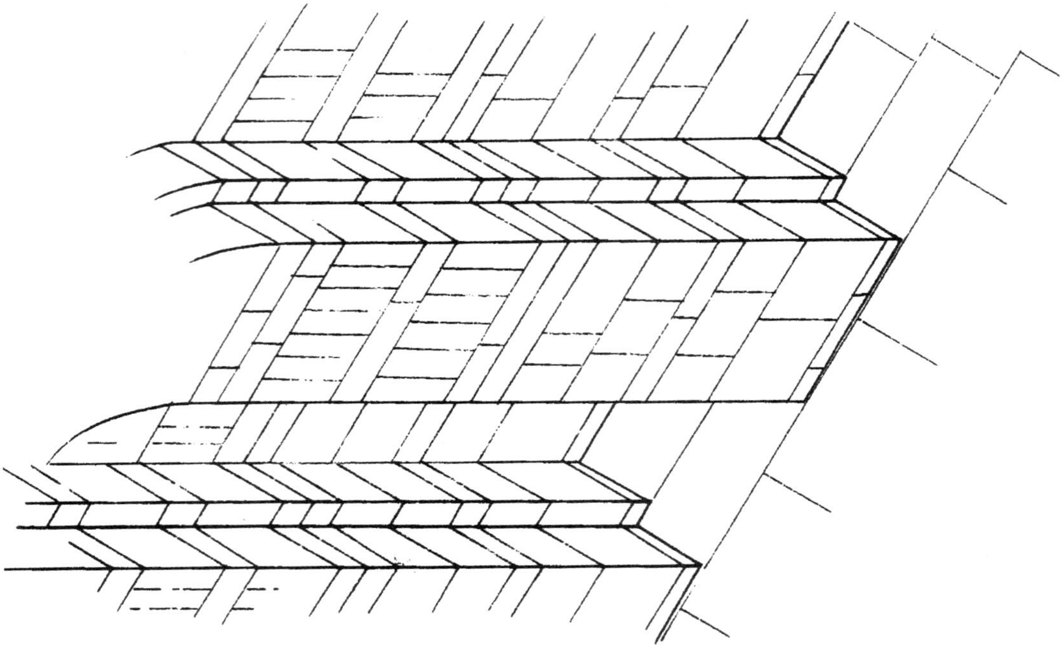

图一八 王建墓墓室墙石排列详图

伍

木　门

全墓分三室，每室都用木门间隔。前室门高4.86（自门砧石臼窝起，上引至门额上缘止）、宽4.62米；中室门连额高4.74、宽4.6米；后室门连额高3.53、宽4.58米。三门之中，前室与中室门几乎相等，后室门稍矮，但制作与装饰则完全相同。

三门的木作部分虽完全朽腐不存，但门饰及门上的金属附件尚保存完好，故不难作较准确的复原。今以中室门为例加以复原，用以窥其全部（图一九）。

门的全部构造可分为板门、栓、锁、门饰、额、门楸六部分[①]。

板门的高度，上自额上10厘米起，下至铜靴臼上止，约高4.47米。宽则自两门砧石臼窝外边缘实测，计为4.71米，这是板门本身

---

① 门的复原与各种建筑名词，均以宋李明仲《营造法式》为准。因本氏去五代未远，或有相似之处。

的宽度。如门关闭后自外视之，则宽4.35米（即东西两券墙间的距离），高亦4.35米（即额下缘至门栿下地面的距离），恰成正方形[①]。板门又可分为肘板、副肘板、楅与身口板四部分。

肘板——肘板的长度，也就是门的高度。其厚以铜饰片包转的厚度和铜靴臼的中空距离测之，为13.5厘米（图版陆、柒；图版捌，1～4；图版玖，5、6）。宽则无法推计。但以如此巨大的门扇推之，当亦不下50厘米左右[②]。

副肘板——副肘板的长、宽、厚与肘板相同。以受锁铜环上的铁钉转曲处测之，其厚亦为13.5厘米。

楅——门楅的数目，以金钉横列为七行推之，可能用七楅，但亦可能用九楅，因上下两端亦可用楅而不必用金钉[③]。

身口板——身口板的长度应与肘板及副肘板的长度相等。身口板的厚度加楅的厚度，当与肘板的厚度相等（13.5厘米）或稍厚。故身口板的厚度，当不出5厘米，而楅的厚度当在8.3厘米左右，也可能稍厚些。身口板的块数，本无定数，今以金钉每横排十枚推之，可能每扇门用身口板八块（肘板与副肘板除外），因金钉虽为装饰，而亦所以钉身口板于门楅之上者。

门额的长度，当与券阙的宽广相合，计4.35米。额的宽厚，以现存券上纳额之窍穴的纵横计算，宽约48厘米，厚约22厘米。门额两卯

---

① 此与《营造法式》（卷六，朱启钤影印宋绍兴刊本）所言“广与高方”相合。

② 以《营造法式》（卷六）“广一尺厚三寸”计，今照此标准，以厚推广，应为48.5厘米。

③ 《营造法式》（卷六）“高八尺至一丈三尺用七楅，高一丈四尺至一丈九尺用九楅”计，此门的高度在市尺一丈四尺七寸以上，故可能用九楅。

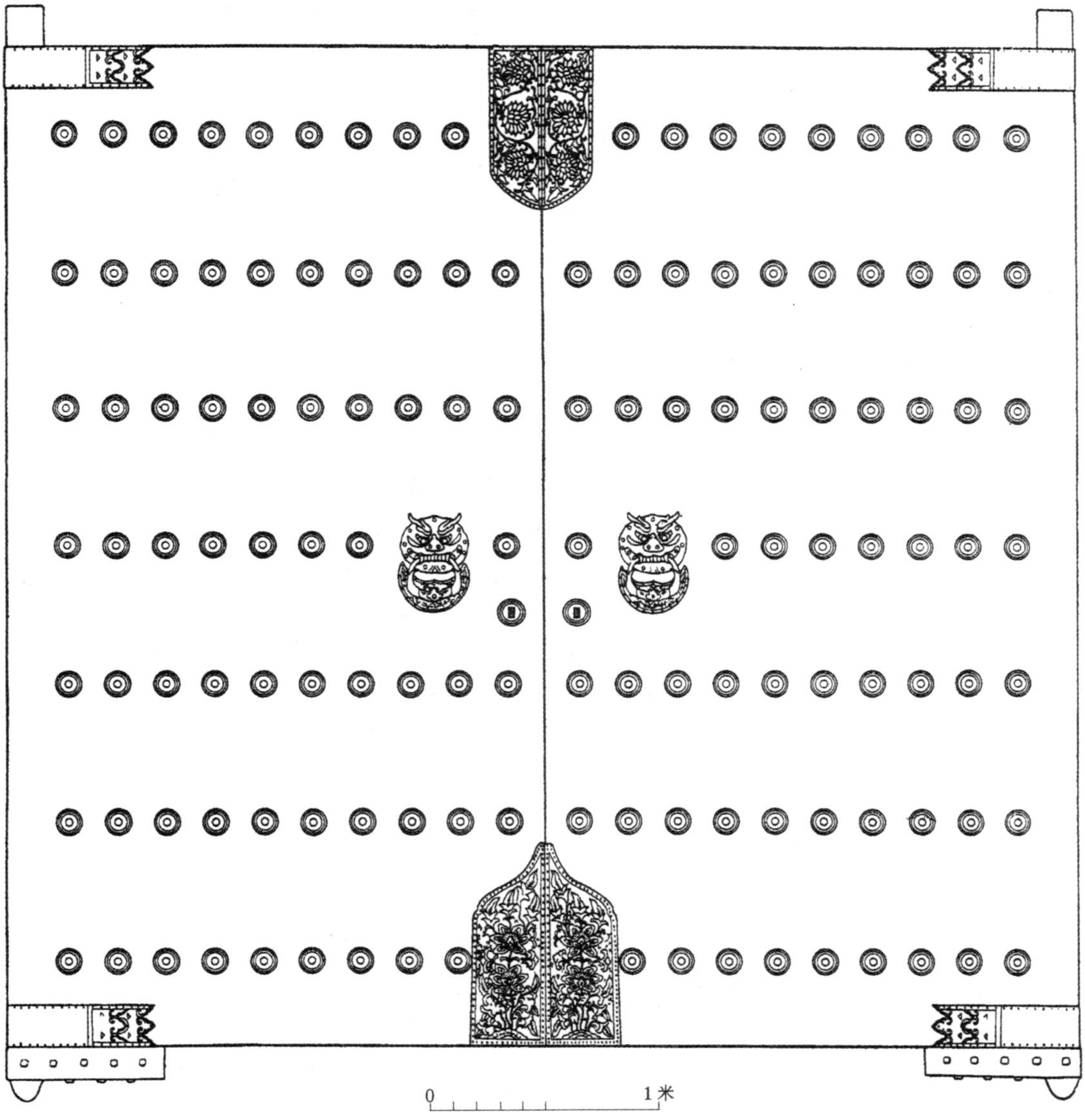

图一九　王建墓中室木门复原图

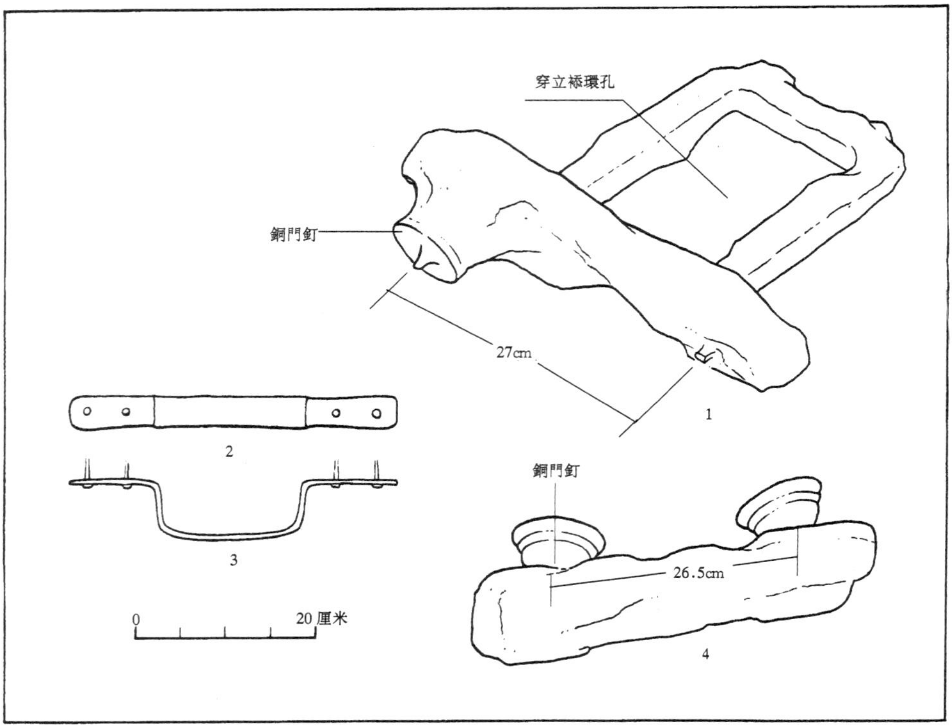

图二〇　木门附件锁及钩环
1. 铁锁及钩环　2. 铁钩环正面　3. 铁钩环剖面　4. 铁锁

砌入石券内达1.37米。

鸡栖木的长度，当与额同。今以纳上镶的铁钏推求，钏外径19厘米（内径17厘米），再加钉铁钏的铁钉系由内向外钉计，则鸡栖木的宽度至少当在30厘米左右。鸡栖木的两端，亦与额同砌入券壁内。其厚度可较额为薄。今以铁钏广仅3.3厘米推之，可能在10厘米上下。又此铁钏或系钉于镶眼的一端。

门簪现只存铜饰片，作五瓣梅花形，径10厘米（图版捌，6），

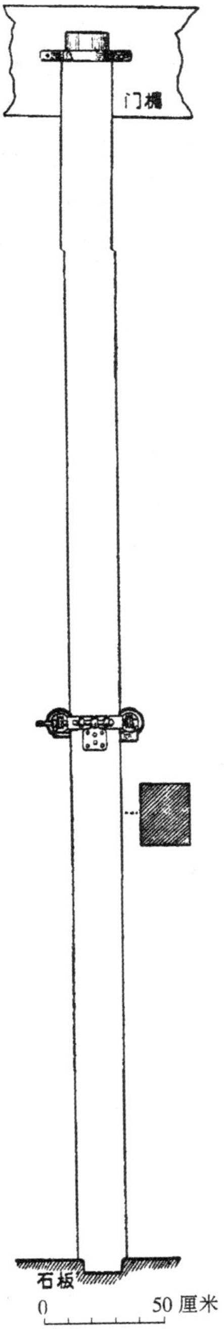

图二一　门闩及锁复原图

似嫌过小，亦可能只饰于簪的中心。再以饰片作五瓣推之，簪亦当作五瓣状。门簪是用来连鸡栖木于额上的。今每门只两饰片，可知每额只用两簪。

地栿用石料作成，长4.35、厚0.22米。中隆起而两端低，正中高29、两端高19厘米（图版伍，4；图版捌，2）。此种情况，系因券墙下沉所致。

门砧石是用来承受靴臼的。大小不一，想系依石材原来的大小所制成，但纵横均在40厘米以上，因埋于地下，未经发掘，其厚度想亦当不小于纵横之数。受靴臼的臼径为11.5厘米，极浅。

门栓及锁均应设于门内，此因为墓，故设于门外。在门中缝用直闩，上端纳于额上弓形铜扣中，下端插入地栿外石臼内。栓上钉有铁搭钮，以铁锁锁于锁环的上面（图二〇；图版捌，5）。木闩全长当在5米以上。栓柱的过心，以铁搭钮的空间测之，约为纵32厘米，横22厘米（图二一）。锁环用金钉二枚，钉上出环（图二二，1），钉于副肘板的上面。

铜靴臼用青铜铸成，重约48公斤。后室门

较小，重量仅当中室门的一半。肘板下端插入其中，再用铁钉钉牢（图二三；图版玖，6）。

门饰，每门有铺首二，镂花饰片四种，金钉一百三十二枚。因板门已全朽，饰物均落于地上，且上下参差不齐，足证其落下时先后不一（图版陆、柒；图版捌，1～4）。它们在门上的布置与排列，在复原时虽为一种推测，但大致与原来的形状相差不远。

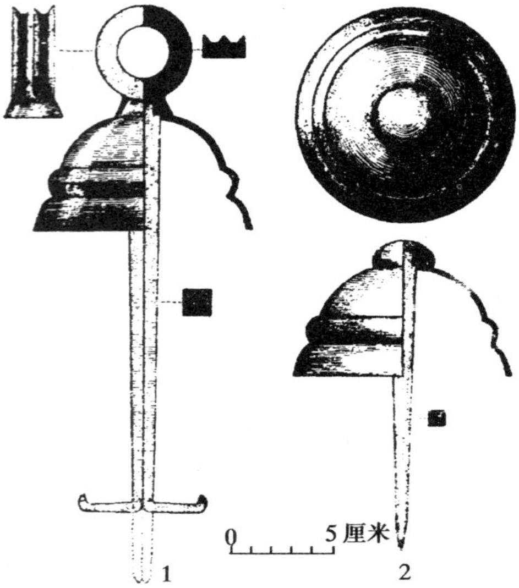

图二二 锁环金钉及金钉的正面、剖面图

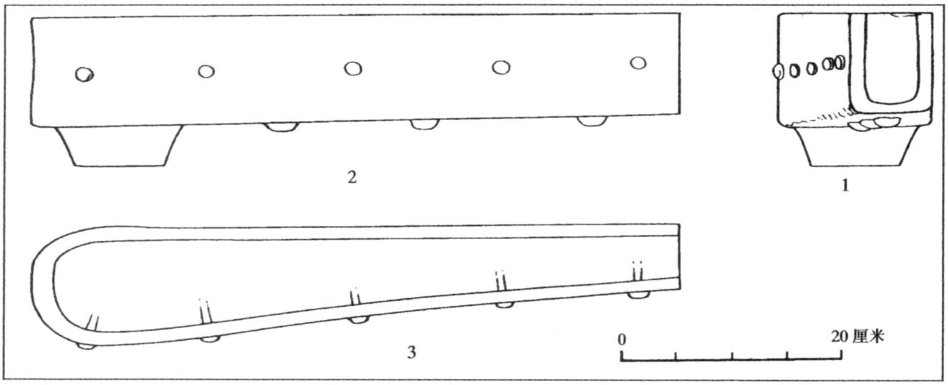

图二三 铜门靴臼器形图
1.侧面 2.背面 3.平面

铺首原是钉于门上以备启闭所用的环，后乃踵事增华，变为兽面衔环的铺首。汉以前无所知，至汉代则颇盛行。如《汉书》卷十一（百衲本）《哀帝纪》：

元寿元年……秋九月……孝元庙殿门铜龟蛇铺首鸣。

注“如淳曰：门铺首作龟蛇之形，而鸣呼也。师古曰：门之铺首所以衔环者也。”又如司马相如《长门赋》中说：

挤玉户以撼金铺兮，声噌吰而似钟音。

故铺首虽为备门启闭之用，亦可作为敲击之用[①]。所以，铺首原来的主体似在于环，而兽面则全为后来的装饰品。

今永陵门上的铺首，兽面衔环，全部鎏金，制作极精（图二四；图版玖，3）。环下着板门处垫以鎏金镂花新月形饰片（图二五；图版玖，4）。

金钉的作用是将身口板钉牢于楅上。但钉头露于板门之外，有损美观，故加钉帽。所以钉在门上的排列及多寡，当视楅及身口板的数目而定。发掘前室时，发现有钉一排，横陈于门楸的上面，此当为

① 扬雄《甘泉赋》（见《汉书》卷八十七《扬雄传》）：“排玉户西飏金铺兮，发兰蕙与穹穷。”注引“李奇曰：铺，门首也。师古曰：言风之所至，又排门扬铺，击动镮钮，回旋入宫，发奋众芳。”是皆言排户必扬铺而击环以作声。

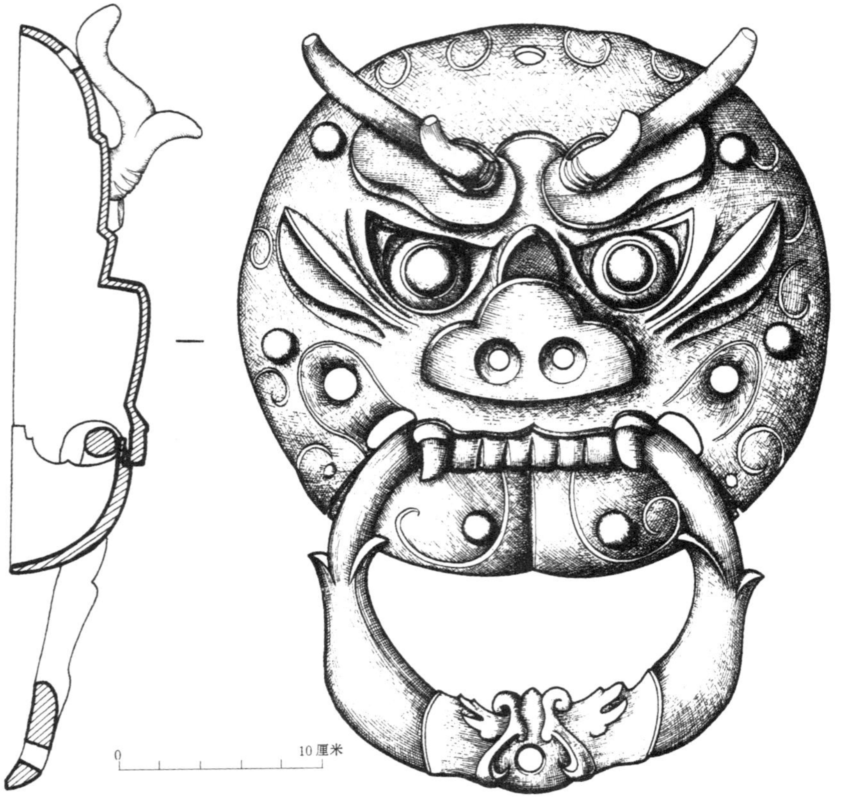

图二四　鎏金铜铺首器形图

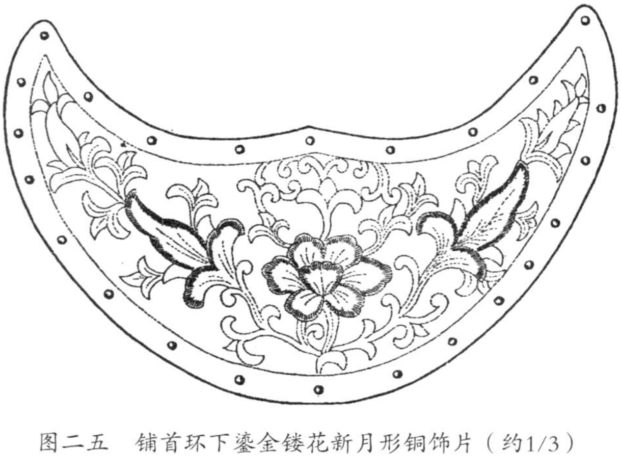

图二五　铺首环下鎏金镂花新月形铜饰片（约1/3）

原来的位置。此排金钉每扇门一列九枚，门中缝下部铜饰片犹立于正中（图版陆，1）。由此种发现，可以推知金钉在门上排列位置的大概。再以每全门金钉一百三十二枚，每扇门六十六枚的数目及发现的情形推算排列，则可知第一排与第七排因中缝饰片各占去门钉一枚的位置，故金钉各为九枚。又第四排因每一铺首各占去了二枚金钉的位置，故金钉只有八枚。第二、三、五、六等排，则各有金钉十枚。如此排列，既匀称，亦美观，想与原来形状不远（图一九）。

钉以铁制成，长约15.4厘米，方形，顶端径12毫米，以下渐减成尖形。钉头加铜泡，泡上镀金（图二二，2；图版捌，7）。今永陵金钉横七行，大概与楅的数目相同，直十行，想亦与肘板、副肘板及身口板的数目相同。尚不失为实用与装饰二者兼顾的作用。

肘板两端各横施鎏金铜片一，包片反面平截，正面出三尖镂云头饰纹，此原为由肘板铁包条演变而来（图二六）。副肘板上下端各置鎏金镂花铜片一块，于中缝相合，花纹构图佳妙，镂刻精丽（图二七、二八；图版玖，1、2）。此类饰片，察其原意，似亦为牢固副肘板于楅上之用者。至后则全变为装饰了。

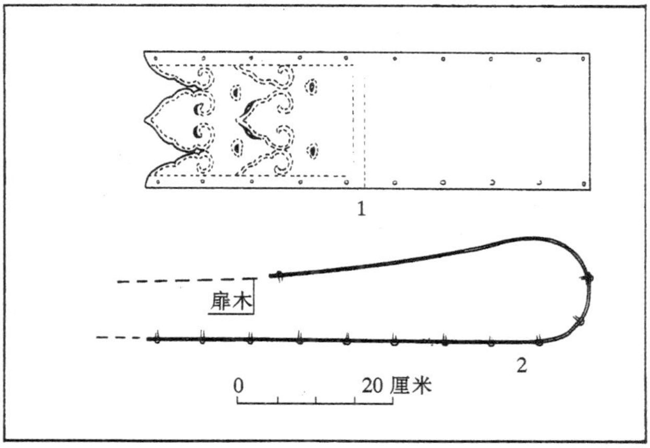

图二六　攒花鎏金铜饰片

1.铜饰正面　2.铜饰平面

又自额至券顶，上为券下的弧形，下为额上的平直线，二者恰构成一半月形的空隙。详察此空隙中，券下留有未敷白垩的圈痕一道，且有铁钉，想当时于此半月形空隙中，原装有木板，且装于施垩及着色之前，故能留此圈痕一道。此木板因受券的建筑所限，想极为简单，除装板以外，或别无所有，惟板面可能有彩绘而已。

图二七　副肘板上端鎏金镂花铜饰片（2/9）

图二八　副肘板下端鎏金镂花铜饰片（2/9）

陆

前　室

前室由石券四道构成，券与券之间的距离约0.8米不等。自门限至踏道全长4.45、宽3.8、高5.45米。木门装置在第一道券的后壁上。第二道券为单券，亦较其他券为窄，故前室前半部较宽，约4.42米，以便门扇的启阖。第三券后为三级踏道，宽与室同。上踏道为一0.75米宽的平台，台后即中室的门限（图版伍，4）。

第一道券墙从1.6米以下较宽，将封门石条取去后，发现此处的白垩上有红绿颜色的痕迹，似绘有人物，但因漫漶过甚，不能得其详。

第三道券的下重券额上绘有彩画，因第二道券为单券，当木门完全启开时，此券的正面即完全显露。此彩画仅保存券顶当额的一部分，且多已剥落，两边埋于淤土中者，则完全无存。彩画宽43～60厘米，现保存的一段长约4.5米。画为红、绿二色，绘宝相花纹，颜色尚十分鲜艳。其画法系先在白垩上刻画出轮廓线，以赭色界之，再填以红、绿二色（图版拾、拾壹）。

第三与第四道券之间顶上，纵嵌铁条一，条的中间悬铁链约长0.5米，链下有钩（图版拾贰，2）。此铁链正当中室前门外正中，其上原系悬挂何物，已不得而知。在铁链下稍前偏西的淤土中，发现铁环二枚，其位置均在离地面1米以上的淤土中（图版拾贰，3）。此类铁环，可能是原悬挂于铁链钩上器物上的铁环，后落于淤土中者。

在室的东边距地约1.6米的淤土中，发现鎏金铜环七枚，与中室棺椁的三层台级上的第二号铜环相同，可能为盗墓者扰乱所致。

前室的主要作用是相当于羡道，其面积仅能容门扇的启阖及踏道，想不会置有殉葬品，在发掘中亦未发现任何器物的痕迹。

柒

中　室

中室由石券七道构成，券均双重，前六道券较前室和后室之券为高，跨度亦较大。自地平至券顶高6.4米，券墙宽约1.2米，券墙与券墙之间的距离约0.83米。最后一道券之高度及跨度均收缩与后室之券相等。全室长12、宽6.1米。前后均有门作间隔。

中室为全墓最主要的部分，是放置棺椁的地方，故其面积及建筑均较前后两室为大。室中央稍偏后有棺床，棺床两旁有立雕的十二神，棺床后置石缸（图八～一四）。

在第二与第三道券顶之间正中纵嵌铁条一，铁条中央悬一铁链，长约0.8米，链下端钩上尚附有极粗的纺织物纹（图版拾叁，2、4）。铁钩下即为棺床的前端。在发掘中，于棺床前端以及其前面和稍偏西的淤土中（距地面1～1.5米），发现敷漆纺织纹甚多（图版肆，5、6），其上亦有的部分敷金。此类纺织纹，可能为铁钩上的悬挂物，腐朽后坠下者。

第三券与第四券之间，亦纵嵌铁条二。其一较粗大，上悬铁链及环，链的两端附着于铁条上；另一铁条较细，中部悬铁链长约1米（图版拾叁，1）。此铁链及环正当棺床正中，其上所悬者当为华盖。在其下位于棺床中部偏西的淤土中，距地面1米余处，发现铁顶架一件（图版拾叁，3）。顶架的中部作铜钹形，钹顶有环，四面对出四臂成“十”字形。“十”字的直径1米左右。此顶架可能是悬在铁链上的。在棺椁以上的淤土中还发现有漆皮布纹，有的上面隐约有花纹及金箔的痕迹（图版肆，5、6）。

一、棺床

棺床为红砂岩建筑，位于中室的正中而稍偏后，前距门限2.85米，后距后室门限1.6米，床作须弥座式，高0.89、长7.45、宽3.35米（图二九）。床上铺珉玉板一层，周边用47厘米见方、厚5厘米的玉板正嵌，中心则用较小的玉板（36厘米见方）斜嵌，镶心四角及中心则兼嵌绿色珉玉（图三〇、三一）。须弥座的方涩厚11.5厘米，东、南、西三面皆刻龙戏珠。南面刻二龙；东、西两面各刻三龙，并间以云气纹；北面仅刻云气纹（图三二；图版拾肆）。

罨涩厚约6厘米，雕仰莲一周。

床身东、西两面各雕壶门十，内刻伎乐，壶门柱子皆雕莲荷花

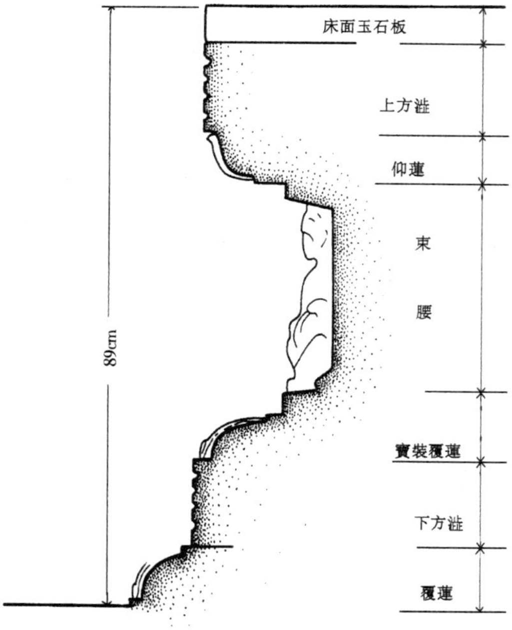

图二九　须弥座石棺床结构图

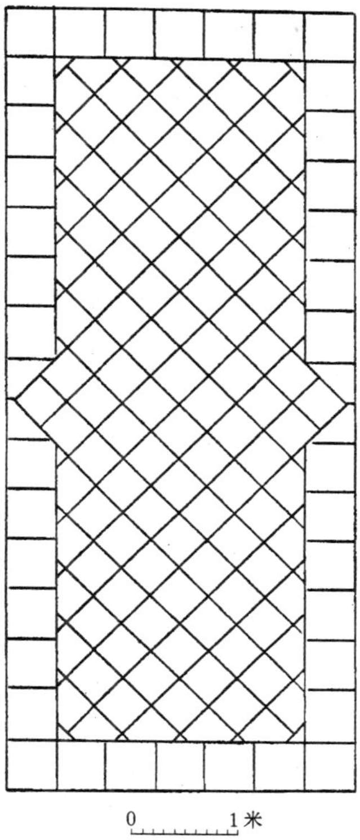

图三〇　棺床平面玉板砌置图

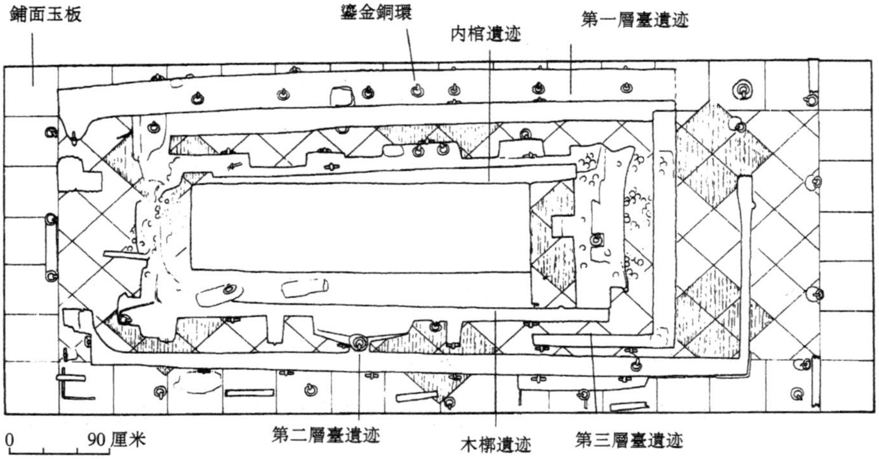

图三一　棺床上棺、槨、台基及铺面玉板测绘图

（图三二，3、4；图版拾伍；图版贰叁，4）；南面雕壸门四，中刻伎乐，壸门柱子上刻有鸾凤（图三二，1；图版贰叁，1～3）；北面（即床后面）亦雕壸门四，壸门中与壸门柱子皆刻莲荷花（图三二，2；图版拾陆）。

床脚上部刻宝装覆莲一周，腰部则刻单枝条仰、俯相间的莲荷花，牙脚刻宝装覆莲。雕刻全部敷色，主要部分（如龙）曾贴金，在初出土时尚隐约可见。

二、伎乐

伎乐全部刻于棺床南（即正面）、东、西三面的壸门中，每一壸门长约46厘米，高约28厘米，故人物的高度在24～25厘米之间。计南面四人，东、西两面各十人。其中舞者二人，奏乐器者二十二人，共计二十四人，均为女伎（图三二，1、3、4）。此一群雕刻，不只在艺术上表现出极高的水平，而且是一部极完整的和乐器最多的音乐队，是考察唐五代时期音乐和乐队组织的极重要的资料[1]（图三三）。兹先将各乐器的名称，说明于后。

琵琶——南面东一（图版拾柒，4）。其所奏的琵琶为燕乐的琵琶，亦即所谓胡琵琶，与清乐的琵琶不同。清乐的琵琶亦名秦琵琶，或称秦汉子，相传为秦时所作。其制“圆体修颈而短"，四弦十二

① 参看拙著《前蜀王建墓内石刻伎乐考》一文，载《四川大学学报》1957年1期。

2

柱，所谓“弦鼗之遗制”者。这里所刻的琵琶，体大而椭圆，所谓“充上锐下”者。曲颈，四轸，可知其为四弦。刻柱的地方已脱落，不知其是否为四柱，不过这种琵琶以四弦四柱为最普通的形式。这种琵琶发祥于西亚细亚地方，是波斯、印度、中央亚细亚诸地方的主要乐器之一。隋唐时称为胡乐的天竺、龟兹、疏勒诸乐中没有不使用这种琵琶的[①]。云冈、龙门、麦积等石窟中石刻的伎乐天以及敦煌壁画中所画的伎乐天，其所奏的琵琶大都为此种琵琶。这种琵琶用拨来弹奏，不用手搊。大概中国的秦琵琶原系用手搊，周、隋时传入中原的龟兹乐的胡琵琶，则系用木拨。在唐初也有用手搊法弹胡琵琶的[②]。但王建墓内所刻者仍用拨。

拍板——南面西一及东六（图版拾柒，3；图版拾玖，2）。共二。拍板为节乐之器，系胡乐。《文献通考》（卷一百三十九，商务印书馆十通本）木之属俗部有大拍板、小拍板之分。“拍版长阔如手，重大者九版，小者六版，以韦编之，胡部以为乐节。”宋陈旸《乐书》（卷一百三十二，光绪二年丙子定远方濬师刊本）云：

> 圣朝教坊所用六版，长□寸，上锐薄而下圆厚，以檀若桑木为之。

---

① 日人林谦三《隋唐燕乐调研究》页110，商务印书馆1955年重印本。

② 《旧唐书·音乐志》以为手弹之法起于唐贞观中，而唐段安节《琵琶录》则归之于裴路儿。《琵琶录》（《说郛》本卷二十）说：“贞观中，裴路儿弹琵琶，始废拨用手，今所谓搊琵琶是也。”按“裴路儿”《隋唐嘉话》（卷中）作“裴洛儿”。

图三三 棺床束腰浮雕乐器图

今此用六板，亦即小拍板。由此可见，唐代拍板与现代拍板的样式和击法均不相同。

觱篥——东五和西四（图版拾玖，1；图版贰壹，2）。共二。觱篥是唐代胡俗乐中的主要乐器之一[1]，又名悲篥、笳管。后来又有风管、头管之称。其制略似近代的唢呐，但无下部的喇叭头部分。《通典》（卷一百四十四，商务印书馆十通本）说：

> 筚篥本名悲篥，出于胡中，声悲。或云儒者相传，胡人吹角以惊马。一名笳管，以芦为首，竹为管。

宋陈旸《乐书》（卷一百三十）说：

> 觱篥一名悲篥，一名笳管，羌胡龟兹之乐也。以竹为管，以芦为首。……后世乐家者流，以其旋宫转器，以应律管，因谱其音为众器之首，至今鼓吹教坊用之，以为头管。……圣朝元会乘舆行幸，并进之以冠雅乐，非先王下管之制也。然其大者九窍，以觱篥名之；小者六窍，以风管名之。六窍者犹不失乎中声；而九窍者其失盖与太平管同矣。

① 觱篥大概系在隋、唐之间随龟兹乐传入中原。如唐李颀《听安万善吹觱篥歌》（见《全唐诗》卷五，光绪丁亥上海同文书局石印本）云："南山截竹为觱篥，此乐本自龟兹出，流传汉地曲转奇，凉州胡人为我吹。"安万善系胡人，大概觱篥传入中原后在形制及曲调方面均有新的发展。

自此雕刻所按指数观之，似为六窍者。不过其拇指所按之处，是否还有窍，则不得而知。“东五”所奏者略长，当为大觱篥；“西四”所奏者略短，当为小觱篥。

笛——东四（图版拾捌，4）。笛是清乐中主要的乐器之一。此处所刻之笛，与现在所用者无异。历代论笛者甚多，此处不赘。

篪——西一（图版贰拾，3）。篪的管上有横出之小嘴，以口衔之而吹。《旧唐书》卷二十九（百衲本）《音乐志》说：

> 篪，吹孔有嘴如酸枣。

《通典》（卷一百四十四）所言更详：

> 篪以竹为之，长尺四寸，围三寸，一孔上出寸三分，名曰翘，横吹之。

又有所谓义嘴笛者，亦加嘴，大概出于胡吹，故亦称胡篪。此处之篪，乃清乐之篪，不可与胡乐的横笛一概而论。

竖箜篌——西五（图版贰壹，3）。竖箜篌系一种外来的乐器，唐代的胡乐中无不用之。《旧唐书》卷二十九《音乐志》：

> 竖箜篌胡乐也，汉灵帝好之。体曲而长，二十有二弦，竖抱于怀，用两手齐奏，俗谓之擘箜篌。

所记正与此合。按此处箜篌的弦并未刻出，想原来系用颜色画上者，但不知是否为二十二弦。

筝——西三（图版贰壹，1）。筝乃清乐中的乐器，其制似瑟而小，十有二弦，其始盖在秦汉之际。《通典》（卷一百四十四）说：

> 筝，秦声也。傅元筝赋序曰：代以为蒙恬所造，今观其器，上崇似天，下平似地，中空准六合，弦柱拟十二月；设之则四象柱，鼓之则五音发。斯乃仁智之器，岂蒙恬亡国之臣能关思哉！

所谓蒙恬所造，大概系指秦汉之际所创制的。据《通典》及《旧唐书》，皆言清乐的筝十二弦，他乐的筝皆十三弦。

笙——西七（图版贰贰，1）。此女伎手的部分及乐器已剥落，然自其存留的部分及奏者的姿势来看，可以肯定所奏之乐器为笙。笙在唐代清乐中是主要的乐器之一，但在燕乐及胡乐中如龟兹、高昌、高丽乐部中亦皆有笙。胡部乐中的笙与清乐中的笙是否有所不同，现尚不知其详。

箫——西二（图版贰拾，4）。箫虽为中国原有的乐器，但各种胡乐中均有之。箫的变化甚大，管的数目亦各不同，多者二十余管，少者十六管。大概管的多少本无定制，各人得因时制宜，随意增减。今所刻者为十管，或是晚唐俗乐中的箫，亦未可知。

正鼓——东一（图版拾捌，1）。

和鼓——东三（图版拾捌，3）。

正鼓与和鼓均系腰鼓，亦为胡鼓。正鼓系一种杖鼓而兼拍鼓，所谓“右击以杖，左拍以手”者，“东一”者正是如此。和鼓则为拍鼓。《通典》（卷一百四十四）论正鼓、和鼓的用途说：

> 正鼓、和鼓者，一以正，一以和，皆腰鼓也。

又《文献通考》（卷一百三十六）论腰鼓说：

> 唐有正鼓和鼓之别，后周有三等之制。右击以杖，左拍以手，后世谓之杖鼓拍鼓，亦谓之魏鼓。每奏大曲入破时，与羯鼓、大鼓同震作，其声和壮而有节也。

正鼓亦即宋沈括《梦溪笔谈》（卷五，胡道静校注本，上海出版公司，1956年）中所谓“唐之汉震第二鼓也”。

毛员鼓——东十（图版贰拾，2）。毛员鼓亦为一种腰鼓，在唐代的胡部乐中惟龟兹乐有之。其制“似都昙鼓而稍大”，而都昙鼓则“似腰鼓而稍小”。不过都昙鼓系杖鼓，而毛员鼓则系拍鼓。

齐鼓——东二（图版拾捌，2）。所奏者是一种杖鼓，今定为齐鼓。《文献通考》（卷一百三十六）论齐鼓说：

> 齐鼓状如漆桶，一头差大，设齐于鼓面如麝脐然，西凉、高丽之器也。

又说：

大周正乐所传齐鼓，其形状虽不甚相远，其设饰不同，两头贯以绶带。

《通典》及《旧唐书·音乐志》所言与此略同。齐鼓只高丽及西凉乐中有之。今在此乐队的用法则不甚明了。

答腊鼓——东九（图版贰拾，1）。答腊鼓系一种指鼓。唐南卓《羯鼓录》(《守山阁丛书》本）说：

答腊鼓者即揩鼓也。

《通典》(卷一百四十四）谓其制：

广羯鼓而短，以指揩之，其声甚震，俗谓之揩鼓。

《文献通考》又谓之为“鞜鼓”，谓：“后世教坊奏龟兹曲用焉。”

羯鼓——东七、西十（图版拾玖，3；图版贰贰，4）。羯鼓是唐代胡乐及燕乐中的重要乐器之一。因其用两杖并击，故又称两杖鼓。唐玄宗尤喜之，谓为八音之领袖。《羯鼓录》论之甚详，今录于此以便与图对照。

羯鼓出外夷，以戎羯之鼓，故曰羯鼓。其音主太簇一均，龟兹部、高昌部、疏勒部、天竺部皆用之。次在都昙鼓、答腊鼓之下，鸡娄鼓之上。鼗如漆桶，下以小牙床承之，击用两杖。其声焦杀鸣烈，尤宜促曲急破，作战杖连碎之声；又宜高楼晚景，明月清风，破空透远，特异众乐。杖用黄檀狗骨花楸等木，须至干紧绝湿气，而复柔腻；干取发越响亮，腻取战袅健举。棬用刚铁，铁当精炼，棬当至匀。若不刚，即应絛高下，挠捩不停；不匀，即鼓面缓急，若琴徽之𤸷病矣。

鞉牢，鸡娄鼓——东八（图版拾玖，4）。鞉即是鼗，鞉牢原是龟兹部的乐器。《文献通考》（卷一百三十六）说：

鞉牢，龟兹部乐也。形如路鞉，而一柄叠三枚焉。古人尝谓左手播鞉牢，右手击鸡娄鼓是也。

鼗的用法，宋陈旸《乐书》（卷一百一十七）说：

鼓以节之，鼗以兆之，作乐之道也。

大概作乐时，先以鼗兆之，故曰鼗。鞉牢的每一小鼓上系两耳，播之则还而自击，故鞉牢称播而不称击。鞉牢必与鸡娄鼓由一人并奏。《文献通考》说：

后世教坊奏龟兹曲用鸡娄鼓，左手持鼗牢，腋挟此鼓，右手击之以为节焉。其形如瓮，腰有环以绶带系之腋下。

鸡娄鼓的形制，《通典》（卷一百四十四）说：

鸡娄鼓正圆，而首尾可击之处平可数寸。

《文献通考》亦说：

鸡娄鼓其形正而圆，首尾所击之处平可数寸。龟兹、疏勒、高昌之器也。

由此雕刻上看，鸡娄鼓亦为一种杖鼓。

铜钹——西九（图版贰贰，3）。钹为和乐之器，是胡部乐中最重要的金属乐器之一。《通典》（卷一百四十四）金类说：

铜钹亦谓之铜盘，出西戎及南蛮。其圆数寸隐起如浮沤，贯之以韦，相击以和乐也。南蛮国大者圆数尺，或谓齐穆王素所造。

《文献通考》（卷一百三十四）金之属胡部说：

唐之燕乐清曲有铜钹相和之乐，今浮屠氏清曲用之，盖出于夷音也。

同时又说：

唐胡部合诸乐，击小铜钹子合曲。西凉部、天竺部、龟兹部、安国部、康国亦用之。

可知钹在唐代诸乐中的普遍应用。但有正、和之分，正大而和小。此处所用者，自其形制看，大概为正钹。

吹叶——西六（图版贰壹，4）。吹叶是清乐中的乐器，亦是中国南方的一种乐器[①]。唐人记载中亦时或言之，如白居易《杨柳枝词》有："卷叶吹为玉笛声"之句（见《白香山诗后集》卷十二，《四部备要》本）。《通典》（卷一百四十四）以为系八音之外的乐器：

叶，衔叶而啸，其音清震，橘柚尤善。或云卷芦叶为之，形如笳首也。

啸叶之制，唐以后在中原虽不传[②]，但言其"形如笳首"则不确。今

① 例如樊绰《蛮书》卷八（《武英殿聚珍版丛书》本）记"蛮夷风俗"说："南诏……俗法，处子孀妇出入不禁，少年子弟暮夜游行闾巷，吹壶卢笙或吹树叶，声韵之中，皆寄情言，用相呼召。"

② "吹叶"在贵州苗族中尚普遍流行，其报道见何芸《吹叶》，《光明日报》1961年8月19日。

由此伎所奏之姿势推之，大概系将叶衔于唇间，奏时以右手食指及中指按唇而啸，使气自两唇缝隙中激之弹动以发声。叶易坏，故左手中尚持有数片，以备掉换。

贝——西八（图版贰贰，2）。贝亦称蠡，原为天竺的乐器，唐代的胡乐部中多用之，在中国则以为系八音之外的乐器。《通典》（卷一百四十四）说：

> 贝，大蠡也。容可数升，并吹之以节乐，亦出南蛮。

唐以后中国俗乐部中均不用贝，惟僧道的乐器中尚用之。

南面正中二人为舞者（图版拾柒，1、2）。唐代的乐队，不论其为清乐、燕乐或胡乐，均有舞者。此二人相对而舞，一举右手，一举左手，姿态生动。

全部乐器共计琵琶一、竖箜篌一、筝一、觱篥一、小觱篥一、笛一、篪一、笙一、箫一、正鼓一、和鼓一、毛员鼓一、齐鼓一、答腊鼓一、鸡娄鼓一、鞉牢一、羯鼓二、铜钹一、吹叶一、贝一、拍板二，共乐器二十三件，二十种，只羯鼓、拍板、觱篥各二。鼓的种类最多，计八种九件。

从这部乐器的性质看，它无疑地是属于燕乐系统的，特别是华乐化了的龟兹乐系统，但其中羼杂有清乐系统的乐器。乐器中的琵琶、竖箜篌、觱篥、正鼓、和鼓、毛员鼓、齐鼓、答腊鼓、鸡娄鼓、羯鼓、鞉牢、铜钹、贝等都是和唐代龟兹部中的乐器相同的。另外，笛、箫、笙既是清乐部的乐器，也是龟兹乐部的乐器。至于筝、篪、叶当然是清乐系统的乐器。以乐器的数量论，龟兹系统的乐器占了绝对多数，清乐系统的乐器仅占少数。

乐伎在雕刻中排列的位置，也绝不是偶然的。琵琶为众乐之首，故排在最前面的东首，而奏琵琶伎的装束，亦略异于其他各伎，想其中或有等级之分，或者是这一音声队的领队。这是与唐代燕乐的性质相合的，因燕乐是“以琵琶为主而众乐随之”的。在装束上与奏琵琶伎相同的，惟有正面西首的奏拍板伎。奏拍板者有二，似以此为主。拍板为节乐之器，在乐队中的作用是很重要的，故亦列在最前面。

这一音声队整个乐器的组合，与隋、唐时的西凉乐和张文收所造的燕乐的乐器组合，又大为不同①。以意度之，它或者是玄宗时以“道调、法曲与胡部新声合作”后所发展的一种乐队，它既不完全是胡部新声（燕乐），也不完全是法曲（清乐），而是二者的混合。所以，这一部音声队乐器的组合，对于研究唐代音乐后期的发展史，是极其重要的资料。

---

① 按西凉乐源出于龟兹乐，是在凉州经过华乐化了的音乐。《旧唐书·音乐志》说：“其乐具有钟磬，盖凉人所传中国旧乐，而杂以羌胡之声也。魏世共隋咸重之。”其乐以琵琶为主而众乐随之。《新唐书》卷二十二《礼乐志》言其乐器说：“丝有琵琶、五弦（亦琵琶之一种）、箜篌、筝；竹有觱篥、箫、笛；匏有笙；革有杖鼓、第二鼓、第三鼓、腰鼓、大鼓；土则附革而为鞚；木则拍板；方响以体金应石，而备八音。”在隋以前这种音乐被称为“国伎”，或称“西凉伎”“秦汉伎”。至唐初张文收又据之以作宴乐。《通典》（卷一百四十六）说：“贞观中，景云见，河水清。协律郎张文收采古朱雁天马之义，制景云河清歌，名曰宴乐，奏之管弦，为诸乐之首。……乐用玉磬一架，大方响一架，笛、筝一，筑一，卧箜篌一，大箜篌一，小箜篌一，大琵琶一，小琵琶一，大五弦琵琶一，小五弦琵琶一，吹叶一，大笙一，小笙一，大筚篥一，小筚篥一，大箫一，小箫一，正铜钹一，和铜钹一，长笛一，尺八一，短笛一，揩鼓一，连鼓一，鞉鼓二，浮鼓二，歌二。”

各伎的服装均大体相同，皆着圆领上衣，华袂广袖，衣皆红色，惟领及华袂上的颜色各有不同，在初出土时大半犹隐约可见，不外红、绿、黄三色。裙均系于上衣外胸以下，系裙的鸾绦虽各大体相似，但系的结则各不相同，绦色亦各异。裙皆杏黄色。黄裙可能是当时的一种风尚。《新唐书》卷三十四（百衲本）《五行志》云：

> 杨贵妃常以假鬓为首饰，而好服黄裙，近服妖也。时人为之语曰：义髻抛河里，黄裙逐水流。

按各史《五行志》中所称的“服妖”，大都系当时所最流行的服饰。鞋的样式系如何？因除二舞伎外，全皆盘膝而坐[①]，不可得见。由舞者足下所显露的鞋头视之，其鞋底前部上翻而作云头样，亦可谓

图三四　棺床南面舞伎（南面东二）的服饰

---

① 此种坐法非当时汉族的传统坐法。其解释可能有两种：一为系受当时外来的影响，如“趺坐”；再为此系演奏乐器，端坐不便，故作此种坐法。

图三五 髻式

1. 西八 2. 东六 3. 西十 4. 西二 5. 西九 6. 东十 7. 东八 8. 西五 9. 东三 10. 东二 11. 南面西二 12. 东九 13. 西三 14. 西一

图三六　鬟髻

双鬟髻：1. 东一　2. 东七　3. 东五　4. 西七　5. 南面西一　6. 西六

鬟髻：7. 西四　8. 东四

之“云头鞋”。另外，二舞伎及奏琵琶和拍板者，肩上着云肩，想此四人为队中之最重要者，故服此以示特异（图三四；图版拾柒）。

二十四个伎乐的发髻，其梳法是相同的，均系将额前之发略为卷起而向后梳。但是，其挽髻之法则大不相同，在这二十四人中即有二十二种（图三五、三六），如南面的两个舞伎及东一、东五、东七、西六、西七等，皆系双鬟髻一类（图三六，1～6）；又如东四、西四亦可视为鬟髻的变式（图三六，7、8）。在此二十二种髻式中，具鬟的形式者几占半数。按唐代妇女发髻的基本形式，似乎以鬟为主，故唐人之言发髻者多髻鬟并举。王建墓的石刻伎乐亦可证明鬟在绾髻中的重要。更由于其式样变化之繁多，实为研究唐、五代妇女发饰的最好资料。

三、十二神

棺床的东、西两侧列置十二神，每侧六人，东一、东六、西一、西四为单置，余皆两两相并（图三七～四〇；图版拾伍）。神像仅刻半身，股以下则埋于地中。自股至顶高50～63厘米。神身着甲，头束发或戴盔，雕刻极为精细。盔甲上原皆敷色贴金，但大半已脱落。

十二神所披之身甲为前后两方，于肩上用革带扣系，腰束带。背甲作连锁状。或者亦即所谓锁子甲（图三八，4）。胸甲则各为不同，其属铁甲的有鱼鳞式的胸甲、有扎甲，另也有皮甲。披膊亦各不同，有作鱼鳞式，亦有皮甲式者。

十二神像中有六人戴冠，计为东二、东四、东六、西二、西四和西六，冠形仅缘额一周，头顶则露髻于外。其他六像皆着盔，计有东一、东三、东五、西一、西三和西五，视其样式，似为皮制。此十二神中，戴冠者与戴盔者相间，在造像上必有一定意义。

各神像皆以双手置于棺床之下，似将棺床抬起拥护者然。

按圹中置十二神始见于《宋史·礼志》（卷一百二十二，凶礼、山陵，百衲本），“玄宫”中除当圹、当野、祖明、祖思、地轴之

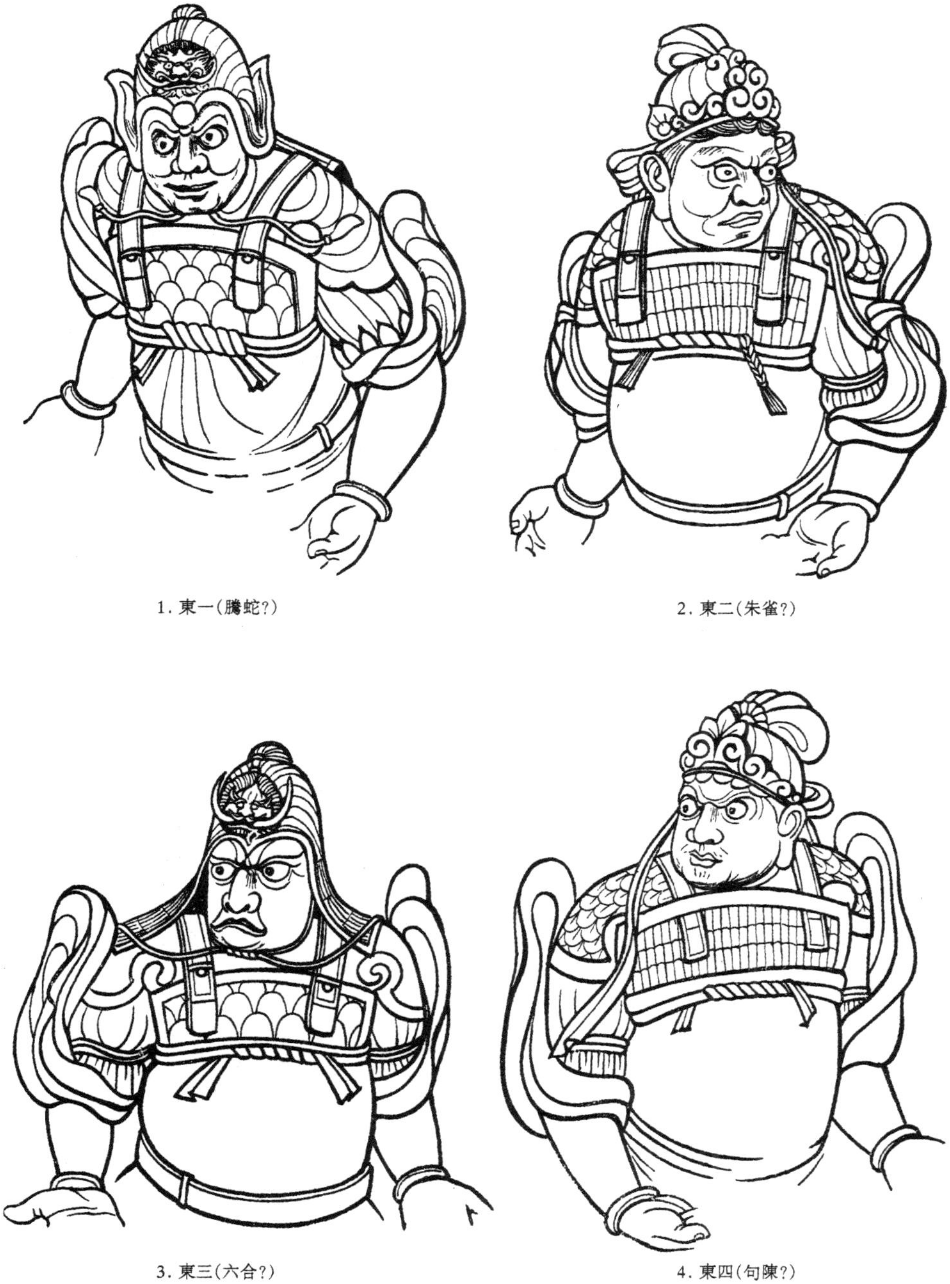

1. 東一(螣蛇?)

2. 東二(朱雀?)

3. 東三(六合?)

4. 東四(勾陳?)

图三七　十二神（一）

1．東五(青龍?)

2．東六(天一?)

3．西一(天后?)

4．西一背面(鎖子甲細部)

图三八　十二神（二）

1. 西二(太陰?)

2. 西三(玄武?)

3. 西四(太常)?

4. 西五(白虎?)

图三九　十二神（三）

图四〇 十二神(四)

外，尚有十二神。从王建墓的发现和南汉刘龚墓被掘的记载来看，陵中置十二神当起于唐或五代。

所谓十二神，亦即工技家六壬式所使之十二神。此说起源甚早，《汉书·艺文志》五行家有《转位十二神》二十五卷，其书今佚。其他如《淮南子》《论衡》中俱有此种记载。汉王充《论衡》卷二十四（《四部丛刊初编》本）《难岁篇》说：

……或上十二神登明从魁之辈，工技家谓之皆天神也，常立子丑之位，俱有衡抵之气。

此虽未全举十二神之名，但与后来六壬家所言者不殊。十二神之名，根据近来发现的隋六壬式盘[①]及隋萧吉的《五行大义》（《知不足斋丛书》本）所言，为微明、河魁、从魁、传送、胜先、小吉、太一、天罡、大冲、功曹、大吉、神后。除此而外，十二神之中又有所谓十二将，其名为天一、腾蛇、朱雀、六合、句陈、青龙、天后、太阴、玄

① 见严敦杰：《跋六壬式盘》，《文物参考资料》1958年7期。

武、太常、白虎、天空。在六壬式中，前者称为天神，后者称为天将。清俞正燮《癸巳类稿》卷十（商务印书馆排印本，1957年）《六壬古式考》说：

> 其隋时《五行大义》所谓十二将者，今谓之十二神。汉志云：《转位十二神》二十五卷，则古所谓神，今所谓将也。《辨正论·历代相承篇》云：案曹氏《太一式经》，黄帝神女上以神将立号，下以日辰为名，宿合之神，以为月神，月建之气，以为辰名。所谓月神者今之将，所谓上以神将者，乃今之神。

此为“神”与“将”之别。按王建墓中所置者，应为十二天将。以意度之，其置此于墓中者，用意在于“解除”。至于“大神”犯之则凶，而当趋避。《论衡》卷二十五《解除篇》说：

> 宅中主神有十二焉，青龙白虎列十二位。

清钱大昕《十驾斋养新录》（卷十七，《四部备要》本）谓《论衡》：

> 虽不详列十二之名，当与六壬家不异。

钱氏之说是正确的。十二将之义，在主驱除，而阴宅亦犹阳宅，故将其置于墓中，以除凶邪①。

十二将之位置，兹根据《大唐六典》《武经总要》等书推定如后。《大唐六典》（卷十四，日本京都帝大影印近卫家熙享保九年刊本）说："十二将以天一为首。"天一虽为十二将之首，但其位置则居中。《武经总要后集》（卷二十，《四库全书珍本》）说："天一居中，而前尽于五，后尽于六。"是天一在十二将的系列中居于第六位，其前有五将，其后有六将。依此列推之，是王建墓内之十二神将中，"东六"应为天一（土将）（图三八，2；图版贰伍，2），因其位次适居于前五后六之数。其前"东一"应为腾蛇（火将），因其居前列之首。"东二"应为朱雀（火将），"东三"应为六合（木将），"东四"应为句陈（土将），"东五"应为青龙（木将），此所谓"在方左者"（图三七；图三八，1；图版贰肆；图版贰伍，1）。西面的六将，所谓"在方右者"，"西一"为天后（水将），因天后为后列之首（图三八，3、4；图版贰伍，3）。"西二"为太阴（金将），"西三"为玄武（水将），"西四"为太常（土将），"西五"为白虎（金将），"西六"为天空（土将）（图三九、四〇；图版贰伍，4；图版贰陆）。

此虽为一种推定，但与隋六壬式盘上所列者相合。《梦溪笔谈》（卷七）说："十一将前二火二木，一土间之；后当二金二水，一土间

① 《续汉书·礼仪志》（《后汉书》卷九十五）："凡使十二神追恶凶，赫女躯，拉女干，节解女肉，抽女肺肠，女不急去，后者为粮。"王先谦《集解》引惠栋述《论衡》曰："宅中主神十有二焉。青龙白虎列十二位，有十二神舍之宅，立驱逐，名为去十二神之客。"

之。”亦为相合。《梦溪笔谈》所谓“十一将”，因“贵人（天一）对相无物”，故其对为天空，“空者，无所有也，非神将也。”故止十一将[①]，故在墓中天一与天空各在两列之最后[②]。

---

① 《梦溪笔谈》（卷七）说：“六壬有十二神将，以义求之，止合有十一神将，贵人为之主，其前有五将，谓腾蛇、朱雀、六合、句陈、青龙也。此木、火之神，在方左（方左谓寅、卯、辰、巳、午）者。其后有五将，谓天后、太阴、玄武、太常、白虎也。此金、水之神，在方右（方右谓未、申、酉、亥、子）者。惟贵人对相无物，如日之在天，月对则亏，五星对则逆行避之，莫敢当其对，贵人亦然，莫有对者，故谓之天空；空者，无所有也，非神将也，犹月杀之有月空也。”沈括虽言天空非神将，但其所举之顺序则与以上所推定者相合。

② 十二神的排列，必有一定的次序，因在唐宋之时，十二神之像并不仅置于墓中，在其他地方亦用之，例如《通鉴》卷二百零五《唐纪》，武后天册万岁元年“命更造明堂天堂，仍以怀义充使。又铸铜为九州鼎及十二神，皆高一丈，各置其方。”胡注以“十二神”为“十二属神”，即子鼠、丑牛……非是。此明言“各置其方”，其为六壬十二神甚明。

捌

棺　椁

棺椁除其上的抬环、包片、饰片、钉、泡钉等为铜铁而外，全部为木制。木上髹漆，大部分略有痕迹可寻（图版贰玖，1）。但因棺椁的上部已被破坏，且经盗墓者移动，故棺椁的情况，仅能据其下部复原。所以许多复原图的上层部分，仅能以示意图视之，不完全准确。

一、椁

椁全长4.24、南端宽1.6、北端宽1.8米，厚约8厘米。椁底为双层，每层略向外突。下层底的四角饰泥金铁包角，上层底饰鎏金铜包角（图版贰柒，4）。上层底板两侧各钉鎏金铜环四枚，两端各钉铜环二枚，铜环之上饰以鎏金铜片（图四四；图版贰捌，2、3）。

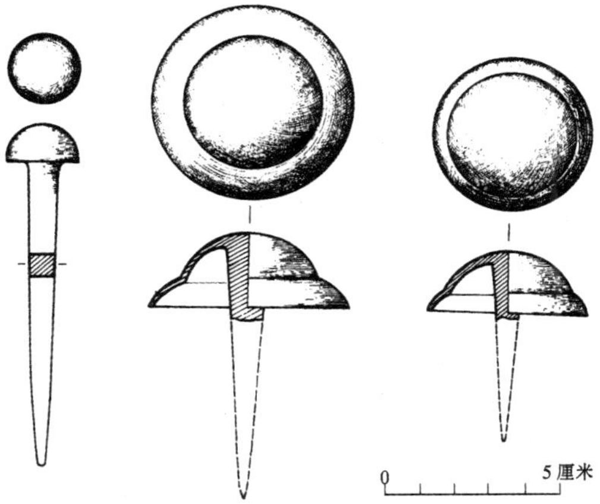

图四一　棺、椁鎏金铜钉器形图

椁的上部已毁，故其样式及高度不明。依据椁首门作的宽度在1.4米左右，椁的高度至少在2米以上，因依照当时的营造法式，门的尺度大体上近乎正方。

椁的两档为门作形式，门的四角包鎏金铜片，门扇上钉鎏金铜泡钉七排（图四一；图版贰柒，1、2），每排十四枚，惟第四排为十二枚，因中缝处须留出地位以钉门环（图版叁贰，4左）。此种门作大概仅为一种装饰，实际上是不能启阖的（图四二，左）。

椁的两侧有在发掘中所称为“栅形物”者各一排，西边的一排已倒在第二层台级之上（图版贰柒，5）；东边的一排，则垂直下落几与底板齐（图版贰柒，3）。此两排所谓“栅形物”，当系一种装饰性的窗棂。窗棂之栅，为1厘米余见方的木条，装置则是棱起的。窗之上下则饰以“丁”字形鎏金小铜片，在小铜片之间，则有装饰性的小斗拱，其上部似为一斗三升式（图四四）。

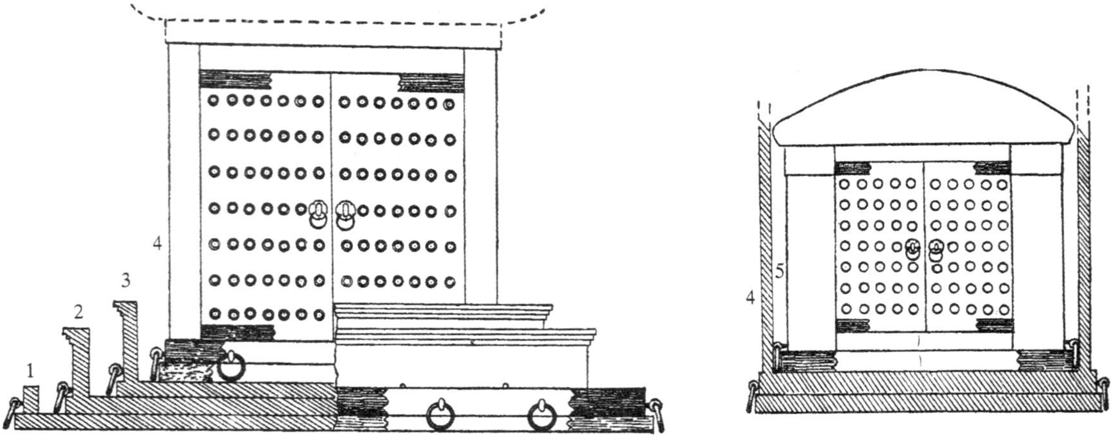

图四二 棺、椁北端及门的复原示意图（左：椁，右：棺）（1/30）
1～3.台级 4.椁 5.棺

二、棺

棺置于椁内，全长3.66、南端宽1.26、北端宽1.56米，厚10厘米①。底板略为突出，四角包泥金铁包角片。棺的两侧钉鎏金铜环八枚，两两相并（图四三）。棺的两端各饰门作，门的四角饰鎏金铜片，门上钉鎏金铜泡钉七排，每排十枚，但第四排仅八枚，中缝处钉门环（图版叁贰，1上、4右）。此种门作亦纯为装饰性的，不能启阖（图四二，右）。

棺的上部已毁，故其高度不明。棺盖已被掀置于棺的东侧，尚

① 台级的栏楯和棺、椁的厚度，以其上鎏金铜环铁钉钉入弯转的程度，为其厚度，故各种厚度均系依此而推测的。见图版叁贰，5。

有部分漆痕可寻；棺底髹漆（图版贰捌，4）。

自棺椁底部的形状看，整个棺椁为一前略窄、后略宽，前略低、后略高的形状。

三、台级

棺椁是放置在一个三层台级之上，台级全部为木作。第一层长约6.88、南端宽约3、北端宽约3.2米，底厚约8厘米。底的四周略为突出，转角处包以鎏金铜饰片（图版贰玖，3、4；图版叁贰，2、3），两边有铜环，铜环之间各饰以鎏金铜片（图版贰玖，5；图版叁贰，1中）。南端与北端正中亦饰鎏金铜片（图版叁贰，1下）。底上为栏，栏的高度及上部的形状不详。据第二第三层台级的西面栏高来推断，全高当亦不下40厘米。栏厚约6厘米，周角及南、北端正中饰以鎏金铜饰片。栏的两边各钉鎏金铜环五枚，南端和北端各四枚（图四七；图版叁贰，6）。

第二层台级长约5.97、南端宽2.5、北端宽2.7米。底板略为突出，四角包以泥金铁片。

栏楯连底共高约40厘米。台级两侧各钉鎏金铜环六枚（图版贰玖，2），每枚之间饰以蝠形（或为图案化鸟形）纹饰（图版贰玖，6）。纹饰系用漆堆起，每边共七团。南北两端各钉铜环四枚，栏正中饰以鎏金铜片（图四六；图版叁拾；图版叁壹，2、3、5、6）。

第三层台级长约5.06、南端宽约2、北端宽约2.2米。底板略为突出，四角包以泥金铁片。栏、底共高约40、厚约6厘米。台级两侧钉鎏金铜环六枚，中间两环特大（图版叁贰，6左）。两环之间底板上钉泥金铁片。南北两端各钉鎏金大铜环二枚（图四五）。

此一三层台级的南端均较北端为狭，大概系依照棺、椁的形状而制成的（图四八）。但三层台级前后的排列比例，并不均称，前逼而后宽。此种情况，不可能为后来扰乱所致，因为三级台阶之间均系用巨铁钉钉牢者。在台级下的淤泥中，此类铁钉甚多。

整个台级及棺椁均髹漆（图版贰捌，1、6；图版叁壹，1、4），但各部分的颜色则略有不同。台级似为漆的本色，黑中略带红。椁的漆色中带金色，门则为朱红。棺为赭红色，门则为朱色（图版贰捌，5）。

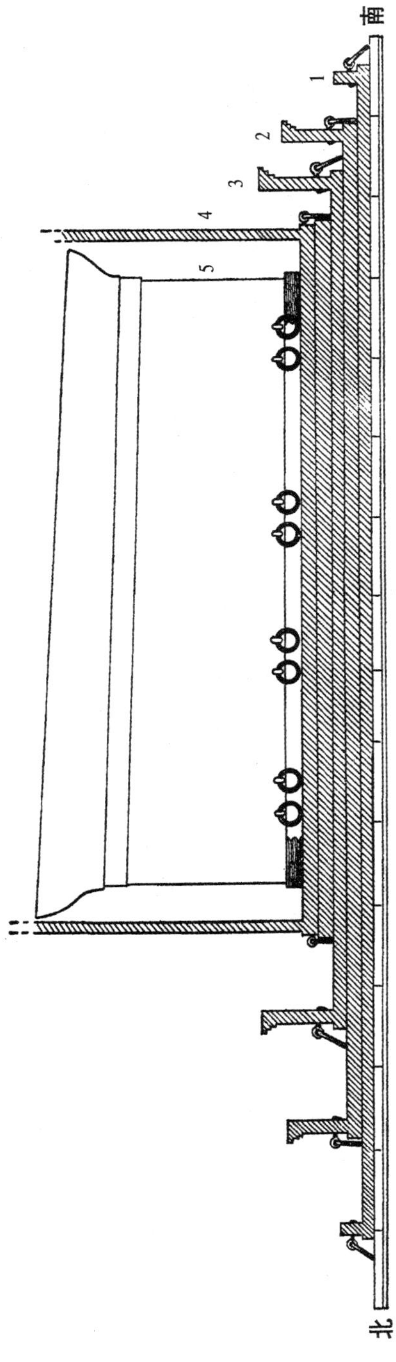

图四三 第一、二、三层台级和椁的纵剖面及棺西侧面复原示意图（1/37）

1～3.台级 4.椁 5.棺

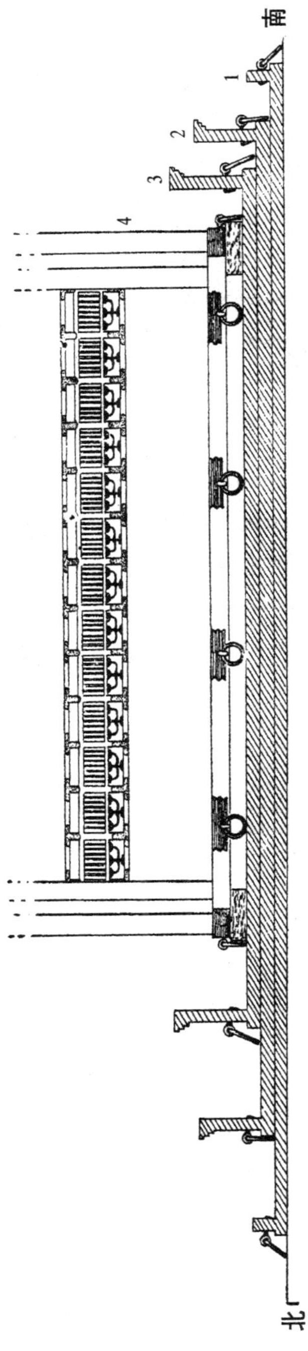

图四四 第一、二、三层台级纵剖面及椁西侧面复原示意图（1/37）

1～3.台级 4.椁

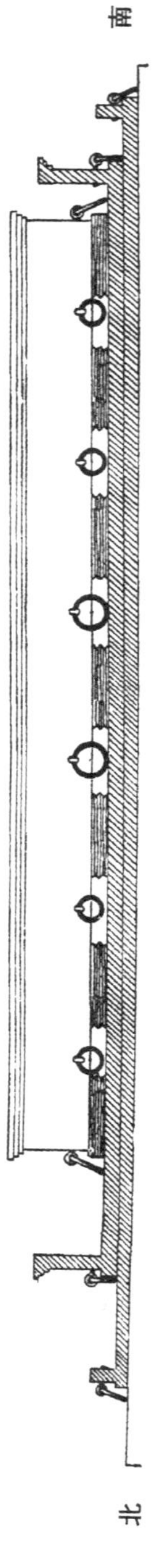

图四五 第一、二层台级纵剖面及第三层台级西侧面复原示意图（1/37）

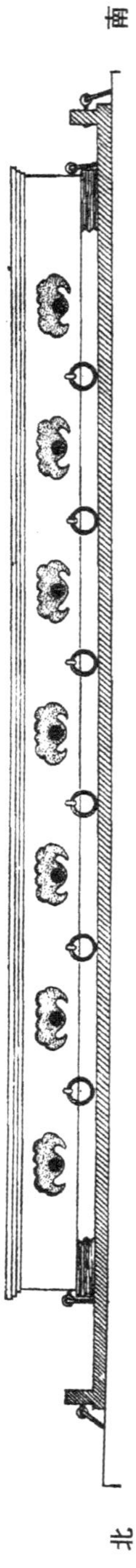

图四六 第一层台级纵剖面及第二层台级西侧面复原示意图（1/37）

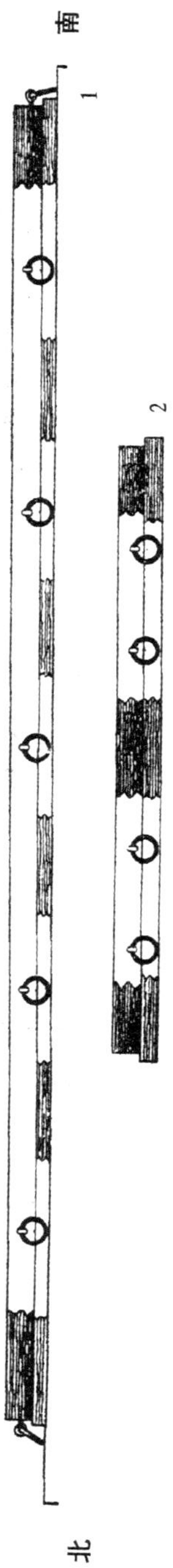

图四七 第一层台级复原示意图（1/37）
1.西侧面 2.南面

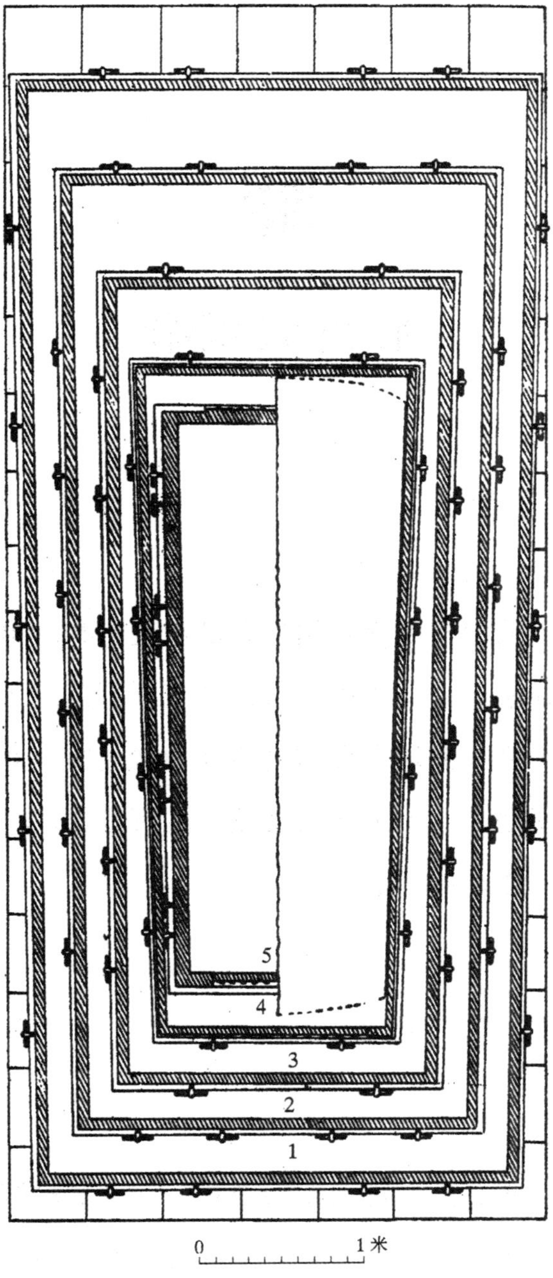

图四八　棺、椁及三层台级平面示意图
1～3.台级　4.椁　5.棺

玖

棺中随葬器物

棺底漆纹上的淤土中含有相当数量水银，共取出约15公斤，尚未取尽。水银在淤土中均成小珠状，其范围不仅限于棺内底部，棺外附近亦出现少许，但均在离棺底不远的淤土中。此种情况，可能系棺椁腐朽后所浸出，也可能系被破坏时所取出。棺内的少数银器上也粘有相当厚的水银一层。

一、大带

大带位于棺底北部，排列颇为紊乱。大带的红鞓均已腐朽，仅余漆痕，其附着于铊尾及銙上者，尚部分保存。玉銙、铊尾（亦作獭尾）、银扣等均保存完好（图版叁伍，3、4）。所以鞓虽已全腐，但由所保存的部分，结合出土的情况，尚可推见大带的原来形制（图四九），由之亦可考见唐、五代玉带制度的形状。

铊尾及銙的玉质洁白温润，上均刻龙，工制极精（图五〇、五一；图版叁叁、叁肆；图版叁伍，1）。铊尾全长19.5、宽6.9厘米，厚约9毫米。玉銙七方，每方约7.4×8.2厘米，厚薄约与铊尾同。铊尾背面刻铭文，记制大带的缘由（图五〇；图版叁叁，2）：

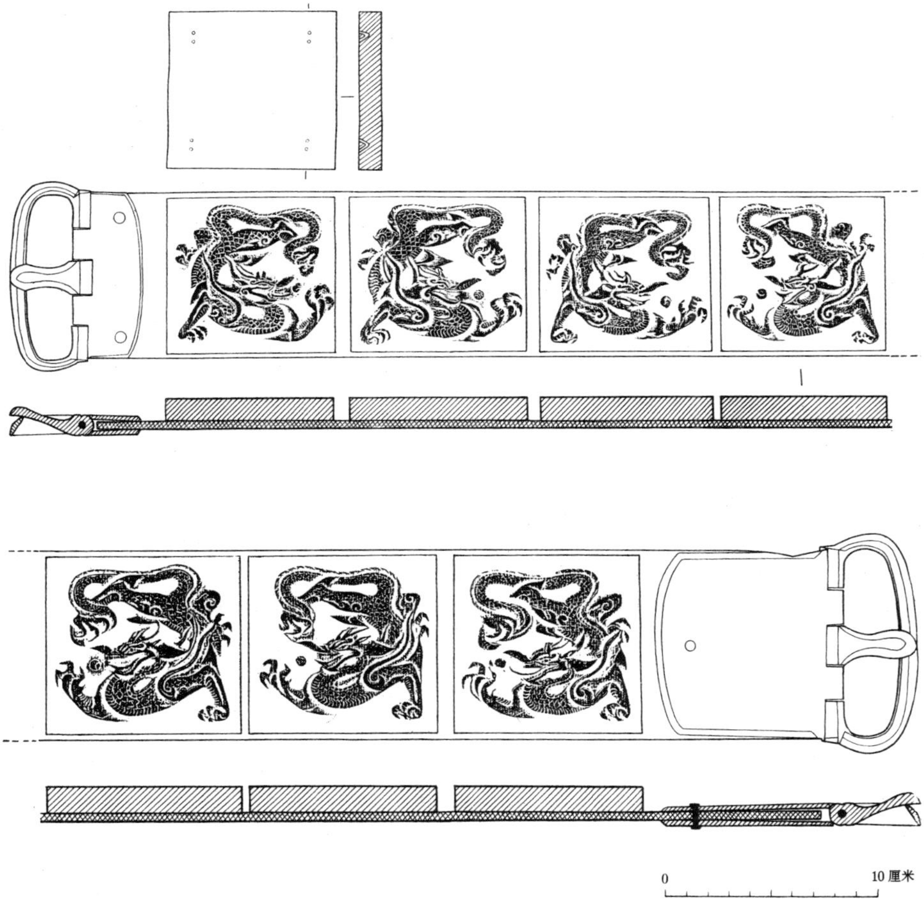

图四九　玉大带图

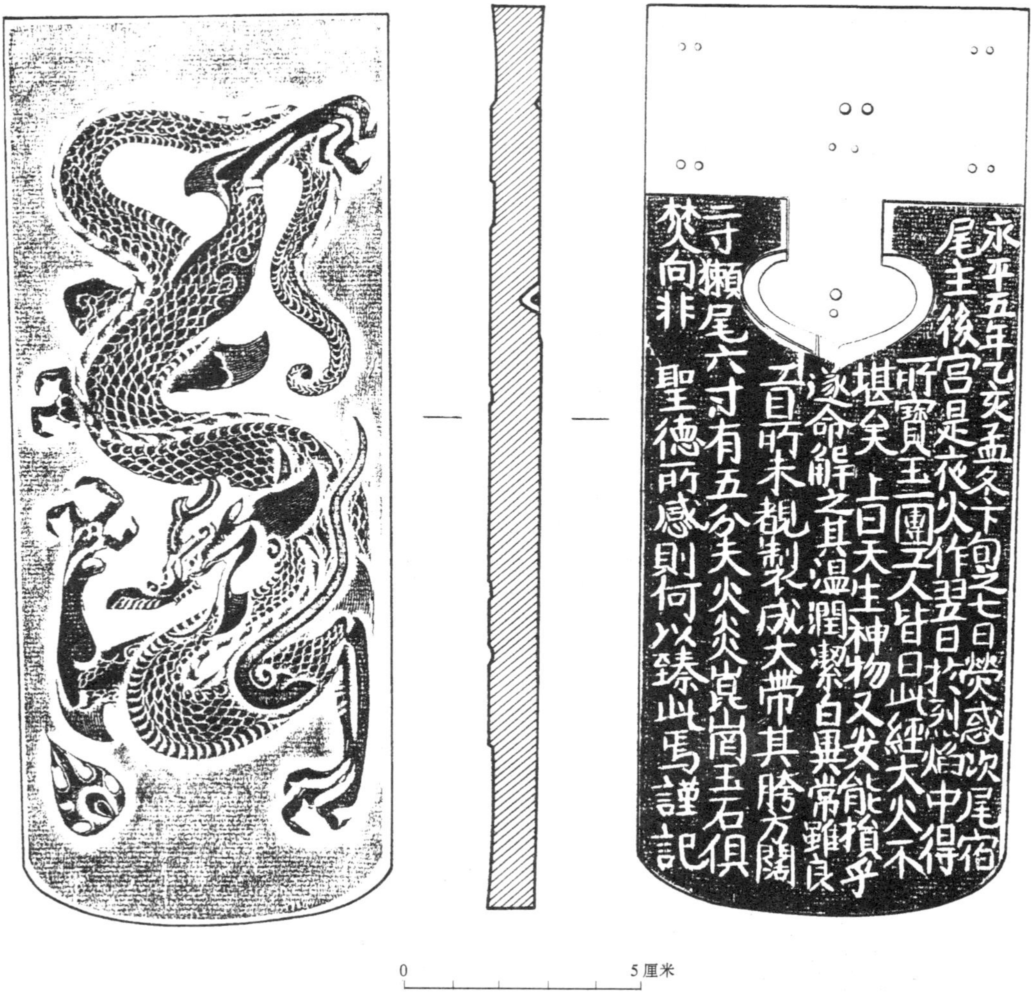

图五〇　玉大带铊尾正（龙纹）、背（铭文）面图

图五一　玉銙龙纹拓本（向右者三方，向左者四方；原大）

永平五年乙亥，孟冬下旬之七日，荧惑次尾宿。尾主后宫，是夜火作，翌日于烈焰中得所宝玉一团。工人皆曰："此经大火不堪矣。"上曰："天生神物，又安能损乎！"遂命解之，其温润洁白异常，虽良工目所未睹。制成大带，其胯方阔二寸，獭尾六寸有五分。夫火炎昆岗，玉石俱焚，向非圣德所感，则何以臻此焉！谨记。

此铭文除记制带之原委外，还记载大火及铊尾和銙的尺寸。可知当时的尺，较现在的市尺相去不远。如"獭尾六寸有五分"，合现在的市尺五寸九分，"胯方阔二寸"，合现在的市尺二寸二分以上；二者的度量略有不同，或者当时亦仅略言之而已。

铊尾的背面（有铭文的一面）首部钻象鼻小孔五，近四角处及中部各一，用线或银丝（？）将铊尾系附于鞓的尾端。尾端又出如意头约寸许，再用线于象鼻眼孔中系牢。銙的背面近四角处亦各钻象鼻小孔，用线附于鞓上。

大带的鞓分两段，有銙饰的一段，即背后的一段，两端有银带扣各一（图版叁伍，5、6），系用银钉钉上者。有獭尾的一段无扣，仅两端穿小孔若干，俾以受扣针（图版叁玖）。

按唐五代及北宋的革带均系如此。陕西、河南新出土的唐代陶俑，敦煌唐代供养人画像，五代后蜀宋琳墓①所出之陶俑等，其束带者亦均如此。所不同者，是因品级和时代的不同，致使銙的质料和数目有差别而已。

按革带之制，本为胡服。宋沈括《梦溪笔谈》（卷一）说：

> 中国衣冠，自北齐以来，乃全用胡服。窄袖绯绿、短衣、长靿靴，有鞢韄带，皆胡服也。……带衣所垂蹀躞，盖欲佩带弓剑、帉帨、算囊、刀砺之类。自后虽去蹀躞，而犹存其环，环所以衔蹀躞，如马之鞦根，即今之带銙也。天子必以十三环为节，唐武德贞观时犹尔。开元之后，虽仍旧俗，而稍褒博矣，然带钩尚穿带本为孔。本朝加顺折，茂人文也。

《笔谈》所言甚明，銙者原所以附鞓以受环，环则衔蹀躞以悬物，然

---

① 四川省博物馆文物工作队：《四川彭山后蜀宋琳墓清理简报》，《考古通讯》1958年8期。此墓的年代为后蜀广政十八年（公元955年）。

皆本为马带上之饰，故在前亦名曰“校”[1]。其后因去其蹀躞而独留环，故称曰“环”。其后又连环亦去之，只留附鞓之饰，故曰“銙”。《旧唐书》卷一百二十五《柳浑传》：

> 时上命玉工为带，坠坏一銙，乃私市以补。及献，上指曰：“此何不相类？”工人伏罪。

由此可知在唐时已通称为銙了。銙之原来用途，在于受环，环则以悬物。在唐以前的服饰上，物均悬在背后。故后来的带銙，均按以往的位置，附于带后，故系带而不能自见其銙。此为銙饰的通制。《宋史》卷二百八十二《王旦传》：

> 有货玉带者，弟以为佳，呈旦。旦命系之，曰：还见佳否？弟曰：系之安得自见！旦曰：自负重而使观者称好，无乃劳乎？

系带而不能自见其玉饰，正以銙在带后而不能自见。今观王建造像上之玉带正是如此。

---

① 王国维《胡服考》（见《观堂集林》卷二十二，排印本）谓：“古大带、革带皆无饰，有饰者胡带也。”又言：“其带之饰，则于革上列置金玉，名曰校具，亦谓之鞊，亦谓之环。其初本以佩物，后但致饰而已。……按以上带具之名，皆取诸马鞍具，吴录谓络带为鞍饰革带，吴志及吴书谓之校饰革带、金校带。校者即《朝野佥载》之铰具，亦马鞍之饰也。……古带校具或作环形，或校具之上更缀以环，故其带又谓之环带。”

在北周、隋及唐初之时，天子之带以十三环（銙）为节。《隋书》卷三十七（百衲本）《李穆传》：

> 高祖作相……乃奉十三环金带于高祖，盖天子之服也。

《旧唐书》卷四十五《舆服志》：

> 隋代帝王贵臣，多服黄文绫袍、乌纱帽、九环带、乌皮六合靴。百官常服，同于匹庶，皆着黄袍，出入殿省。天子朝服亦如之，惟带加十三环，以为差异。

在唐时以带銙之多少及质料，为别品级高下的服饰之一。《通典》（卷六十三）说：

> 上元元年八月，敕文武官三品以上金玉带十二胯，四品金鱼袋十一胯，五品金带十胯，六品、七品并银带九胯，八品、九品服并鍮石带八胯，庶人服黄铜铁带六胯[①]。

① 《新唐书》卷二十四《车服志》所记与此略为不同。《车服志》说："其后（按即高宗显庆以后）以紫为三品之服，金玉带，銙十三；绯为四品之服，金带，銙十一；浅绯为五品之服，金带，銙十；深绿为六品之服，浅绿为七品之服，皆银带，銙九；深青为八品之服，浅青为九品之服，皆鍮石带，銙八；黄为流外官及庶人之服，铜铁带，銙七。"以《车服志》校《通典》之文，"四品金鱼袋十一胯"应为"四品金带十一胯"；"庶人服黄铜铁带六胯"应为"庶人服黄铜铁带七胯。"

《通典》所载之制度似为一种新制度，高宗上元以前似无之，至少尚未有明文规定，此时方加以制度化，观于前面所引《旧唐书·舆服志》所载即可知之[①]。不过，这种制度以后逐有变化。今王建墓内的大带，仅有七銙，而无“十三”之数，或者至晚唐、五代之时，銙的形制则增大，数目则相应减少了。按《梦溪笔谈》所言，“开元之后，虽仍旧俗，而稍褒博矣”，故此种变革，似在开元以后。倘銙的形制加大，则数目必须减少，因腰围有限制，不能因銙的形制增大而加大。大概自五代以后，即不以銙之多寡别品位之高下，而仅以銙之质料别之。如《宋史·舆服志》言革带之事甚详，但仅言质料，而不复言銙数之多少，可以证之。

王建墓大带上之带銙为方形，与唐五代陶俑和画像上所作之长方形者不同，此或者为宋人所言之方团銙。又有所谓“排方玉带”者，如王建宫词（1933年田氏影宋本）所言“银带排方獭尾长”，但不知其形制[②]。宋蔡绦《铁围山丛谈》（卷二，《知不足斋丛书》本）：

> 大观初，鲁公进师臣，及后，又第边功，赏无官可迁。时当宁意向，有鱼水之惧，遂以玉带锡之，其锡乃排方玉带也。

① 又如《车服志》载唐初的制度说：“一品、二品銙以金，六品以上以犀，九品以上以银，庶人以铁。”此仅言以銙的质料别品级，而不言銙数。可知以銙的质料和数目来别品级的高下，实起于高宗显庆以后。

② 按永平二年二月朱温赠王建物品中有：“黄排方玳琳腰带一条，头尾顺铗十二事；通牡丹犀排方腰带一条，头尾顺铗十二事。”见《十国春秋》卷三十六（清乾隆五十八年周少霞校刊本）。

排方玉带近乘舆所御。于是鲁公惶惧，力辞不能得。

又《玉海》（卷八十六，光绪九年浙江书局刊本）亦载：“玉带，乘舆排方，东宫不佩鱼。”《宋史·舆服志》亦屡言“排方”，似为封建皇帝及其近臣的专用品。

再者，革带本为胡服，故在宋以前不得施之于公服，《宋史·舆服志》说：“玉带不许施于公服”，此所谓“公服”系指“衮冕”而言，故服衮冕则不得系玉带，而必得服与其相配之大带。

关于永平五年（公元915年）大火事，在当时想系一重大事件，各书中颇有记载，且有附会者。《新五代史·前蜀世家》说：

（永平）五年，起寿昌殿于龙兴宫，画建像于壁。又起扶天阁，画诸功臣像。十一月大火，焚其宫室。

《资治通鉴》记此事尤详。《通鉴》卷二百六十九（古籍出版社出版，1956年）《后梁纪》贞明元年（按是年为梁乾化五年，十一月改元贞明，亦即前蜀永平五年）记载说：

十一月己未夜，蜀宫火。自得成都以来，宝货贮于百尺楼，悉为煨烬。诸军都指挥使兼中书令宗侃等帅卫兵欲入救火，蜀主闭门不内。庚申旦火犹未熄。蜀主出义兴门见群臣，命有司聚太庙神主，分巡都城。言讫，复入宫闭门。将相皆献帷幕饮食。

此次大火，损失相当严重，更有加以附会者，如宋孙光宪《北梦琐言》（逸文卷一，中华书局排印本，1960年）说：

> 伪蜀王先主时，有军校黄承真，就粮于广汉绵竹县，遇一叟曰郑山古，谓黄曰：此国于五行中少金气，有剩金之号，曰金炀鬼。此年蜀宫大火，至甲申、乙酉则杀人无数。我授汝秘术，诣朝堂陈之，傥行吾教以禳镇，庶几减于杀伐，救活之功，道家所重，延生试于我而取之。然三陈此术，如不允行，则子亦不免，盖泄于阴机也。子能从我乎？黄亦好奇，乃曰：苟禀至言，死生以之，乃赍秘文诣蜀，三上不达，乃呕血而死。其大火与乙酉亡国杀戮之事果验。

又按《新五代史》记载大火之事为“十一月”，而不系日。《通鉴》则记“十一月己未”。按己未为该年十一月三日，庚申为四日，与铊尾上所记不合。铊尾铭文则言为“孟冬下旬之七日”，当为是年十月二十七日（甲寅），与《通鉴》所记相去五日（按是年十月小）。铊尾铭文所记为当时工匠目击之事，故当以铊尾所记为确。

二、银器

1. 银盒

2件。样式相同，花纹亦相似。全盒作蝶形，最长径11.5、最宽径6.5、通高3厘米（图五二；图版叁柒，1～3）。盖上有凸出的鸳鸯花草纹，刻工精细入微，与陕西唐墓中所出者大体相同。出土时与大带、银扣、银钵等同在一处（图版叁陆，1、3）。

2. 银钵

1件。敛口，鼓腹，平底。高8.7、口径15.7、腹径18.5、底径12.5厘米。腹部有阴刻的花纹，以五团团花为主，中以仰俯花草间隔，上下则刻仰俯莲瓣。钵底外刻“本道秤重拾伍两”七字（图五三；图版叁陆，2；图版叁柒，4）。以现在的市秤（十六两计者）衡之，实有二十五两。

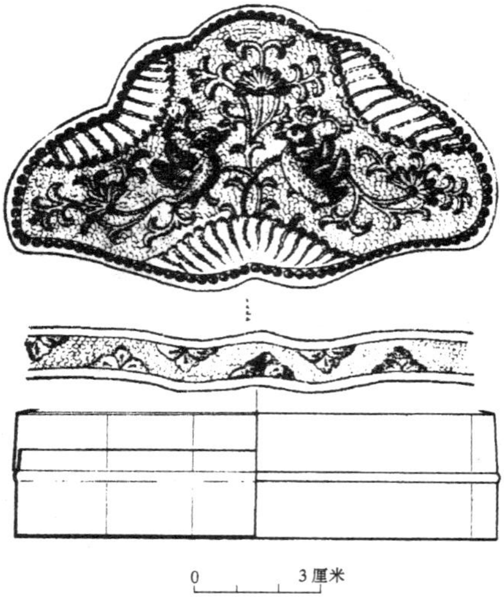

图五二　银盒器形及花纹展示图

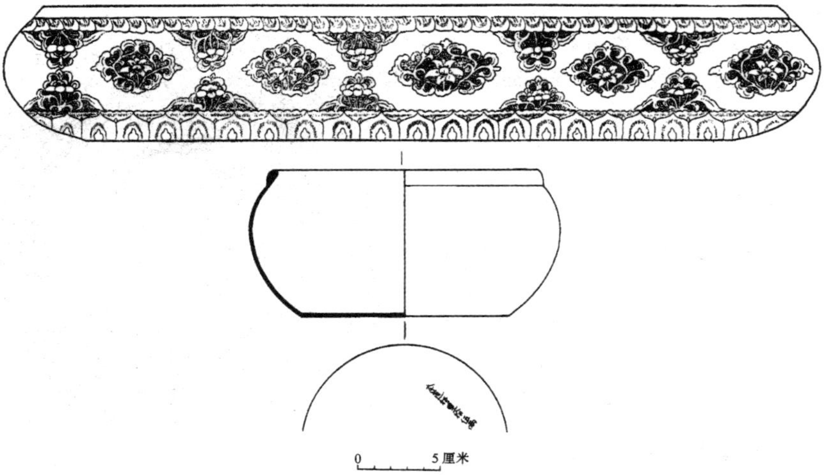

图五三　银钵器形及花纹展示图

3. 银猪

1件，发现于银钵之内。长11.3、高3.2厘米。制作颇精工（图五四；图版叁柒，6）。

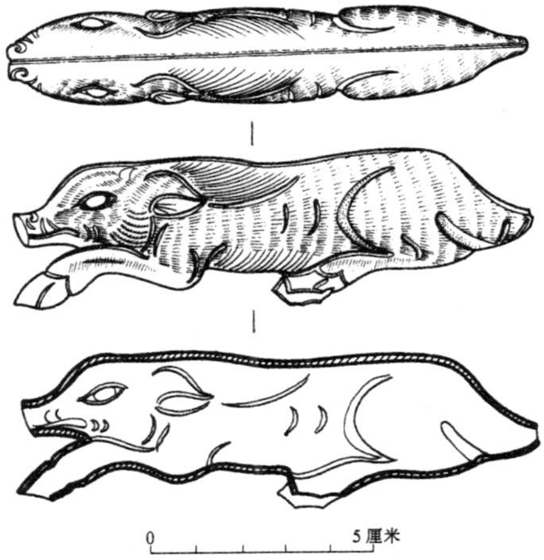

图五四　银猪器形图

4. 银扣饰

发现于银钵的口部上侧，系一木器或漆器上的口缘扣饰，故中孔略向下卷成唇。木漆部分已全朽，但自扣饰为圆形推之，大概系一圆形器。银饰的直径10.6厘米，中孔径约3厘米（图五五；图版叁伍，2）。

5. 小铁刀和银刀鞘

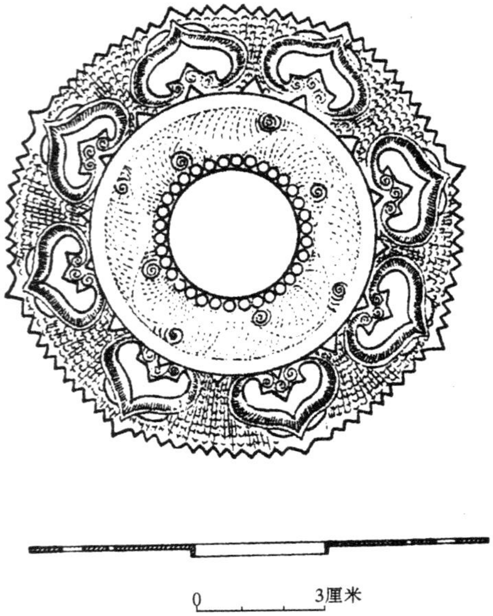

图五五 银扣饰器形及花纹展示图

铁刀全长约19、宽约2厘米。其形制上端略宽，下端略窄，一面刃。但因氧化过甚，刀身已粘着于银鞘之内。刀柄外包银套，内为木质，但今木质已全朽。鞘长22、宽约2.5厘米，柄套与鞘共长29厘米。鞘系分三段制成，上下两段系制成后而套于中段之上者。柄套与鞘合口处有凸出的长方套孔，孔约为10×5毫米，下部略窄，共长约5.5厘米。银鞘及柄套上一面雕玛瑙纹，一面雕卷草纹，上下段各雕飞翔的水凫一，中段的一面已残破（图五六；图版叁捌，6）。

6. 银头杖

长约73厘米。木质圆杆外缠以1厘米宽的银皮条，一端为立体方形银质杖头（图五七；图版叁捌，5）。发现时已折断为三段，位于大带铊尾东银钵之上。

7. 银搔手

长约45厘米，中部略为折弯，在棺中南北直放于银碗之侧（图五八；图版叁陆，4；图版叁捌，8）。因浸于棺中的水银之中，故通体凝结有水银一层。

图五六　银刀鞘器形及花纹展示图

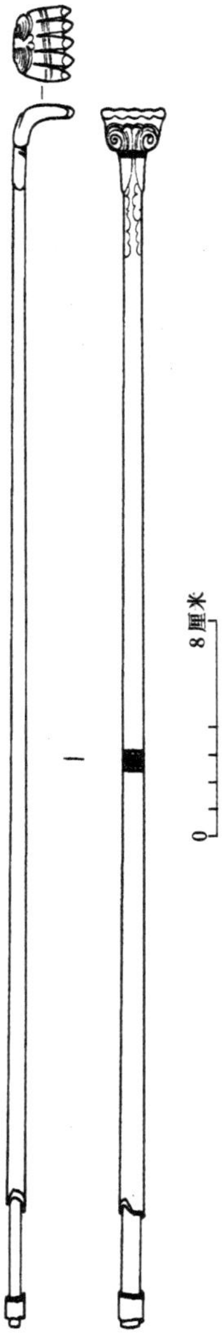

图五八 银搔手器形图

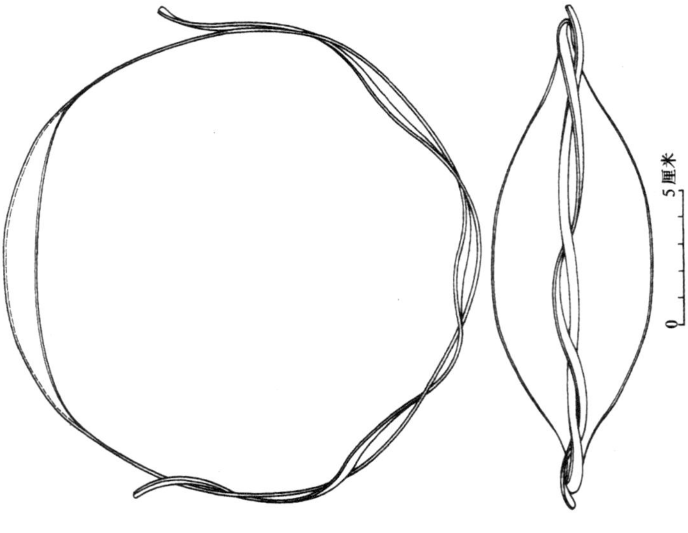

图五九 银颈托器形图

图五七 银头杖（1/2）

8. 银碗

位于银搔手之侧，口径16.3厘米（图版叁陆，4）。其上凝结水银一层。

9. 银颐托

此种银器，以陕西唐墓中所发现之金者例之[①]，乃系托于尸体之颐上，以免下颌骨下坠而使口张开者，故称之为颐托（图五九；图版叁柒，5）。

三、其他

1. 铜镜及镜奁

铜镜25.2厘米正方，宽带边，鼻钮，无纹饰（图六〇；图版叁捌，1）。发掘时镜已被取出置于镜奁之上，面向下，其下为散乱的朽木及漆痕（图版叁陆，5、6）。

镜奁系一银平脱盝顶形朱漆盒，盒身27.5厘米正方，此系根据完整的银平脱帖白（镶边）转角处的长短测定的，故十分准确（图六一；图版肆拾，2）。其高度因木胎全朽，仅能根据各银镶边的宽度及平脱银花的宽度来推定。盒身上下各有帖白一道，各宽约1厘米；中间条枝银花一道，宽约1厘米；再加上中间的空隙，故盒身的

① 见张正岭：《西安韩森寨唐墓清理记》，《考古通讯》1957年5期，页57～62。按张文称为“下颚托”。

高度当在3.5厘米左右。子口榫高约1厘米，榫上镶ㄟ形银扣，一方面可增强子口的力量，另一方面，因奁盖开后子口榫显露于外，故同时亦可增进其美观（图六一，下右）。木胎的厚度，可能为1厘米或稍薄。

盖为斜边盝顶形，高度约为3.8厘米。口边镶帖白一道，斜边（或称落水边）上各平脱丽春花纹一条，图案的结构以花叶为中心，两边各镂瑞雀一（图六一，下左；图版肆拾，3）。顶面饰以方形团花，约23厘米见方。团花以丽春花为地，中间镂双狮戏球（图六一，上；图版肆拾，1）。

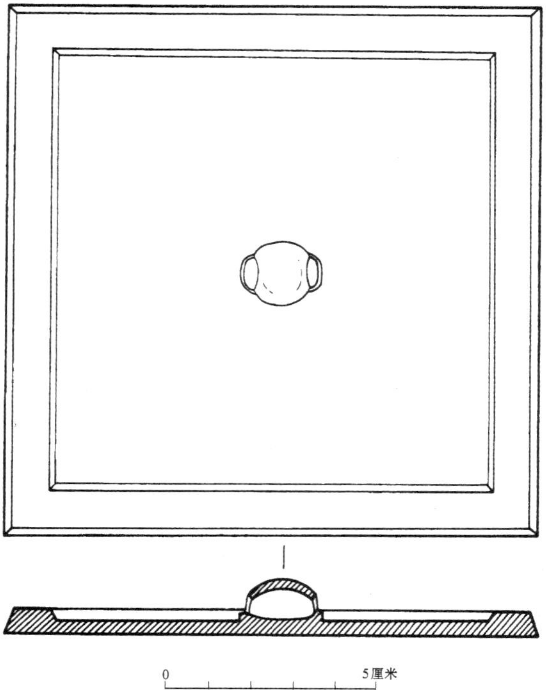

图六〇 铜镜器形图

图六一 镜奁复原图

上：镜奁盖面银平脱花纹 下左：镜奁侧面复原图 下右：镜奁结构

2. 水晶珠

两粒。一大一小，大者直径2.2、小者1.4厘米，中穿一小孔（图六二；图版叁捌，4）。位于棺内东北端，浸于水银中。

3. 琥珀

仅两残片，可能为冠上的装饰品（图六三；图版叁捌，2、3）。

4. 小玉片

可能为衣、帽上的饰片（图六四；图版叁捌，7）。

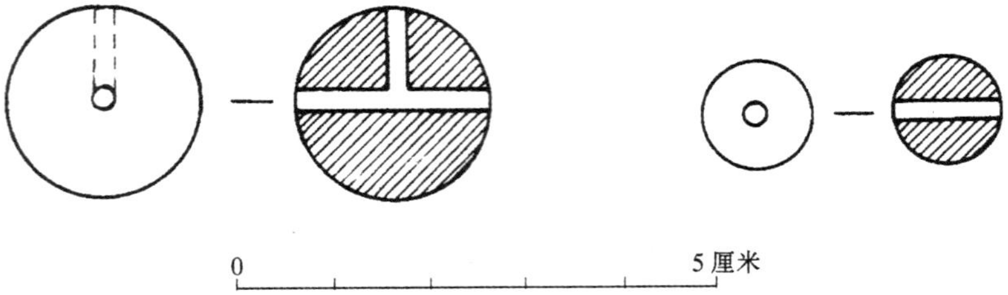

图六二　水晶珠

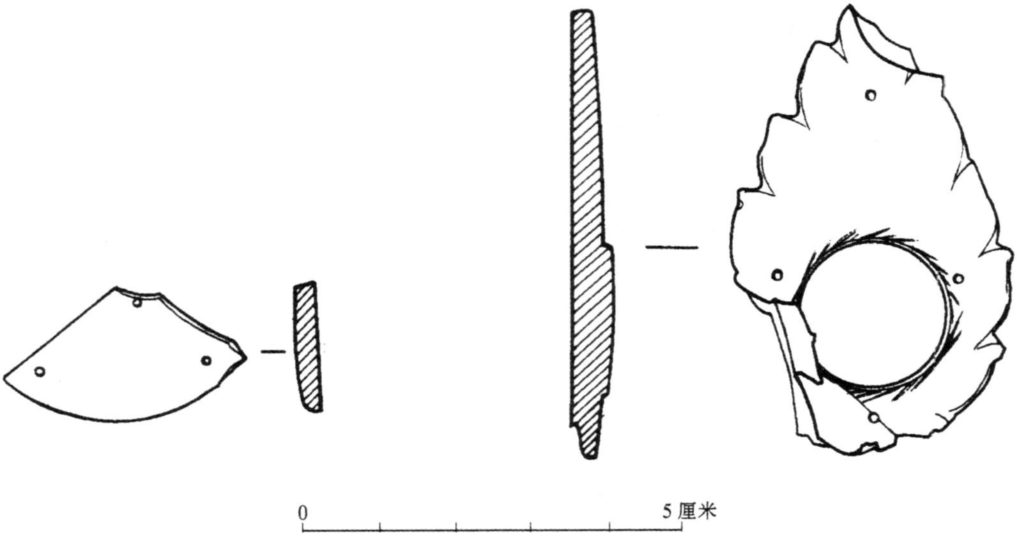

图六三　琥珀

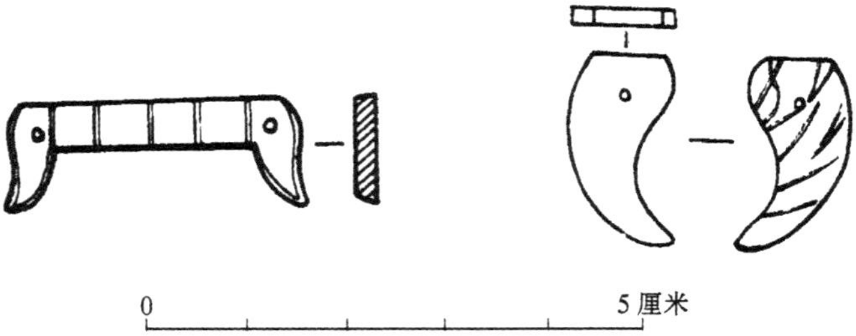

图六四　玉片

拾

中室内其他出土物

一、石缸

位于中室的最后面，离棺床仅16厘米。缸为红砂岩质，圆形，直径1.13、厚0.1、高0.45米（图六五；图版肆壹，1）。缸下有砖座，多系残砖叠砌，共五层，高42厘米。

石缸内有红砂岩石饼一，饼径36.5、厚16.5厘米（图版肆壹，3）。石饼之上置陶盆一，原已破碎，复原后高23、口径56、底径39厘米。为紫泥胎，粉黄釉，无纹饰（图六六；图版肆壹，2）。

灯台二具，均破损。一出于陶盆内，一出于石缸外东面脚下。残高22.5厘米，顶盘已缺，中盘径7、下盘径16.5、足径10.5厘米。白泥胎，绿琉璃釉，质近于瓷（图六七，1；图版肆壹，4）。

据发现的情况看，此石缸、陶盆、灯台等可能为中室内照明的设备。石缸可能是用来贮燃料（如油脂类）的，故陶盆在缸中须用石饼垫起。在当时或有一整套设备。

二、陶器

1. 四耳罐

2件。一在棺床东南角地上，一在西南角地上。其一高33、口径15、腹径30、底径17.5厘米。紫泥胎，粉黄釉，釉仅及腹下，耳与耳之间绘黑、黄、红三彩的草叶形花纹（图六七，3；图版肆贰，2、3右）。另一件的胎、釉、形状均略与前同，惟器略小。高31.2、口径14、腹径28.7、底径15厘米（图版肆贰，1、3左）。

2. 六耳罐

1件。发现时在棺床后靠近西边券墙处，已破为数十片，但尚可复原。此罐除具六耳外，胎质、釉色、形状等与四耳罐同。高45.3、口径19.2、腹径40.08、底径23.2厘米（图六七，4；图版肆贰，3中）。

3. 碗

2件。位于棺床西边地下。其一高6.3、口径18.3、足径7厘米（图版肆贰，4）。此碗在窑中烧造时已变形。另一件略小，高4.5、口径13.5、足径6.5厘米（图六七，2；图版肆贰，5）。皆紫泥胎，粉黄釉，实足。

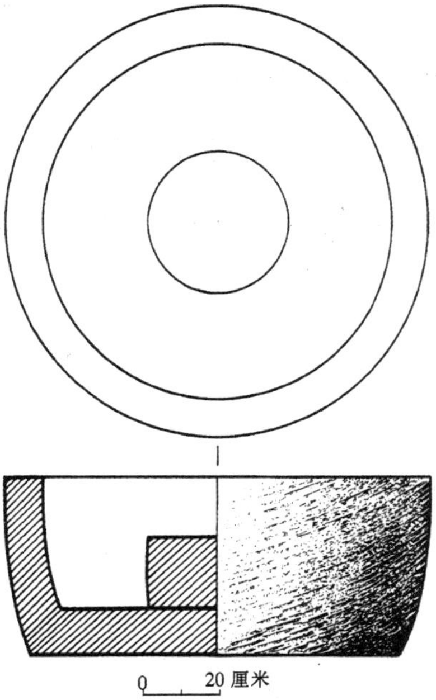

图六五　棺床北端石缸器形图

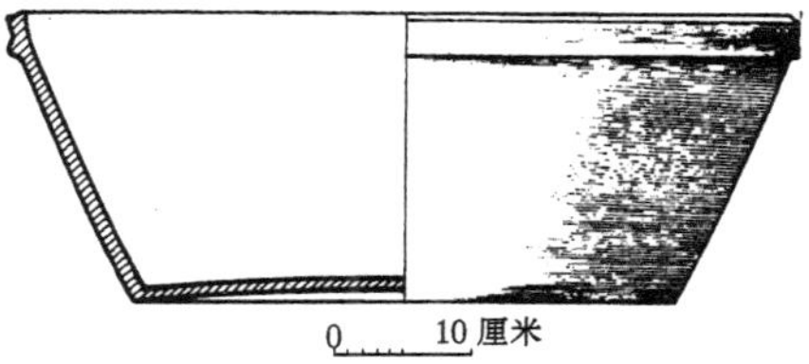

图六六　石缸内放置的釉陶盆器形图

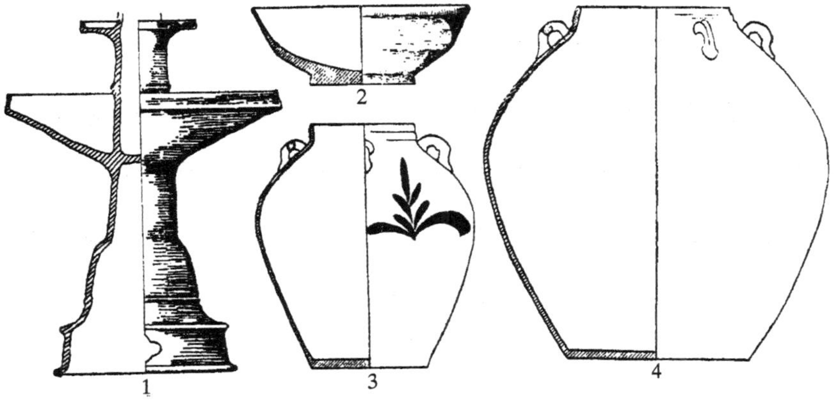

图六七　陶器

1.绿釉灯台　2.碗　3.四耳罐　4.六耳罐

（1、2为1/4，3、4为1/8）

以上五件陶器，均出于中室地上，均系成都“琉璃厂窑”的产品，窑址在成都城外东南约5公里，窑址甚大，均出此类陶器及陶片，其时代约为唐中叶以后至北宋，成都附近此时期的墓葬中均出此类陶器。又灯台二件，可能系邛窑产品，邛窑址中间有此种琉璃釉器出土，但为数不多。

三、铁牛、猪

1. 铁牛

位于棺床的西南隅，紧靠床脚。牛为铁铸，头北向，全长74、高32厘米，重60公斤（图版肆叁，1、3）。

2. 铁猪

在棺床的东南隅，原倒卧于地，背向东，头北向。铁铸，全长66、高32厘米（图版肆叁，2、4）。

牛与猪的铸造颇精，但外面一层已经氧化，且部分脱落。按此种猪、牛，自不是祭奠中牺牲的象征品，而是作为厌胜之物以置于墓中的。唐刘肃《大唐新语》记异第二十八（卷十三，《稗海》本）记张说引僧泓之言对徐坚论“兆域”之事说：

> ……墓欲深而狭，深者取其幽，狭者取其固。平地之下一丈二尺为土界，又一丈二尺为水界，各有龙守之。土龙六年

> 而一暴，水龙十二年而一暴，当其隧者，神道不安。故深二丈四尺之下，可设窀穸……铸铁为牛、豕之状像，可以御二龙……。

此论或者虽系假托于张说、徐坚，但由此可知墓中置铁牛、铁猪，当系盛唐以来的葬俗。

拾壹

后　室

后室为全墓最后的一部分，由三道券构成，但较中室之券为低，跨度亦较小。全室长5.7、宽4.4、高5.5米。后室门与前、中室者相同而略矮，门下有石门限。门为木质，已全朽，门上的铺首、金钉及饰片均脱落于门限前后地上，有少数落于中室最后的石缸内。从后室的高度和突出的券墙来看，此门实过大，不能完全敞开。后壁是在最后一道券内的后半部，用石垒成。石壁外再嵌砖壁，厚约2米，与石壁共厚约3.7米。

此室的主要用途，为置死者的造像、谥宝以及玉册等法物。室内虽曾被盗，但自发掘的情况看，各物似皆在原来位置。

一、石床

位于后室最后，约占全后室之半。床正中高79厘米，两端略下沉。其正面，上为檐，突出约4厘米，宽16厘米，浮雕双龙戏珠；檐下正中雕盘龙一，东西两边各浮雕如狮形的兽一，其周围则刻云纹，两端各有一龙戏珠（图六八）。王建造像、宝盝及册匣等，均置于其上（图版肆肆，1、3）。

此“床”似为仿当时帝王生前的御座或御床而制造的。

汉代以后，封建皇帝接见群臣，设床为御座，或称御床，群臣或坐或立于其前。《续汉书·礼仪志》言天子崩，太子于柩前即位说：

> 太尉升自阼阶，当柩御坐，北面稽首读策。

《后汉书·循吏列传》说光武：

> 数引公卿郎将列于禁坐（注：禁坐犹御坐也）。

同书卷六十五《张奂传》：

> 明年（建宁二年）夏，青蛇见于御坐轩前。

《宋书》卷十八（百衲本）《礼志》：

天子坐漆床居朱屋。……漆床，亦当是汉代旧仪，而汉仪不载。

两晋南北朝之中，均同此制，至唐犹然。如《旧唐书》卷七十四《刘洎传》：

太宗工王羲之书，尤善飞白。尝宴三品已上于玄武门，帝操笔作飞白字赐群臣，或乘酒争取于帝手，洎登御座引手得之。皆奏曰："洎登御床，罪当死，请付法。"帝笑而言曰："昔闻婕妤辞辇，今见常侍登床。"

由此可见，唐代帝王的御座，是同于魏晋六朝的。王建称帝于蜀，想亦系仿照唐制。宋秦再思《洛中记异录》（引自《说郛》卷二十，商务印书馆排印本）说：

蜀王建属兔，于天佑四年丁卯岁僭即帝位，乃以"兔子上金床"之谶，遂以金饰所坐，复谓左右曰：朕承唐以金德王，踞此床天下孰敢不宾者乎？闻者皆嗤之。

由上面的记载，证以墓内的情形，此石台为王建墓内的御床。床可甚大，故晋元帝（司马睿）可诏王导同坐[①]，唐高祖（李渊）亦

① 《晋书》卷六十五（百衲本）《王导传》："及帝登尊号，百官陪列，命导升御床共坐。"

多引贵臣共榻[①]。虽以帝座尊严，臣下莫敢攀登，但其制作之宽大，则可想而知。此墓内的石床，必系仿生时的御床而建造的，处于全墓的最后，当为全墓最尊严之地，故其上置建像及其法物。

二、王建造像

此像为坐像，坐于几上，全高96.5、几高30.5厘米（图六九；图版肆伍）。像下有淤泥一层，厚约4厘米。泥内含漆皮、小银片、石灰块、木纹土等。可能造像原放于矮木座上，木座腐朽后，像乃落于淤泥之上。

此造像自其面部观之，浓眉深目，隆准高颧，薄唇大耳，望之颇为庄严。记载中之言前蜀事者，多言王建的状貌甚伟，如《新五代史·前蜀世家》说：

> 王建，字光图，许州舞阳人也。隆眉广颡，状貌伟然。

《册府元龟》卷二百二十（中华书局影印明刻本）《僭伪部二·形貌》：

---

① 《旧唐书》卷五十七《刘文静传》："高祖践祚，拜纳言。时高祖每引重臣共食（《白孔六帖》卷四十作"共榻"）。"又《新唐书》卷一百零一《萧瑀传》："武德元年迁内史令，帝委以枢筦，内外百务悉关决，或引升御榻，呼曰萧郎。"又高祖于武德初往往引突厥使臣升御坐以宠之，见《新唐书·突厥传》。

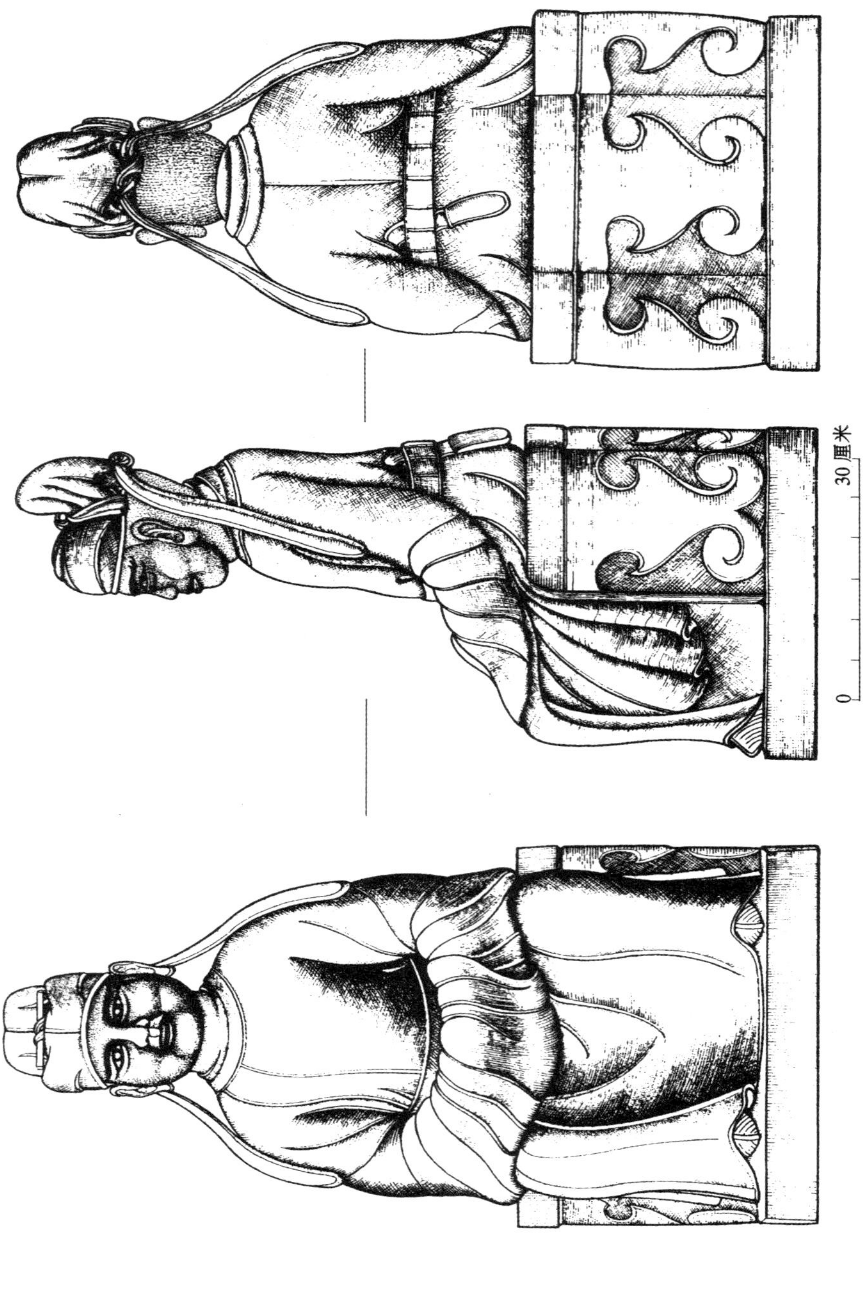

图六九 王建造像

蜀王建，字光图，隆眉广颡，龙睛虎视。尝于五当山遇僧处常，谓建曰："子骨相甚贵，何不从军，自求豹变，而乃区区为盗，掇贼之号！"

王建生时，画像亦颇多，如《新五代史·前蜀世家》说：

（永平）五年，起寿昌殿于龙兴宫，画建像于壁。

宋郭若虚《图画见闻志》卷二（《四部丛刊续编》本）：

阮知晦，蜀郡人，工画贵戚子女，兼长写貌，事王蜀为翰林待诏，写王先主真为首出。

宋黄休复《益州名画录》（《湖北先正遗书》影印明刊本）卷上妙格中：

常重胤者，粲之子也……玉局化写王蜀先主为使相日真容，后移在龙兴观天宝院寿昌殿上。

此皆王建生时画像之可考者，其殁后亦有造像及画像，如《新五代史》卷六十三：

（乾德）五年起上清官，塑王子晋像，尊以为圣祖至道玉宸皇帝。又塑建及衍像侍立于其左右。

青城山亦有王建铸像，宋张唐英《蜀梼杌》卷上：

（咸康元年）九月，衍与母同祷青城山……衍至青城，住旬日，设醮祈福。太妃太后，谒建铸像[①]。

青城山又有建画像，《益州名画录》卷中妙格下：

杜龀龟者，其先本秦人，避禄山之乱，遂居蜀焉。龀龟少能博学，涉猎经史，专师常粲写真杂画，而妙于佛像罗汉。王蜀少主……命龀龟写先主、太妃、太后真于青城山金华宫。

由上面所引，可以知道在王建生前及殁后，均有画像及塑像。

故自各方面观之，王建此一造像，虽难免有“理想化”之处，但仍不失为一写实之作。在造像上口的两角，各有小孔深0.2～0.3厘米，可用作装须之用。可能此像原系有须。

---

① 蜀何光远《鉴诫录》（卷五，《知不足斋丛书》本），徐后事条下，记其游青城谒建像诗：顺圣又题谒丈人观先帝圣容云：“舜帝归梧野，躬来谒圣颜。旋登三境路，似陟九疑山。日照堆岚迥，云横积翠闲。期修封禅礼，方俟再跻攀。”翊圣继曰：“共谒御容仪，还同在禁闱。笙篁喧宝殿，彩仗耀金徽。清泪沾罗袂，红霞拂绣衣。九疑山水远，无路继湘妃。”《舆地纪胜》（咸丰五年伍氏粤雅堂刊本）亦载成都城北保福庄（即保福寺）有王建塑像。

陵中置像，或系五代时的风气。王士祯《渔洋山人精华录训纂》卷四下（黄豆斋刊本）伪汉刘龑冢歌，记其发现的情形，颇可参考：

刘龑墓，在番禺东二十里。崇祯九年秋，北亭洲间有雷出奋而成穴一，田父见之，投以石，空空有声，乃内一雄鸡，夜尽闻鸡鸣，于是率子弟以入，堂宇豁然，珠帘半垂，左右金案玉几备列。有金人十二，举之重各十五六斤。中二金像，冕而坐，若王与后，重各五六十斤。旁有学士十八，以白银为之。……于是邻人觉而争往，遂白邑令，令亟临其地视搜发，令得玉枕一，金人四以归。……一碑当穴门中立，辞称高祖天皇大帝哀册文，翰林学士知制诰正议大夫尚书右丞相紫金袋臣卢应敕撰并书。其所为大帝者，崩于岁壬寅四月甲寅朔，越廿四日丁丑，号为大有十五年，葬以光天元年，陵曰康陵。盖刘龑墓也。

按南汉光天，为刘龑之子刘玢的年号。南汉光天元年，为晋出帝天福八年（公元943年），晚于王建的光天元年（公元918年）二十五年，故大略可谓之同时。据王士祯所记，有若干处有与永陵相似者。例如有金人十二，永陵内亦有十二神像承棺床；又“中有二金像，冕而坐。若王与后”，想系刘龑与其后的造像。由此可知陵中置本人的像，或系当时的风尚，但是否唐制，则不得而知。

王建造像头上所戴者，为折上巾，亦即幞头。其服制为唐代帝王的常服。《旧唐书·舆服志》说：

> 太宗又制翼善冠，朔望视朝以常服，及帛练裙襦，通著之。若服袴褶，又与平巾帻通用，著于令。其常服，赤黄袍衫，折上头巾，九环带，六合鞾，皆起自魏周，便于戎事。自贞观以后，非元日冬至受朝及大祭祀，皆常服而已。

造像所著的幞头，正为折上头巾，不过其下垂两带特长，至肩下二三寸，其上系的两脚，则系于顶，度其长短，已不能系于颔下，形成虚设。其上着黑色，初发现时尚粘有黑色甚多。其上色法，系先上一层白粉，再上黑色。

袍为赤色，其上色法，亦先上白粉，再上赤色，但大部已脱落。其色与赤黄袍衫正为相合。其制大小称身，袖亦狭小而长，双手合于袖内，想皆是唐代的风俗。

造像腰间的玉带，想为犀革玉带。因唐制天子及三品以上方能用玉[①]。带之后以玉銙为饰，似仅七方。铊尾下垂于后方的左面，带扣当在左手。此种制作，与棺中所发现大带亦相合，带鞓为红色，在初出土时尚显然可见。

雕像足上所著者，是否为靴，则不得而知。因为袍衫所盖，不知

① 宋程大昌《演繁露》（卷十二，《学津讨原》本）唐时三品得服玉带条言："韩退之诗：不知官高卑，玉带垂金鱼。若从国朝言之，则极品有不得兼者，然唐制不尔也。唐制五品以上皆金带，至三品则兼金玉带。《通鉴》：明皇开元初，敕百官所服带，三品以上听饰以玉。是退之之客，皆三品以上，亦足诧矣。本朝玉带，虽出特赐，须得阁门关子许服，方敢用以朝谒，则体益以重。然唐裴晋公得特赐，乃于阗玉也，暨病亟，具表返诸上方；其自占辞曰：内府之珍，先朝所赐，既不合将归地下，又不敢留在人间，谨以上进。不知故事当进如随身鱼符之类耶？抑晋公自以意创此举也。本朝亲王皆服玉带，元丰中，创造玉鱼，赐嘉、岐二王，易去金鱼不用。自此遂为亲王故事，又前世所未有者。"

其上是否尚有长鞧。其翘颇尖，正中有梁，而旁有褶，似为靴之制。

三、“驾头”

王建造像所坐者，似为一几子或凳子。四脚，形为不规则的椭圆形或半月形。因其前面不可得见，究系何状，不能得其详。然自其雕刻的形状推之，似为仿木器的制作。此种几子大概为宋代所称之“驾头”，宋代史籍中曾屡言之。《宋史》卷一百四十四《仪卫志》：

> 仁宗康定元年，参知政事宋庠言：车驾行幸，非郊庙大礼，具陈卤簿外，其常日导从，惟前有驾头，后拥伞扇而已，殊无礼典。

《宋会要辑稿·舆服》一（中华书局影印本，1957年）记大驾仪仗之中，亦数数言之：

> 驾前诸班直驾头鸣鞭诞马烛罩三百三十人。

又如：

> 殿前指挥使，引驾骨朵子，直四十人，分左右，夹门旗外

驾头，驾头下天武官二十二人。

又如：

驾头扇筤下各天武官二十二人。

《宋会要辑稿》所言人数，系北宋之制，南宋孝宗时曾分别省减。不过驾头在北宋时，不拘其在大驾仪仗中，或日常导从中，均为极重要的法物。不仅生时如此，殁后的明器中，亦有驾头。《宋会要辑稿·礼》二十九，历代大行丧礼，真宗：

少府监言：检会永熙陵法物，比永昌陵卤仗又增辟恶车、重车、象生辇、逍遥子各一。……今请如永熙陵修制。从之。又添造凉车、毡帐……从物白藤檐子、驾头、扇筤各一。

据此，明器中有驾头，似为真宗时所添，永昌陵与永熙陵中无之。然驾头虽为重要法物，当时已少有人知之，《翁注困学纪闻》卷十五（《四部备要》本）引《江邻几杂志》说：

韩维问李淑，驾头何物？曰：百讲坐之一。刘敞访之王洙云：御座传四世矣。

宋孔平仲《孔氏谈苑》（卷三《艺海珠尘》本）：

驾头者，祖宗即位时所坐也，相传宝之。

陆游《老学庵笔记》（卷二，商务印书馆《丛书集成初编》影印《津逮秘书》本）：

驾头，旧以一老宦者抱绣裹杌子于马上，高庙时犹然。今乃代以阁门官，不知自何年始也。

赵升《朝野类要》（卷一，《知不足斋丛书》本）故事：

驾头……《皇朝类苑》曰：谓之正衙法座，香木为之，加金饰，四足，堕其角，其前小偃，织藤冒之。驾头至，则宣赞喝引迎驾者起居也。

《爱日斋丛钞》（卷五，《守山阁丛书》本）：

旧制驾头，未详所始，相传更一朝，即加覆黄帽一重。

综观以上记载，对于驾头或不知为何物，或表现奇异，故均特为记之。想自北宋以后，椅几已普遍使用，行动之时，不必如往昔之自带几座，而大驾卤簿之中，尚保存旧制，行幸之时，使宦者抱一几作先驱，但不必即以之作坐具。故当时一般人，往往不明其为何物。迨至最后，驾头则完全仪式化，以之代表封建帝王，凡有行幸，百官道次班迎，惟望驾头致敬。故《爱日斋丛钞》又说：

> 参诸记载，疑渡江后杌子已非法座故物。乘舆所至，百官道次班迎，惟望驾头致敬而已。

大概南渡以后，正衙之上或已不用驾头，而以椅为法座。故《爱日斋丛钞》疑为“已非法座故物”，但大驾卤簿之中，仍拥之以作先驱。

言驾头之制最详者，莫过于《宋史》和《梦溪笔谈》。《宋史》卷一百四十八《仪卫志》卤簿仪服：

> 驾头，一名宝床，正衙法座也。香木为之，四足，瑑山以龙卷之，坐面用藤织云龙，四围错采绘走龙。形微曲，上加绯罗绣褥，裹以绯罗绣帕。每车驾出幸，则使老内臣马上拥之为前驱焉。不设，则以朱匣韬之。

《梦溪笔谈》（卷一）：

> 正衙法座，香木为之，加金饰，四足，堕角，其前小偃，织藤冒之。每车驾出幸，则使老内臣马上抱之，曰驾头。

按驾头亦称为“七宝床”。《太常因革礼》卷二十三（《广雅丛书》本）《舆服三》说：

七宝床一，覆以绯罗绣。曲盖一，并内臣马上执之，谓之扇筤。驾头在细仗前，扇筤在乘舆后。大驾、法驾、鸾驾常出并用之。

《文献通考》卷一百一十七《王礼考》：

七宝床一，覆以绯罗绣帕。国初，内臣马上捧之，谓之驾头。

宋王应麟《困学纪闻》（卷十五）：

按国史舆服志：驾头，七宝床也。覆以绯罗绣帕，内臣马上捧之。〔原注〕：嘉祐六年，幸睦亲宅，内侍堕马，驾头坏。遂以阁门祇候、内侍各二员，挟驾左右。次扇筤。又以皇城亲从兵二十人从其后[①]。

综上记载，颇有与王建造像所坐相合者。如驾头为四足之几，而王建

① 宋李焘《续资治通鉴长编》（卷一百九十四，光绪七年浙江书局刊本）：“仁宗嘉祐六年，太常礼院及整肃禁卫所，并言请自今驾出，以阁门祇候并内臣各二人，挟驾头左右，次扇筤，仍以亲从兵二十人从其后。先是幸睦亲宅，内侍抱驾头堕马，驾头坏。御史中丞韩绛，乞增乘舆出入仪卫之禁，事下太常礼院等处参议，而定此制。”

所坐者，正为一几。但因前一足为雕像所掩，只见其三足。其上是否原绘有金饰，因埋于泥水之中过久，已全部脱落，不得而知。沈括所谓“堕角”，不知是否如王建坐几之圆角内凹、略成四瓣形者。所谓“其前小偃”，想系前面稍为凹入，而成偃月之状。王建所坐之几，正是如此。故应称其为“驾头”[①]。

四、宝盝及谥宝

宝盝[②]置于王建像前约20厘米（图版肆肆，2；图版肆柒，1），发现时木质已完全朽腐，惟金属的镶边及花纹装饰与少数的漆痕尚存（图版肆柒，2、3）。盝分内外二重，形皆正方（图七〇、七一）。外重盒为67厘米正方，全高19.2、盒高9.2、盖高10、底厚2.7、壁厚1.8厘米。全器作须弥座式（图七〇；图版肆陆，1）。内重盒60.3厘米正方，高14、盒高9、盖高5、底厚1.5、壁厚1.2厘米（图七一，1～3；图版肆陆，2）。以上的测量，因木质全朽，系自金属镶边及漆纹上所得，不能十分准确（图版肆柒，4）。

---

① 关于驾头的制度及坐卧风俗的改变，可参看拙著《驾头考》一文，载四川大学史学系《史学论丛》，1950年。

② 古以竹器实物，其方者曰筐、篚，其圆者谓之筥、簏。《说文》：“簏，竹高箧也”；或作箓，从录声。《方言》十三（《四部备要》本）：“篓，簏也。……南楚谓之篓。”按筥、簏、簏、篓，古并音同字通。唐宋时以之盛玺，制不以竹，故从皿作盝。此字不见《广韵》，但见《集韵》及《龙龛手鉴》。今从《宋会要辑稿》《文献通考》及《宋史》等书，定名为盝。

1　2　3

圖七〇　外重盝平面、侧面图（1/8）
1.平面图　2.侧面之一　3.侧面之二

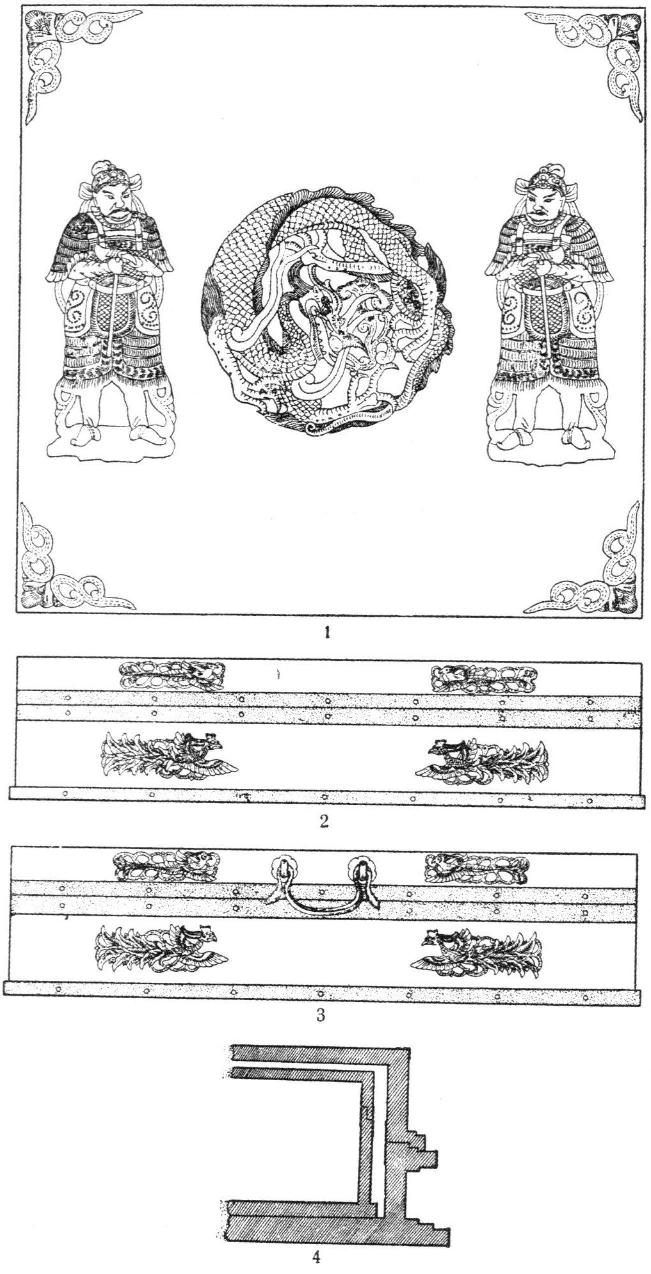

圖七一　内重盝平面、侧面图及内、外重盝结构位置图（1/8）
1. 平面图　2. 侧面之一　3. 侧面之二　4. 宝盝结构及内外重位置图

外重盝盖的两旁，各钉一环。环阔11.7厘米（图七四，2；图版肆柒，5下）。内重盝底盒上亦钉双环，但较外重盝盖的环稍小，阔约10.7厘米（图七四，1；图版肆柒，5上）。环及钉均为银质。

外重盝底盒四面各镶小鸳鸯四，相对而飞（图七二，4；图版肆捌，2下）。盖的四周近角处，嵌以惹草形的云拐，中部镶二鸟比翼而飞，每边各两对（图七二，1；图版肆捌，2上、3）。盖面正中嵌两凤上下飞翔相戏的图案花纹（图七三；图版肆玖，1）；两旁有银片镌刻的金甲神各一，面相对，双手执斧，甲胄皆贴金，其形制与十二神所擐者大体相同（图七六，左；图版肆捌，1左）；四角镶补角蝶形小花（图七二，5；图版肆捌，4）。

盝身上下缘及合口处各镶银质薄带一匝，此大概即唐代所谓“帖白”。

盝内的底面，铺篾织六角纹席簟一层，席曾敷漆并贴金。

内重盝底盒四面，各嵌飞凤二，凤尾作四重之蕉叶形（图七二，2；图版肆捌，6下）。盖的四周亦各嵌二长尾鸟，相对而飞，尾已图案化（图七二，3；图版肆捌，6上）。盖面四角镶忍冬补角花纹（图七二，6；图版肆捌，5）；正中嵌团龙纹（图七五；图版肆玖，2）。团龙两旁，各立金甲神一，双手执斧作守护之状（图七六，右；图版肆捌，1右）。盖与盒的合口边缘和盒身边脚，各镶银皮一周。盝底板稍为外突。

内、外重盝均髹朱漆，银饰部分，如团花中的龙、凤、神的甲均鎏金。

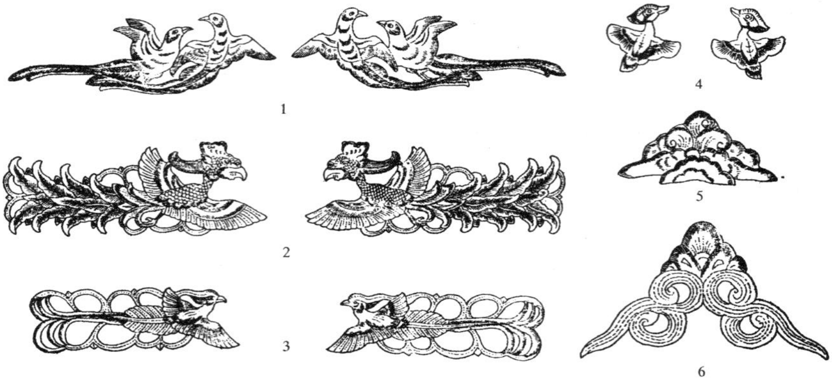

图七二 内、外重盝盖上的花纹细部（2/5）

1.外重盝盖上中部的鸟 2.内重盝底盒上的平脱凤鸟 3.内重盝盖上的平脱飞鸟 4.外重盝盒上的鸳鸯 5.外重盝盖面四角花纹之一 6.内重盝盖四角之忍冬纹

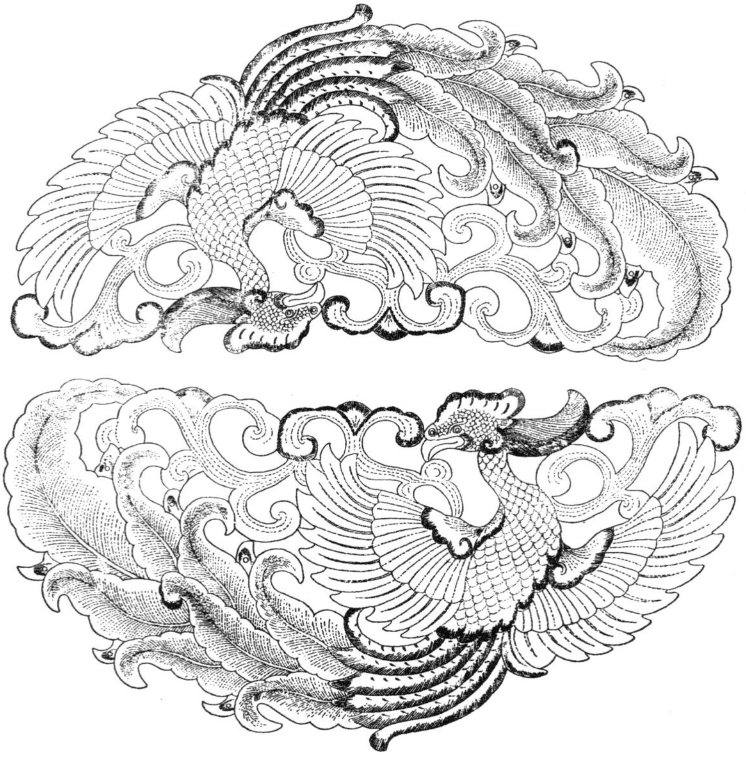

图七三 外重盝盖面正中的银平脱双凤团花（2/5）

宝盝的制度，唐以前已不能详，惟《宋会要辑稿》《文献通考》及《宋史·舆服志》等书中曾略言之。此三书所记载的制度，均为上尊号及册后妃、太子所用，并非拿来作殉葬用者，但其所记载的制度颇有与王建墓内宝盝制度相合者。《宋会要辑稿·礼》四十九，尊号说：

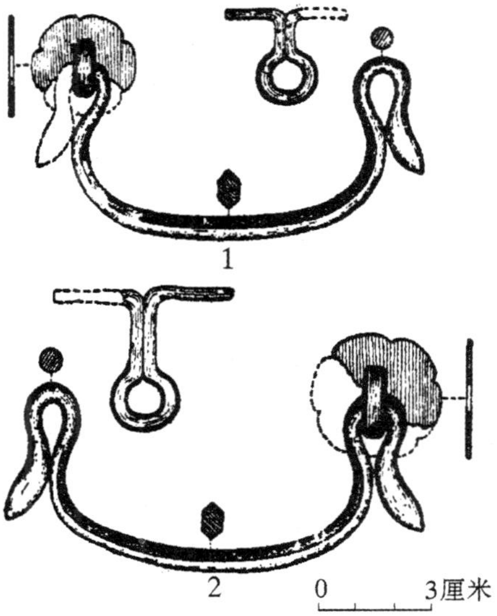

图七四　宝盝内、外层的银提环
1.内重盝上的银环　2.外重盝上的银环

其宝，门下省造，用玉，篆文。广四寸九分，厚一寸二分，填以金，盘龙钮，系以晕锦大绶，赤小绶。连玉环玉检，高七寸，广二寸四分。皆饰以金，裹以红锦，加红罗泥金夹帊，纳于小盝，以金装，内设金床，晕锦褥，饰以杂色玻璃，碧钿石，珊瑚，金精石，玛瑙。又盝二重，皆装以金，覆以红罗绣帊，载以腰舆……①

又《文献通考》卷一百一十五《王礼考》，言绍兴三十二年孝宗（赵昚）受禅，上太上皇（高宗赵构）尊号宝盝之制说：

宝用玉，篆文，广四寸九分，厚二寸二分，以皇祐黍尺为

① 《宋史》卷一百五十四《舆服志》所载，与此大体相同，不具录。

度。填以金，盘龙钮，系以晕锦大绶，赤小绶。连玉环玉检高七寸，广二寸四分，皆饰以金，裹以红锦，加红罗泥金夹帊，纳于小盝，盝以金饰之，内设金床，承以玻璃、碧钿石之属。又盝二重，皆饰以金，覆以红罗绣帊，载以腰舆行马。

《宋会要辑稿》所言者为北宋的制度，《文献通考》所载者，系南宋的制度，今以二者所载大体相似观之，是知南宋上尊号的仪注，犹同于北宋之旧。其宝盝之制，虽未言其大小样式，但言“盝二重，皆装以金”，此正与永陵的宝盝相合，可知宋代的宝盝之制，实本诸五代，而五代则又必本诸唐制了。

谥宝①置于宝盝的正中，发现时钮已裂脱，玺身亦裂而为二（图七七）。由裂开处观之，质为纯洁温润的白玉，但表面已全部风化。

谥宝长11.7、宽10.7、厚3.4厘米，中部略厚（3.7厘米），故稍呈隆起之状。钮雕龙形，头有角，身腹均具鳞甲，尾则卷于右。鳞甲的上面，原有贴金，而嘴及腹则涂红色。钮高7.7、厚3.9、钮径4.2厘米（图版伍拾）。

谥宝的前方刻凤，两边刻龙，后方刻兽形纹及云纹（图七八，1、2）。宝下正面刻谥号曰“高祖神武圣文孝德明惠皇帝谥宝”十四字（图七八，3），阴刻。篆刻均贴金。

① 秦以前玺印为通称。秦汉以后，封建天子的印始独称玺。其称为宝者，始于唐武后时。《新唐书》卷二十四《车服志》谓：“至武后改诸玺皆为宝，中宗即位，复为玺。开元六年复为宝。天宝初，改玺书为宝书。”本报告依谥宝之文称之为宝。

图七五　内重盝盖面之平脱团龙（2/5）

图七六　内、外重盝盖面上平脱之金甲武士像（2/5）
（左：外重盝盖面上武士像　右：内重盝盖面上武士像）

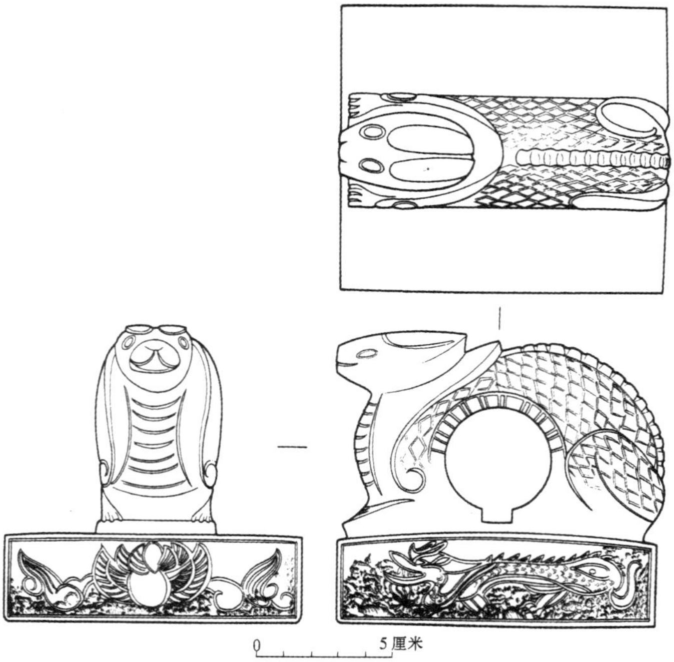

图七七　谥宝器形图

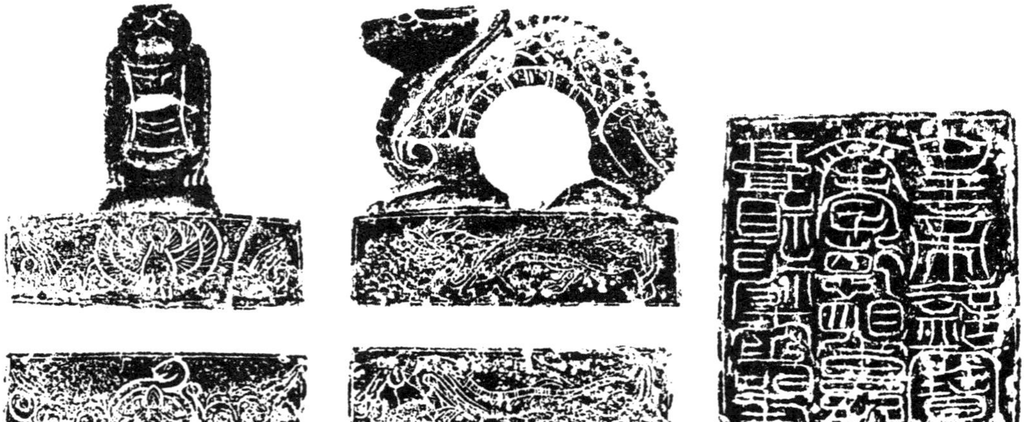

1　2　3

图七八

1.谥宝正（上）、背（下）面　2.谥宝左（上）、右（下）侧面　3.谥宝篆文拓片按谥宝的制度，盖仿生时所用的玺印而来的。所谓谥宝，即是将谥号刻于预制的玺印上，殉于墓中，以表示其殁后所得的称号，故其起当在汉代恢复谥法以后。《续汉书·礼仪志》说：

诸侯王列侯始封贵人公主薨，皆令赠印玺，玉押银镂……

此处所赠的玺印，自系为殉葬用者，故与“玉押银镂”并举，其上所刻者当为所赠的谥号。按封建天子死后，南郊请谥之说，本出自汉儒，礼既如此隆重，想必也刻谥玺，不过汉志不载。但无论如何，至魏晋之时，谥玺的制度，已极明了，如《晋书》卷二十《礼志》，记追加魏武帝（曹操）尊号时刻金玺说：

及（文帝）受禅，刻金玺，追加尊号，不敢开埏，乃为石室，藏玺埏首，以示陵中无金银诸物也。

按埏即墓道，埏首即墓道之首。金玺置于埏首，盖为后来追加，不及纳于墓中。但由此可见在魏晋之时追加谥号，已刻谥玺。但封建天子的玺，按汉制应以玉①，此以金者，或以其为谥玺，或亦系本诸汉制。如《晋书·礼志》说：

---

① 汉卫宏《汉旧仪》（卷一，《平津馆丛书》本）说：“秦以前民皆佩绶，以金、银、铜、犀、象为方寸玺，各服所好。汉以来天子独称玺，又以玉，群臣莫敢用也。”（孙星衍辑本）蔡邕《独断》（日本影印宋淳熙刊本）亦说：“玺者，印也；印者，信也。天子玺以玉，螭虎纽。古者尊卑共之。”

> 古者，天子诸侯葬礼粗备，汉世又多变革，魏晋已下，世有改变，大体同汉之制。

是知所谓“国恤”之典，至汉世乃一大变革，虽后世因革各有所不同，则大体上皆本诸汉礼。

唐代的诸陵中皆奠谥宝，其事详于《通典》所引元陵仪注中，今王建墓中的谥宝，亦自系仿自唐制。

五、其他出土物

1. 组绶饰物

玺必有组绶，但因其为丝织品，已完全在土中朽腐。现在所存者，只有组绶上的银扣及玉饰而已。

谥宝的前方靠右，有银扣二，横径3、直径3.7、厚0.2厘米。扣的后部各有银套环一，纵0.7、横2.8厘米。环之后，则为带头的玉饰，直径4、横径2.1厘米。玉饰的背面有小孔三，为钉于革带之上用的。由扣环及玉饰的位置观之，带系穿过扣及环，而垂于外面的（图七九；图版伍壹，5）。

又在上言各物的附近，有小银管二。长8厘米，上细下粗，上端圆，下端作六棱形。上端径1.3、下端径2.1厘米。管之外面鎏金。此银管以其形状度之，或者为组绶上的缝或流苏上的饰物（图版伍

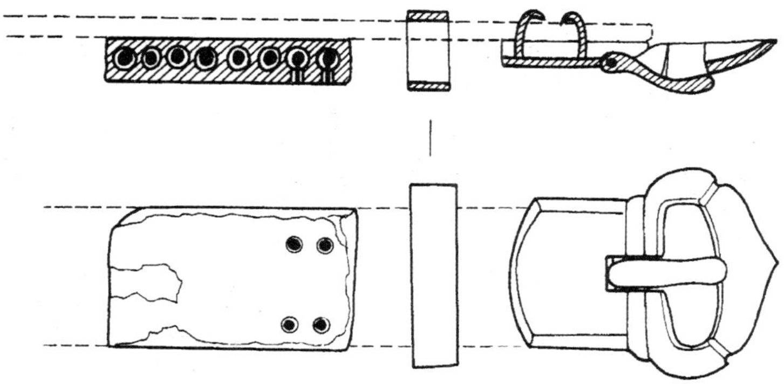

图七九　谥宝绶带扣器形图

壹，6）。

后室东面第一券与第二券缺口中也发现同样的银扣及玉饰头三副，与宝盝内的样式大小完全一致（图版伍壹，4）。

按宋制玺上须“系以晕锦大绶，赤小绶”，其制今不详。王建的谥宝上，想亦必有之，但除以上的残余外，其他均不可考。

2. 玉环

1枚，位于谥宝之前稍偏东处。直径9.5、好3.9、肉2.7、厚0.9厘米。正面刻龙一，背面刻云纹（图八〇、八一；图版伍壹，1、2）。此当为绶上的玉环。

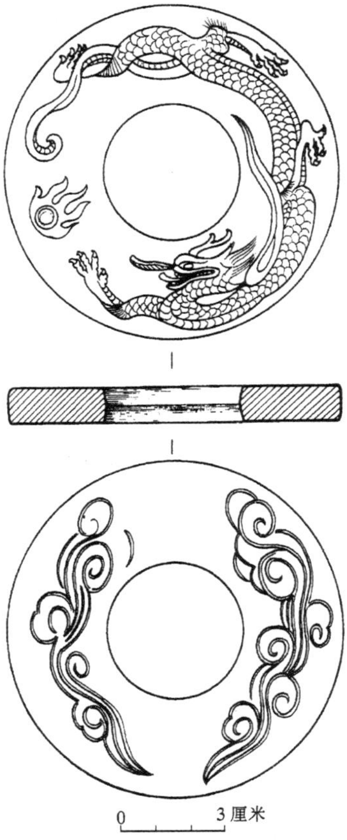

图八〇　玉环器形图

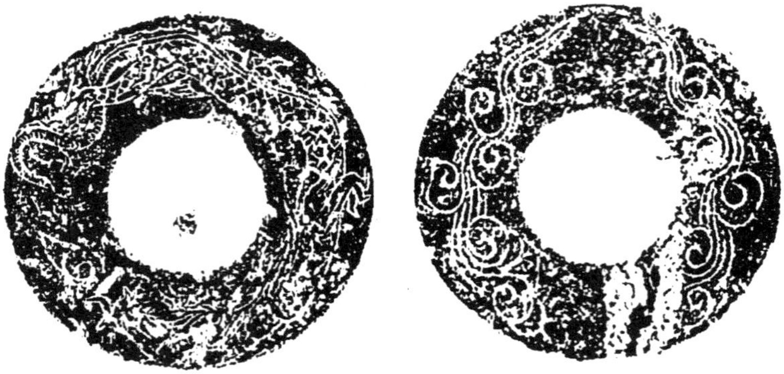

图八一　玉环拓片（左：正面，右：背面）

《宋书》卷六十一《江夏文献王义恭传》说：

> 世祖即祚……以在藩所服玉环大绶赐之。

《北堂书钞》卷一百三十一（光绪十四年南海孔氏三十三万卷堂重刊本）引董巴《舆服志》说：

> 綖者，古佩璲也。佩绶相迎受，故曰綖。紫绶綖之间，得施玉环。

此皆言绶上有玉环，但在紫绶以上方得施之。环之佩法在綖绶之间，故可与小银管并观。

3. 玉饰

2件，位于谥宝之前偏西处。每件共五节，通长9.5厘米。其最前一节略大，形如带头的玉饰。长2.3、宽1.4、厚0.35厘米。其上套有银环一个，宽0.7厘米。以后的各节，每一节均较前一节略小，其上各刻鳞纹五道，两边又刻齿形纹五（图版伍壹，3）。每节的背面各有三小孔，似用小钉钉于革带上面的。五节互相衔接，但可以弯曲。此不知为何物，或者亦为绶上的玉饰。

4. 鎏金铜炉

位于王建像前玉册匣上，现已破损。炉上有盖，下有足，足上有五孔。炉身与足用三铜钉钉连之。铜质极薄，厚0.1厘米，盖厚不及0.1厘米。炉的外面全部鎏金。通高18.1、盖最大径17.8厘米（图八二，左）。

另有一小铜提梁盏，位于册匣与宝盝的中间，铜质亦极薄（图八二，右；图版伍贰，2）。此小提梁盏可置于铜炉之中，再套上炉

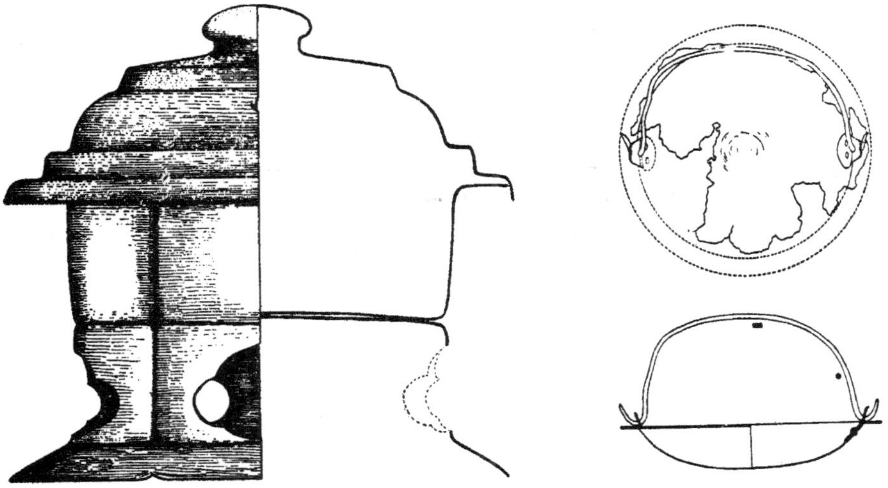

图八二　鎏金铜炉及铜提梁盏复原图（3/7）
（左：鎏金铜炉，右：铜提梁盏）

盖，其大小亦恰为相合，故二者可能为一套。此种鎏金铜炉、小提梁盏等应是所谓“缘宝法物”一类的东西，《宋史》卷一五四《舆服志》记宝盝的制度说：

> 又有香炉宝子、香匙、灰匙、火箸、烛台、烛刀，皆以金为之，是所谓缘宝法物也。

上面所言的铜炉，自是“香炉宝子”之类，至于香匙、烛台等在五代时是否有之，已无从详考。

5. 鎏金小铜片

在王建石造像的西面约2米许靠后墙处，有铜质鎏金片三块，上有小泡钉，似为一器物角上的镶嵌。又于像的东侧0.5米处，亦发现同样的一块，及同样宽的铜皮一条，均似案或器座上的嵌镶。

像的东首前面有镶边银皮一条，宽约0.31、长约34厘米，此系残段，中有铁锁一，环、钩俱全，用途不明。

6. 残铁器

哀册匣上置有一残铁器，长37厘米，一端有环，一端似原装有木柄，铁质多已锈蚀（图版伍贰，5），不知为何器。

7. 金银胎漆碟

发现于石床前稍偏东的地方，反转覆置于地上，已破为数片。碟为五瓣形，圆底，圈足，最大径14.5、深2、圈足高1厘米。胎分二层，内层为银，外层为铅，共厚约0.1厘米。外层表面极为粗糙，其上髹漆，但漆已脱落，仅余痕迹。碟内面不髹漆，故银胎露于外。银胎上用极薄金皮一层，将花纹钻于银胎之上，钻痕直透至铅胎之上。空白处将金皮镂空，故银胎与金花相映。

碟内底刻飞翔的双凤，而以卷草纹为地。底边和口缘刻莲瓣，而用分瓣纹将其分为五瓣，每瓣之中刻花草纹。空白处则刻极细的圆圈纹（图八三；图版伍叁，1）。

图八三　金银胎漆碟器形及花纹展示图

拾贰

玉　册

一、册匣

哀册和谥册皆放置在册匣中。两匣相似，各长225、宽45、高21.5、底厚2.8、框厚2.1厘米。由册匣角部残存土纹，可看出匣底突出成三层台级形（图版伍贰，1）。在匣底近两头处每端各钉铁条二。铁条厚1.5、宽5厘米。铁条的两端突出翘起处有孔以受环。环为铁质，外包银皮。铁条的两端显露处，亦均包银皮（图版伍贰，4）。盖与匣之间钉象鼻锯钺二副（图版伍肆，2），故必要时盖可完全取下。匣的前面有锁，锁为铁质，扣环则为银质。匣盖的两端，各钉银环一副（图八四～八七；图版伍贰，8）。

匣全部漆深朱色，四周镶银皮五匝。合口处内外亦均镶银皮。银皮系用小银钉钉上（图版伍贰，3）。盖面有椭圆形团花五，每

图八四　册匣横端复原图（1/8）

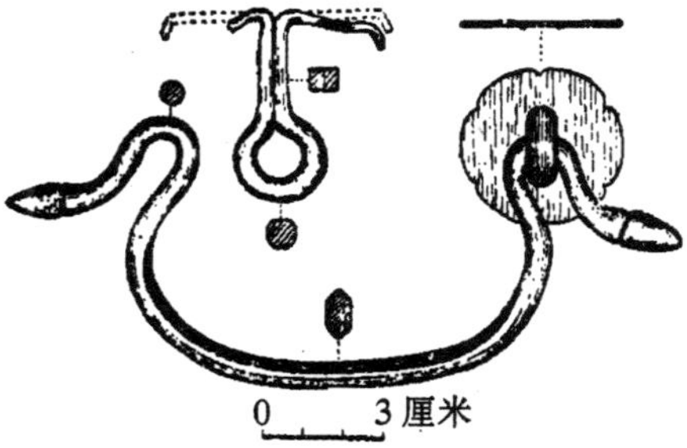

图八五　册匣盖横端银提环

团以忍冬纹为地，而以双凤、双鹤、双孔雀等图案花纹为主题（图八七）。正中一团为双凤，两凤各衔绶带，上下相对飞翔（图八八；图版伍伍，1）；其左右有仙鹤各一团（图八九；图版伍伍，2）；再外为孔雀各一团（图九〇；图版伍陆，2）。每团之间填以卷草形忍冬图案花纹（图九二；图版伍陆，1、3）。盖面的四边有狮形兽二十四个（图九一；图版伍肆，1）。以上各种花纹，均为银质镂空，雕凿成细纹，重要的地方鎏金，使花纹特别鲜明。此类银皮花纹，均系平脱于漆面上（图版伍叁，2），而非用钉钉上者，亦即唐代所谓“金银平脱”器（图版伍柒）。

册在匣中，按照宋制，须“藉以锦褥，覆以红罗泥金夹帕”。匣上又须覆以“红罗绣盘龙蹙金帊”。永陵的制度，是否如此，不得而知。据《宋会要辑稿》及《文献通考》所载的宋代册匣之制，与永陵所发现者十分相似，此是极有可能的。

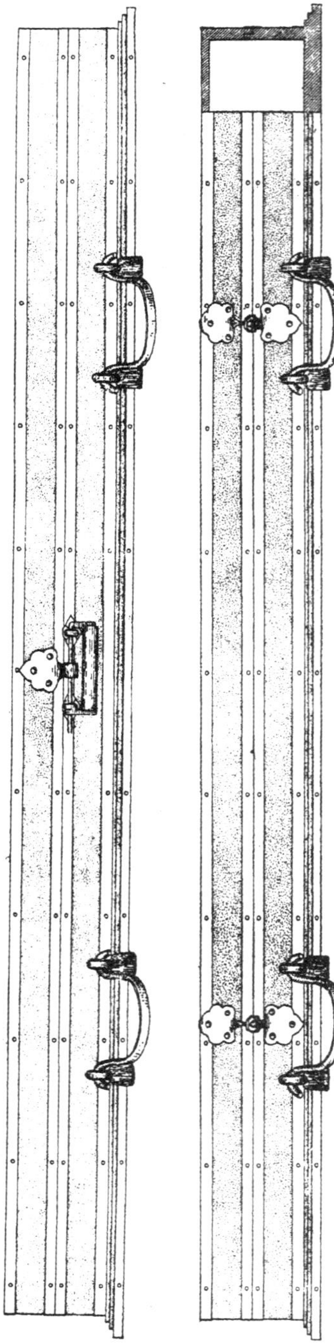

图八六 册匣正面（上）、背面及剖视（下）复原图（1/11）

图八七 册匣盖面银平脱花纹平面复原图（1/11）

图八八　册匣盖面双凤团花细部（2/5）

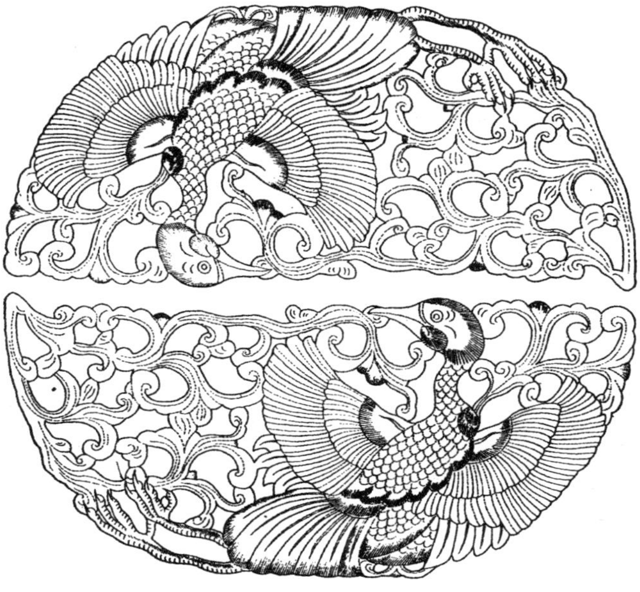

图八九　册匣盖面双鹤团花细部（2/5）

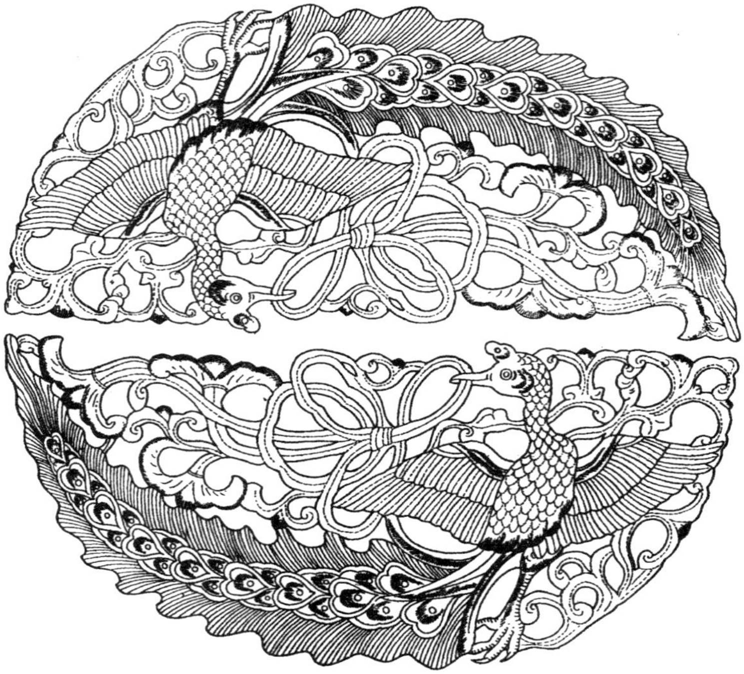

图九〇 册匣盖面孔雀团花细部（2/5）

图九一 册匣盖面双狮图案细部（2/5）

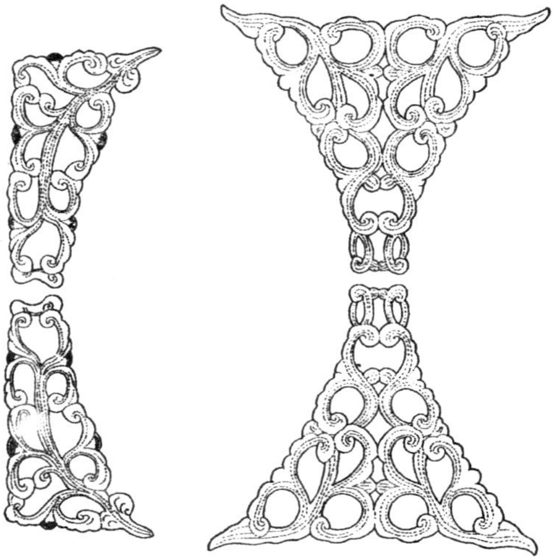

图九二 册匣盖面团花之间（右）及两端的忍冬纹（左）（2/7）

二、玉册

玉册有哀册和谥册两副。哀册五十一简，前后折褾各一（图版伍捌）；谥册五十简，册前折褾二，册后折褾一。哀册褾首、册尾折褾及谥册褾首、册尾折褾，均特别宽阔，较其他各简约宽三倍半（10.6厘米），长相等而略薄（1.5厘米）。哀册的褾首绘一金甲神，双手执斧，神背后绘一龙（彩色版贰；图版伍玖）；册尾折褾上则绘一金龙。谥册的褾首及册尾折褾，亦彩绘贴金，但所绘何物，已不可辨，仅余红绿颜色及少数的贴金而已。

哀册文自第一简起至五十一简止（图版陆拾～陆肆；图版柒拾～柒玖）；谥册文自第一简起至五十简止（图版陆伍～陆玖；图版捌拾～捌玖），文皆深刻敷金。每简长33、广3.5、厚1.9厘米。在每简的两端约1.7厘米处，横穿一小孔，银丝贯之联以成册（图九三；图版伍贰，6、7）。

古代的策书均用竹、木为之，其有用玉者，大概开始于春秋战国之际，如河南辉县固围村第一号战国墓中即发现有玉册一副[①]，其他尚未有较早的发现。玉册之见于记载者颇晚，汉武帝（刘彻）封泰山，用玉牒而不用玉册，其事详《汉书·郊祀志》及《续汉书·祭祀志》。玉册一词首见于《后汉书》卷三十《郎顗传》，有“书玉板

① 见中国科学院考古研究所：《辉县发掘报告》页80，科学出版社，1956年。

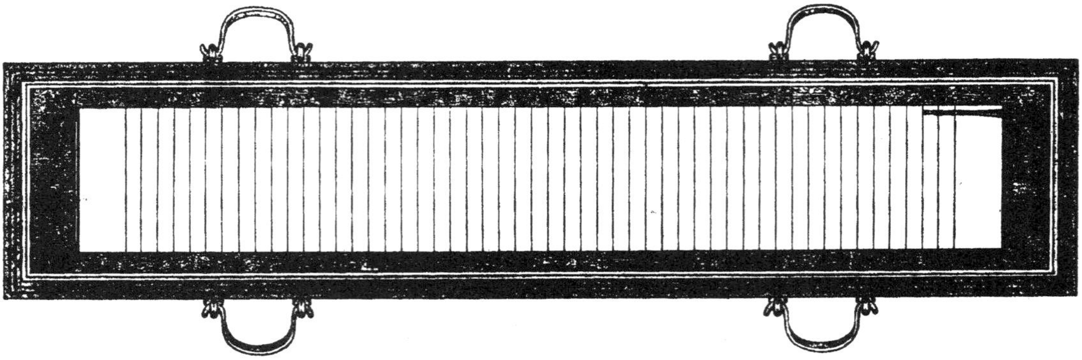

图九三　玉册在匣中的位置及联简的银丝复原图

之策"的话[①]。《文选》(商务印书馆《国学基本丛书》简编本)左思《魏都赋》亦言"窥玉策于金縢，案图箓于石室"。想当时必有玉策的制度。

古代的玉策大概系用朱书或漆书而不刻，如固围村战国墓中所出土的玉册，其上今无字，大概系朱书或漆书，而在土中脱落，故《郎顗传》称"书玉板之策"。此种情况，至东汉初犹然。如《续汉书·祭祀志》[②]记光武封泰山刻玉牒说：

> 时以印工不能刻玉牒，欲用丹漆书之，会求得能刻玉者，遂书，书祕。

由此可见刻玉册的工人，在东汉初时尚甚少。不只在东汉时如此，到

① 《后汉书》卷三十《郎顗传》："宜以五月丙午，遣太尉，服干戚，建井旗，书玉板之策，引白气之异，于西郊责躬求愆，谢咎皇天，消灭妖气。"
② 《后汉书》卷九十七。

三国时犹然，如《宋书》卷十八《礼志》说：

> 吴无刻玉工，以金为玺，孙皓造金玺六枚是也。

是吴时连刻玉印的工人亦无之，只得求其次而刻金玺。

古代陵墓之中，均用竹策，而不用玉策，如《晋书》卷五十一《束皙传》说：

> ……时有人于嵩高山下得竹简一枚，上两行科斗书，传以相示，莫有知者。司空张华以问皙，皙曰：此汉明帝显节陵中策也。检验果然，时人伏其博识。

由此可知东汉时陵中用竹策，到隋时亦尚如此，《隋书》卷九《礼仪志》说：

> 诸王、三公、仪同、尚书令、五等开国、太妃、妃、公主恭拜册，轴一枚，长二尺，以白练衣之。用竹简十二枚，六枚与轴等，六枚长尺二寸，文出集书，书皆篆字。哀册、赠册亦同。

“哀册、赠册亦同”，是知隋时陵中的策书，尚用竹为之。其简一长一短，亦尚未变古代策书的制度。陵中用玉策，盖始于唐初，《旧五代史》卷一百四十三（百衲本）《礼志》说：

周广顺三年冬十月，礼仪使奏，郊庙祝文礼例云：古者大事皆书于册，而有长短之差。魏晋郊庙祝文，书于册，唐初悉用祝版，惟陵庙用玉册。玄宗亲祭郊庙，用玉为册。德宗朝博士陆淳议，准礼用祝版，祭已燔之，可其议。

哀册与谥册之文，自魏晋而降，均极冗长，若全用纯玉，实无从得到如这样大及多的玉。两宋时，所有的玉册，均用珉玉[①]。以永陵的册推之，唐代亦或系用珉玉。按永陵玉册的质料，系现代所称为白色大理石质的，其来自何处，不得而知。不过四川的汶川（称础玉）、甘肃的阶州，当时皆产之，此二地在王建时亦均属蜀。

永陵的玉册，长33、广3.5厘米。以古今尺度的不同，不能作直接的比较，但可以以其本身证本身。高宗登封的册长一尺二寸、广一寸二分，其长宽的比例为10%。永陵的玉册，长宽的比例为10.6%，相差不过半单位稍强，故可犹谓之为唐制之旧。

此乃永陵玉册之合于唐代封禅玉策的制度者。但与宋代上尊号玉策的制度，尤为相合，不只册制相合，其他如册匣以及匣上的装饰，几完全一式。观于《宋会要辑稿》《文献通考》及《宋史·舆服志》所载，即可明了。《宋会要辑稿·礼》四十九，关于宋上尊号玉册之制说：

---

① 关于珉玉之考证，见章鸿钊《石雅》（1927年排印本）中编，页5～6。珉质软而粗，且易得，故古代凡称玉的巨制，多系珉为之。

其册中书省造，用珉玉，简长尺二寸，阔一寸二分，厚五分，简数从文之多少，联以金绳，首尾结带，前后四枚刻龙镂金，若捧护之状。藉以锦褥，覆以红罗泥金夹帕。册匣长广取容册，涂以朱漆金装隐起突龙凤金鏁蚧锴。匣上又以红罗绣盘龙襚金帊覆之，承以金装长竿床，金龙首，金鱼钩；藉匣以锦缘席锦褥。又纽红丝为絛，以萦匣册。案涂朱漆，覆以红罗销金衣。

《文献通考》（卷一百一十五）载上高宗（赵构）太上皇尊号的玉册以及《宋史·舆服志》记玉册、册匣之制，均与《宋会要辑稿》同。《宋史·舆服志》说：

册制用珉玉，简长一尺二寸，阔一寸二分，简数从字之多少。联以金绳，首尾结带。前后褾首四枚，二枚画神，二枚刻龙镂金，若奉护之状……

此处举出“褾首”一名，是知册前后特别宽大的数简，其上绘神刻龙者，在宋代称“褾首”（彩色版贰），本报告内亦袭用之。

以上乃宋制上皇帝尊号的玉册，至于宋代陵中的玉册，亦与此全同。《宋会要辑稿·礼》二十九，历代大行丧礼上，永昌陵中的玉册说：

> 开宝九年十月二十日，太祖崩于万岁殿……中书省言制造哀、谥册二副，用阶玉，从之。（每册条六十，内一十条折褾四片，五十条书册文。册匣二具，长七尺五寸，使金镀银，含棱，遍地合罗花，盘龙装。红锦托裹。揭搭象鼻锯铁，银镤钥各全。穿联册银絛，两头银丝结花二朵，各一副。）

由此可见永陵中的玉册与宋代陵中的玉册几乎完全相同，简均长一尺二寸，广一寸二分，质亦用珉玉（阶玉）。其前后折褾“刻龙镂金，若捧护之状”亦为相同。至于册匣，尤为相似。

后 记

王建墓的发掘原分两个阶段，前一阶段（后室发掘）的报告由著者编写；后一阶段（前室和中室的发掘）的报告，则由吴金鼎先生编写。吴先生的报告未编成即行离去，仅留下草稿，既未配图，亦未对出土物进行复原和考订。所以，吴先生的稿本仅系一种发掘经过的叙述（原稿现存四川省博物馆档案室）。吴先生在1948年去世后，编写的任务则全部落到著者的身上了。但在编写第二阶段的报告时，吴先生的草稿，因体例不同，仅用作参考。不过，吴金鼎先生对王建墓的发掘，用力至多，报告内容之有今日者，亦全仗其发掘之科学与记录之详实。遗憾的是未能将其报告编竣，也不及亲见此书之出版。

关于建筑和雕刻部分，原系由莫宗江教授测绘及整理。今莫教授任务繁忙，无暇及此，而著者亦无由得见其所测绘之资料。故本报告内的有关墓葬的各种建筑图案，均系著者与杨有润同志所测绘。但我们二人对于古建筑均系外行，所测绘的方法及使用的名称，是否确当，自有可商之地。

本报告内各种器物的复原工作，杨有润同志用力甚深，各种复原图亦大半为其所绘制。其中的主要部分（如木门作、漆器中的宝盝和册匣）已由其抽出另行发表了。其他有少数插图如银器、镜奁等图，则系刘瑛同志所绘。十二神像、伎乐的髻式等图，原为赵蕴玉同志所绘制，后又由徐君熙同志补充。以上各同志皆曾付出很大的劳力，均在此谨致谢忱。

王建墓的发掘，已将近二十年了。解放以来，在党的文物政策的光辉照耀下，在党和领导上的大力支持和鼓励下，全部资料方得以整理发表。王建墓又由政府拨巨资加以修复（图版壹）。1961年，国务院公布王建墓为第一批全国重点文物保护单位。这都是著者个人感到万分欣庆的事。今值报告出版之时，特志无限欢忭之忱。

冯汉骥　识

1962年春节于四川省博物馆

The Royal Tomb of Wang Jian of the Former Shu

(An Abstract)

Yung Ling is the royal tomb of Wang Jian (died A. D. 918), the ruler of the kingdom of the Former Shu which was founded toward the end of the T'ang dynasty and survived into the period of the Five Dynasties. It lies about one half of a kilometre south of the old Western Gate of the old city of Chengtu. Its circular earthen mound measures about fifteen metres in height and eighty metres in diameter.

Built of oblong red sandstone, its tomb chamber is formed by a series of fourteen double vaults. The space between these vaults is covered by slabs of stone . The whole tomb may be divided into three chambers with the largest located at the center, attaining a total length of 23.4 metres.

The tomb was sealed up with long blocks of stone under the first vault of the antechamber. This was further strengthened on the outside with another sealing of large bricks. Behind the blocks of stone stands a pair of magnificent wooden gates, decorated with red paint and gilt bronze animal masks. The antechamber itself measures about 4.45 metres in length, 3.8 metres in widthe and 5.45 metres in height.

The central chamber is seperated from the antechamber by another pair of wooden gates similar to that of the front chamber. Being the main chamber where the coffin is placed, the central chamber is more spacious, measuring about 12 metres in length, 6.1 metres in width and 6.4 meters in height. Near the center of the chamber is the platform for coffin, with a length of 7.45 metres, a width of 3.35 metres and a height of 0.84 metre. The latter is built in the shape of a *hsü mi tso*（须弥座）pedestal and covered with square pieces of jade-like stone called *min yü*（珉玉）.The topmost frieze of the platform called *fan sê*（方涩）has a width of 11.5 cm. It is decorated on three sides—south, east and west—with carved designs of clouds and eight dragons playing with pearls. But its north side bears only the cloud design. The horizontal member called *yen sê*（罨涩） serves as a kind of cornice for the central part of the platform and is decorated with carved lotus design.

The central part of the platform contains on its south, east and west sides a total of twenty four niches with carved figures of female musicians and dancers. The upper part of the platform base is decorated with designs of lotus petal, followed by a central frieze of flowering scrolls and a bottom member with designs of inverted lotus petals. The carved design as a whole is very rich and elaborate.

Of the twenty four female musicians and dancers, ten are on the east side while another ten are on the west and the remaining four on the south side, all carved in high relief and averaging about 24～25 cm in height. Full but without being obese, these gracefully posed figures are represented playing their instruments in such a coordinated manner as to suggest a joint performance. Two of these figures are dancers while the other twenty two are musicians. The instruments used include one *p'i p'a*（琵琶）, one *shu k'ung hou*（竖箜篌）, one *chêng*（筝）, two *pi li*（觱篥）, one *ti*（笛）, one *ch'ih*（篪）, one *shêng*（笙）, one *hsiao*（箫）, one *chêng ku*（正鼓） drum, one *cho ku*（和鼓）drum, one *mao yuan ku*（毛员鼓）drum, one *ch'i ku*（齐鼓）drum, one *ta la ku*（答腊鼓）drum, one *chi lou ku*（鸡娄鼓）drum, one *t'ao lao*（鞉牢）, two *chieh ku*（羯鼓）drums, one *t'ung pa*（铜钹）, one *ts'ui yeh*（吹叶）, one conch shell and two *p'ai pan*（拍板） clappars, adding up to a total of twenty three pieces in nineteen different varieties. These have provided a very important group of data for the study of Chinese music around the end of the Tang dynasty and the Five Dynasties period.

On the east and west sides of the coffin platform are twelve half-length stone statues of warrior gods about 60 cm in height, buried in the ground from the waist on down. Fully armoured and wearing either a helmet or a hat, their hands are stuck under the platform as if they were about to lift it up.

Stacked together on the coffin platform are three wooden platforms each made seperately but on a diminishing scale from the buttom up to simulate steps, Their sides are mounted with railings bearing gilt bronze ring-handles and the corners are strengthened with gilt bronze clasps. The coffin and the outter coffin were placed on top of these step-like platforms.

The upper parts of the coffin and outer coffin have both disintegrated, making it impossible to restore their original shapes. However, it appears that they were both broader toward the back. The two ends of both the coffin and outer coffin were built to simulate wooden gates, decorated with gilt bronze bosses, rings and other ornaments. The sides of both the coffin and outer coffin are provided near the bottom with gilt bronze ring-handles. The outer coffin is further decorated with simulated windows and bracketing systems called *tou kung*（斗拱）. The outer coffin is painted in reddish black while its simulated gates are painted in vermilion. The coffin is painted in brownish red and its simulated gates are painted in vermilion.

No traces of skeletons have been found in the coffin. The finds include a large jade belt composed of seven jade plaques carved with magnificent designs of dragon , two silver boxes, silver bowl, pig, *po-basin*, scratcher（搔手）and cane, a bronze mirror, lacquer boxes with inlaid silver designs and small jade ornaments. Many of these are exquisite works of art. In addition, an iron bull measuring about 74 cm in length and an iron pig measuring about 66 cm in length were found respectively off the southwest and southeast corners of the coffin platform.

Immediately behind the coffin platform stands a large red sandstone basin which holds a circular stone stand. Placed on the latter is a large brown-glazed pottery basin which holds two green glazed pottery lamps. These were probably used to light up the central chamber.

Behind the stone basin is the third door partitioning the central and back chambers, Its construction and ornamentation are similar to the other two doors, The back chamber measures about 5.7 metres in length, 4.4 metres in width and 5.5 metres in height. The rear wall of the chamber is formed by a sealing of stone blacks more than three metres in thickness. Toward the back of the back chamber is a stone platform with a height of 0.79 metre. Its cornice is carved with designs of dragons playing with pearls. At the center of its front is a carved dragon design, flanked by a pair of carved lion-like beasts. Placed end to end and extending across the whole width of the platform are two sets of tablets fashioned from jade-like stone called *min yü*, each consisting of fifty three pieces. The first and last pieces of each set are decorated with polychrome paintings of either a warrior clad in gold armour or dragon and clouds. The other tables are of uniform size, 33cm long, 32cm wide and 20cm thick. Each tablet is perforated transversely at both ends and silver threads put through these perforations bind the whole set. One set is inscribed with the royal eulogy and called *ai ts'e*（哀册） while the other set bears an eulogical essay offering the posthumous title to the departed ruler and is called *shih ts'e*（谥册）. The inscriptions cut deeply into the stone and are painted over with gold. Each of these two sets was placed in an exquisite red lacquer box inlaid in silver with designs of phoenix, crane, peacock and lion.

At the rear of these two books and right at the center of the platform face is a double lacquer box called *pao lu* inlaid with silver designs of dragon or phoenix flanked by warriors. The white jade seal bearing the posthumous title of the dead was found inside its inner box along with some jade ornaments and rings. Originally, the latter probably formed part of a decorative ribbon attached to the jade seal but the ribbon itself had already disappeared.

Behing the *pao lu* is a seated red sandstone statue of Wang Jian measuring 0.86 metre in height. Although intended as a formal portrait, it is very lifelike and represents him in the costume commonly worn by the Tang emperors, namely, a type of hat called *chê shang chin*（折上巾）, a red robe with belt and a pair of boots.

The Yung Ling had been invaded by tomb robbers soon after its construction, and perhaps not just once, but the finds yielded through the excavation are still very impressive and offter some most valuable data for the study of the material culture of Szechwan area around the end of the Tang dynasty and the Five Dynasties period.

王建墓地宫全景

哀册褾首神像复原图

1. 1956年培修后的王建墓前门

2. 自墓顶俯视的王建墓前门

1949年后新培修之王建墓外景

1. 发掘前西北面近景（由西北向东南摄）

2. 发掘前西面被掘成之陡壁

发掘前之王建墓近景

1. 陵台周围之界石（西南隅之残存）

2. 陵台南面外第一、二道砖基及土墩之遗存

3. 封门砖墙上部被破坏情形及盗口

4. 封门砖墙西边下部

陵台四周之界石、砖基等遗存及封门墙破坏的情形

1. 中室东墙靠近棺床部分卵石

2. 东墙后部基脚下的卵石

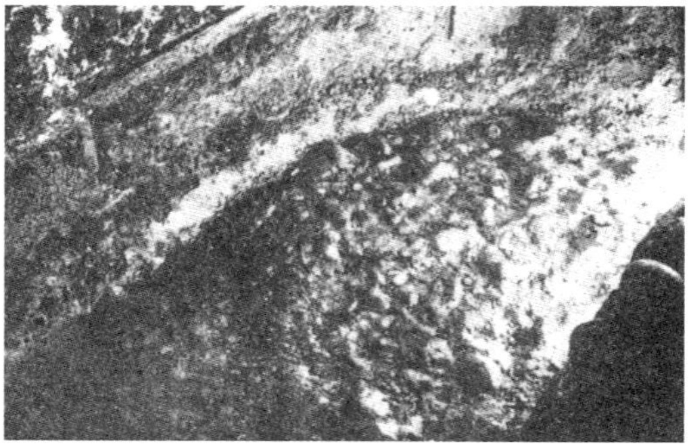

3. 东墙前部基脚下的卵石

4. 东墙中部基脚下的卵石

5. 棺床上部土层中之漆皮布纹

6. 漆皮布纹洗净后之断片

中室券墙基脚及棺床上的漆皮布纹

1. 前室第一券及其下的淤土

2. 中室与后室券顶破损情况及原来修补之白垩

3. 前室第一券下石条封闭的情况（淤土取去后）

4. 中室与前室之间的门限、踏道（西部）及西边券墙上残存的白垩

前室封门墙及墓室内的情况

1. 前室门下部之靴臼、铜饰片、金钉等之原来的位置

2. 前室门上金钉落下之情况

3. 中室门中缝饰片出土情况

4. 中室门上金钉落下散乱情况

前室、中室门饰出土时情况

1. 左扇门之靴臼、铜包片、金钉等出土位置

2. 右扇门之靴臼、铜包片、金钉等土地位置

3. 门上铁锁、铺首落于门限上的情况

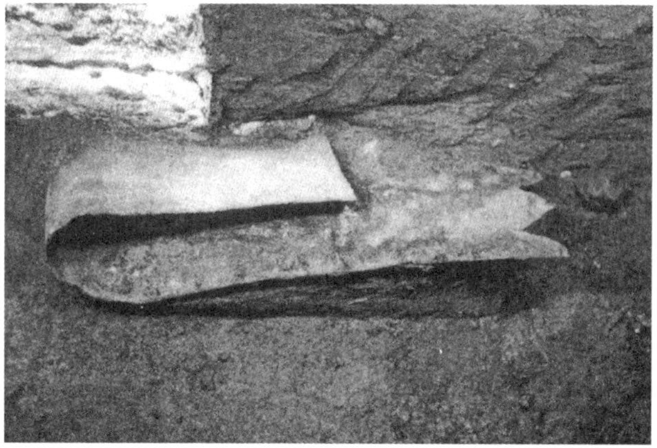

4. 左扇门上角铜包片落下情况

中室门饰出土时情况

1. 门楸东部的门饰出土时情形

2. 门楸中部的门饰出土时情形

3. 左扇门下铜靴臼及肘板下部的铜包片

4. 右扇门下铜靴臼及肘板下部的铜包片

5. 铁锁、铁搭钮及受锁环钉

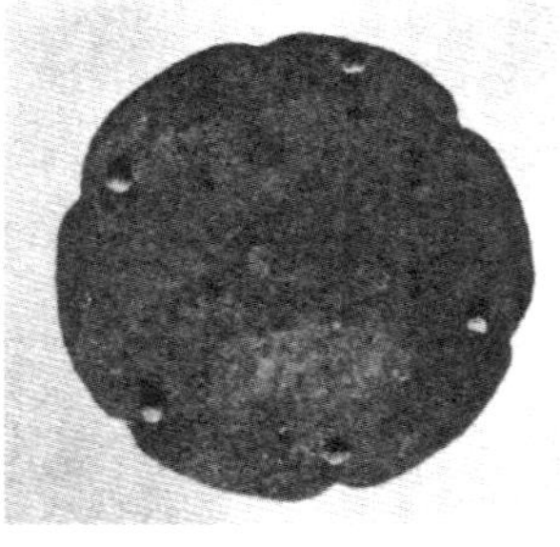

6. 门簪鎏金饰片

7. 金钉

后室门饰及其出土时情况

1. 门中缝上端鎏金铜饰片

3. 鎏金铜铺首及环（兽面最大径29厘米）

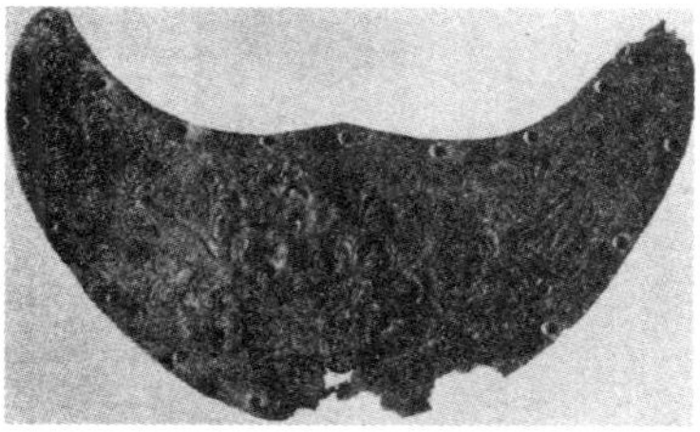

4. 铺首环下之鎏金铜饰片

2. 门中缝下端鎏金铜饰片

5. 肘板上、下端鎏金铜包片

6. 铜铸门靴臼（下为俯视）

门上鎏金铜饰等

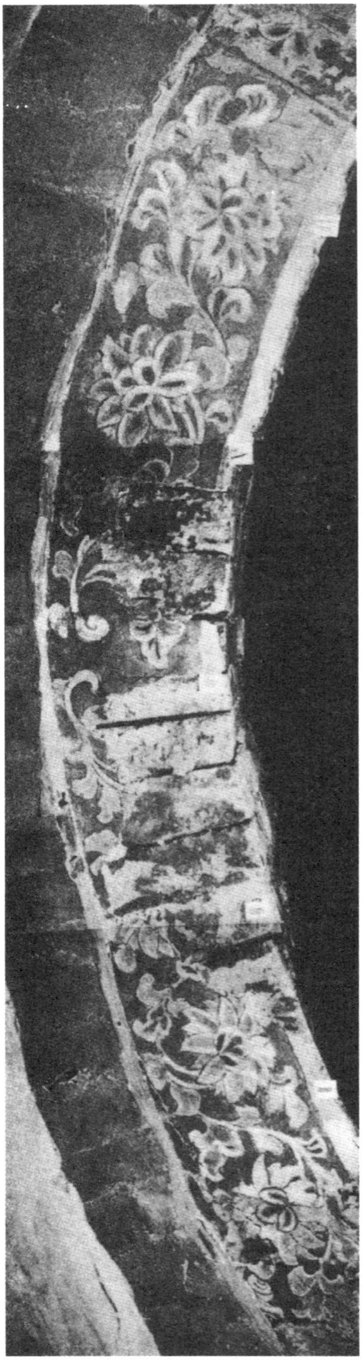

1. 彩画全视

3. 彩画轮廓线的刻划纹

2. 彩画西边下部淤没于土中情况

前室第二券券额上的彩画

前室第二券券额上的彩画

1. 中室与前室间之淤土

2. 前室第三券与第四券间之铁条和链

3. 前室淤土中所出之铁环

4. 券缝中所砌入之卵石

前室淤土及券顶情况

1. 第三与第四券顶间之铁条及链

2. 第二与第三券顶间之铁条、铁链及铁钩

3. 第三与第四券顶间铁链下略偏西的淤土所出的铁项架

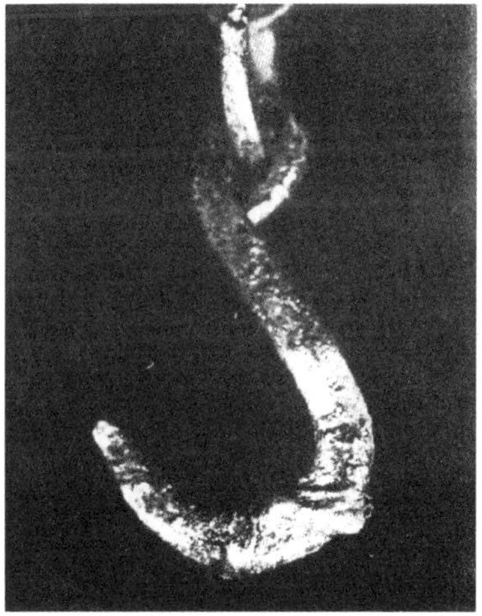

4. 第二与第三券顶间铁钩上之纺织物纹

中室券顶下之铁链、铁钩及淤土中所出的铁顶架等

棺床南面（正面）雕刻

1. 棺床西面

2. 棺床东面

棺床东、西两面全景

1. 棺床北面东部

2. 棺床北面西部

3. 棺床北面中部

棺床北面雕刻

1. 舞伎（南面西二）

2. 舞伎（南面东二）

3. 拍板（南面西一）

4. 琵琶（南面东一）

伎乐（一）

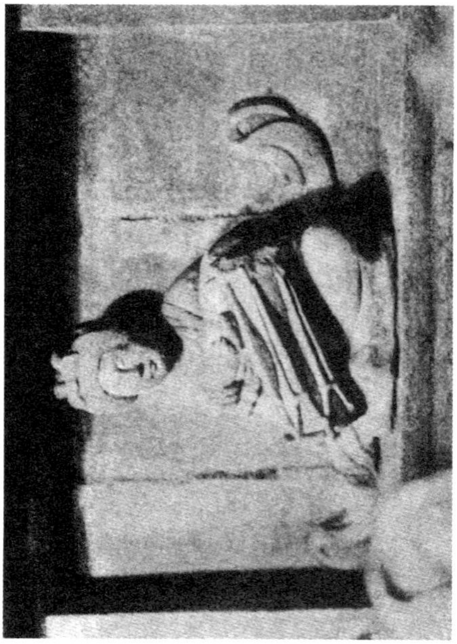
1. 正鼓（东一，由南向北排列）

2. 齐鼓（东二）

3. 和鼓（东三）

4. 长笛（东四）

伎乐（二）

1. 觱篥（东五）

2. 拍板（东六）

3. 羯鼓（东七）

4. 鞉牢、鸡娄鼓（东八）

伎乐（三）

1. 答腊鼓（东九）

2. 毛员鼓（东十）

3. 篪（西一，由南向北排列）

4. 箫（西二）

伎乐（四）

1. 筝（西三）

2. 小篳篥（西四）

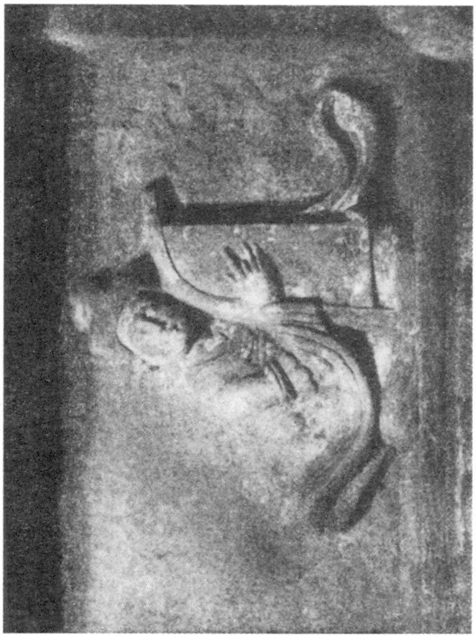

3.竖箜篌（西五）

4. 吹叶（西六）

伎乐（五）

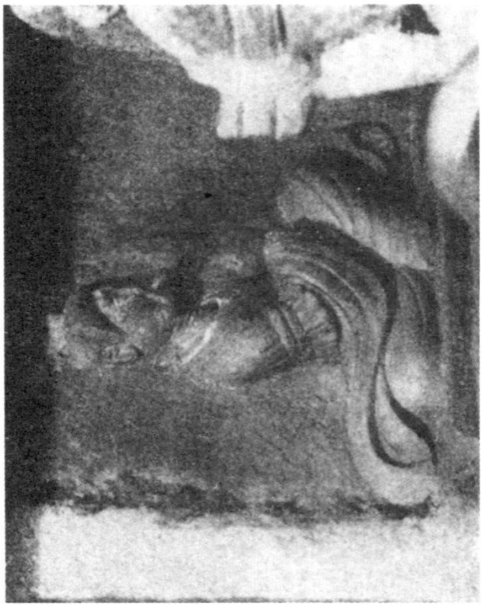

1. 笙（西七）

2. 贝（西八）

3. 铜钹（西九）

4. 羯鼓（西十）

伎乐（六）

1. 棺床南面正中壶门柱上所雕之凤

2. 棺床南面东二壶门柱上所雕之鸾

3. 棺床南面东一壶门柱上所雕之凤

4. 棺床两侧壶门柱上所雕莲荷花之一

棺床壶门柱上之雕刻

1. 东一（腾蛇？）

2. 东二（朱雀？）

3. 东三（六合？）

4. 东四（句陈？）

十二神（一）

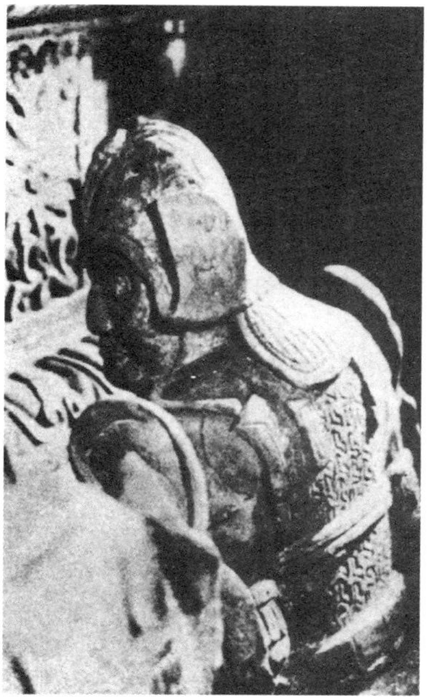

1. 东五（青龙？）

2. 东六（天一？）

3. 西一（天后？）

4. 西二（太阴？）

十二神（二）

1. 西三（玄武？）

2. 西四（太常？）

3. 西五（白虎？）

4. 西六（天空？）

十二神（三）

1. 棺、椁北端门上铜饰出土时情形

2. 棺、椁北端西北角门上铜饰出土时情形

3. 椁上东边窗棂漆痕全景

4. 棺、椁南端西南转角处的铜包片

5. 椁上西边窗棂漆痕细部

棺、椁上铜门饰及窗棂漆痕出土时情形

1. 台级的各层漆痕重叠情况

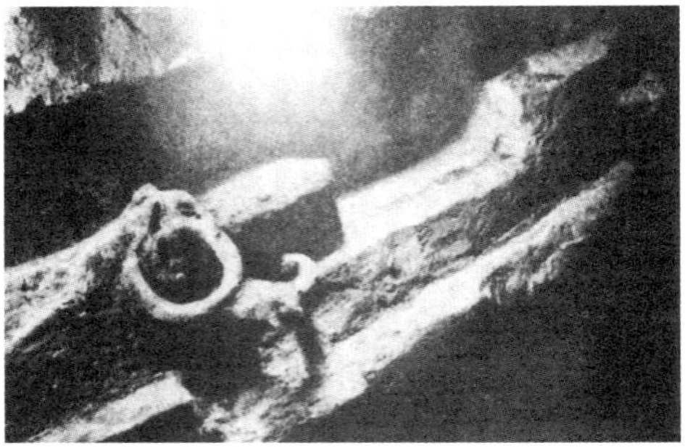
2. 椁上铜环压于第三层台级铜环之上的情形

3. 棺、椁、第三层台级的铜环相压积情形

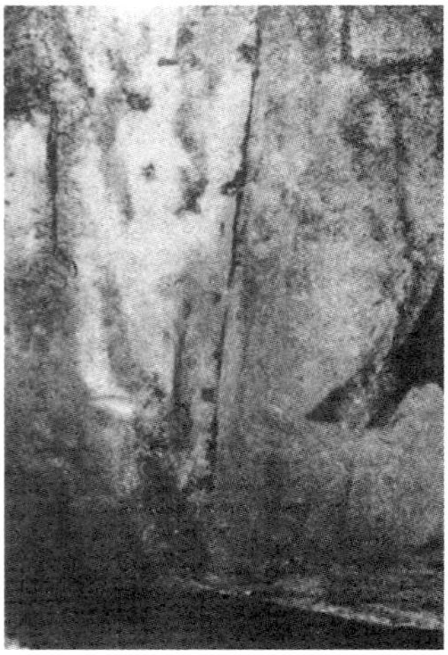
4. 棺底（东北部）漆痕

5. 棺、椁北端椁门、棺门漆痕洗净后的情形

6. 台级西边的三级漆纹

棺、椁、台级等各层漆纹重叠情况

1. 棺、椁、台级土痕漆纹全貌

2. 三层台级东边之一、二层鎏金铜环出土时之位置

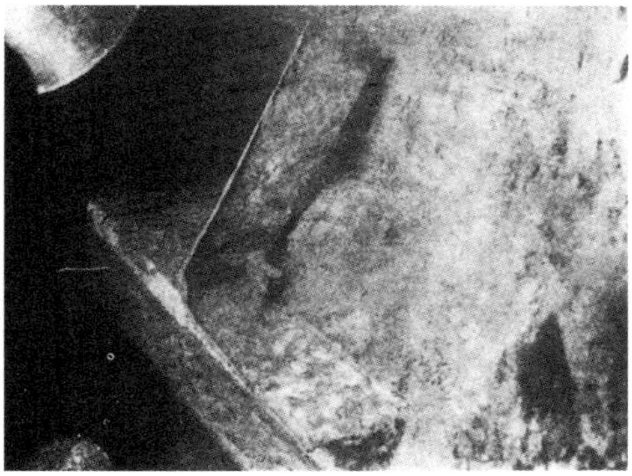
3. 第一层台级东南角铜饰片出土时之位置

4. 第一层台级东北角铜饰片出土时之位置

5. 第一层台级两侧鎏金铜饰片之一

6. 第二层台级栏楯上之蝠形装饰——东边者之一

棺、椁、台级等出土情况

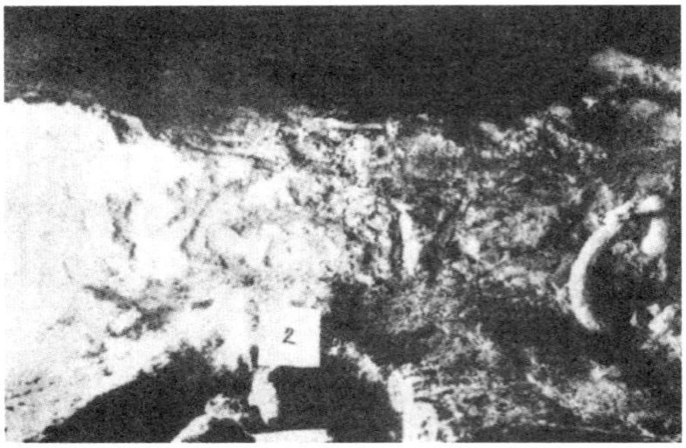

1. 漆纹及铜环（由南至北）

2. 漆纹及铜环（与1联接）

3. 漆纹及铜环（与2联接）

4. 漆纹及铜环（与3联接）

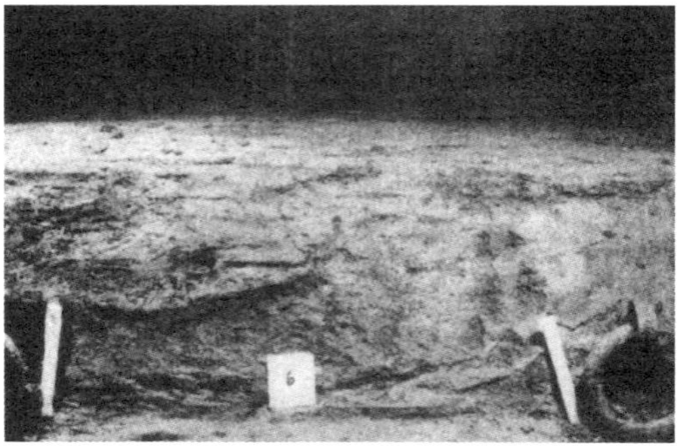

5. 漆纹及铜环（与4联接）

6. 漆纹及铜环（与5联接）

棺、椁、台级的东面一、二层漆纹及铜环位置

1. 台级南端的三层漆纹

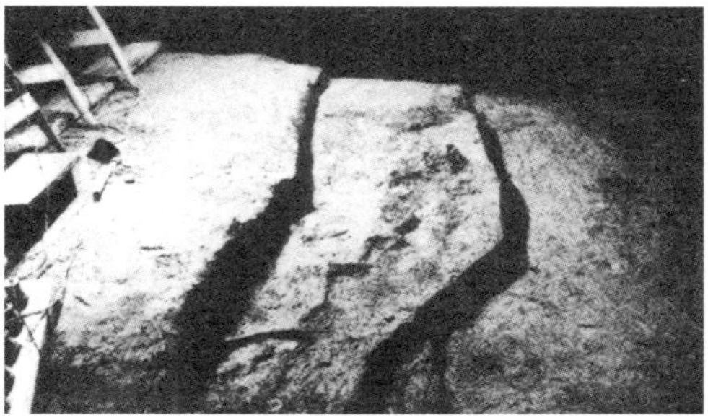

2. 台级南端西部土纹分布

3. 台级南端东部各层铜环位置

4. 台级南端三层漆纹细部

5. 台级东南角铜包片及铜环

6. 台级东面三层铜环的上、下位置

台级及各层漆纹、铜环等出土时情形

1. 棺、椁门上（上一）及台级两侧（下四）所饰鎏金铜片

2. 棺、椁、台级转角处的包角鎏金铜片

3. 棺、椁、台级转角处的包角鎏金铜片

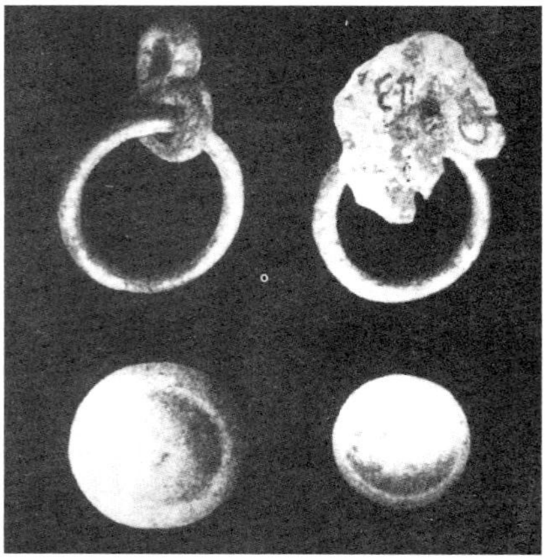

4. 棺（右）、椁（左）门上鎏金铜环及金钉

5. 大铜环铁钉钉入弯转的深度

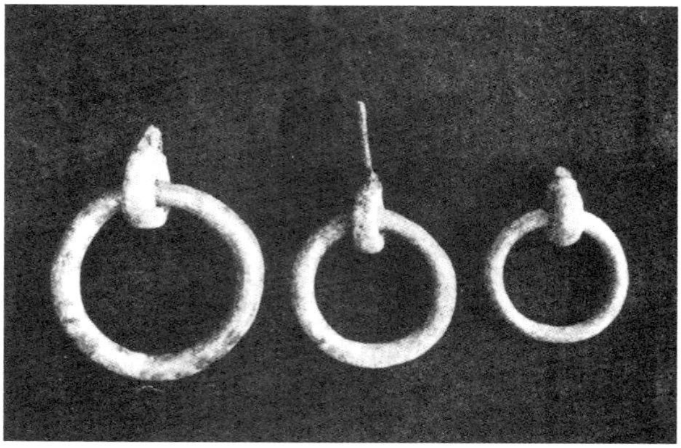

6. 棺、椁及台级上的鎏金大铜环

棺、椁、台级上的各种鎏金铜饰片及铜环

1. 铊尾正面龙纹雕刻

2. 铊尾背面铭文及其附鞓部分

大带铊尾

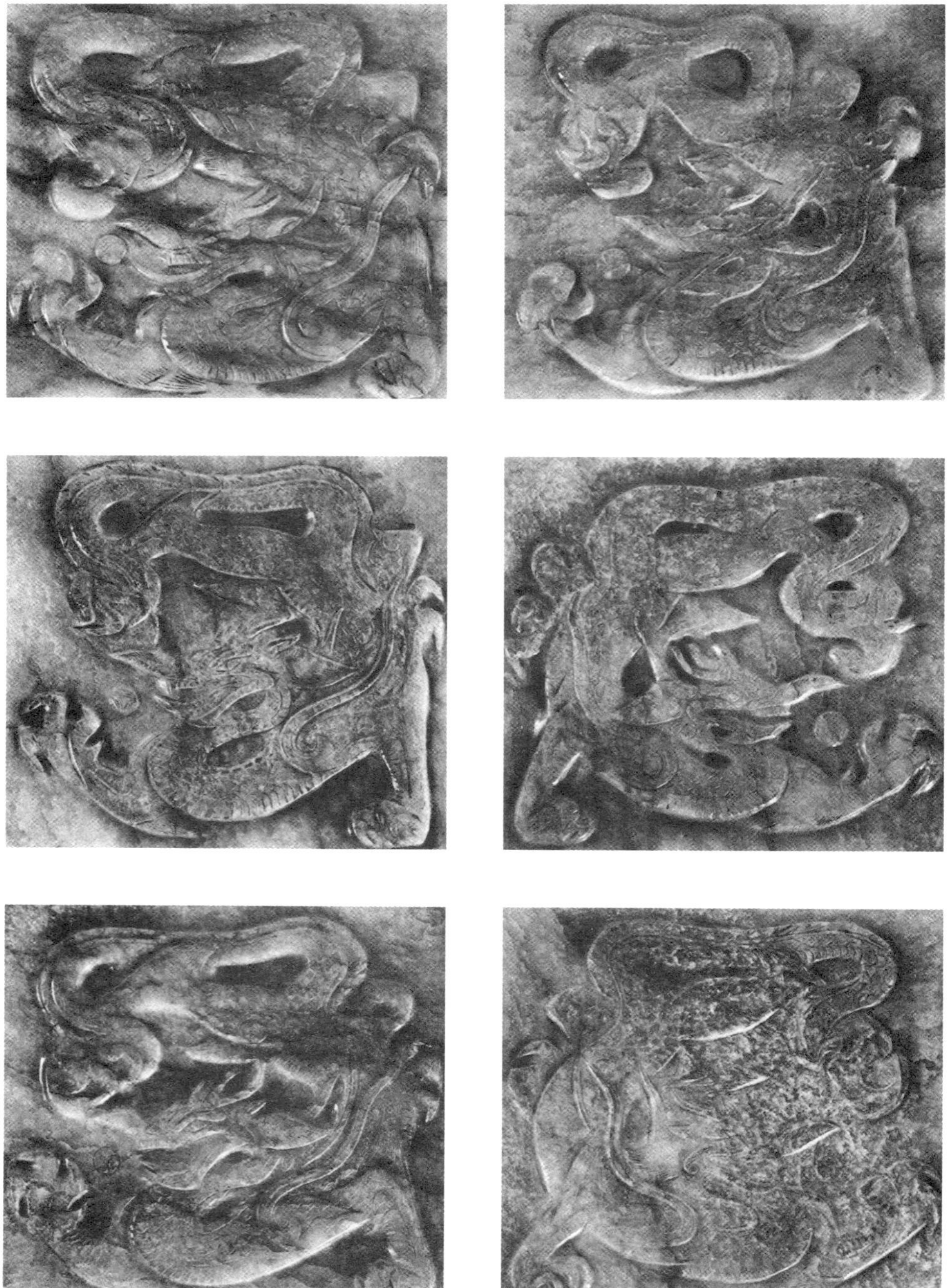

大带玉銙

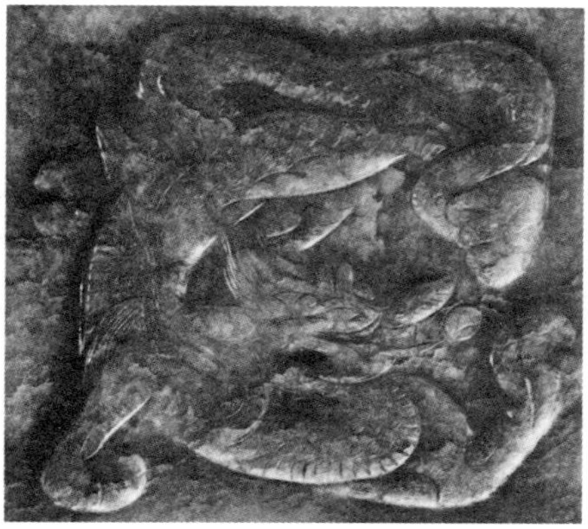

1. 大带玉銙

2. 银扣饰

3. 铊尾出土情形

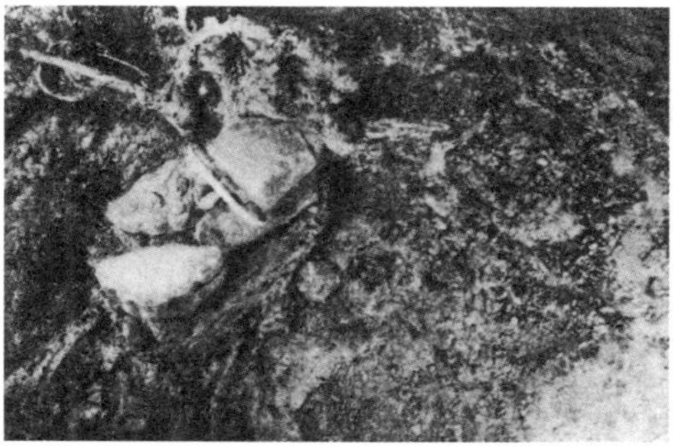

4. 大带带扣出土情况

5. 大带银扣

6. 大带银扣

大带银扣等

1. 银盒、银钵出土时之相互位置

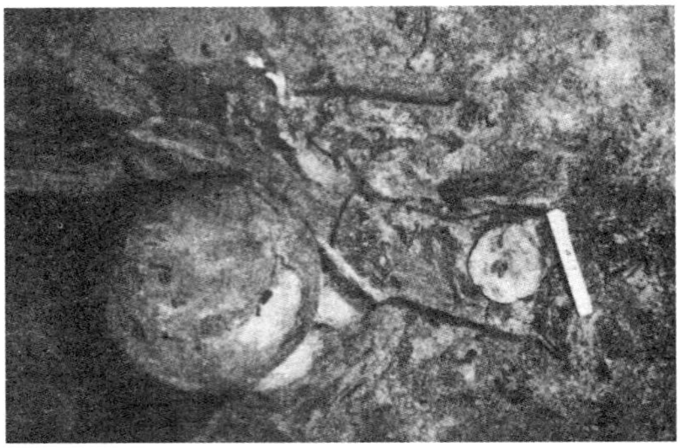

2. 银钵出土时情形

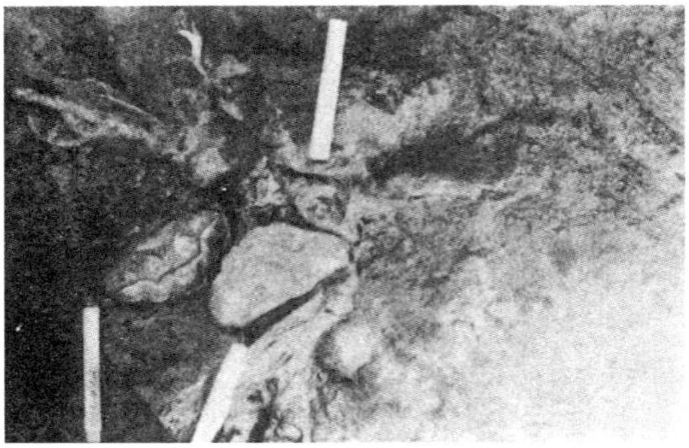

3. 银盒出土时情况

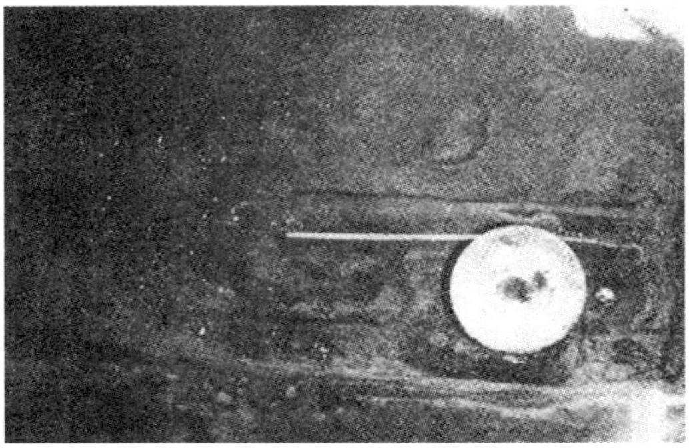

4. 银碗、银搔手出土情况

5. 铜镜出土时位置

6. 铜镜翻转后镜奁上平脱银花粘于其上情形

银盒、钵及铜镜等出土情况

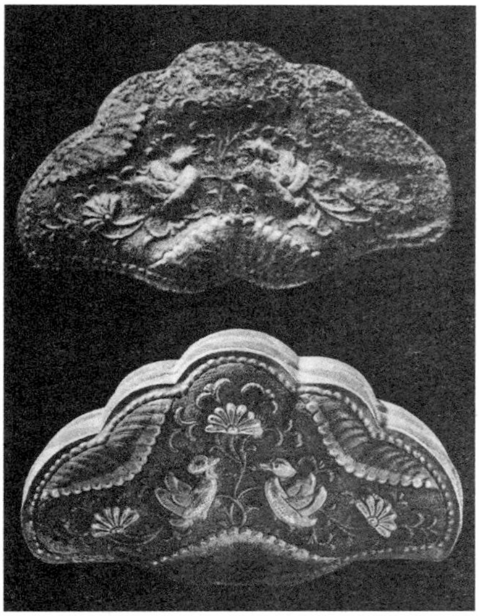

1. 银盒（俯视）

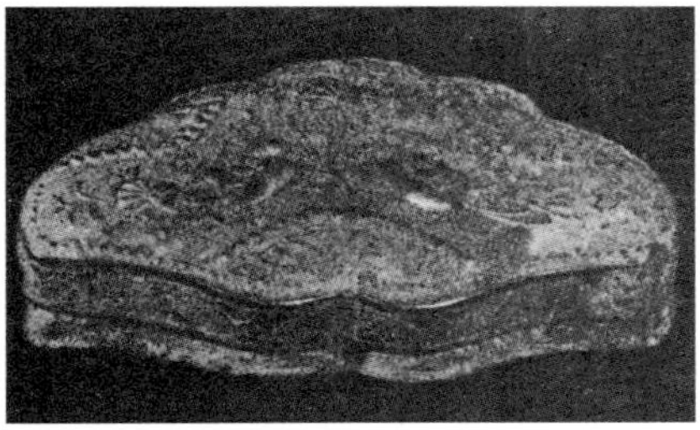

2. 银盒（正面）

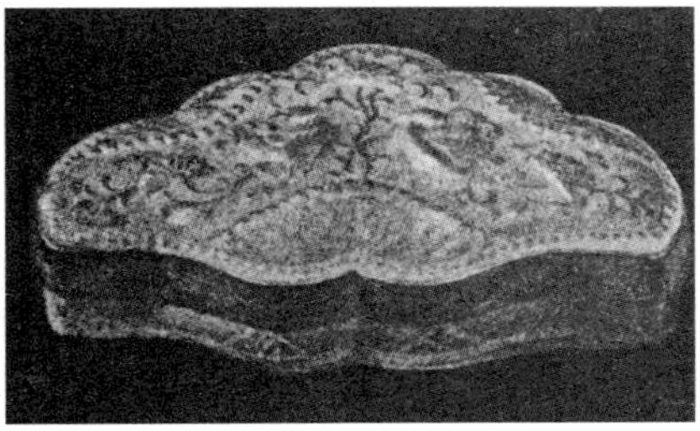

3. 银盒（正面）

4. 银钵

5. 银颐托

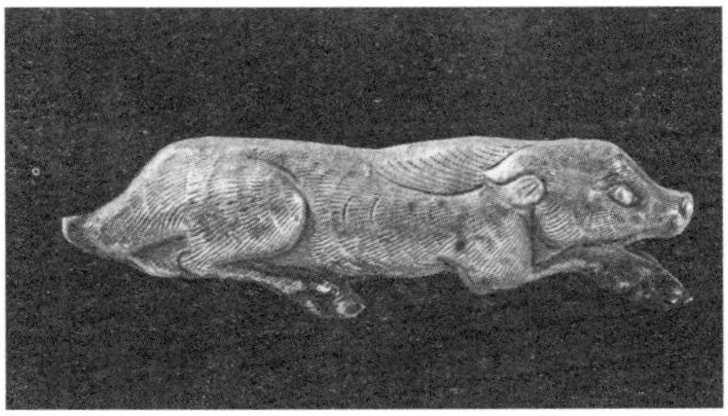

6. 银猪

银盒、银钵等

1. 铜镜

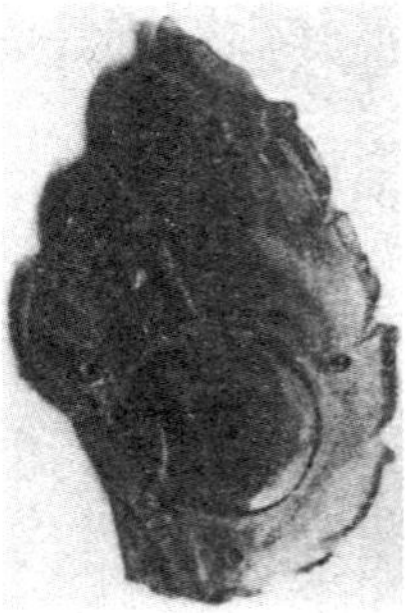

2. 琥珀残片

3. 琥珀残片

4. 水晶珠

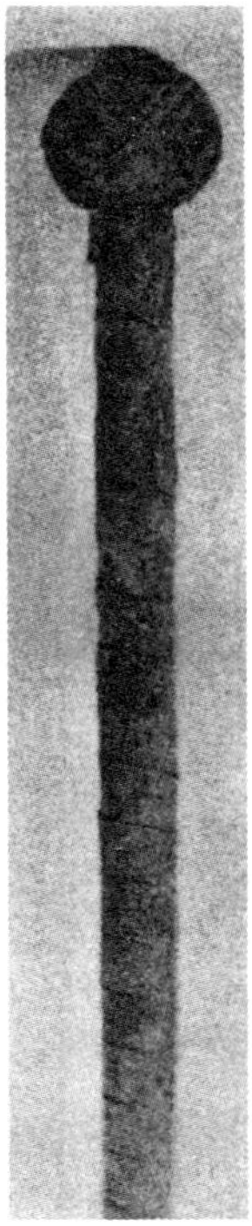

5. 银头杖

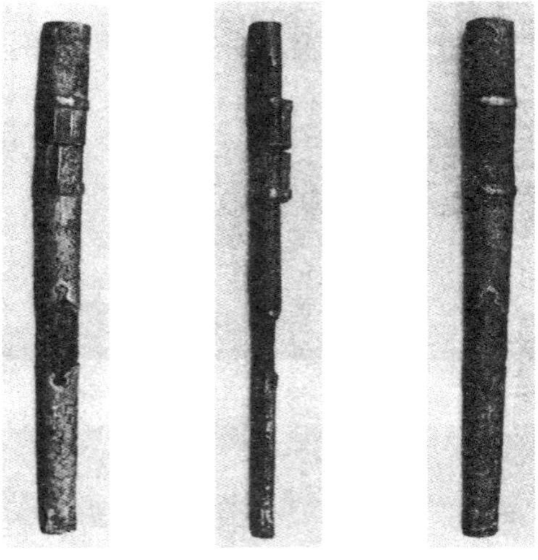

6. 铁小刀及银鞘（正、侧、背面）

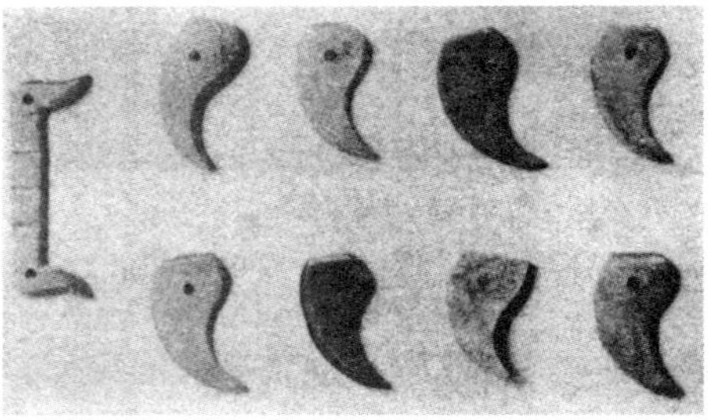

7. 小玉片

8. 银搔手

铜镜及银器、玉片等

复原后之玉大带

镜奁上的银饰

1. 镜奁面上平脱银花

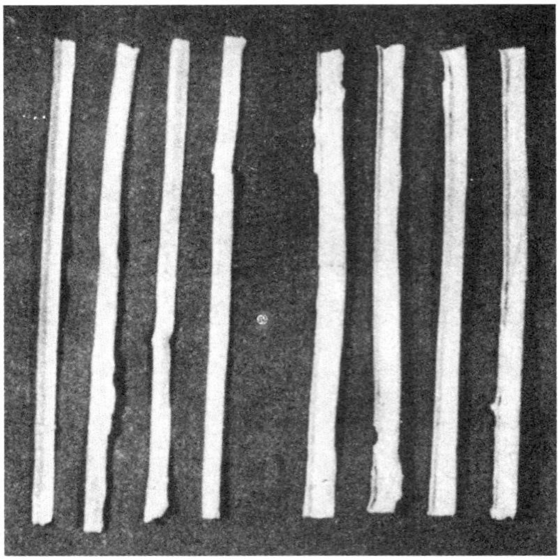

2. 镜奁周边银帖白

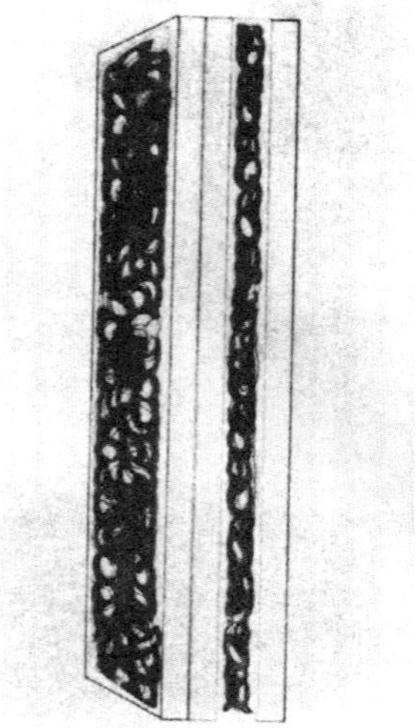

3. 镜奁侧面银平脱花纹

1. 棺床后石缸出土时情况

2. 石缸内的陶盒

3. 石缸内清理后情况

4. 石缸内的绿釉灯台

石缸出土情况及其中器物

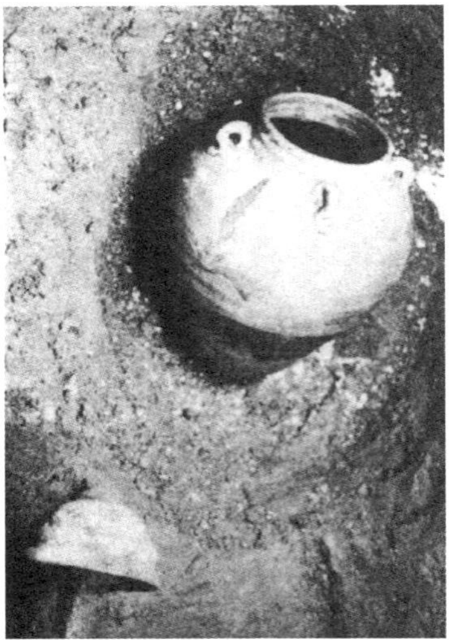

1. 陶罐一出土情况

2. 陶罐二出土情况

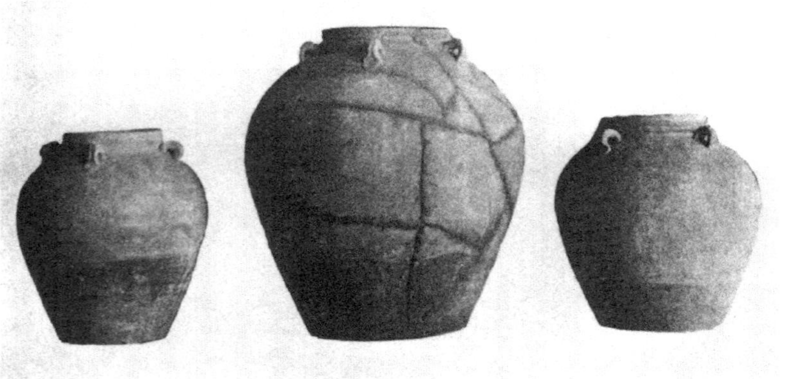

3. 陶罐

4. 陶碗一

5. 陶碗二

陶罐和陶碗

1. 棺床西南端铁牛出土时情况

2. 棺床东南端铁猪出土时情况

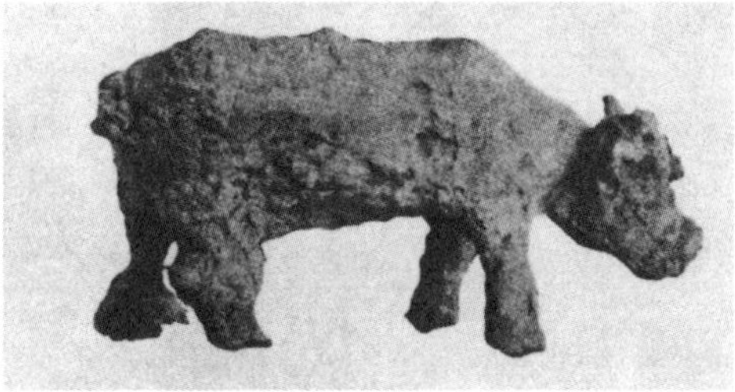
3. 铁牛

4. 铁猪

铁牛、铁猪及出土情况

1. 后室全景（石床前之黑影为中室之石缸）

2. 王建造像及谥宝、玉环等出土情形

3. 石床正面雕刻

后室全景及石床

1. 正面

2. 半侧面

5. 俯视

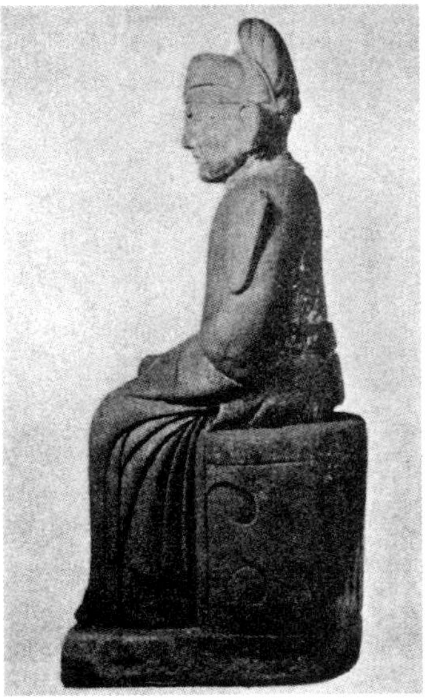

3. 侧面

4. 背面

王建造像

1. 宝盝外重复原

2. 宝盝内重复原（放于外重盝中）

复原后之宝盝

1. 谥宝、玉环等出土时情况

2. 宝盝外重正面清理后之土纹漆皮及银镶边等原来位置

3. 同上侧面

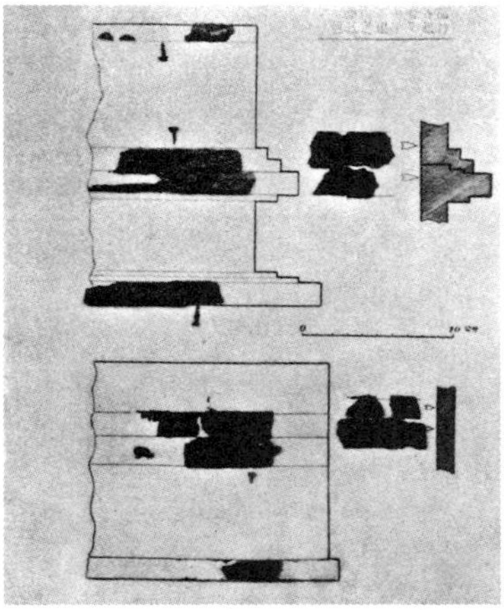

4. 宝盝内（下）、外（上）重结构复原图

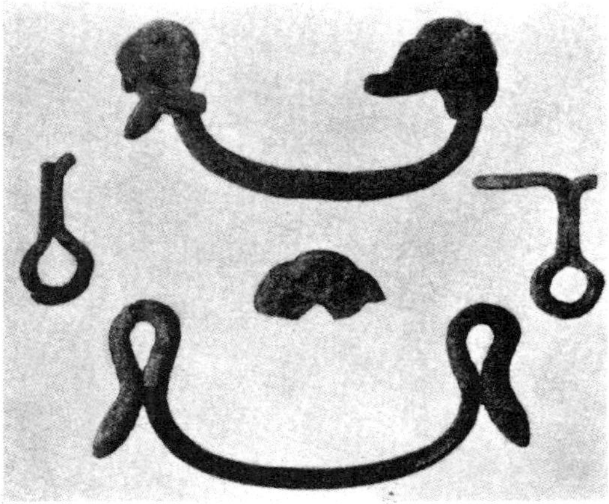

5. 内（上）、外（下）重盝上之银提环

宝盝出土情况及结构复原图

1. 宝盝盖面之金甲神（左：外重，右：内重）

2. 外重盝侧面四周之银质花纹

3. 外重盝侧面四周之银质花纹

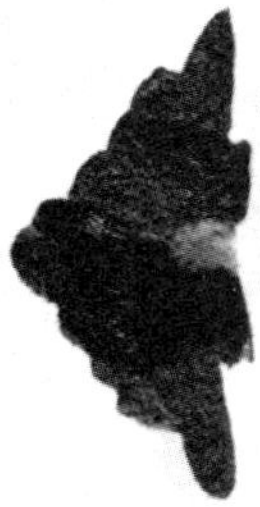
4. 外重盝盖面四角之银花

5. 内重盝盖面四角之银花

6. 内重盝四侧之银质平脱花纹

宝盝上平脱银花

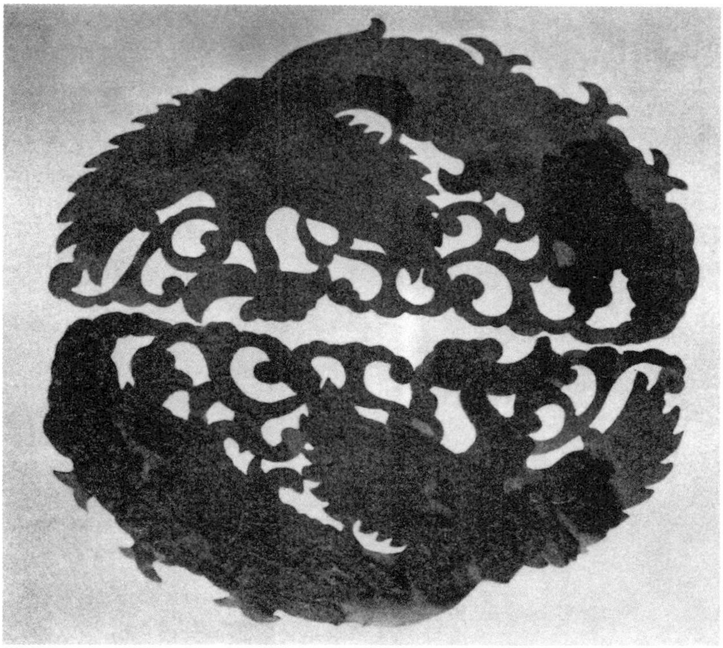

1. 外重盝盖面正中之银质双凤团花

2. 内重盝盖面正中之银质团龙花纹

内、外重盝盖面之平脱银花

1. 正面

2. 半侧面

3. 侧面

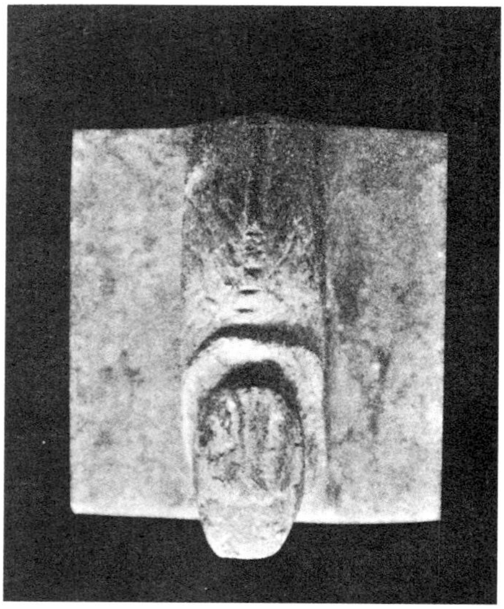

4. 俯视

谥宝

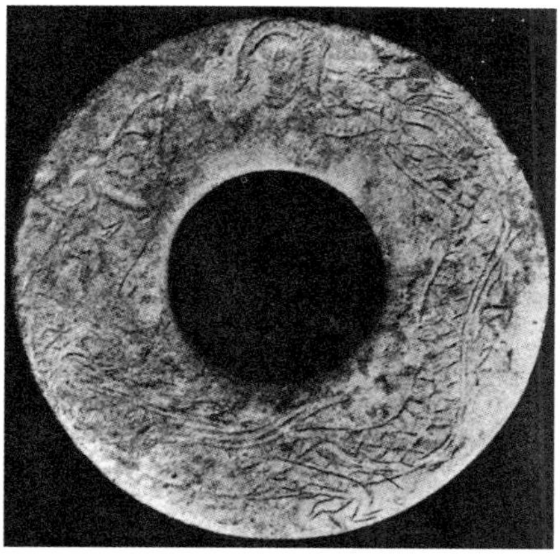

1. 玉环（正面）

2. 玉环（背面）

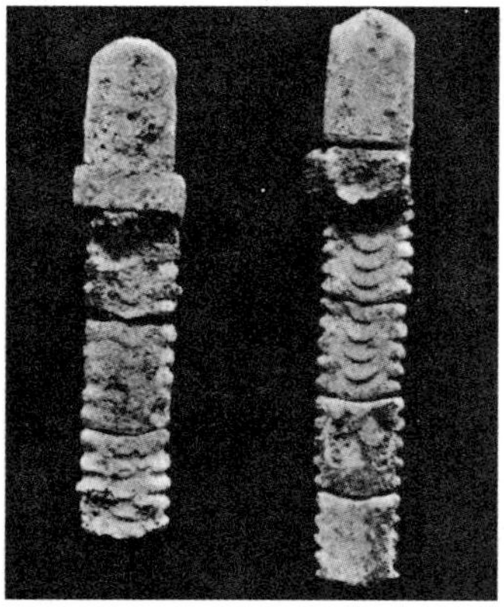

3. 谥宝绶上之玉饰

4. 后室门后东边第一券缺内出土之银带扣

5. 谥宝绶上之银扣

6. 谥宝绶上之银管

玉环及谥宝绶上之玉饰、银扣等

1. 册匣角部残存之土纹漆皮

2. 铜提梁盏

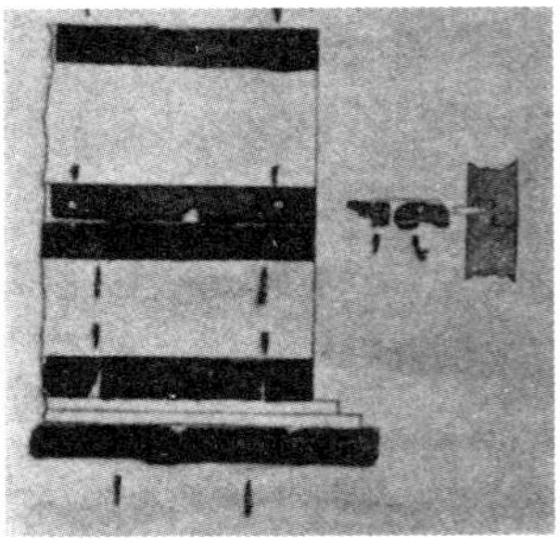
3. 册匣周边银帖白及银钉位置复原图

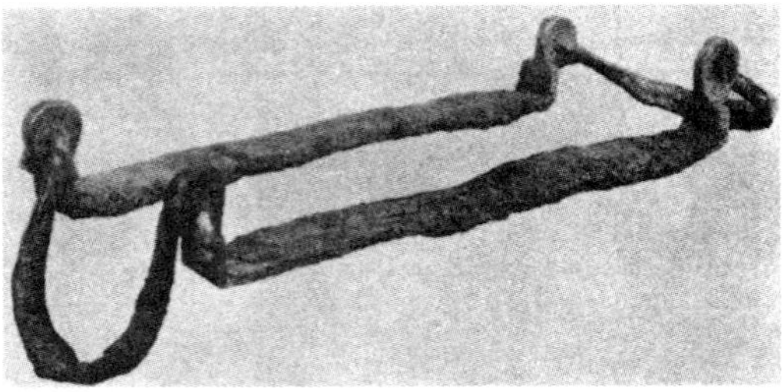
4. 册匣底大铁抬环

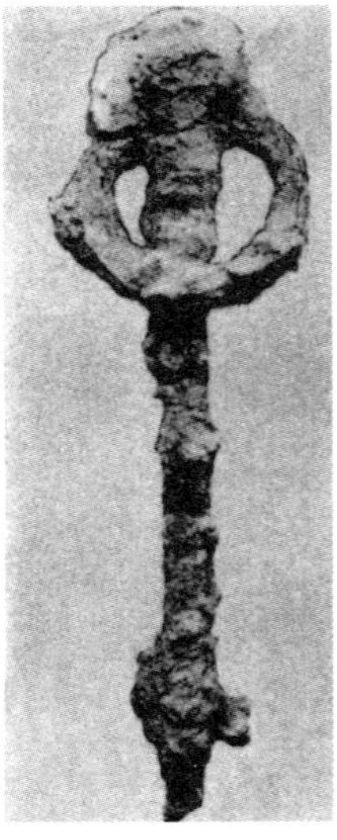
5. 册匣上铁器残部

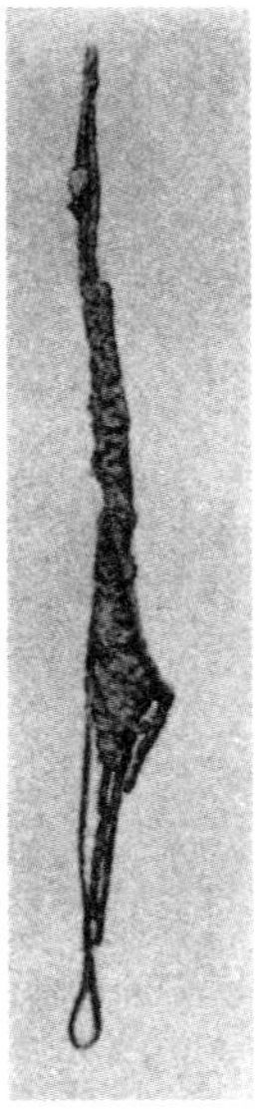
6. 联贯玉简成册之银丝

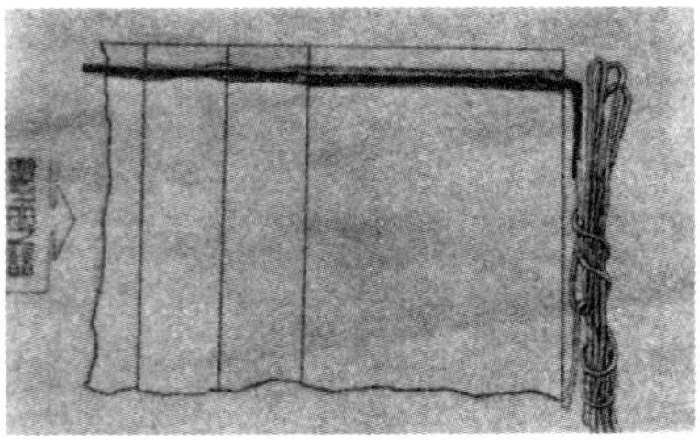
7. 贯联玉册之银丝剖视图

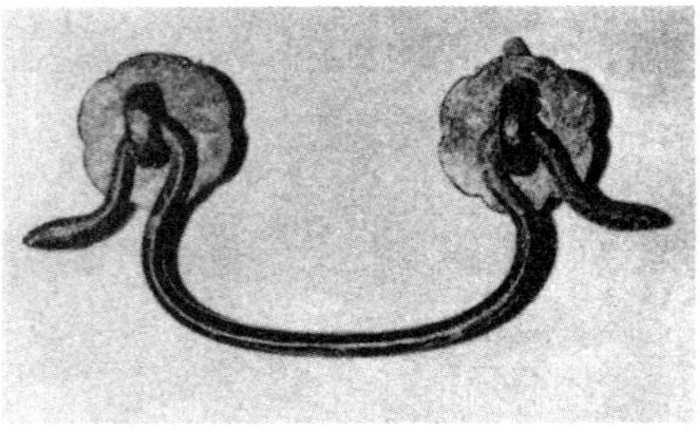
8. 册匣盖两端之银提环

册匣角部之残存及抬环、银丝等

1. 金银胎漆碟

2. 册匣上之银质平脱花纹出土时情况

玉册出土情况及金银胎漆碟

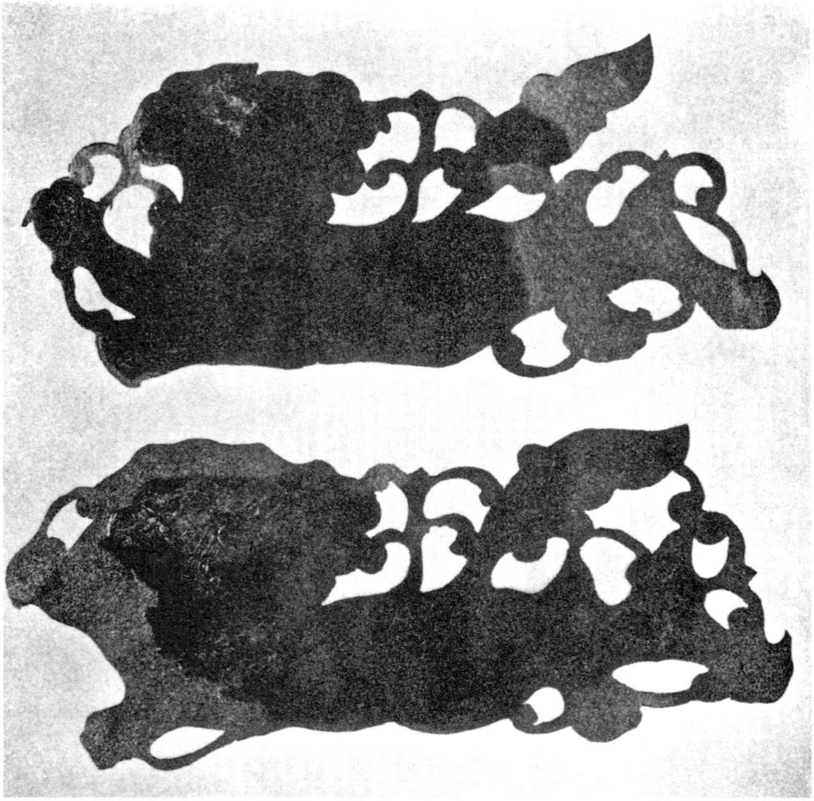

1. 册匣盖面之双狮花纹

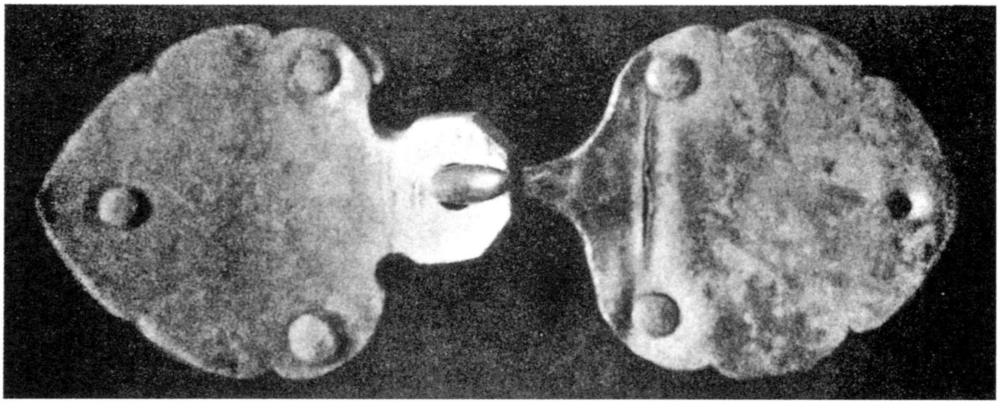

2. 册匣上像鼻鋜鏚

册匣盖面之平脱银花及象鼻鋜鏚

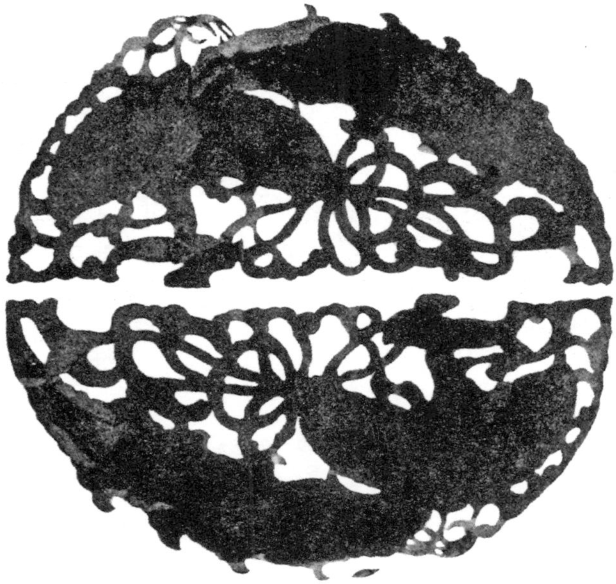

1. 双凤

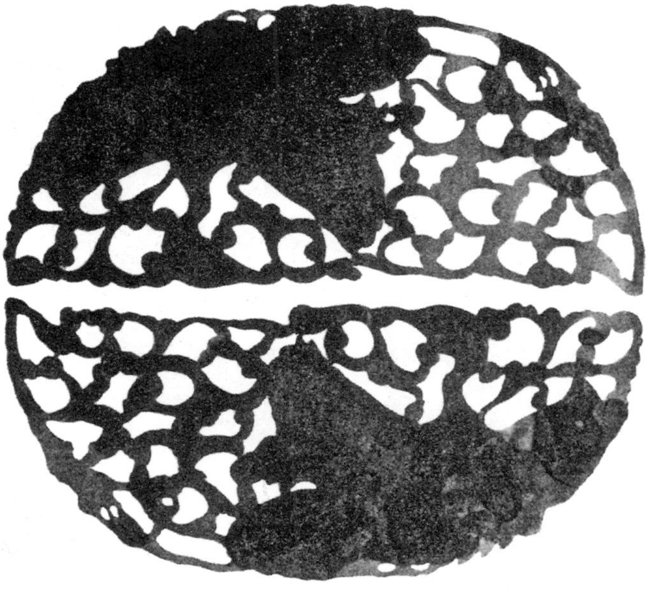

2. 双鹤

册匣盖面银平脱团花

1. 忍冬纹

2. 孔雀团花

3. 忍冬纹

册匣盖面银平脱花纹

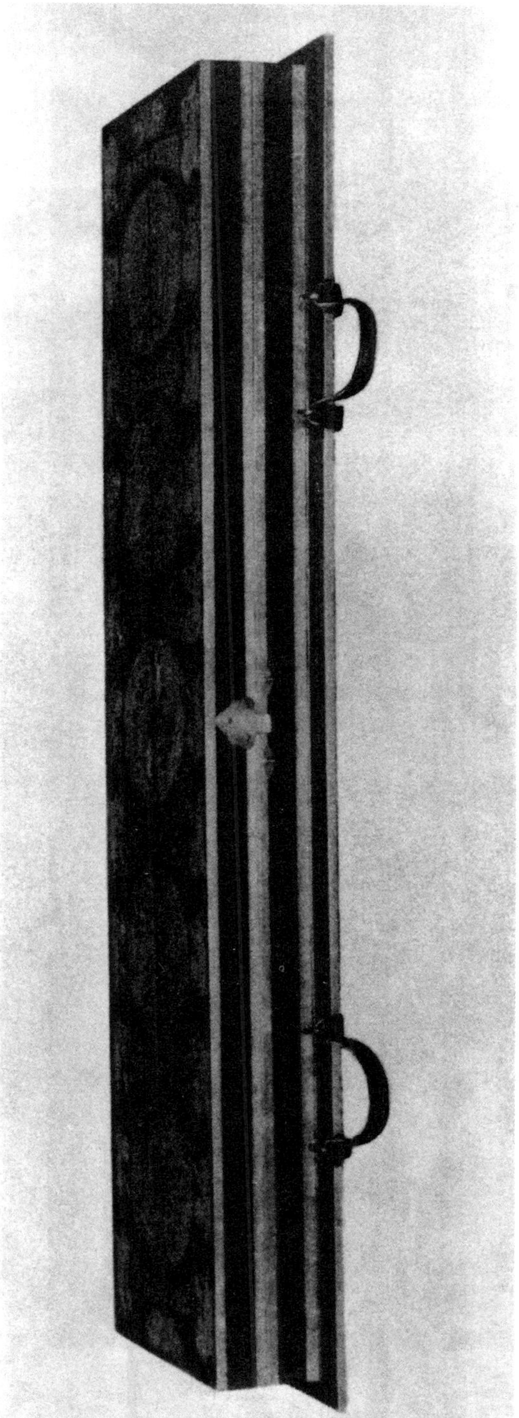

复原后的册匣

图版伍捌

哀册复原图

哀册褾首

惟光天元年夏六月壬寅朔
大行皇帝登遐粤十一月三日
神駕遷座于永陵禮也嗚呼攢塗
己撤芻靈將舉
玄堂啓扉龍輴戒路六合悲慘萬方

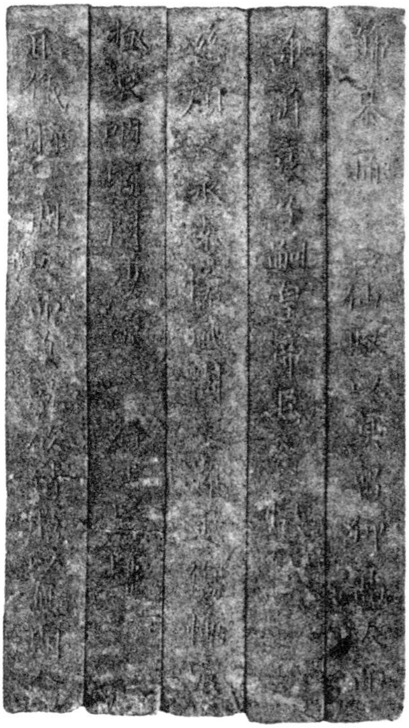

號慕痛　仙馭以莫留仰高天而
誰訴哀子嗣皇帝臣衍恨
慈顔之永遠愴風樹之難追傷慟宸
極哀咽宮闈凄涼　行止髣髴
形儀將　問安而莫就欲侍膳以無期念

哀册第一简至第十简（简由右向左排列，以下同）

音徽之已隔奠盞斝以增悲爰詔宰輔

用述　孝思抑纏綿而執筆收涕淚

以陳辞辞曰

維嵩孕霊長淮積潤周之子孫克比堯舜

我祖惟何寔曰　子晉上賓于天爰生

聖胤光啓　覇圖惟

皇撫運八海爲家萬方作鎮體道承乹□

明出震禮節樂和獻琛納賮常星永□

兩曜不食山呼萬年水變五色

子諧汝弼自合天心鑿井耕田焉知

哀册第十一简至第二十简

帝力三面解絅中衢畳罇神□聖□□□

道孫收兵地絡扙劍天門　金承土運

開國于坤　恭儉□人　慈惠及物撫下以

恩懷遠以　德承天之休順帝之則□□□□

搜羅俊逸　明明在上濟濟□朝□□□□

德音孔昭日環黃道雲簇絳霄□□□□

朱草長搖三辰克□六符爰吐惟

睿作聖惟　德是輔玉燭琁樞□煙含露

乃聖乃神允文允武況復□□□□□產

金龜素烏□□神鼎靈芝禾生九穗麥秀

哀册第二十一简至第三十简

兩岐瑞□盈畝嘉蓮出池禎祥疊□

王道雍熙　御宇一紀上下交泰肅靖邊□

寧輯中外九服骨悅萬靈和會　歷□諸

難黜陟三載將期文軌混一寰瀛

勞神苦志暮思晝行觀書乙夜求衣未明

去華務實極思研精始因勤倦寒暑遘侵

[方]藥無驗　靈威坐沉星流迴漢武□重□

遠隔顯晦俄成古今嗚呼哀哉朝露易晞

隙駒難駐日慘行車塵昏□路情觸緒以

增哀氣塡膺[而][曷][顧]茄簫□兮慘□徒御

哀册第三十一简至第四十简

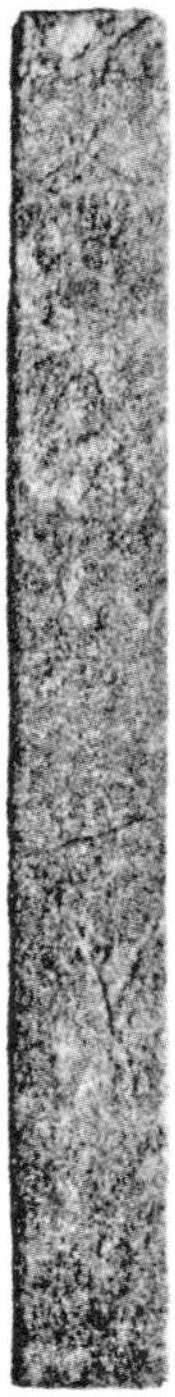

嫢搖兮歌薤露其反也如疑其往也如慕嗚

呼哀哉□恨者不得告成□□□□□□

□躋 壽域永享遐齡桂殿夕揜□門□

扃勃欝而龍崗邐迤断續而馬鬣□□嗚

呼哀哉雨漬玉除月斜金殿申號慕而□□

託夢魂而如見思玄壤以傷心撫

梓宮而一奠有哭如雷有淚如霰 置

主清廟永申享薦嗚呼哀哉脩短常數司

命難還 遺風餘烈子授孫傳□世長久瓜

瓞綿綿同金石而永固與日月而高懸嗚

呼哀哉

哀册第四十一简至第五十一简

惟光天元年歲次戊寅十年辛丑朔廿五日

□□□皇帝衍俯伏哀𨿅虔遵典禮伏惟

大行皇帝睿[智]天縱聖文日躋□紫氣於□

□□□□□□□我武惟揚聖德無疆□

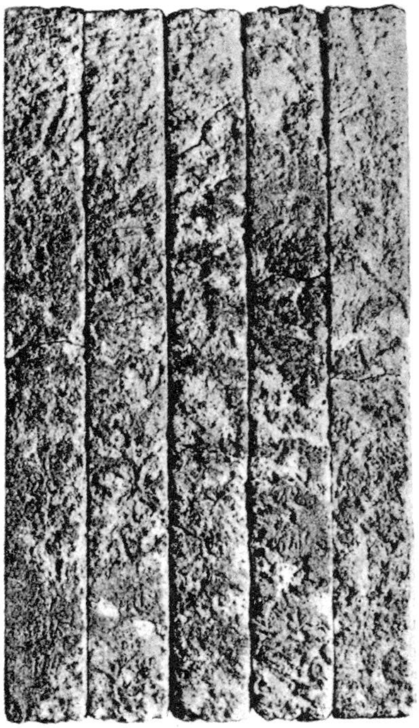

夜𨿅

浦

罪 靖 序

谥册第一简至第十简

六合　　　　淮流瀉

潤□□□之洪波法度□□□□□□□□

兵井□□□坤維善□□□□醜□□其興

□□□□有　大功於唐室□□明德□□

谥册第十一简至第二十简

□□□□□大□□□□□□相而保久□□
□□□亭毒萬方不尚繁華唯敦樸□
□□□酒不遂乎　罷習繳於虞人撤□
□□□府琥珀枕碎而不用雉頭裘焚以無
服□□陶篁之規清風自遠茅屋土階之制

□□□□爰正三綱漸成一統而猶夜分不寐
日昃不食　躬覽萬機　親臨庶政本乎□
勤　遂遘沉綿方期避暑甘泉怡神温室
長登　壽域永裨蒸人下齊昌發之年齡上
續□龍之筭數俄悲　劍在遽痛

谥册第二十一简至第三十简

□□雨泣雲愁恨
□□之晚出煙□海暝傷日馭之西傾
□□以摧擎
□□而目斷嗚呼太白入南辰之際方啓
□□歲星臨井極之時忽嗟變易臣衍

□□□未徒荷　纘承欲報之　恩昊天罔
極　昔居儲位每聞當室之稱今紹
洪緒獲奉　綴衣之命忍悲茹歎五內傷
裂誓竭迺心庶幾□□今則舃靈將舉日
月有期必脩　禘祫之儀以正　昭穆之序

谥册第三十一简至第四十简

是以就遷　清廟□□□宜□於明堂奠

□□□遵誥誡命□□□司徒平章事□

□天子之奠謹上　尊謚曰

神武聖文孝德明惠皇帝　廟稱

高祖武皇帝　陵號

永陵嗚呼

玄宮掩耀玉輅摧輈徒懷啜血之悲永抱

終天之恨但嗟□須長隔

訓言難勝號慕之心用展孝思之道嗚

呼哀哉

謚册第四十一简至第五十简

惟光天元年夏六月壬寅朔
大行皇帝登遐粤十一月三日
神駕遷座于永陵禮也嗚呼攢塗
撤冪靈將舉
玄堂啓扉龍輴戒路六合悲慘萬

5 4 3 2 1

哀册第一简至第五简拓本（5/7）

10　9　8　7　6

哀册第六简至第十简拓本（5/7）

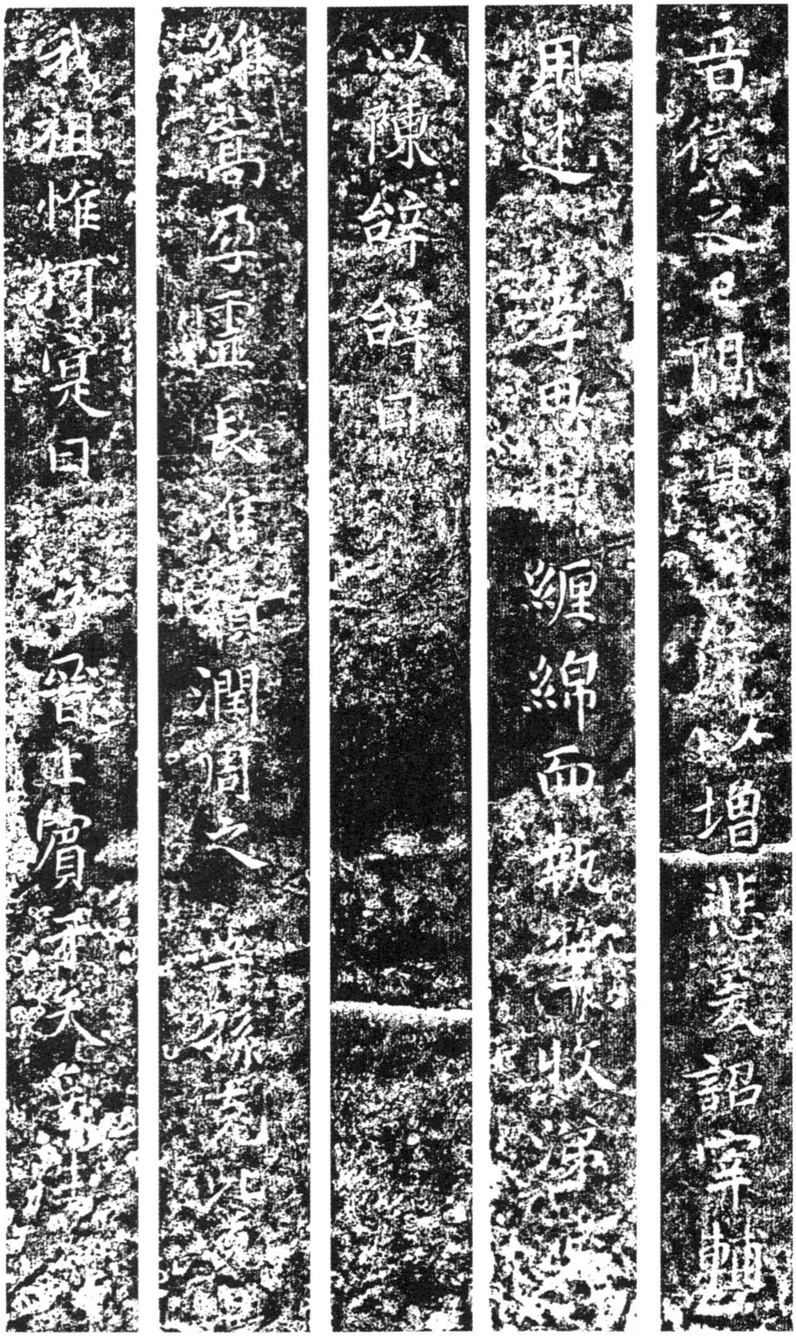

15 14 13 12 11

哀册第十一简至第十五简拓本（5/7）

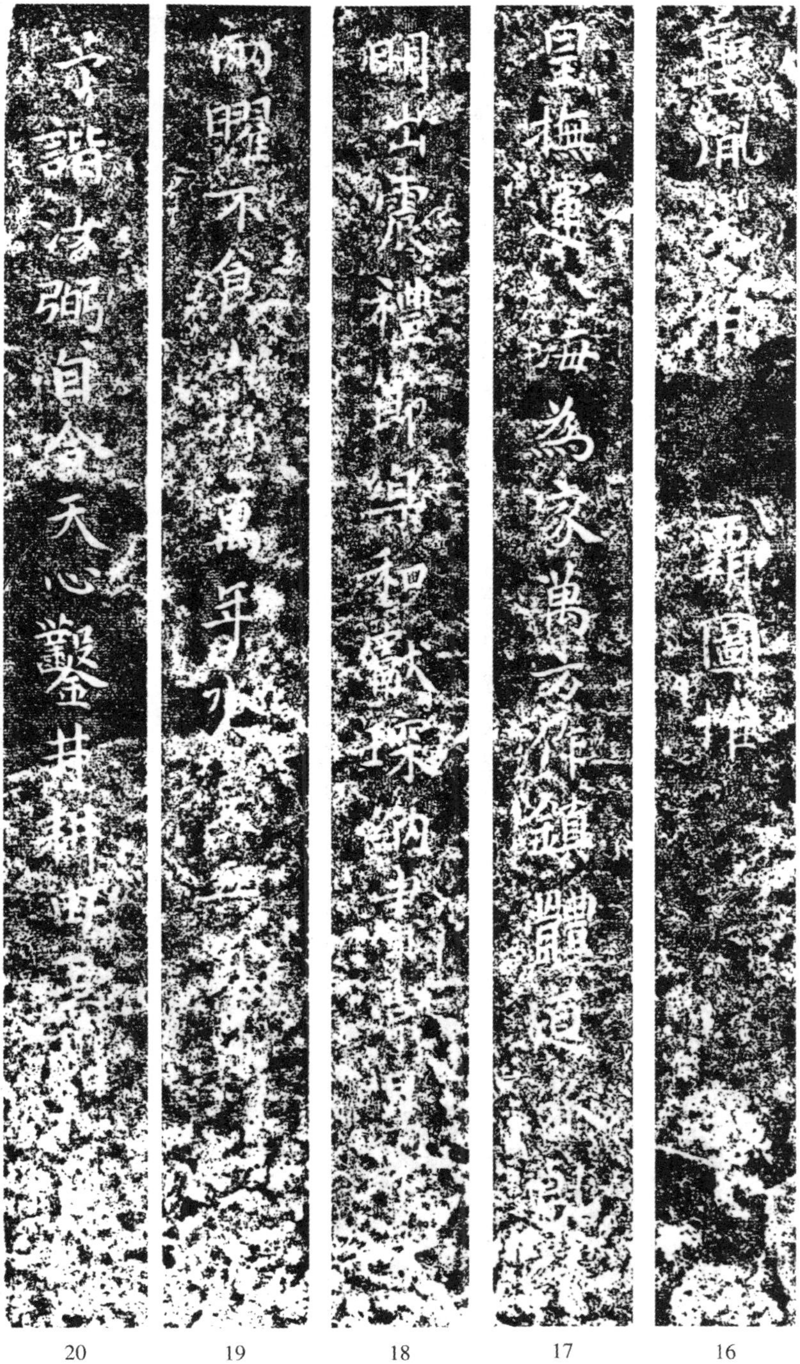

20 19 18 17 16

哀册第十六简至第二十简拓本（5/7）

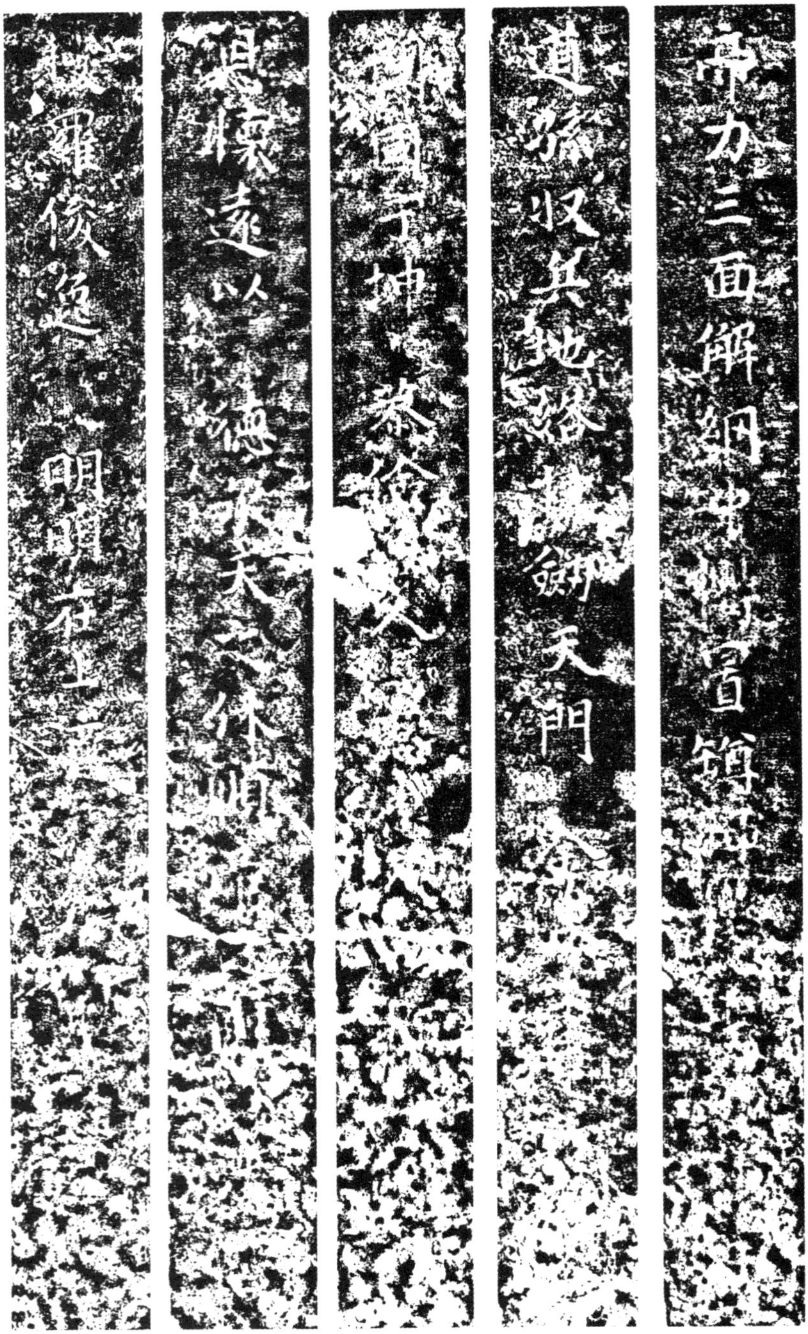

25 24 23 22 21

哀册第二十一简至第二十五简拓本（5/7）

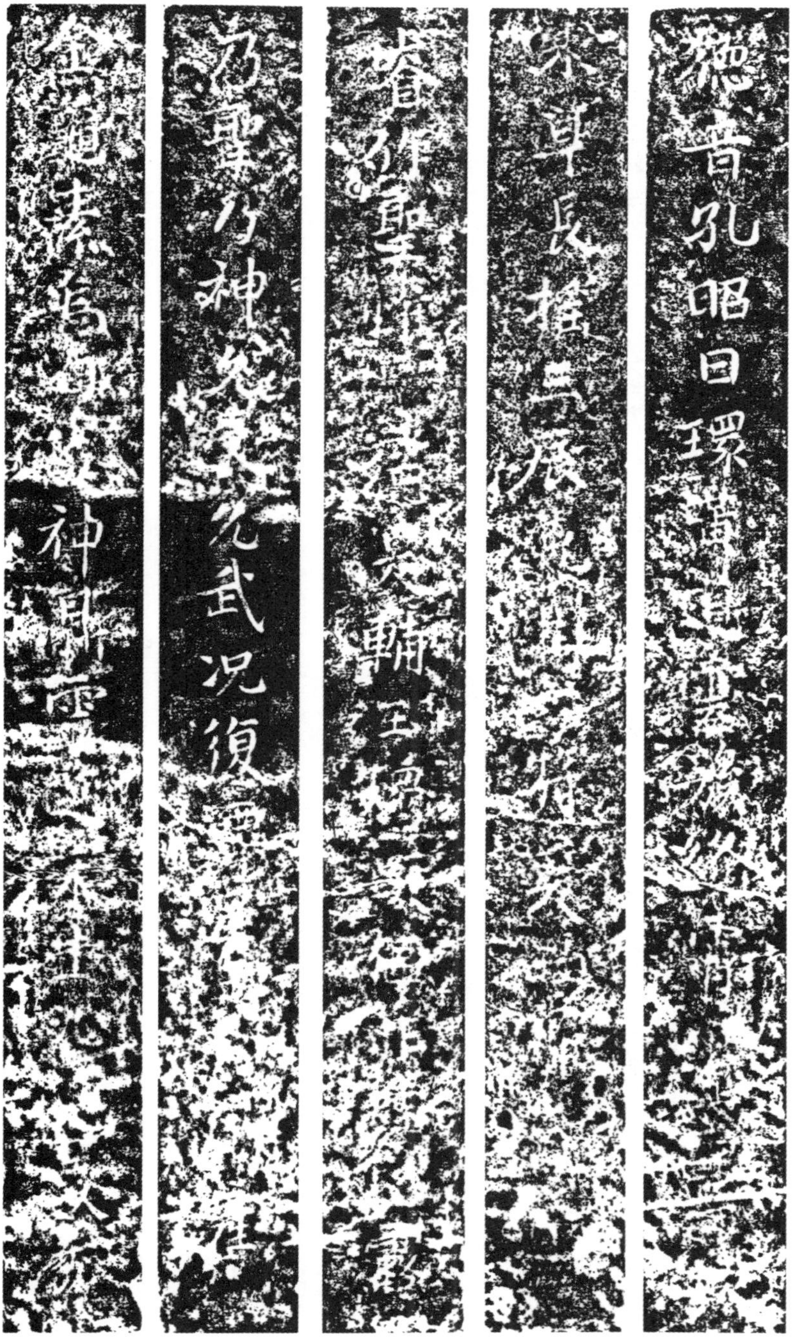

30 29 28 27 26

哀册第二十六简至第三十简拓本（5/7）

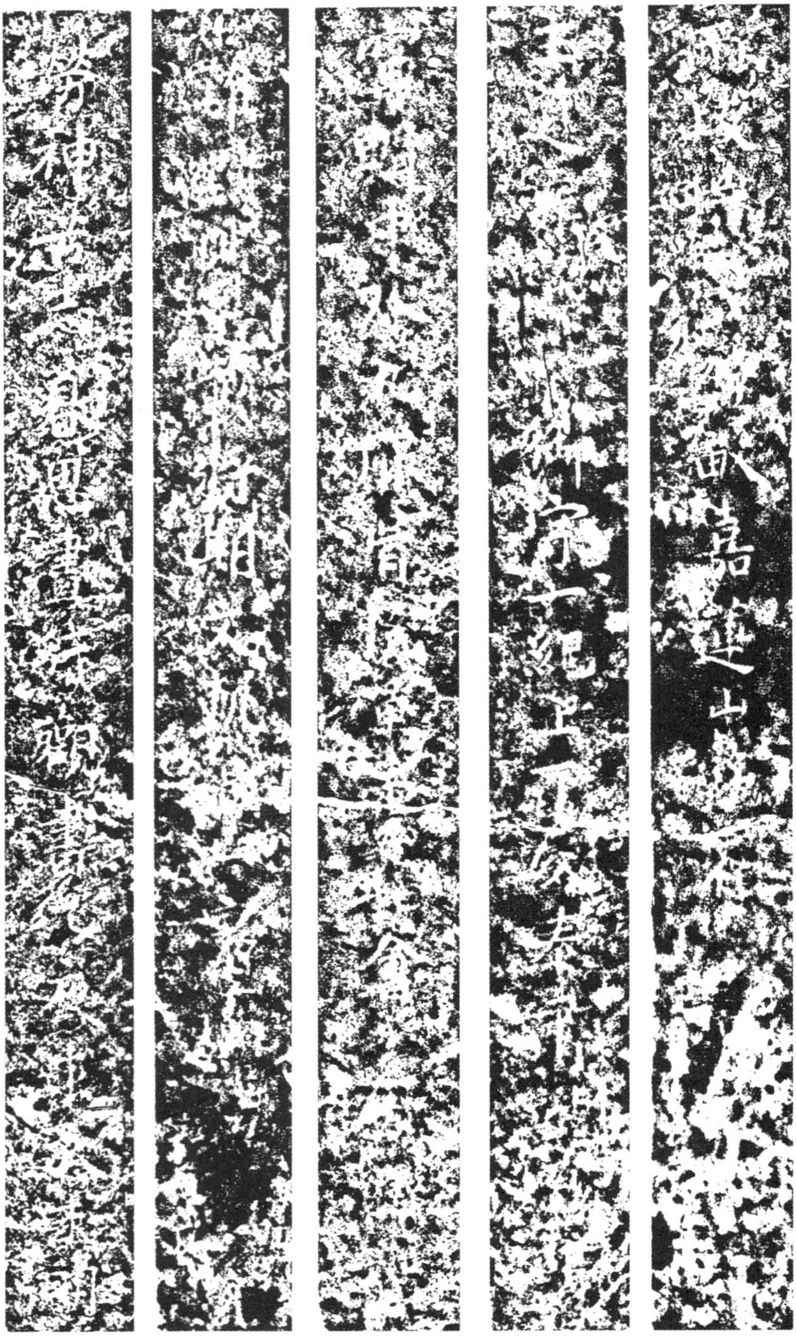

35 34 33 32 31

哀册第三十一简至第三十五简拓本（5/7）

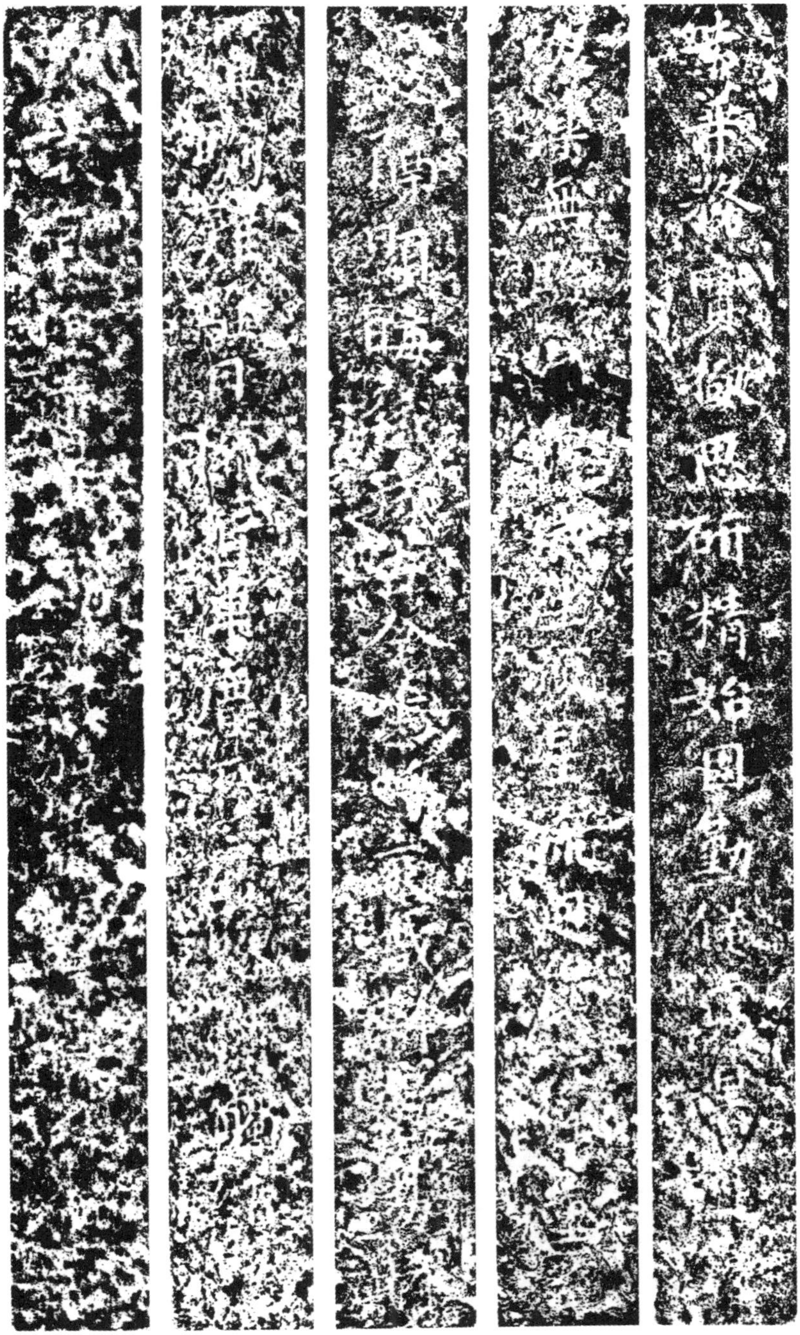

40 39 38 37 36

哀册第三十六简至第四十简拓本（5/7）

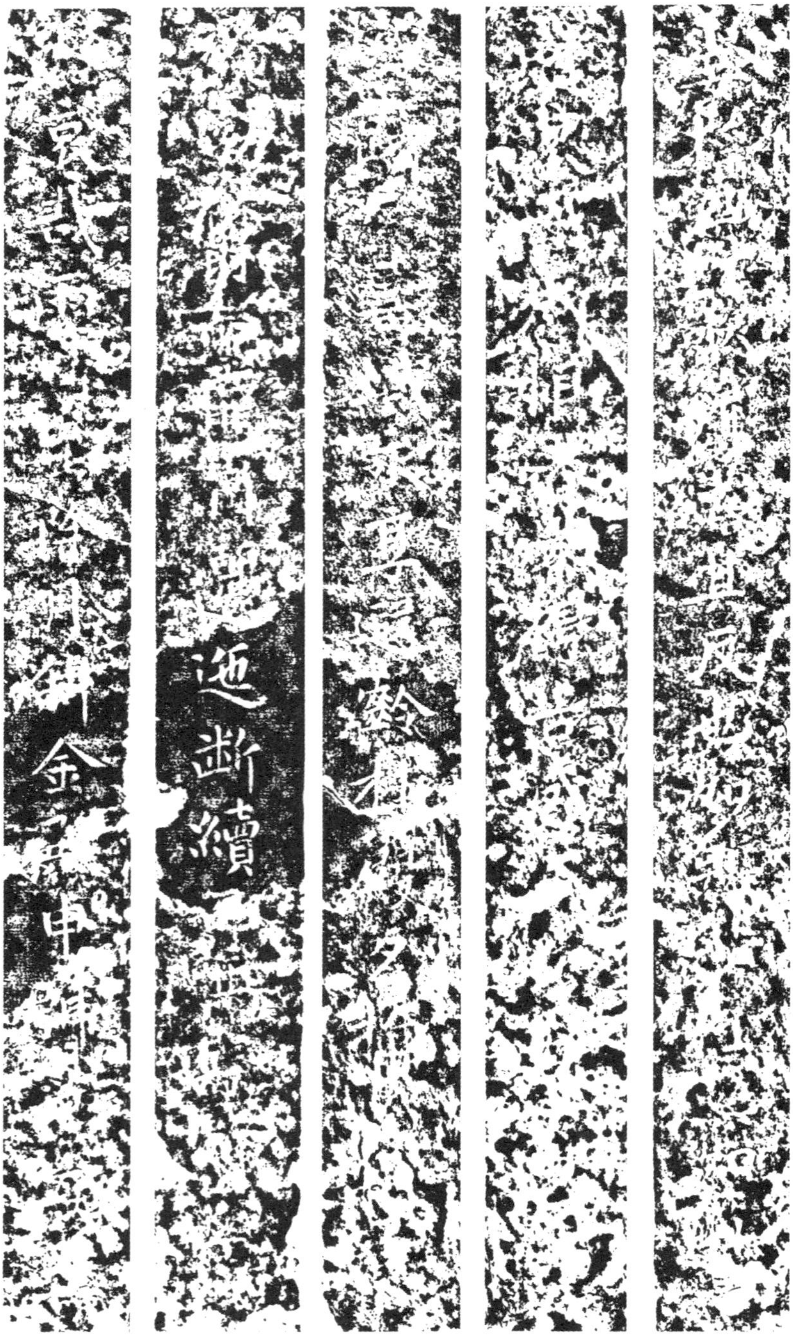

45 44 43 42 41

哀册第四十一简至第四十五简拓本（5/7）

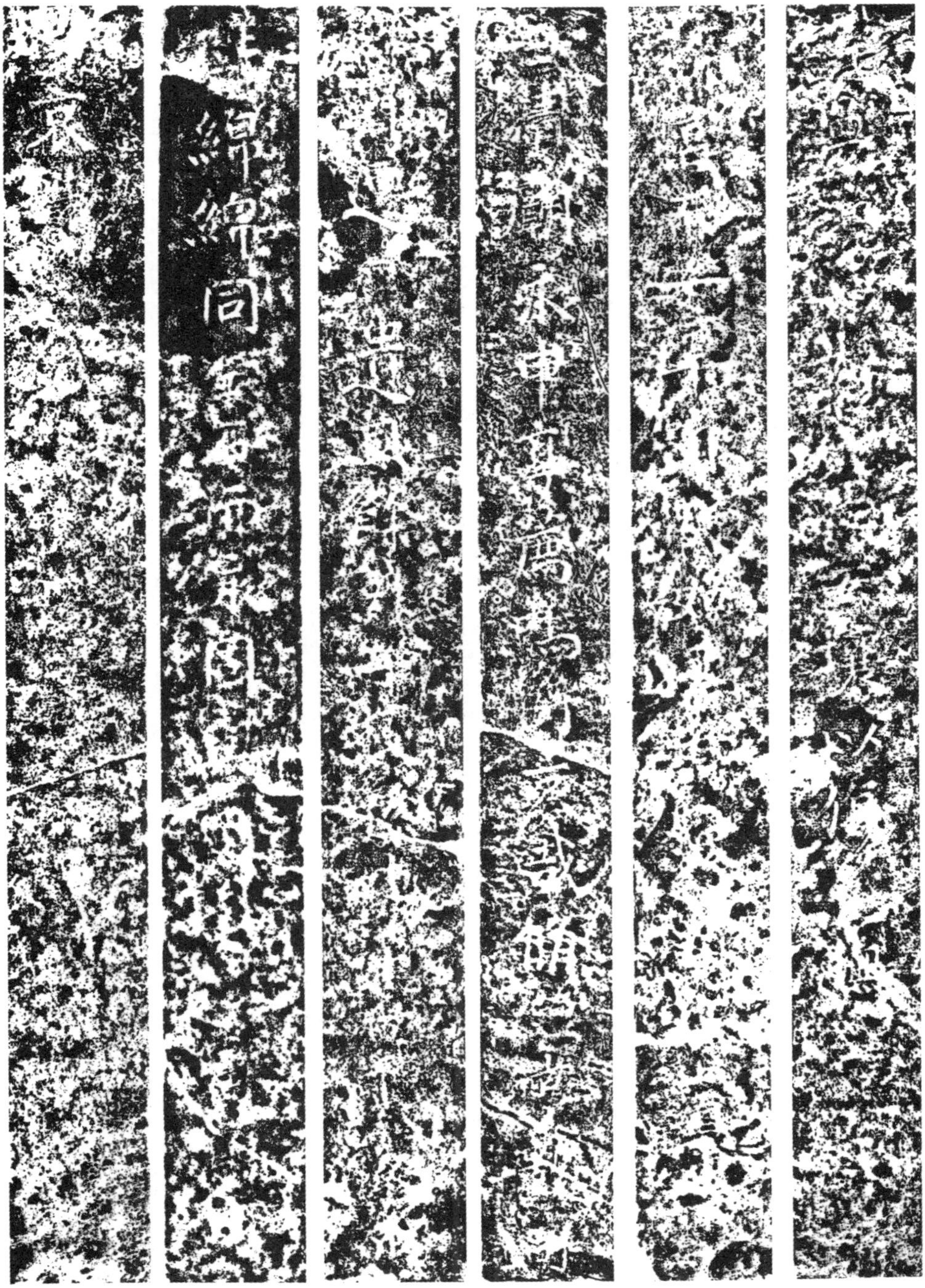

51 50 49 48 47 46

哀册第四十六简至第五十一简拓本（5/7）

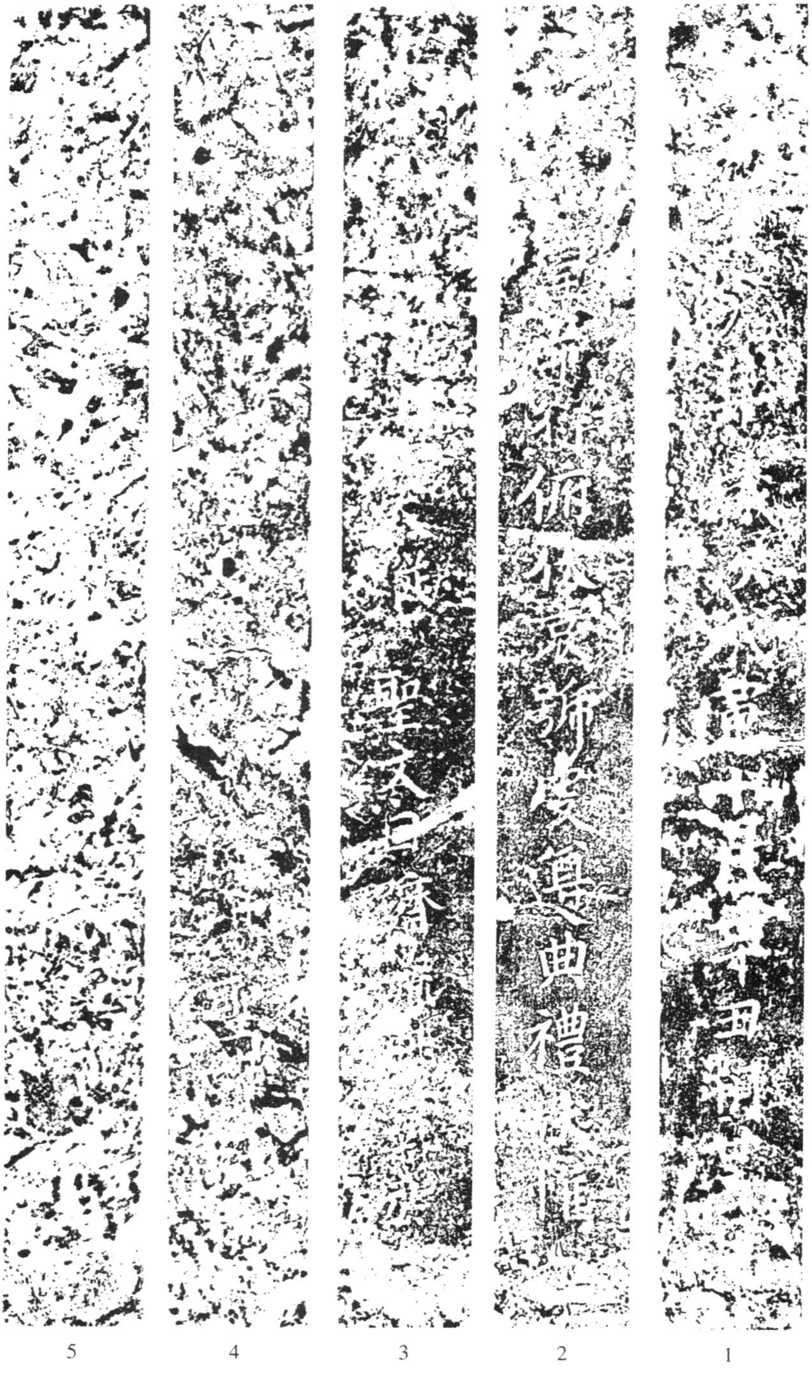

溢册第一简至第五简拓本（5/7）

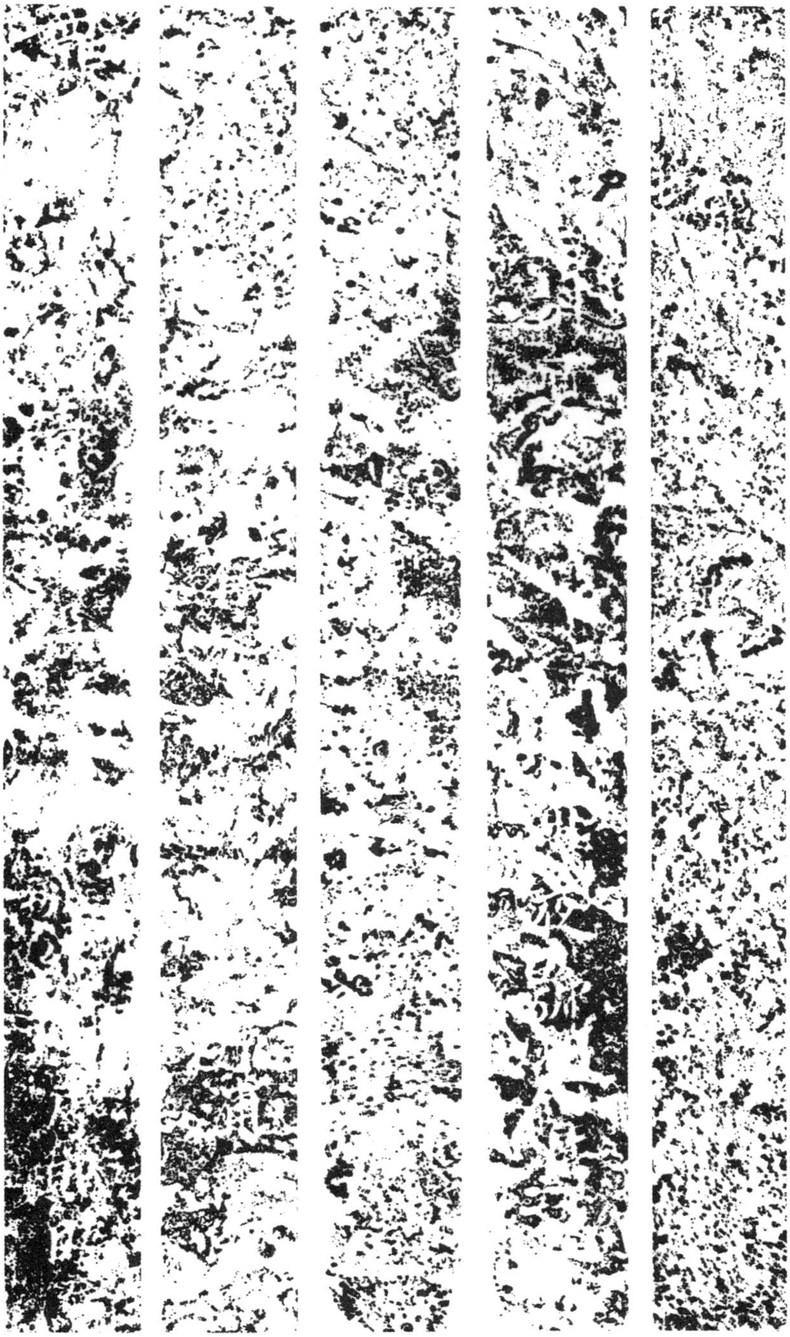

10 9 8 7 6

谥册第六简至第十简拓本（5/7）

15 14 13 12 11

谥册第十一简至第十五简拓本（5/7）

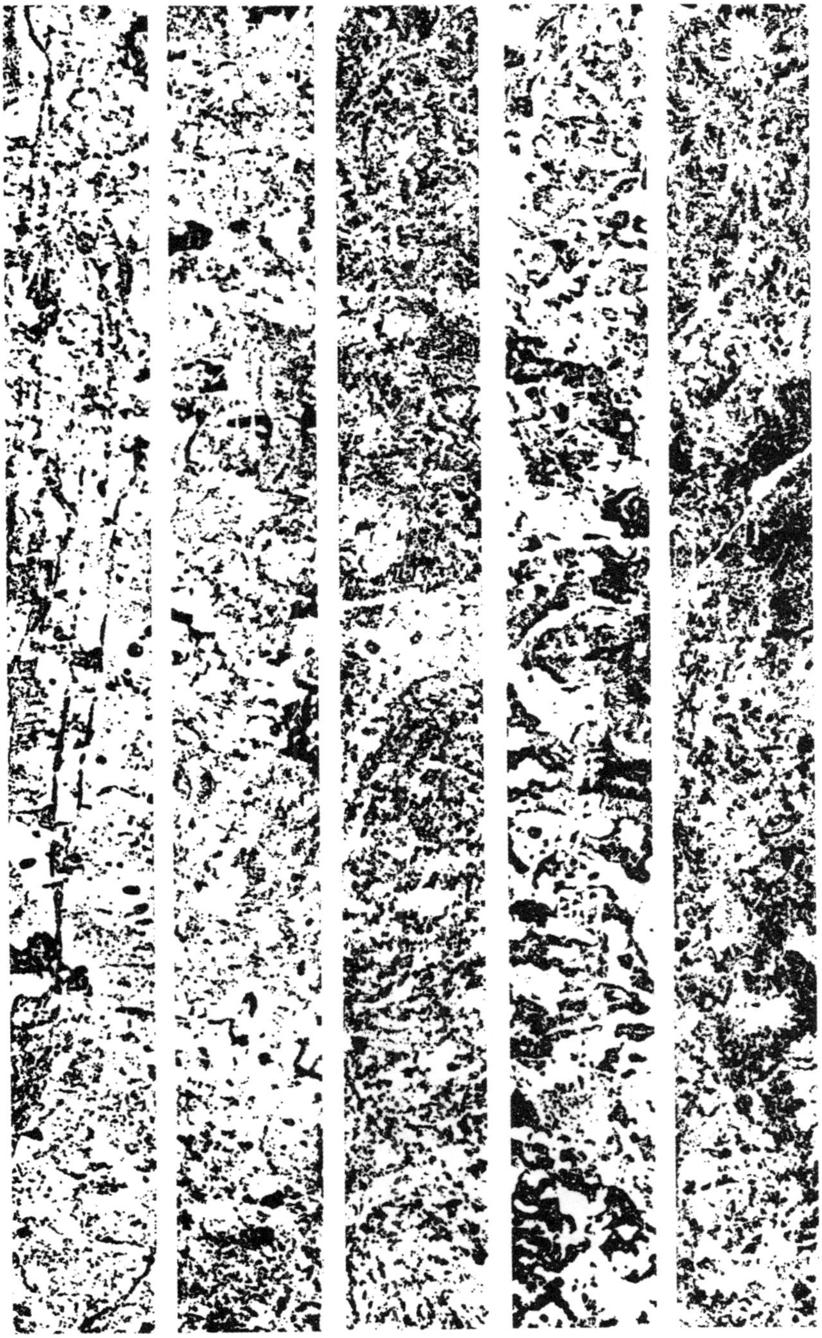

20　　19　　18　　17　　16

谥册第十六简至第二十简拓本（5/7）

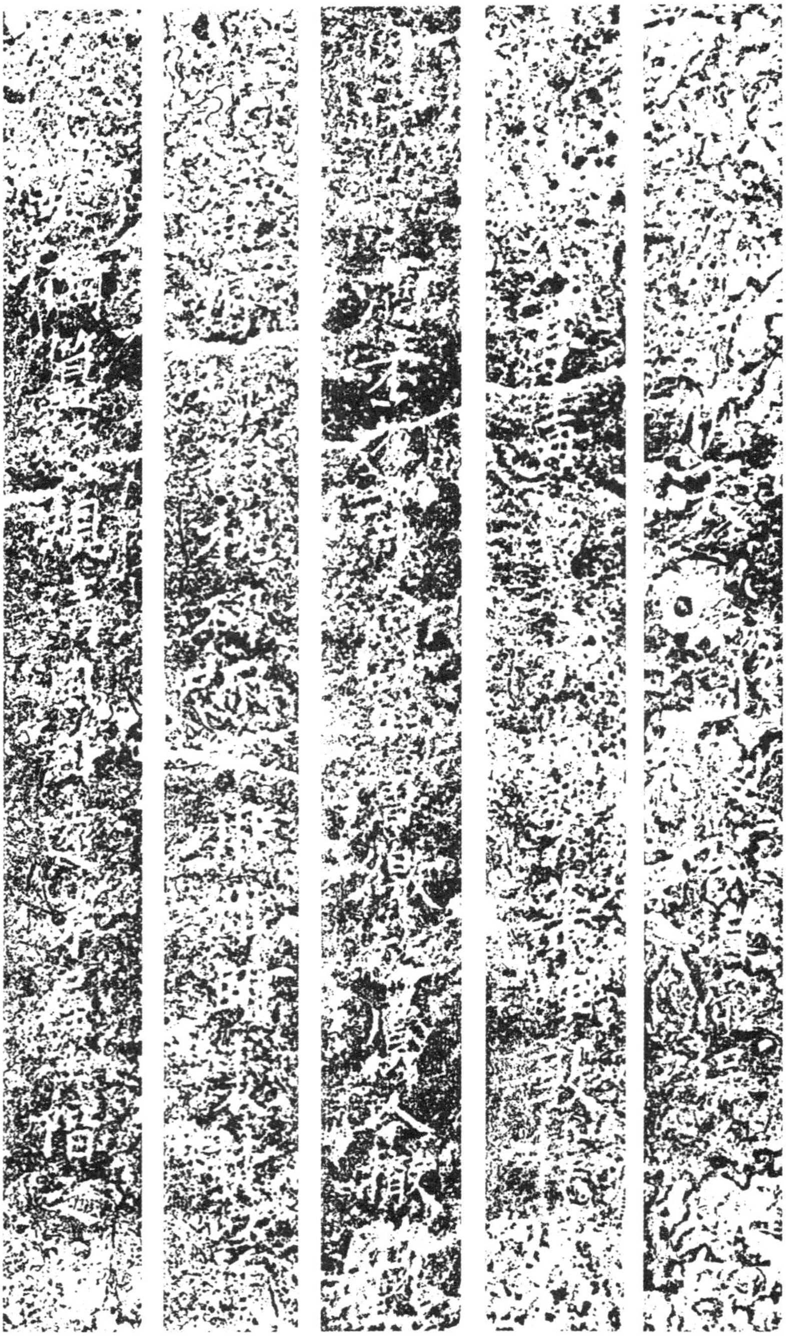

25 24 23 22 21

谥册第二十一简至第二十五简拓本（5/7）

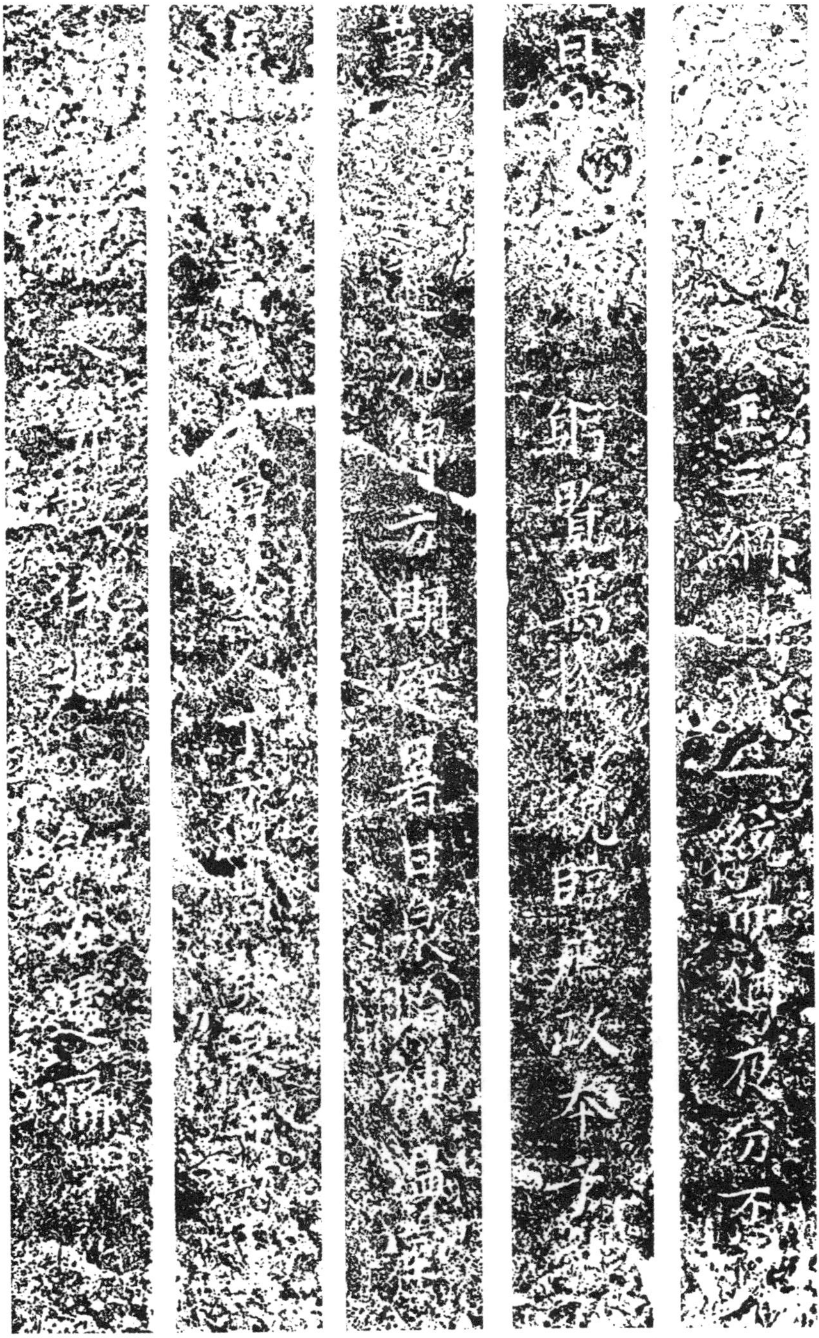

30 29 28 27 26

谥册第二十六简至第三十简拓本（5/7）

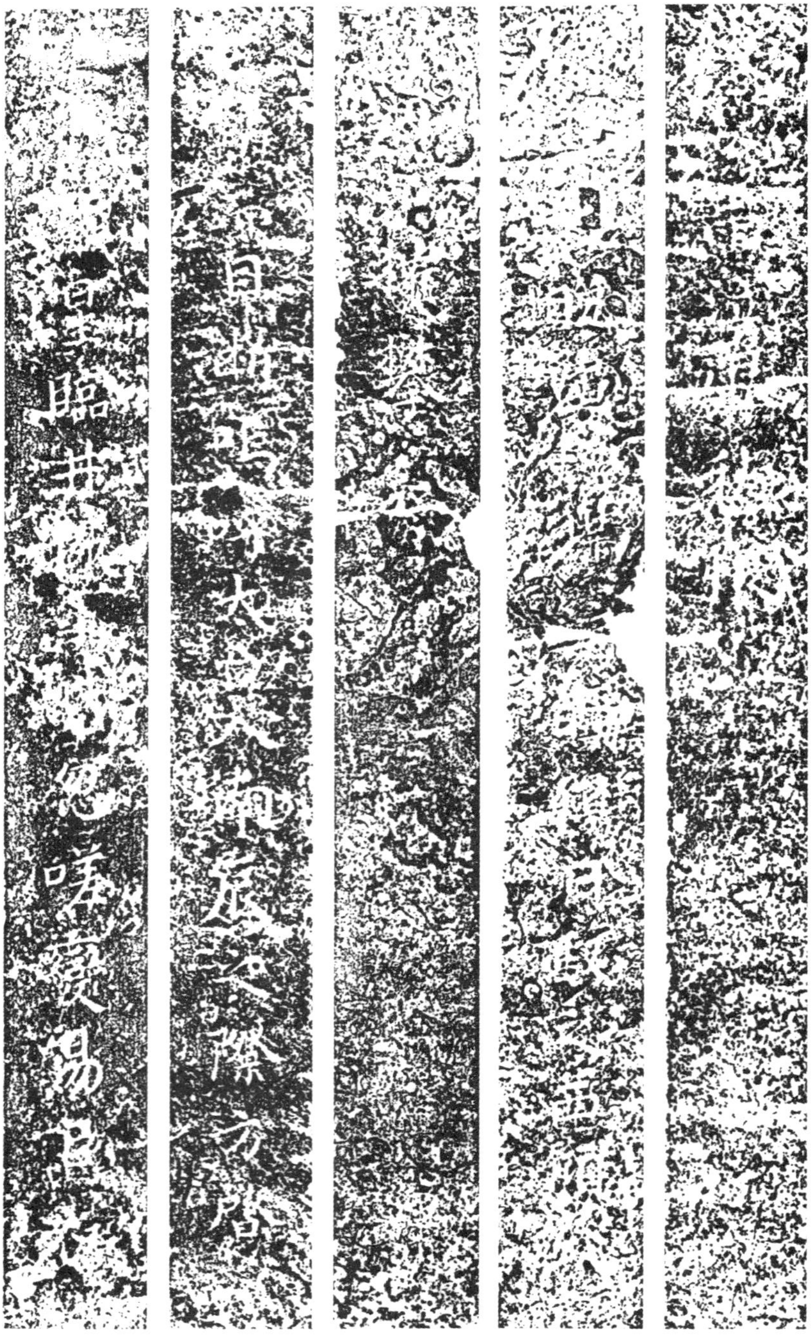

35 34 33 32 31

谥册第三十一简至第三十五简拓本（5/7）

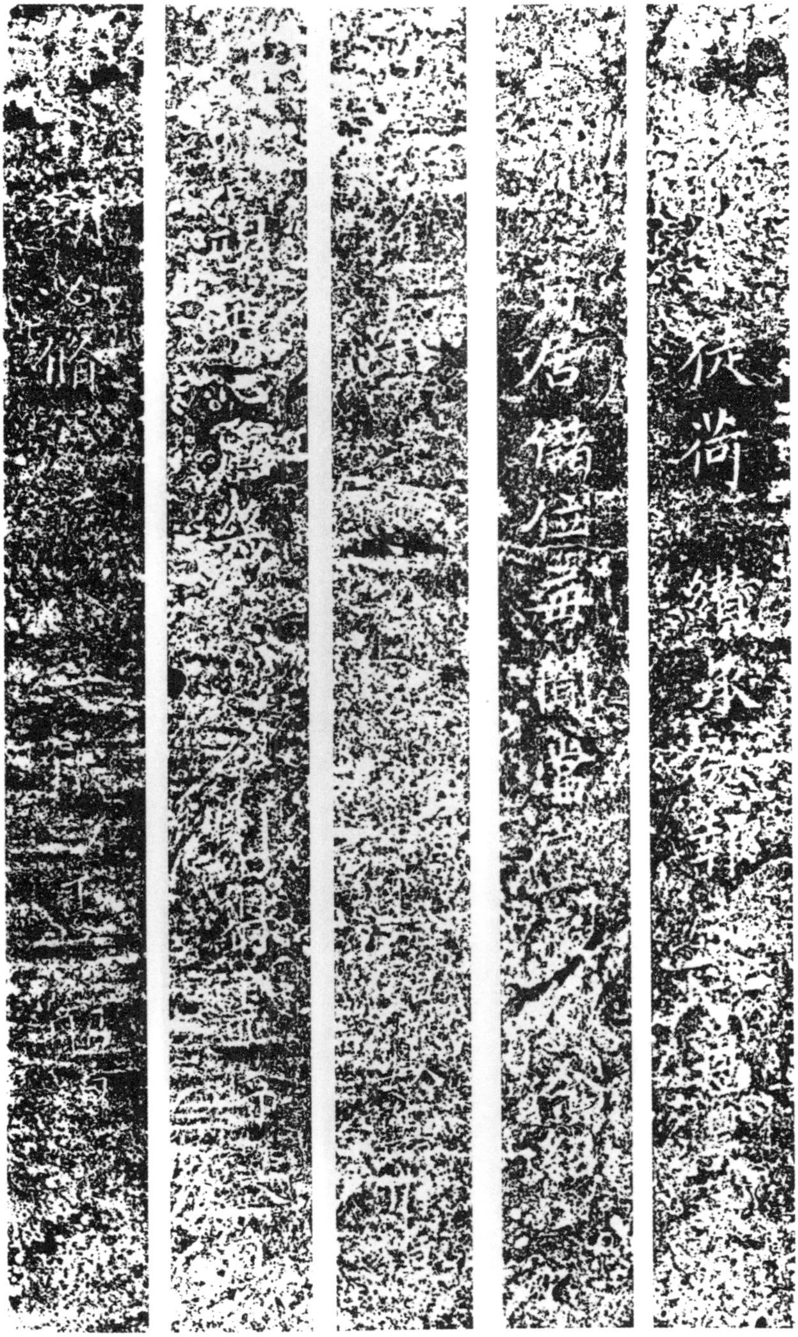

40 39 38 37 36

谥册第三十六简至第四十简拓本（5/7）

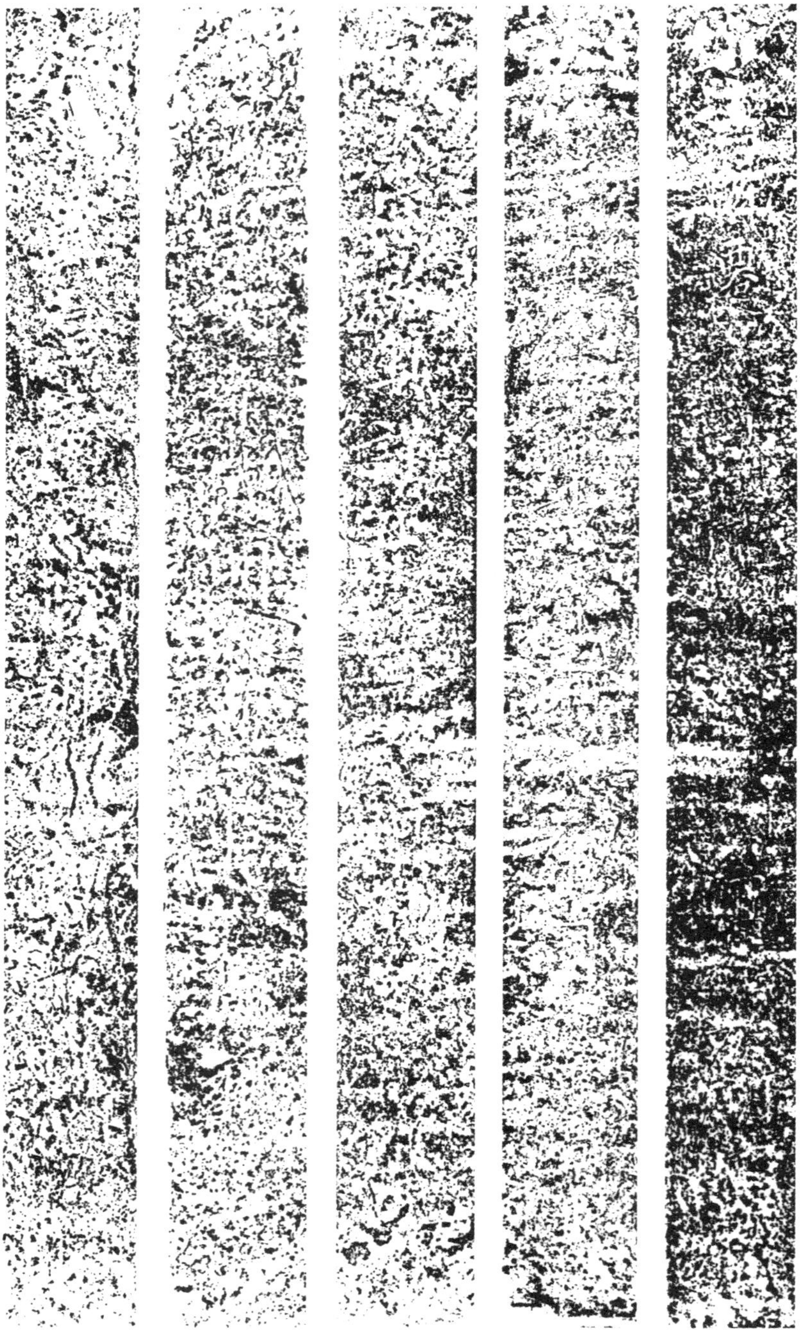

45 44 43 42 41

谥册第四十一简至第四十五简拓本（5/7）

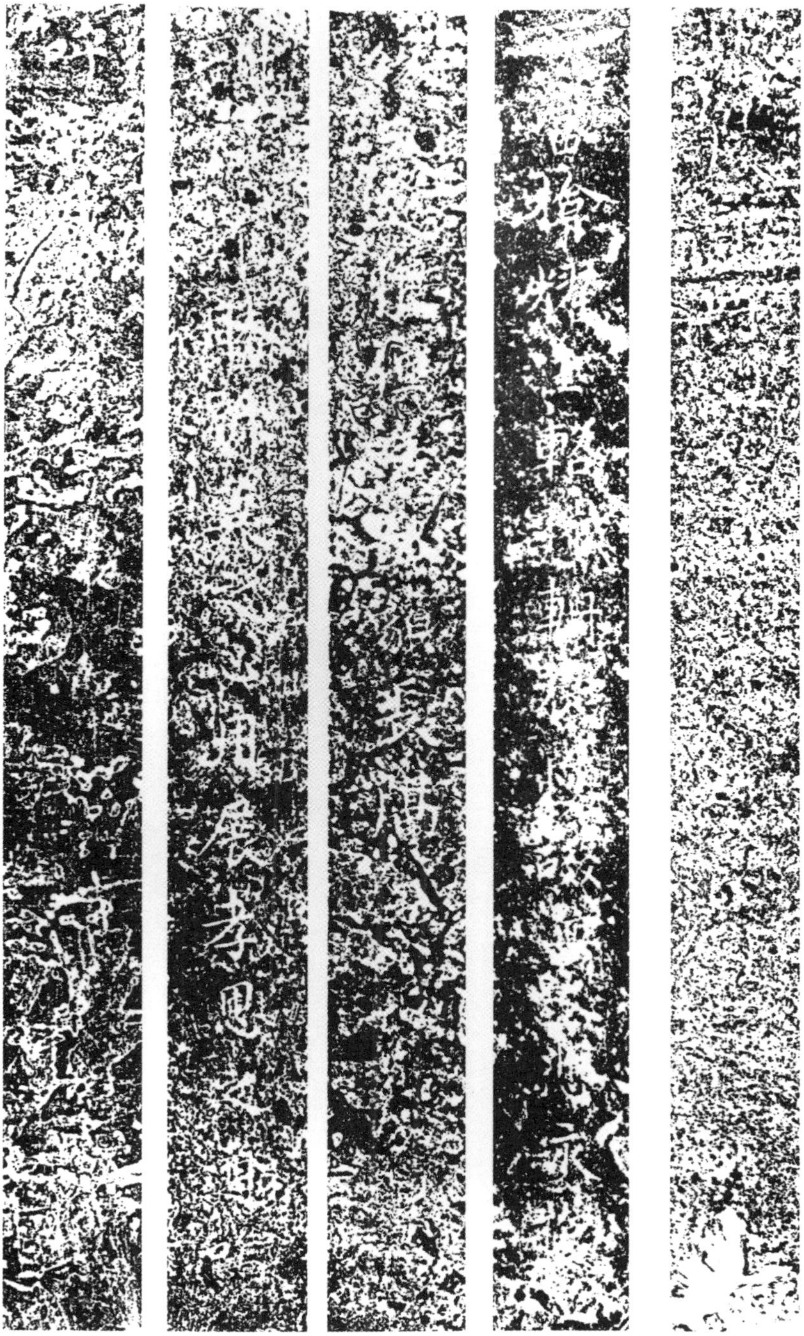

50 49 48 47 46

谥册第四十六简至第五十简拓本（5/7）